顾问　叶嘉莹
绘画　范　曾

陈洪　副主编
李瑞山　主编
冯大建　主编助理

大学语文（第三版）

"十五"普通高等教育本科国家级规划教材

DAXUE YUWEN

高等教育出版社·北京

内容简介

本书第一版是普通高等教育"十五"国家级规划教材，第二版是"十二五"普通高等教育本科国家级规划教材。本书在反映近年来母语教育理念、教学改革取得的进展及新的学术成果的基础上，对编写体例和内容作了全面拓新：选篇富有新意；导读和思考讨论不作独断性结论，注重启发性；篇前设置引领式的导语，指出阅读"聚焦"所在；以"阅读笔"标示重点；配有全彩插图，版式设计新颖；以二维码链接导学内容，便于学生学习。新版又作了小幅调整和文字修订，益趋完善。

本书适合作为普通高等院校公共基础课的教材，也可供公众阅读欣赏。

图书在版编目（CIP）数据

大学语文 / 陈洪主编. -- 3版. -- 北京：高等教育出版社，2016.4（2022.2重印）
ISBN 978-7-04-042579-6

Ⅰ. ①大… Ⅱ. ①陈… Ⅲ. ①大学语文课 – 高等学校 – 教材 Ⅳ. ①H19

中国版本图书馆CIP数据核字（2015）第084547号

策划编辑	云慧霞	责任编辑	云慧霞 姜兰志	封面设计	王 雎
版式设计	王 雎	责任校对	刘丽娴	责任印制	耿 轩

出版发行	高等教育出版社	咨询电话	400-810-0598	
社　　址	北京市西城区德外大街4号	网　　址	http://www.hep.edu.cn	
邮政编码	100120		http://www.hep.com.cn	
印　　刷	河北信瑞彩印刷有限公司	网上订购	http://www.landraco.com	
开　　本	740mm×1050mm 1/16		http://www.landraco.com.cn	
印　　张	26.375	版　　次	2005年3月第1版	
			2016年4月第3版	
字　　数	490千字	印　　次	2022年2月第24次印刷	
购书热线	010-58581118	定　　价	48.70元	

本书如有缺页、倒页、脱页等质量问题，请到所购图书销售部门联系调换
版权所有　侵权必究
物　料　号　42579-00

第一版编写说明

汉语文是中国汉民族（包括海外华人、华裔）的母语，是操持这种语文的所有成员维系民族认同、弘扬中华文化、构筑心灵世界、深化意义探究、传承民族精神的共同基础和必要条件。汉语文素养和能力的提升，是关乎民族振兴的大事业。大学生群体作为民族文化的传承者，在其中具有举足轻重的作用。而在各类高等院校中开设"大学语文"类课程，则是大学生深化语文学习之不可或缺、行之有效的手段。

国内普通高校中"大学语文"课的普遍设置经过了两个阶段。20世纪80年代中前期是一个阶段，那时相当一部分综合性大学和少量理工类大学开始设置此课。但其后一段时间里，却有减无增。至90年代中期，借"素质教育"之东风，大学语文课程受到前所未有的重视，大多数学校不仅开设此课，而且定为必修课。

然而，这门课程从一开始就伴随着不同意见，近年来更成为高教改革中比较突出的一个争议性问题。争议的焦点是课程的教学目的以及实际的教学效果，由此派生出教材的编法、课堂的教法等一系列问题。在争议的同时，各校的同仁们也进行了程度不同的改革实验，其中包括教材的重新编写。就近年问世的几种较有影响的教材看，春兰秋菊各有特色，而彼此之间的侧重点则相去甚远。

一部好的教材，应能鲜明地体现出编写者的教育理念以及对课程性质的理解。总结二十余年的教学实践，我们认为：

一、"大学语文"是一门综合性的素质教育课程，其目的是在一个更高的层次上，帮助修课同学改善其语言文字的表达、交流与沟通能力。这种能力对于当代大学生的学习、生活及工作来说，不可须臾离之。而中学教育在这方面所能达到的水准，与实际需要和社会的人才尺度相较，尚有较大的距离。这门课程的必要性和不可替代性，即在于此。

二、"大学语文"课程所体现的这种综合素质，主要包括两个方面，一是通过文章及文学作品的鉴赏，使学生的内心世界更为充实、丰富、健康；一是通过对各类文章写作要领及语言表达技巧的体认，提高语言文字的实际应用水平。

三、"大学语文"课程不同于中文专业课程，它要面对全体学生；它不是简单的写作训练，也不是文学体裁和文学史知识的压缩本，更不是思想文化的启蒙讲堂，甚至也不应画地为牢地界定为纯粹的文学鉴赏；而应是程度不同地包含了上述内容，但突出对"好文章"的引导性、示范性解读。

基于上述认识，本教材编写中的主要思路是：着眼于学生语文素养的提高，着眼于通过"好文章"（广义而言，也包括"好诗""好词""好译文"）的欣赏和体味来提高语文能力,着眼于20世纪80年代出生的青年学生的兴趣爱好,着眼于生动活泼、引人入胜的学习氛围的营造,着眼于教师好教,学生爱学,如此等等。

在上述理念的指导下,这一"大学语文"教材,不是旧形态的简单重复,而是一种新的探索,是供有志于此道的同仁们参考的"试验品"。在一定意义上说,是个"靶子"——在使用中求得高明者的评头论足,以期咸与提高。

本教材系列最为用心的设计,当属主教材的内容架构。其特点和新意是:

仍以文章选篇为主要结构方式,而选篇着眼于广义的"美文",演讲、书信、序跋、歌词等通常划归于"应用性"文体的,只要文章写得好,写得有特色,一并入选。

确定入选篇目的标准,充分考虑20世纪80年代出生的不同专业大学生的知识结构和心理需求,着眼于当代性,因而其中既有传统名篇,又有较多新的发掘。

编写的体例,从有利于调动学生主动性出发,篇前设置引领式的导语,设置焦点,指出阅读的兴奋点,使学生带着问题与关注进入课程;"导读"重在引导,指点作品的特出之处,并不面面俱到;篇后供"思考与讨论"的问题,多为启发式,鼓励学生大胆探索,一般不指向独断式的简单答案。多数篇章附有"平行阅读",即附加关联性的作品,供学生在比较中扩展视野,冀收举一反三之效。

作品的排列,采取题材与文体相结合的方式。全书从语言类别的角度分为四个部分:现(当)代文章,古代文章,诗、词、歌,外国作品的中文翻译。每部分中,再依题材与文体的大致类别,分为若干组。

特别要指出的是,范曾教授以他对于中外诗文作者的精湛理解,专为本教材精心创作了以人物肖像为主的绘画。这对于师生欣赏大师杰作,理解教材内容,大有颊上三毫之妙。

本教材由高等教育出版社推出,全部完成后,将成为一个系列。它以《大学语文》主教材为核心,另有与之配套的《〈大学语文〉教师手册》《〈大学语文〉拓展读本》等纸介质教材,还附有导学光盘、辅教光盘、学习卡以及大学语文教学网站。

这样,与传统方式相比,本教材具有全新的面目,初步实现了"课本+教学参考+导学+辅教光盘+网络教学平台+拓展读本+学科网站"这样一个整体化、全程化的新教材形态和新教学模式,为课程教学中可能出现的各种问题提供了全面解决方案。

它力图适应当下社会文化发展的大趋势,因势利导,充分利用多媒体手段。庶几可以既引发学生的学习兴趣,又引导他们将注意力向高等级的母语学习上适度转移;既便于课堂教学的生动活泼,也有利于素质教育课程的教学改革——部分课程内容可以考虑在教师的指导下利用多媒体和网络自学。

多媒体和网络课件的编制和应用，以能力培养为主旨，重在激发学生的参与兴趣；力图改变传统单一纸质课本平面化的不足，利用新技术手段，为学生创造可意的和兴趣盎然的学习环境。

为提高教学适应性和针对性，在与主教材配套的《〈大学语文〉教师手册》中，我们根据修课学生专业的不同，设计了若干组讲授方案，亦即篇目组合建议。因为主教材内容对于课时安排较少的学校来说，全部精讲可能会有困难，师生可以根据建议方案，按照教学需要及学时安排，自由选择部分篇目作精讲精读，其他则作为泛读材料。《〈大学语文〉教师手册》还对主教材所选全部课文，在"导读"的基础上，逐篇作了进一步的深度解析，对教学目标、教学要点、思考题思路作了明确的提示，利于教师把握教材脉络，编写教案。

同时采用多本配合方式，为学有余力的学生，依其专业和语文程度的不同，分别配备了各级别的拓展阅读书。《〈大学语文〉拓展读本》选篇的视野和编辑，颇富创意，希望使本教材系列兼具课堂选讲与学生课外"悦"读的双重功效。

对于传统纸质教材的编制设计，本教材也作了一些革新尝试。如在主教材中采用板块设计，以"阅读笔"标示重点、要点，方便学生迅速掌握作品主旨和课后复习。

以上思路与做法都带有探索的性质。衷心希望热心于大学语文课程的朋友们提出意见与建议，共同完善这一课程建设项目。

《大学语文》编写组
2004年12月

目　录

总序

现代文

分序一·现代文

序二篇	季羡林、陈省身 /	5
家书二则	傅　雷 /	13
语言的功能与陷阱	王　蒙 /	26
讲故事的人	莫　言 /	40
复仇	鲁　迅 /	50
我学国文的经验	周作人 /	54
梵·高的坟茔	范　曾 /	60
秦腔	贾平凹 /	68
我的四个假想敌	余光中 /	75
下棋	梁实秋 /	83
一只特立独行的猪	王小波 /	88
呵旁观者文	梁启超 /	93
女孩子的花	唐　敏 /	99
天才梦	张爱玲 /	106
叶圣陶先生二三事	张中行 /	112
金岳霖先生	汪曾祺 /	118
鸭窠围的夜	沈从文 /	125
秋天的况味	林语堂 /	132
李鸿章办外交	王元化 /	138
《北京大学月刊》发刊词	蔡元培 /	142

国立西南联合大学纪念碑碑文 ··· 冯友兰 / 148
清华大学王观堂先生纪念碑铭 ··· 陈寅恪 / 154

专家与通人 ··· 雷海宗 / 159
赠与今年的大学毕业生 ··· 胡 适 / 165

古代文

分序二·古代文

兰亭集序 ··· 王羲之 / 179
文心雕龙·知音 ··· 刘 勰 / 185

与元九书 ··· 白居易 / 190
杂说 ··· 李 贽 / 199

庄子·秋水（节选） ·· 庄 子 / 204
楚辞·渔父 ··· 屈 原 / 210

山中与裴秀才迪书 ·· 王 维 / 215
西湖七月半 ··· 张 岱 / 218

别赋（节选） ··· 江 淹 / 221
祭十二郎文 ··· 韩 愈 / 225

史记·刺客列传（节选） ·· 司马迁 / 231
徐文长传 ··· 袁宏道 / 239

世说新语·任诞（节选） ·· 刘义庆 / 245
不亦快哉 ··· 金圣叹 / 248

论语·先进（节选） ·· / 255
孟子·梁惠王下（节选） ·· / 259

礼记·大学（节选） ·· / 263
道德经（节选） ··· 老 子 / 267

诗歌

分序三·诗歌

现象七十二变	罗大佑	277
青花瓷	方文山	283
萧红墓畔口占	戴望舒	288
北方	艾 青	292
什么能从我们身上脱落	冯 至	300
诗八章	穆 旦	306
诗经·秦风·蒹葭		311
古诗十九首·西北有高楼		314
长恨歌	白居易	316
无题二首（其一）	李商隐	321
绝句二首	李 白	324
丹青引赠曹将军霸	杜 甫	329
燕歌行	高 适	332
老将行	王 维	335
蝶恋花（"槛菊愁烟兰泣露"）	晏 殊	338
踏莎行（郴州旅舍）	秦 观	341
临江仙（夜归临皋）	苏 轼	344
贺新郎（"把酒长亭说"）	辛弃疾	349
金缕曲（赠梁汾）	纳兰性德	352
湘月（"天风吹我"）	龚自珍	355
蝶恋花（"百尺朱楼临大道"）	王国维	358
钓台题壁	郁达夫	363

西文汉译

分序四·西文汉译

我有一个梦想 …………………………………[美]马丁·路德·金（佚名译）/ 371
在宾夕法尼亚大学的演说（节选）………[美]富兰克林·罗斯福（石幼珊译）/ 378
热血、辛劳、汗水与眼泪 …………………[英]温斯顿·丘吉尔（石幼珊译）/ 385
给青年的忠告 ……………………………………[美]马克·吐温（杨自伍译）/ 393

后记 ………………………………………………………………………… / 400
第二版后记 ………………………………………………………………… / 401
第三版后记 ………………………………………………………………… / 403

总　　序

　　"大学语文",或称"大学国文"。"国",指其国族之归属,彰显其作为民族母语的价值属性;"文",则揭示了其重点所在——以"文"为中心,即着重于典范的书面文本的研读。

　　历经数千年,我国逐渐形成了以汉语、特别是汉语普通话(旧称"国语")为中华民族共同语的局面,并于近世以法律形式固定下来(对外又称为"中文")。汉语(中文)是中华民族的母语,其中沉淀着民族历史的主要信息,与民族文化之根血脉相连。汉语文是中华民族强大凝聚感和向心性的主要来源之一,是华夏民族立于世界民族之林而生生不息的基础。母语的高等教育,其最高目标就是由此深度认识中国文化,确认我们的文化身份,巩固民族共同体成员的文化认同。

　　作为"心灵的书写",汉语文决定了我们世界观的基础。我们的文化,是以汉语文描述和解释的文化。我们身处的世界,是先人及我们自己用汉语文给定的世界。我们对社会的认识,首先是从对汉语文的学习得来的。只有通过对本国语文的深入学习和理解,才能更深刻地认识和解释中国、中国的文化、中国人的思维、中国人的精神特质;也只有以此为根基,才能更好地吸收他者的文化。

　　因此说,大学的语文教育,具有"培根固本"的特性,它承载着使一代代青年不断提升母语素养、成为民族精神传承者的历史使命。不再把汉语看作工具,而是借重温和研习母语的伟大传统,经由"文"的研习,加深对本国文化的认识和理解,让优秀的文化成果陶铸我们的情操,滋养我们的性灵,提高我们理解和表述世界的能力——这些,就是"大学语文"学习的意义所在。

　　作为民族精神文化传承最重要的载体,一成熟民族的母语,必有其经典的存在。汉语文的经典,或"经典汉语",就是我们的书面语即"文"的优秀部分。

　　中国文化,有"主文"、重文的传统:"文之为德也大矣,与天地并生。"(刘勰)汉语中的"文"有多义,蕴涵十分丰富。从"文字",到"文章",延及"文学""文化""文明"——礼乐为"文",文学、艺术为"文";有人文,有天文,"人文化成",天地之大美亦为"文"。而"文"的基本义,是"文字"和"文章"。人文,文学,文化,文明,皆以"文"为基础。

　　就"文字"说,由于汉字的特殊性质,中华文化得以历经数千年而积累延续、流传不衰;幅员辽阔、异域殊方的亿万民众,得以克服方言的沟通障碍,产生极强的凝聚力和同一感。而"有文字著于竹帛,故谓之文"(章太炎),"连属文字,亦谓之文"(鲁迅),"文章"经由对汉字的写录、组织成"文",形成书面典籍形式，诉诸视觉，传之久远，明确无讹地载录和昭示了中华文化的基本样貌和演变轨迹。"文"作为汉语书面语的精华，负载了中国文化的大部，成为中华文明的精神线索。

不同于西方"语音中心主义"（或"语言中心主义"）的传统，汉语文以表意（亦兼表声）的汉字为中心。比较"语""言""话"（口语），中国文化更重视文字的效用，重视书面文章的本体性。"文"不是模仿和从属于"语""言""话"的，相反，"文"可代"言"，"语"仿效"文"，"文"雅"话"俗。"文"可以超脱时空的阻隔，克服随时而迁的局限，具有强大的文化穿透力。

在中国文化传统中，"文"的概念曾经发展为包举诗赋词曲等各种文类在内的开放性概念，举凡文学的、非文学的、有韵的、无韵的，皆涵盖其中。这与诗歌、散文、小说、戏剧"四分"的西式文体分类观念明显不同，体现了中国文化对"文"的独特认识。

汉语之"文"，在书写、用字、选词、造句、炼意、谋篇、用事、讲究文辞之美、音声之道，乃至意境营造、文气建构等方面，具有某种相对的独立性和纯粹性，可谓渊深浩博，山高水远。只有充分领略其内在蕴涵和审美价值，才能更深刻地认识中华文化的本质。

大学的语文学习，当深入发掘汉语"文"作为汉语书面语最高表达形式的典范意义，作为承载民族精神文化载体所内蕴的民族特色和深远意涵，使汉语之"文"的传统在新的文化传承中，在当代中国语境中，发扬光大。

当今，重建和恢复中国文化之"文"的传统的重要方式之一，就是以"文"的理念统领和涵摄高等语文教育，就是提倡"好文章"的教育。其具体内涵，约有数端：

一、拓宽视野，用"文"的概念去涵盖所有书面语文本。"文""好文章"所指，不限于一般所谓"文艺性散文"（指具虚构想象性质、以抒情为主的文章），还包括叙述文、论说文，也兼指"好诗""好词""好小说""好戏剧"文本；也不止于"文学"一端，还涵盖好的应用类文章。另外又包括好的汉语译文；既有文言的、也有白话的，等等。总之，涉及全体文类。（以下分序所论之"文"，则为狭义的"文"。）

二、重视典范，强调"好文章"之"经典汉语"的性质。引导学生研习的篇章需有所择选——应该是"经典汉语"的文本：有代表性、典型性，符合"文"的规范；可作为典范来学习模仿，有很强的示范作用；能够体现或一时期、或一类型、或一风格、或一流派的特性；有强烈的感染力和穿透力，值得反复揣摩学习。

三、立足于"文"，从"好文章"的角度去阅读、分析各体"文"。领略典范文本所独有的语言感染力，把握各类文章的具体特征，从"文体""文义""文辞"等角度，从其如何言说、如何表达的角度，致力于探讨诸如文字基础、文本构成、修辞形态、语言形象、表现形式、书写技巧等"文"的题中应有之义。这一过程，也就是发现和汲取母语艺术精华的过程。

"文章千古事，得失寸心知"。对"文"的分析解读，应该是开放的、参与式的、讨论式的、非独断的、师生教学相长的；是以阅读为基础，激发学生生命体验和文化想象的过程。教师通过示范式的文本分析，引领学生在潜移默化中体认什么是"好文章"，什么是"文"的高标准，对文章和文体的形成要领、语言美感，有所理解和感悟。经典汉语的濡染和浸润，是提高我们语文素养的不二法门。

现代文

分序一·现代文

"现代文",指晚清、"五四"中国现代化发轫期至今产生的以散体、白话为主的文章集合。

这一百年,伴随社会的曲折动荡,汉语书面语文由"文言"向"白话"(指以口语为基础,吸收文言和外来语文,加工提炼形成的书面语)实现了全方位的过渡。

从"新文体"到"博客语文",从鲁迅到金庸,从"新青年"到上亿"网民",这一时期的白话使用者、受惠者,在各自的意义上,也是现代汉语文的创造者——几代人共同见证和推动了这一空前的语文变迁。

"现代文"的形态,既继承传统,更每月每日都有创新;除了"白话"(又称"语体"),也有现代文言,或浅近文言、文白混杂等多种形态。

"现代文"文体多样,除了典型的"文学"文本,还有数量更多、更关乎人们日常生活的具应用性质的"非文学"或"准文学"文本,诸如论说、报道、书信、序跋、碑铭、演讲,等等。

虽历史尚短,"现代文"的内在蕴涵充分体现了中国社会现代化进程中的思想文化成果;在表现革新精神、传达民族心声方面,竟不逊于古代诗文。

"现代文""确是绚烂极了:有种种的样式,种种的流派,表现着、批评着、解释着人生的各面,迁流曼衍,日新月异"(朱自清)。

随着时代的推进,"现代文"对复杂事物,乃至形上思维的表现力,大大增强,所反映的生活面相也大为拓展;"现代文"是我们最切近、也最得心应手的语文。

由于成文方式、书写工具、印制技术和媒体介质的快速变革,"现代文"的数量急剧增长,语文形态变化万千,且无止息;语文好尚、评价标准亦随时而迁。

"现代文"曾经竭力摆脱传统,但传统却如影随形,"文""白"纠缠不清;曾经虔诚地向西方语文学习,而食洋不化、"恶性欧化"的弊病也随之而来。目下,它又在努力适应数字化、网络化的挑战,而期望焕发新机。

"现代文"还在蓬勃成长、与时俱进之中,生机无限而时或歧路彷徨,需要我们细心呵护,更好地继承传统,吸取新知,扶正祛病,促其健康发展。

"现代文"大大丰富了汉语文的资源,提供了可贵的文章范型。研读优秀而具典型意义的"现代文"文本,使我们得以重温百年来现代汉语文走过的道路,习得有益的为文经验,更自觉地改进自己的语文表达,改善新世纪的语文环境。

> 两千多年前，伟大的司马迁谈到读书人的使命时，把"究天人之际"放到了十分重要的位置。可时至今日，这仍然是一个没有终极答案的问题。因缘凑合，几位在各自领域登峰造极的人物，就此有了如下一番对话。

序 二 篇[1]

其 一

季羡林

若干年来，我有一个想法：人类自从成为"万物之灵"后，最重要的任务是正确处理人与大自然的关系，我称之为"天人关系"；要了解自然，认识自然，要同自然交朋友，我称之为"天人合一"；然后再伸手向大自然要衣，要食，要住，要行。

然而，人类，特别是近几百年来的西方人，却反其道而行之，要"征服自然"，在大自然面前翘尾巴。从表面上来看，人类似乎是胜利了，大自然似乎是被征服了。然而，大千世界发生了很多弊端，甚至灾害，影响了人类生存的前途。

德国伟大诗人歌德说，大自然不会犯错误，犯错误的是人。

德国伟大的思想家恩格斯说，我们不要过分陶醉于我们对自然的胜利中，每一次胜利，大自然都对我们进行了报复。

两位哲人的话值得我们深思再深思。

我有一个公式：人类在大自然面前翘尾巴的高度与人类前途的危险性成正比——尾巴翘得越高，危险性越大。

眼前的这一个世纪，是人类生存发展前途上的一个关键的世纪。

读了范曾兄的近著《庄子显灵记》，"心有灵犀一点通"，引起了我的遐想，写了上面这一些话。

我认识范曾有一个三步（不是部）曲：第一步认为他只是一个画家，第二步认为他是一个国学家，第三步认为他是一个思想家。在这三个方面，他都有精湛深邃的造诣。谓予不信，请阅读范曾的著作。

聚焦
- 一位文坛巨擘，一位数学泰斗，联手为一位艺术大师作序
- 完全不同的思路，反差巨大的风格

其 二

陈省身

读范曾兄《庄子显灵记》，有当年读杜工部《秋兴八首》的感觉[2]，气概万千，涉及当前基本问题，非常佩服。

世界上两个重要的元素是自然与人。五百年的伟大的科学进展，开启了我们对自然的了解，也因此影响了人类的生活，我们同五百年前的人已不是同一种动物了。

中华民族是很实际的，中华文化寻求人类社会的处理与组织，一个结果是注意到传代，便自然重"孝"，便把多代连起来，成为一串，不能使串切断，便"不孝无后为大"，结果把中华养成一个巨大的民族。

中西文化的不容，把我们带到一个新的春秋时代。我一九四三年至一九四五年在普林斯顿，常同爱因斯坦见面，也到过他家中的书房几次，他书架陈书不多，但有一本德译的老子《道德经》。希望范曾再写一本《老子显灵说》。

选自《庄子显灵记》，线装书局2003年版

注释

[1] 这是为范曾所作诗剧《庄子显灵记》写的序。《庄子显灵记》写庄子显灵于后世，上天入地，与爱因斯坦、海德格尔、毕加索等相见，就人与自然、东西方文化的冲突与融合、艺术在当代的命运等问题对话，表现了作者对这些问题的忧思与探索。

[2] 杜工部：杜甫，他的组诗《秋兴八首》历来被认为是最具气魄的格律诗。

季羡林（1911—2009），山东清平（今临清）人。1930年入清华大学，1935年赴德国，入哥廷根大学，主修印度学，先后掌握了梵文、巴利文、吐火罗文等古代语言，1941年获哲学博士学位。1946年任北京大学教授，主持创办东方语言文学系，并任系主任长达40年。1956年当选为中国科学院哲学社会科学学部委员。曾任北京大学副校长，中国比较文学学会名誉会长等。先后获印度国家文学院名誉院士，伊朗德黑兰大学荣誉博士等荣衔。主要著作有《中印文化关系史论集》《罗摩衍那初探》等。

季羡林

序二篇

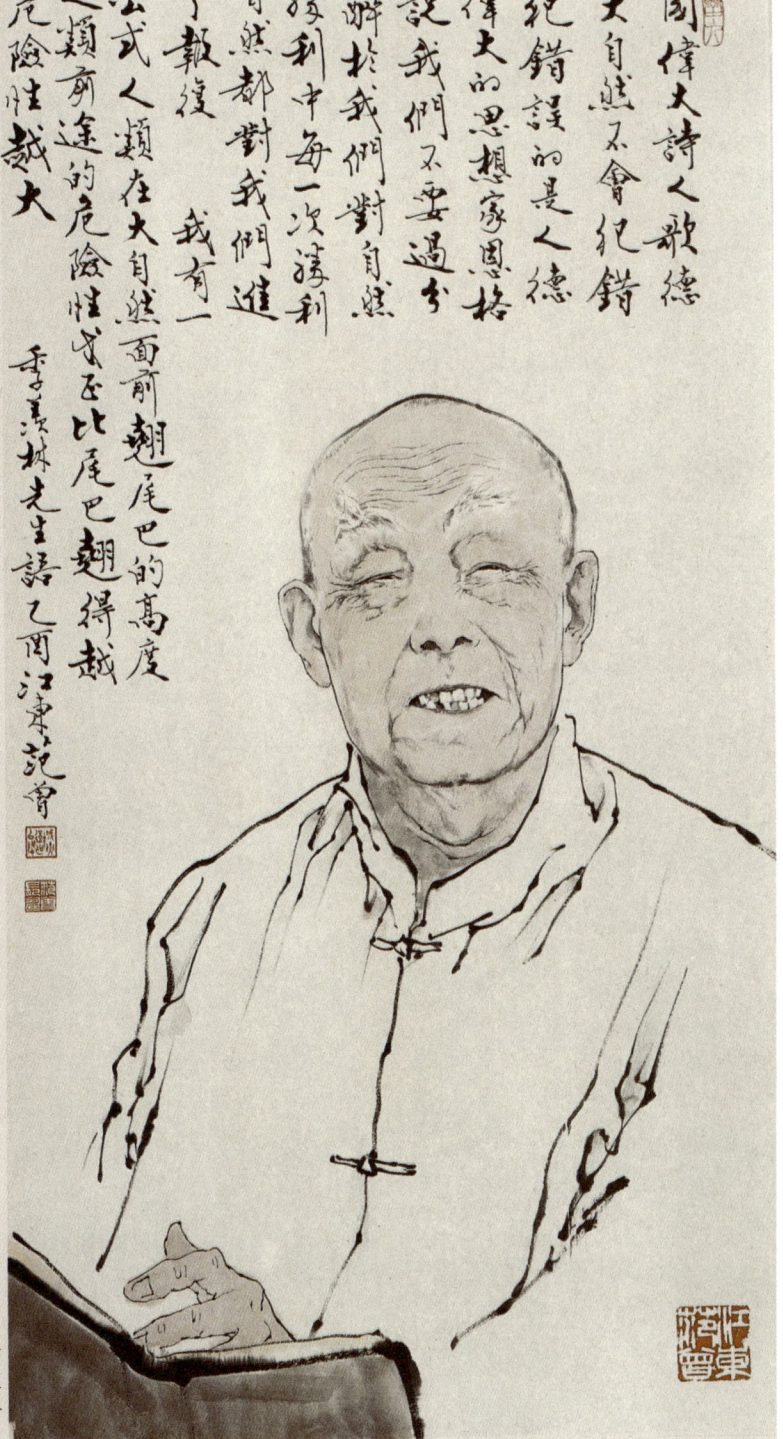

德国伟大诗人歌德说大自然不会纪错误纪错误的是人德国伟大的思想家恩格斯说我们不要过分陶醉于我们对自然的胜利中每一次胜利大自然都对我们进行了报复 我有一个公式人类在大自然面前翘尾巴的高度此人颖前途的危险性尖至比尾巴翘得越高危险性越大

季羡林先生语 乙酉江东范曾

范曾画季羡林像

陈省身（1911—2004），浙江嘉兴人。1926年入南开大学，1930年入清华大学，就读于研究生院，1934年入汉堡大学，1936年获博士学位。1937年回国任西南联合大学教授。1943年到1945年任普林斯顿高等研究所研究员。1946年年初回国任中央研究院数学研究所筹备处代理主任，1947年任代理所长。1949年以来先后任教于芝加哥大学、加州大学伯克利分校，并任伯克利数学研究所所长、名誉所长等。1985年起任南开数学研究所所长、名誉所长。其主要工作领域是微分几何学及其相关分支，成绩斐然，为美、英、法等多国院士，获数学国际最高奖Wolf奖、首届邵逸夫数学科学奖等。对文史具有浓厚兴趣，时有相关文章发表。

陈省身

导读

范曾教授与季、陈二教授是至交，故诗剧《庄子显灵记》付梓前，请两位老人作序。以二老的身份，同时为一部作品写序，当然是非常难得之事。而他们彼此学科相距之远，更使得此举为众人所瞩目。

通常为他人作序，不外三部分内容：本人与作者的关系，作品的内容综述，对作品的评价。而近来社会风气变化，影响到学界，这种模式更加凝固之外，序文重点大多为赞歌颂词，几乎已是不成文的法则。在这种背景下，读季、陈二序，无异于溽暑中有清风拂面。

季羡林的序是借此契机重申自己的一个重要思想观点。当然，这一观点是和范曾诗剧的主旨相关，甚至是相互映衬的。"天人关系"确实是贯穿着人类文明史的大问题，当下尤有紧迫的意义。这样一个大问题，作者却以十分从容的笔锋写出，而又眼界广远，逻辑严密，表现出举重若轻的大家风范。

陈省身的序则是完全不同的风格。初看起来，似乎文脉跳荡而不相连属，先谈自然、人类与科技的关系，接下来是中华民族的"孝"文化，然后又转到爱因斯坦，中间的转折过渡一概看不到。但细寻绎，深层的理路仍然可辨：实际上作者是委婉地强调了科学技术在文明以及人类进步中的作用，并含蓄地检讨了中

范曾《庄子显灵记》书影

国传统文化的特点及优劣，最后归结到东西方文化应加强对话的大题目上。前人形容《庄子》的文思特色为"能飞"，陈省身此序风格庶几相近——不过，大师行文百无禁忌，初学者慎勿效颦。

为人作序，或赞同其说而又发挥之，或有所不同而又讨论之；或题旨力求显豁，或观点含蓄委婉——无论哪种写法，都要和人家的原作关联，但又不宜完全纠缠其中。这两篇序言对照读来，可以举一反三了。

思考与讨论

1. 两篇序中都有关于人与自然、人类文明前景的深刻言论，你最受启发的是哪几句？
2. 你怎样评价"人定胜天"一类的口号？
3. 两篇序言中都提到了中华传统文化的特点，但角度有所不同。请分别归纳，并谈谈你的看法。

平行阅读

看多了下笔千言、言不及义的序，再读如此言简而意丰的序，更觉难能可贵，不愧大师手笔。

《张彭春论教育与戏剧艺术》序

陈省身

我在南开读书的时候，彭春先生（我们都叫他九先生）是中学主任兼大学教授。他时常在大学开一门课。他的知识广博，开了许多不同的课。有一年他开一门逻辑，我很想选读，不知为什么未成事实，现在还觉得遗憾。

大概大家知道他，还是由于他在戏剧方面的活动。在当时的社会，戏剧工作者地位很低。这种活动需要非常的远见和勇气，令人佩服。万家宝（即曹禺）那时还在南开。我们认识。我看过他所演的戏，如《娜拉》《少奶奶的扇子》等，都是九先生导演的。

天津值得骄傲的，在戏剧的萌芽时代，产生了彭春先生和弘一大师李叔同。后来他伴梅兰芳访美，是对于普及中国文化的重要贡献。

我同九先生有较多接触是在1950年以后。他的小姐新月女士同内弟郑师拙结了婚，我们成为亲戚了。每次相见，纵谈古今中外大事，乐趣无穷，得益匪浅。回首当年，不禁神往。

选自《张彭春论教育与戏剧艺术》，南开大学出版社2004年版

序二篇

数学很好玩
陈省身先生语 甲申 范曾

范曾画陈省身像

> 从"孟母三迁"的行动示范，到《颜氏家训》的道德规训，再到曾国藩家书对子女日常生活伦理的强调，中国文化一直有独特的家庭教育传统。傅雷的家书则是这一传统在20世纪的延续与发展，其丰富、深刻的西方文化艺术内涵和精彩见解则显出其独特性。

家书二则

傅 雷

聚焦
- 比较中西文化艺术，独具只眼
- 父子间的思想交流，息息相通

一九六一年二月六日上午

昨天敏[1]自京回沪度寒假，马先生[2]交其带来不少唱片借听。昨晚听了维伐第[3]的两支协奏曲，显然是斯卡拉蒂[4]一类的风格，敏说"非常接近大自然"，倒也说得中肯。情调的愉快、开朗、活泼、轻松，风格之典雅、妩媚，意境之纯净、健康，气息之乐观、天真，和声的柔和、堂皇，甜而不俗：处处显出南国风光与意大利民族的特性，令我回想到罗马的天色之蓝，空气之清冽，阳光的灿烂，更进一步追怀二千年前希腊的风土人情，美丽的地中海与柔媚的山脉，以及当时又文明又自然，又典雅又朴素的风流文采，正如丹纳[5]书中所描写的那些境界。——听了这种音乐不禁联想到韩德尔[6]，他倒是北欧人而追求文艺复兴的理想的人，也是北欧人而憧憬南国的快乐气氛的作曲家。你说他humain[有人情味]是不错的，因为他更本色，更多保留人的原有的性格，所以更健康。他有的是异教气息，不像巴赫[7]被基督教精神束缚，常常匍匐在神的脚下呼号，忏悔，诚惶诚恐地祈求。基督教本是历史上某一特殊时代，地理上某一特殊民族，经济政治某一特殊类型所综合产生的东西；时代变了，特殊的政治经济状况也早已变了，民族也不大相同了，不幸旧文化——旧宗教遗留下来，始终统治着二千年来几乎所有的西方民族，造成了西方人至今为止的那种矛盾、畸形，与十九、二十世纪极不调和的精神状态，处处同文艺复兴以来的主要思潮抵触。==在我们中国人眼中，基督教思想尤其显得病态。==一方面，文艺复兴以后的人是站起来了，到处肯定自己的独立，发展到十八世纪的百科全书派，十九世纪的自然科学进步以及政治经济方面的革命，显然人类的前途，进步，能力，都是无限的；同时却仍然奉一个无所不能、无所不在的神为主宰，好像人永远逃不出他的掌心，再加上原始

13

罪恶与天堂地狱的恐怖与期望：使近代人的精神永远处于支离破碎，纠结复杂，矛盾百出的状态中。这个情形反映在文化的各个方面，学术的各个部门，使他们（西方人）格外心情复杂，难以理解。我总觉得从异教变到基督教，就是人从健康变到病态的主要表现与主要关键。——比起近代的西方人来，我们中华民族更接近古代的希腊人，因此更自然、更健康。我们的哲学、文学即使是悲观的部分也不是基督教式的一味投降，或者用现代语说，一味的"失败主义"；而是人类一般对生老病死，春花秋月的慨叹，如古乐府及我们全部诗词中提到人生如朝露一类的作品；或者是愤激与反抗的表现，如老子的《道德经》。——就因为此，我们对西方艺术中最喜爱的还是希腊的雕塑，文艺复兴的绘画，十九世纪的风景画，——总而言之是非宗教性、非说教类的作品。——猜想你近年来愈来愈喜欢莫扎特、斯卡拉蒂、韩德尔，大概也是由于中华民族的特殊气质。在精神发展的方向上，我认为你这条路线是正常的，健全的。——你的酷好舒伯特[8]，恐怕也反映你爱好中国文艺中的某一类型。亲切、熨帖、温厚、惆怅、凄凉，而又对人生常带哲学意味极浓的深思默想；爱人生，恋念人生而又随时准备飘然远行，高蹈，洒脱，遗世独立，解脱一切等等的表现，岂不是我们汉晋六朝唐宋以来的文学中屡见不鲜的吗？而这些因素是不是在舒伯特的作品中也具备的呢？——关于上述各点，我很想听听你的意见。关山远阻而你我之间思想交流，精神默契未尝有丝毫间隔，也就象征你这个远方游子永远和产生你的民族，抚养你的祖国，灌溉你的文化血肉相连，息息相通。

傅雷和傅聪

一九六一年二月七日

　　从文艺复兴以来，各种古代文化，各种不同民族，各种不同的思想感情大接触之下，造成了近代人的极度复杂的头脑与心情；加上政治经济和社会的急剧变化（如法国大革命，十九世纪的工业革命，封建社会与资本主义社会的交替等等），人的精神状态愈加充满了矛盾。这个矛盾中最尖锐的部分仍然是基督教思想与个人主义的自由独立与自我扩张的对立。凡是非基督教的矛盾，仅仅反映经济方面的苦闷，其程度决没有那么强烈。——在艺术上表现这种矛盾特别显著的，恐怕要算贝多芬了。以贝多芬与歌德作比较研究，大概更可证实我的假定。贝多芬乐曲中两个主题的对立，决不仅仅从技术要求出发，而主要是反映他内心的双重性。否则,一切sonata form [奏鸣曲式] 都以两个对立的motifs[主题]为基础,为何独独在贝多芬的作品中,两个不同的主题会从头至尾斗争得那么厉害,那么凶猛呢?他的两个主题,一个往往代表意志,代表力,或者说代表一种自我扩张的个人主义(绝对不是自私自利的庸俗的个人主义或侵犯别人的自我扩张,想你不致误会);另外一个往往代表犷野的暴力,或者说是命运,或者说是神,都无不可。虽则贝多芬本人决不同意把命运与神混为一谈,但客观分析起来,两者实在是一个东西。斗争的结果总是意志得胜,人得胜。但胜利并不持久,所以每写一个曲子就得重新挣扎一次,斗争一次。到晚年的四重奏中,斗争仍然不断发生,可是结论不是谁胜谁败,而是个人的隐忍与舍弃;这个境界在作者说来,可以美其名曰皈依,曰觉悟,曰解脱,其实是放弃斗争,放弃挣扎,以换取精神上的和平宁静,即所谓幸福,所谓极乐。挣扎了一辈子以后再放弃挣扎,当然比一开场就奴颜婢膝的屈服高明得多,也就是说"自我"的确已经大大地扩张了;同时却又证明"自我"不能无限止地扩张下去,而且最后承认"自我"仍然是渺小的,斗争的结果还是一场空,真正得到的只是一个觉悟,觉悟斗争之无益,不如与命运、与神,言归于好,求妥协。当然我把贝多芬的斗争说得简单化了一些,但大致并不错。此处不能作专题研究,有的地方只能笼统说说。——你以前信中屡次说到贝多芬最后的解脱仍是不彻底的,是否就是我以上说的那个意思呢?——我相信,==要不是基督教思想统治了一千三四百年(从高卢人信奉基督教算起)的西方民族,现代欧洲人的精神状态决不会复杂到这步田地==,即使复杂,也将是另外一种性质。比如我们中华民族,尽管近半个世纪以来也因为与西方文化接触之后而心情变得一天天复杂,尽管对人生的无常从古至今感慨伤叹,但我们的内心矛盾,决不能与宗教信仰、与现代精神(自我扩张)的矛盾相比。我们心目中的生死感慨,从无仰慕天堂的极其烦躁的期待与追求,也从无对永堕地狱的恐怖与忧虑;所以我们的哀伤只是出于生物的本能,而不是由发热的头脑造出许多极乐与极可怖的幻像来一方面诱惑自己一方面威吓自己。同一苦闷,程度强弱之大有差别,健康与病态的分别,大概就取决于这个因素。

中华民族从古以来不追求自我扩张,从来不把人看做高于一切,在哲学文艺方面的表现都反映出==人在自然界中与万物占着一个比例较为恰当的地位,而非绝对统治万物,奴役万物的主宰==。因此

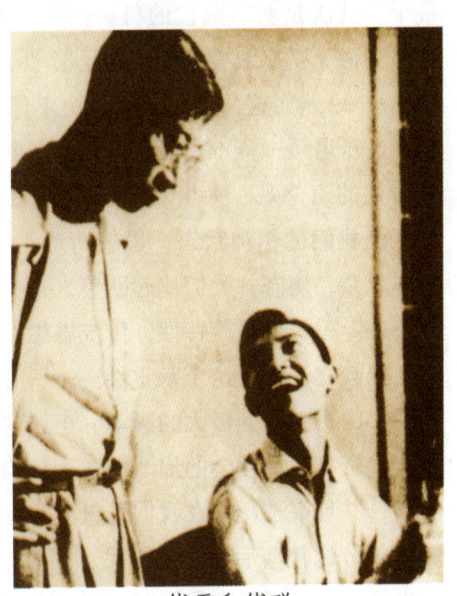

傅雷和傅聪

我们的苦闷，基本上比西方人为少为小；因为苦闷的强弱原是随欲望与野心的大小而转移的。农业社会的人比工业社会的人享受差得多，因此欲望也小得多。况中国古代素来以不滞于物，不为物役为最主要的人生哲学。并非我们没有守财奴，但比起莫利哀与巴尔扎克笔下的守财奴与野心家来，就小巫见大巫了。中华民族多数是性情中正和平、淡泊、朴实，比西方人容易满足。——另一方面，佛教影响虽然很大，但天堂地狱之说只是佛教中小乘（净土宗）的说法，专为知识较低的大众而设的。真正的佛教教理并不相信真有天堂地狱；而是从理智上求觉悟，求超度；觉悟是悟人世的虚幻，超度是超脱痛苦与烦恼。尽管是出世思想，却不予人以热烈追求幸福的鼓动，或急于逃避地狱的恐怖；主要是劝导人求智慧。佛教的智慧正好与基督教的信仰成为鲜明的对比。智慧使人自然而然的醒悟，信仰反易使人入于偏执与热狂之途。——我们的民族本来提倡智慧。（中国人的理想是追求智慧而不是追求信仰。我们只看见古人提到彻悟，从未以信仰坚定为人生乐事[这恰恰是西方人心目中的幸福]。你认为韩德尔比巴赫为高，你说前者是智慧的结晶，后者是信仰的结晶：这个思想根源也反映出我们的民族性。）故知识分子受到佛教影响并无恶果。即使南北朝时代佛教在中国极盛，愚夫愚妇的迷信亦未尝在吾国文化史上遗留什么毒素，知识分子亦从未陷于虚无主义。（即使有过一个短时期，但在历史上并无大害）——相反，在两汉以儒家为唯一正统，罢斥百家，思想入于停滞状态之后，佛教思想的输入倒是给我们精神上一种刺激，令人从麻痹中觉醒过来，从狭隘的一家一派的束缚中解放出来。在纪元二三世纪的思想情况之下这是一个可喜的现象。——对中国知识分子拘束最大的倒是僵死的礼教，从南宋的理学（程子朱子）起一直到清朝末年，养成了规行矩步，整天反省，惟恐背礼越矩的迂腐头脑，也养成了口是心非的假道学、伪君子。其次是明清两代的科举制度，不仅束缚性灵，也使一部分有心胸有能力的人徘徊于功名利禄与真正修心养性，致知格物的矛盾中（反映于《儒林外史》中）。——然而这一类的矛盾也决不像近代西方人的矛盾那么有害身心。我们的社会进步迟缓，资本主义制度发展若断若续，封建时代的经济基础始终存在，封建时代的道德观、人生观、宇宙观以及一切上层建筑，到近百年中还有很大势力，使我们的精神状态，思想情形不致如资本主义高度发展的国家的人那样混乱、复杂、病态；我们比起欧美人来一方面是落后，一方面也单纯，就是说更健全一些。——从民族特性，传统思想，以及经济制度等等各个方面看，我们和西方人比较之下都有这个双重性。——五四以来，情形急转直下，西方文化的输入使我们的头脑受到极大的骚动，正如"帝国主义的资本主义"的侵入促成我们半封建半资本主义社会的崩溃一样。我们开始感染到近代西方人的烦恼，幸而时期不久，并且宗教影响在我们思想上并无重大作用（西方宗教只影响到买办阶级以及一部分比较落后地区的农民，而且也并不深刻），故虽有现代式的苦闷，并不太尖锐。我们还是有我们老一套的东方思想与东方哲学，作为批判西方文化的尺

家书二则

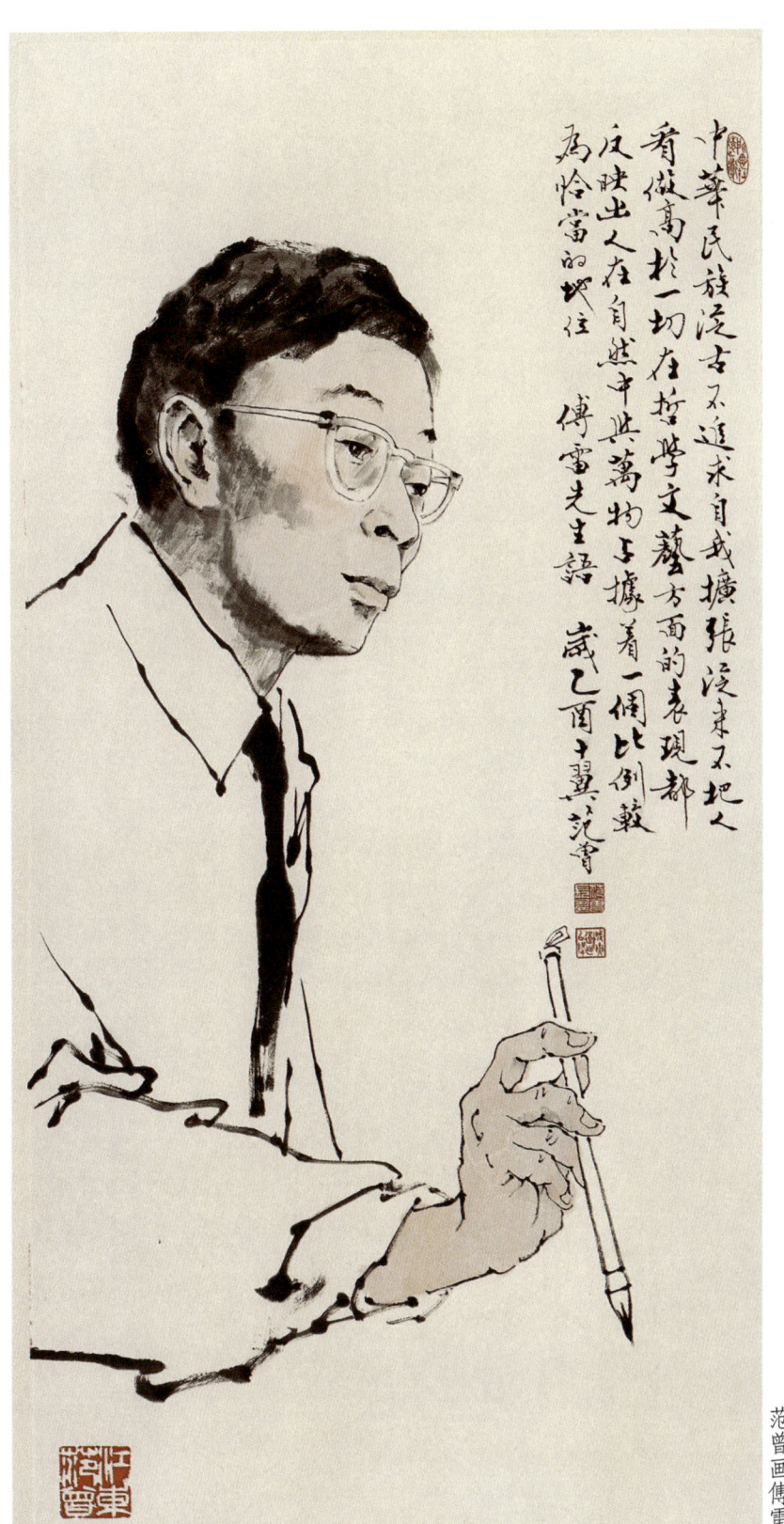

中华民族发源远古不遑求自我扩张从来不把人看做高于一切在哲学文艺方面的表现都反映出人在自然中与万物占据着一个比例较为恰当的地位　傅雷先生语　岁乙酉十翼范曾

范曾画傅雷像

17

度。当然以上所说特别是限于解放以前为止的时期。解放以后情形大不相同，暇时再谈。但即是解放以前我们一代人的思想情况，你也承受下来了，感染得相当深了。我想你对西方艺术、西方思想、西方社会的反应和批评，骨子里都有我们一代（比你早一代）的思想根源，再加上解放以后新社会给你的理想，使你对西欧的旧社会更有另外一种看法，另外一种感觉。——倘能从我这一大段历史分析（不管如何片面、如何不正确）来分析你目前的思想感情，也许能大大减少你内心苦闷的尖锐程度，使你的矛盾不致影响你身心的健康与平衡，你说是不是？

　　人没有苦闷，没有矛盾，就不会进步。有矛盾才会逼你解决矛盾，解决一次矛盾即往前迈进一步。到晚年矛盾减少，即是生命将要告终的表现。没有矛盾的一片恬静只是一个崇高的理想，真正实现的话并不是一个好现象。——凭了修养的功夫所能达到的和平恬静只是极短暂的，比如浪潮的尖峰，一刹那就要过去的。或者理想的平和恬静乃是微波荡漾，有矛盾而不太尖锐，而且随时能解决的那种精神修养，可决非一泓死水：一泓死水有什么可羡呢？我觉得倘若苦闷而不致陷入悲观厌世，有矛盾而能解决（至少在理论上认识上得到一个总结），那末苦闷与矛盾并不可怕。所要避免的乃是因苦闷而导致身心失常，或者玩世不恭，变做游戏人生的态度。从另一角度看，最伤人的（对己对人，对小我与集体都有害的）乃是由passion[激情]出发的苦闷与矛盾，例如热中名利而得不到名利的人，怀着野心而明明不能实现的人，经常忌妒别人、仇恨别人的人，那一类苦闷便是与己与人都有大害的。凡是从自卑感自溺狂等等来的苦闷对社会都是不利的，对自己也是致命伤。反之，倘是忧时忧国，不是为小我打算而是为了社会福利、人类前途而感到的苦闷，因为出发点是正义，是理想，是热爱，所以即有矛盾，对己对人都无害处，倒反能逼自己做出一些小小的贡献来。但此种苦闷也须用智慧来解决，至少在苦闷的时间不能忘了明哲的教训，才不至于转到悲观绝望，用灰色眼镜看事物，才能保持健康的心情继续在人生中奋斗，——而惟有如此，自己的小我苦闷才能转化为一种活泼泼的力量而不仅仅成为愤世嫉俗的消极因素；因为愤世嫉俗并不能解决矛盾，也就不能使自己往前迈进一步。由此得出一个结论，我们不怕经常苦闷，经常矛盾，但必须不让这苦闷与矛盾妨碍我们愉快的心情。

选自《傅雷家书》增订第五版，生活·读书·新知三联书店1998年版

注释

[1] 敏：傅雷之子傅敏，收信人傅聪之弟。
[2] 马先生：指音乐家马思聪。
[3] 维伐第（约1675—1741）：一般译为维瓦尔第，意大利作曲家和指挥家。
[4] 斯卡拉蒂（1685—1757）：意大利作曲家。
[5] 丹纳（1828—1893）：又译泰纳、泰恩。法国思想家、文艺评论家和历史学家，自然主义文学的倡导者。主要著作有《艺术哲学》等。

[6] 韩德尔（1685—1759）：一般译为亨德尔，德国作曲家。
[7] 巴赫（1685—1750）：或译为巴哈，德国作曲家。
[8] 舒伯特（1797—1828）：奥地利作曲家。

傅雷（1908—1966），字怒安，号怒庵，江苏南汇（今属上海）人。现代著名翻译家、批评家。1927年赴法国巴黎大学文科、卢浮美术史学校留学，专攻美术理论、文艺批评。1931年回国，在上海美专讲授美术史和法文。1934年任《时事汇报》总编辑。1940年以后主要从事外国文学翻译。译有《艺术哲学》《约翰·克里斯朵夫》及巴尔扎克小说15种，另有散文、书评、音乐论文、札记及《傅雷家书》等著作多种。

傅雷

导读

《傅雷家书》是作者写给在欧洲的儿子傅聪的书信选集。傅聪9岁拜李斯特的再传弟子、意大利钢琴家梅百器为师，学琴三年。他以超人的天赋和勤奋，于20世纪50年代就成为中国最杰出的青年钢琴家。1953年赴罗马尼亚参加布加勒斯特钢琴比赛，名列前茅。1955年参加在华沙举行的第五届肖邦国际钢琴大赛，名列第三，随后即留学华沙。1958年开始定居英国。傅聪留学和定居国外后，傅雷给他写了大量家信。正如家书编者所言，"贯穿全部家书的情意，是要儿子知道国家的荣辱、艺术的尊严，能够用严肃的态度对待一切，做一个'德艺具备、人格卓越的艺术家'"。

这里选的两通书信，虽分两天写来，内容其实是一个整体：由对欧洲音乐的讨论延伸到对欧洲文化的认识，进而谈论欧洲文化和中国文化的各自特征，欧洲文化面临的问题，中国文化的优秀传统，最后谈的是个人修养和人生态度问题。作者知识渊博，文学艺术修养尤其是音乐素养深湛，所谈切中要害，对于人们了解中西方文化的一些根本问题，极有助益。

现代以来，随着西方文化的涌入，对中西文化的比较研究成了中国知识分子必做的功课。但迄今为止，在许多重大问题上，认识仍然相当分歧。傅雷以艺术家的直觉和学者的渊博为判断的基础，对中国和西方文化艺术的看法，大体上是客观公允的。傅雷深受人文主义的影响，对基督教文明在近代欧洲社会的历史作用更多持批评的态度，今天看来，可能有一定局限。但在傅雷所处的特定时代环境中，他的感受和看法，无疑具有相当的合理性和深沉的历史意味。

傅雷家书手迹

　　家书和日记一样，是最少具公共性的私人写作，无论在文体上，还是内容上，一般说来，都没有太多的限制禁忌，可以自由发挥。所以读日记、书信，最能窥见作者的真实心理和思想。正因为没有创作文学的心理紧张和严肃过头的文体意识，这种不苦心经营的文字，有时反倒成了极具文学价值的佳作。

思考与讨论

1. 傅雷对东西方文化之差异的看法怎样？哪些你同意？哪些你有不同看法？
2. 以现在的眼光看，傅雷的思想有什么时代局限？
3. 书信是不是一种有效的文学文体？
4. 你有没有在书信中和亲友谈艺论道的经历？这和你写"高考作文"的感觉有何不同？

平行阅读

　　不是家书，胜似家书。舐犊情深，却又"悲"从中来，原因何在？

给我的孩子们

丰子恺

我的孩子们！我憧憬于你们的生活，每天不止一次！我想委曲地说出来，使你们自己晓得。可惜到你们懂得我的话的意思的时候，你们将不复是可以使我憧憬的人了。这是何等可悲哀的事啊！

瞻瞻！你尤其可佩服。你是身心全部公开的真人。你甚么事体都像拼命地用全副精力去对付。小小的失意，像花生米翻落地了，自己嚼了舌头了，小猫不肯吃糕了，你都要哭得嘴唇翻白，昏去一两分钟。外婆普陀去烧香买回来给你的泥人，你何等鞠躬尽瘁地抱他，喂他；有一天你自己失手把他打破了，你的号哭的悲哀，比大人们的破产、失恋、broken heart、丧考妣、全军覆没的悲哀都要真切。两把芭蕉扇做的脚踏车，麻雀牌堆成的火车、汽车，你何等认真地看待，挺直了嗓子叫"汪——"，"咕咕咕……"，来代替汽油。宝姊姊讲故事给你听，说到"月亮姊姊挂下一只篮来，宝姊姊坐在篮里吊了上去，瞻瞻在下面看"的时候，你何等激昂地同她争，说"瞻瞻要上去，宝姊姊在下面看！"甚至哭到漫姑面前去求审判。我每次剃了头，你真心地疑我变了和尚，好几时不要我抱。最是今年夏天，你坐在我膝上发见了我腋下的长毛，当作黄鼠狼的时候，你何等伤心，你立刻从我身上爬下去，起初眼瞪瞪地对我端相，继而大失所望地号哭，看看，哭哭，如同对被判定了死罪的亲友一样。你要我抱你到车站里去，多多益善地要买香蕉，满满地擒了两手回来，回到门口时你已经熟睡在我的肩上，手里的香蕉不知落在哪里去了。这是何等可佩服的真率、自然与热情！大人间的所谓"沉默""含蓄""深刻"的美德，比起你来，全是不自然的、病的、伪的！

你们每天做火车、做汽车、办酒、请菩萨、堆六面画、唱歌，全是自动的，创造创作的生活。大人们的呼号"归自然！""生活的艺术化！""劳动的艺术化！"在你们面前真是出丑得很了！依样画几笔画，写几篇文的人称为艺术家、创作家，对你们更要愧死！

你们的创作力，比大人真是强盛得多哩：瞻瞻！你的身体不及椅子的一半，却常常要搬动它，与它一同翻倒在地上；你又要把一杯茶横转来藏在抽斗里，要皮球停在壁上，要拉住火车的尾巴，要月亮出来，要天停止下雨。在这等小小的事件中，明明表示着你们的小弱的体力与智力不足以应付强盛的创作欲、表现欲的驱使，因而遭逢失败。然而你们是不受大自然的支配，不受人类社会的束缚的创造者，所以你遭逢失败，例如火车尾巴拉不住，月亮呼不出来的时候，你们决不承认是事实的不可能，总以为是爹爹妈妈不肯帮你们办到，同不许你们弄自鸣钟同例，所以愤愤地哭了，你们的世界何等广大！

你们一定想：终天无聊地伏在案上弄笔的爸爸，终天闷闷地坐在窗下弄引线的妈妈，是何等无气性的奇怪的动物！你们所视为奇怪动物的我与你们的母亲，

家书二则

渐的作用就是用每步极微极缓的方法来隐蔽时间的过去与事物变迁的痕迹,使人误认为其为永恒不变。右录丰子恺语 岁乙酉十翼江东范曾

范曾画丰子恺像

有时确实难为了你们，摧残了你们，回想起来，真是不安心得很！

阿宝！有一晚你拿软软的新鞋子，和自己脚上脱下来的鞋子，给凳子的脚穿了，划袜立在地上，得意地叫"阿宝两只脚，凳子四只脚"的时候，你母亲喊着"龌龊了袜子！"立刻擒你到藤榻上，动手毁坏你的创作。当你蹲在榻上注视你母亲动手毁坏的时候，你的小心里一定感到"母亲这种人，何等杀风景而野蛮"罢！

瞻瞻！有一天开明书店送了几册新出版的毛边的《音乐入门》来。我用小刀把书页一张一张地裁开来，你侧着头，站在桌边默默地看。后来我从学校回来，你已经在我的书架上拿了一本连史纸印的中国装的《楚辞》，把它裁破了十几页，得意地对我说："爸爸！瞻瞻也会裁了！"瞻瞻！这在你原是何等成功的欢喜，何等得意的作品！却被我一个惊骇的"哼！"字喊得你哭了。那时候你也一定抱怨"爸爸何等不明"罢！

软软！你常常耍弄我的长锋羊毫，我看见了总是无情地夺脱你。现在你一定轻视我，想道："你终于要我画你的画集的封面！"

最不安心的，是有时我还要拉一个你们所最怕的陆露沙医生来，教他用他的大手来摸你们的肚子，甚至用刀来在你们臂上割几下，还要教妈妈和漫姑擒住了你们的手脚，捏住了你们的鼻子，把很苦的水灌到你们的嘴里去。这在你们一定认为是太无人道的野蛮举动罢！

孩子们！你们真果抱怨我，我倒欢喜；到你们的抱怨变为感谢的时候，我的悲哀来了！

我在世间，永没有逢到像你们样出肺肝相示的人。世间的人群结合，永没有像你们样的彻底地真实而纯洁。最是我到上海去干了无聊的所谓"事"回来，或者去同不相干的人们做了叫做"上课"的一种把戏回来，你们在门口或车站旁等我的时候，我心中何等惭愧又欢喜！惭愧我为什么去做这等无聊的事，欢喜我又得暂时放怀一切地加入你们的真生活的团体。

但是，你们的黄金时代有限，现实终于要暴露的。这是我经验过来的情形，也是大人们谁也经验过的情形。我眼看见儿时的伴侣中的英雄、好汉，一个个退缩，顺从，妥协，屈服起来，到像绵羊的地步。我自己也是如此。"后之视今，亦犹今之视昔"，你们不久也要走这条路呢！

我的孩子们！憧憬于你们的生活的我，痴心要为你们永远挽留这黄金时代在这册子里。然这真不过像"蜘蛛网落花"略微保留一点春的痕迹而已。且到你们懂得我这片心情的时候，你们早已不是这样的人，我的画在世间已无可印证了！这是何等可悲哀的事啊！

《子恺画集》代序，1926年耶诞节作
选自《缘缘堂随笔》，浙江文艺出版社1983年版

> 王蒙多年前即提倡"作家学者化",其实优秀的作家开讲学问,也是别具风格的:不是高头讲章,而是妙语如珠,妙趣横生。

语言的功能与陷阱

王 蒙

聚焦
● 我们和语言关系无比密切,但你想过语言的是与非吗?
● 机智、幽默、深刻:驱遣语言的典范

今天我讲的题目是:语言的功能与陷阱。

文学是语言的艺术,所以人们研究文学时对语言的问题会有很多的兴趣。我在这儿讲一点个人的体会,这些体会可能都非常粗浅,都是卑之无甚高论,碰到真正的教授,特别是在座的还有语言学专业的老师和学生,可能让你们见笑。希望你们包涵一点,我只是谈一点个人的体会。

我先说<mark>语言的功能</mark>。语言的功能实在是太大了。马克思主义认为人和动物的根本区别是劳动,劳动创造了人。我相信马克思主义经典,他们提出这样的命题当然有他非常科学的根据,我就不仔细说了,因为当年我到中央团校学习的第一章就是猴子变人,而猴子变人就是劳动所起的作用,恩格斯专门写过这方面的论述。但是我总是琢磨,语言在使人成为人上起的作用,好像不应该比劳动小。马克思主义还有一个理论,说是因为劳动的需要促进了人的语言的发展。这是无疑的。反过来说语言对人的社会生活,包括对劳动,它所起的作用也是不能低估的。这种作用实在是太大了,使你们觉得有没有比较充分的语言,是人和动物的一个很鲜明的界限,也是一种文明发达不发达的一个非常鲜明的界限。我从理论上解决不了这个问题,但是这是我始终心里憋着的一句话,就是劳动创造了人。我敢不敢在这儿说,也是<mark>语言创造了人</mark>?我们能不能设想一个没有语言的人类?我们能不能设想一个没有文字的发达的文化?以上讲的这些,算是绪论。

语言的最基本功能可能不需要我细讲,就是它的<mark>表意和交流的作用</mark>。当然,据说其他的动物也有类似语言的东西,欧洲还有马语家,专门能够和马对话。最近我在电视里看到什么地方出现一个马的杀手,一个精神变态者专门杀马,为了破案,请了马语专家,和在现场的马来交谈,来问杀手的长相是什么样。那么我觉得这是一个很惊人的故事。当然中国古代也有类似的故事,但是起码马语没有人语这么发达。如果马语比人语还发达的话,那么今天王蒙这个位置上的可能就是一匹公马了。(笑声,掌声)

我还常常想到,语言的<mark>记录与记忆的功能</mark>。各种的事情都是一瞬间,所谓

"俯仰之间已成陈迹",原话是这么说的吗?成了陈迹以后,当然会留下许多东西。当然有很多的变成了文物,但是更充分的记载靠的是文字,而文字记录的当然就是语言。有时候我觉得这世界上什么东西都在迅速地消逝着,那么我们看到的,能够存留下来的呢,除了文物以外,就是文字,是文字的记录。

我曾经写过一篇小说[1],叫做《8673号》,还是《5679号》,我已经忘了。这个小说就是写一个弄不清楚的事实,这个事实的真相由不同的人提出来不同的版本,每一个人都提出一个"真相",而且每一个人都没有在有意识地撒谎,但是你听完了以后你仍然不知道这件事情到底是怎么回事。我很感谢福建的评论家南帆先生,他写过一篇评论,说事件对于人来说本身是不可重复接触的,那么人所接触的是什么呢,是文本,是各种的语言。比如第二次世界大战,现在已经无法再经历第二次世界大战了,尽管还有文物,还有奥斯威辛集中营的遗址,还有其他各种各样的文物,还有德国容克式战斗机残留的一些东西,但是我们接触的更多的是一些文字,如果==没有语言就没有记录,就没有记忆==。一个活人失去了记忆,也就没有了身份,也就没有了自我,也就没有了性格;人类没有记忆也就没有文化积累,也就没有进步。这些都是不需要我讲的,只是提一下。

我觉得语言还有一种==帮助思想、推动思想的功能==,不但变成思想的符号,变成思想的载体,而且变成思想的一个驱动力,成为激活思想的一个因素。我曾经很喜欢一篇文章,是一个英国人写的文章,文章的题目叫做:作家是用笔思想,但是这个作者的名字我也忘了——说明我没有受过正规的高等教育,所以没有一种谨严的治学和谈学问的作风,所以你们也只能姑妄听之。如果你们谁查出这篇文章来,告诉我这篇文章的作者是谁,我会非常的高兴,也可以付一定的劳务费用。(笑声)

他讲的就是作家==思想的过程和写作的过程是分不开的==,并不是他想好了一切才能写作的,恰恰是只有在写作的过程中,他才使自己的思想慢慢变得明晰,使他的形象慢慢变得鲜明,使他的故事开始找到了由头,从这个由头发展到那个由头,从那个由头又和另外一条线发生了联系,我想他说的非常对。

小时候我很佩服那些作家,同时我老想一件事,怎么这个巴尔扎克能写那么多东西啊,我想这个巴尔扎克的脑袋得多大啊,他的脑子比咱的礼堂还得大呀,否则他怎么能装那么多的故事、那么多的人物呢。后来我才明白,巴尔扎克并不是说这些故事现成都装在他脑袋里的,脑袋里装着四百多部故事,这是不可能的,这会累死的。巴尔扎克不停地生活、感受,头脑中就不停地生发着各种各样的语言,这些语言编织起来,串起来,他从这一串又会引起那一串,这中间有联想、有判断、有分析、有追忆、有比喻。比喻甚至于也不是事先就想好的。如果事先都想好了,一般是不大可能的。在写作过程中,他的思想是慢慢地获得一种形式,慢慢变得有一点明晰,又慢慢地产生新的困惑;在写作的过程中,一个故事从开端,如果打一个比喻,就像种棵树一样,初始的想法就像是一颗种子。

刚开始写的那几章，就好像在那儿松土，播种，然后开始发芽，长出一支枝子来了，又长出另一支枝子来了，然后它的主干也长得粗一点儿了，这个时候它又受到了风霜雨雪，或者是正面的，或者是反面的影响，它又发生了一些变化，又否定自己等等。相反的，如果你不用语言来梳理你的思想，不用语言来生发你的思想，不用语言去演绎你的思想，那么你的思想是不可能成熟起来的。

即使是纯粹的文字上的掂量，也会使人产生思想，推进、改变思路。

我举过一个例子，比如说"失败是成功之母"，推敲起来思想就会延展：第一，失败是成功之母，说明失败之后人会总结经验教训；第二，失败会不会是失败之母？应该说这也是可能的。就是说一个失败会引起一连串的失败，因为一失败以后就处于劣势，失败以后也影响了你的信心，因此失败成了失败之母。那么反过来再说，成功是不是也可能成为失败之母？周谷城[2]老先生解放初期和毛泽东主席谈话时就说过这层意思，他说，主席，不但失败是成功之母，成功也是失败之母；还解释说："有很多农民起义成功者，成功以后骄傲了，腐败了，争权夺利，最后成功导致失败。"现在再回过头来说，成功也可以说是失败之母，那么成功会不会是成功之母呢？当然的，乘胜前进，不是常常讲乘胜前进吗？一个成功连着一个成功。那么成功和失败互不为母，这可能不可能呢？我想这个也很可能，赛球，我跟这儿赛，成功了，赢了，跟那儿赛，输了，这各有各的情况，中间没有什么必然的联系。成功、失败互相作用，无法预知，这是不是可能呢？这也是可能的。就借着一个"失败是成功之母"，我们哪怕是做文字游戏，我们都可以使自己的思想得到扩展，使它得到放射，使它得到升华。所以说语言和文字的作用多么大，它对思想、对我们的认识能起多么大的影响。

语言要讲语法，语法方面不是我的长项，所以我不仔细说，说深了容易露怯。我想语法的许多东西和逻辑的东西是分不开的，语法的发达和逻辑的严密是有非常密切的关系的。所以语言的发展、逻辑学的发展和思辨的发展有非常密切的关系，可以说语言推动了思想和逻辑的发展。

语言不仅仅有推动思想的作用，它还有很强烈的煽情的作用，它有形成、推动和发育人的感情的作用，以至于有些时候，我想不清楚，究竟是语言形成了感情，还是感情形成了语言。比如说"神圣"这个词。我现在回想，我很小的时候，父母带我到寺庙或者教堂里去，我体会不到任何神圣的感觉；甚至于上初中了，我上一个教会学校，唱赞美诗，也是一点神圣的感觉都没有，当然也没有反对的感觉。但是后来我知道一个词，叫作神圣，神圣这个词开始在我的头脑当中起作用，在我的头脑中生发，使我慢慢就有了神圣感，唱起《国际歌》："起来，饥寒交迫的奴隶，起来，全世界的罪人！"（现在译成全世界受苦的人，我老觉得全世界的罪人特别的有感情，特别的带劲）就产生了神圣感。再比如说思乡、乡情，我现在也弄糊涂了，是我先有乡情，后认识乡和情这两个字呢？还是我先认识了乡和情两个字，以及什么"乡情浓于什么什么"等各种关于乡情的说法，还有"露从今夜白,月是故乡明""独在异乡为异客,每逢佳节倍思亲",是这些东西哺育了、孕育了、形成了、塑造了我的乡情?如果没有这些诗,我还会有那种乡情的感觉吗?

还有很多很多类似的情况,可以说不限于感情,而说是一种感觉吧,也和词语的影响有关。我讲一个我现在绝对不用的词,我觉得这个词被用得太多了。但是我小时候学作文的时候学的、那时最爱读的一本书叫《小学生模范作文选》,上边印象最深的是"皎洁的月儿出现在天上"。原来这月光我看着它也挺白乎乎的,有一种特殊的感觉,跟别的都不一样,跟馒头不一样,跟瓷碗也不一样,这叫什么我不知道,哦!原来这个叫"皎洁"。所以我现在一看到月亮,我就觉得"皎洁",我就有了一个皎洁的感受。但是因为人家用得太多了,我在写作中就不能用了。甚至于美丽、幸福,都是如此。解放前没有"幸福"这个词,几乎没有人用这个词。苏联人爱用这个词,苏联人整天讲幸福,幸福,这是幸福,朋友们,这是幸福。连卓娅在牺牲的时候也说:"为了祖国和人民而牺牲,这是幸福。"英语一般用happy、happiness,我老觉着跟中国的"幸福"那个感觉不一样。如果卓娅说"为了祖国和人民而牺牲,这是幸福",我觉得很庄严,如果她说"为了祖国和人民而牺牲,这是happiness",那我觉得something wrong。(笑声,掌声)是的,词语在感情、感觉的形成上就是起这么大的作用。

我最近喜欢钻牛角尖,所以反复琢磨这个语言文字的修辞作用。我觉得人类文化的一个基本的功能就是修辞,当然这是把修辞的意义从更宽泛的角度上来考虑。比如说求爱,甚至于说求偶,这个不同的词,代表着不同的文化含义,时代的差别太大了。比如说《阿Q正传》里头,阿Q曾经向吴妈求爱,阿Q脑袋里想的是,小孤孀,小孤孀吴妈,他的语言是什么呢?突然他跪下了:"我们俩睏觉,我们俩睏觉。"这是阿Q的语言,他缺少修辞(笑声),他太缺少修辞了。如果是徐志摩呢?(笑声,掌声)如果是徐志摩,他说"我是天空里的一片云,偶尔投影在你的波心,你不必讶异"也不必什么了,就完全不一样了,其实他们干的是……(笑声)其实是the same job,干得是一样的活。如果要是薛蟠呢,薛蟠我就不能引用了,可是贾宝玉就不一样了,贾宝玉住在大观园里,他

[清]改琦《红楼梦图咏》之黛玉

语言的功能与陷阱

写的那些诗（和薛蟠当然不一样），林黛玉也不一样。所以修辞对于人的作用实在是太大了，它起的一个文化的作用，这种修辞不仅仅影响了人的语言，而且影响了人生活的一切一切。

如果你在商店里买东西，因为某些原因和售货员发生了冲突，这个时候你考虑一下修辞的问题，我相信你的表现就会得体得多，会文明得多。如果你对待自己的孩子，一件事非常震怒的时候，你考虑一下修辞的问题，我觉得你的表现会更与大学的身份契合了。

所以修辞的功能是一种文化的功能，这是不可缺少的，有修辞和没有修辞是不一样的。所以我到各个大学都讲，特别是对大学的男生们讲，你们一定要关心文学，爱文学，一定要会修辞，将来你们怎么写情书呀，而如果你们情书写得不好，你们爱情上是不可能成功的。（掌声）同时我也要忠告所有女生，如果你们接到一封情书，文理不通，语言无味，错字连篇，这样人的求爱根本不予置理。（笑声）

==语言有很多的心理功能==，它本身就是一种释放，就是一种宣泄，就是一种追求心理平衡的手段。因为人有语言，他有一种诉说、一种倾诉的要求，他愿意把自己的感受使别人也知道一点。契诃夫不是有一个小说[3]吗？马车夫太难过了，他的痛苦是没有别人愿意听他的诉苦，所以他就把他的所有的苦恼都讲给了那匹马，这是很有意思的。我还看过我很喜欢的美国的一个小说家，约翰·奇佛的女儿苏珊·奇佛写的回忆，她爸爸死后她写的文章。她一上来就写：在我小的时候，我爸爸告诉我，有什么特别不高兴的话，就到一个房间里去跪下来，祈祷一会儿，这个当然对于很多宗教徒来说是非常有效的。后来我大一点儿了，光祈祷解决不了问题了，我父亲就告诉我，你心里有什么特别强烈的难过的事，你把它写出来，你写出来以后，你就会好一点，感觉就会好受一点。精神分析的治疗有个很重要的一条，很重要的一个方面，就是引导病人，引导被精神分析的对象，把自己最不愿意讲的、把自己内心的隐痛、把自己包藏的东西讲出来，讲出来以后，他就好过多了。所以语言倾诉是人在精神上对自己进行安慰、进行抚慰、进行保护的一个手段。我们可以设想一下，如果一个社会不允许大家说出自己的心声，不能够让人们把自己心里的那些没有实现的东西，那些渴望、那些追求、那些梦、那些挫折吐露出来，那么这个社会想维持它的一种平衡的、健康的心理会有多么困难。

当然文学本身还有一种==艺术的功能==，一种审美的功能。语言本身，语言和文字，尤其中国的文字它本身就非常的漂亮，本身它就有一种形式的美感。这个事情我也觉得非常的奇怪，这个审美的过程，有时候我常常觉得这是一个进行无害处理的过程，它好像有一种化学的作用。大家知道，我个人对中国的古典文学也是非常有兴趣的，我也是愿意读这方面书的一个学生，所以我才有机会很感动地读了罗先生的书[4]。还有一个我喜欢读的是李商隐的诗，我觉得李商隐的诗相当的消极、相当的颓唐。有一次考试，一次科举考试没有成功，他居然在诗里面说"忍剪凌云一寸心"[5]，我觉得这话说得太重了。那时候他才多少岁呀，不到三十岁吧？很多人由于喜爱李商隐的诗，非常同情李商隐，认为李商隐仕途的挫折就是由于当时的牛李党争，由于唐朝政治的黑暗和腐败造成的，我丝毫也不怀疑这个，但是我同时觉得李商隐这个人心理的承受力是相当差的。所以我老设想，如果从组织部门、人事部门的角度考察李商隐，你当然可以把他封为诗歌大王、诗歌天霸这都可以，但是你很难任命他，哪怕是做大学中文系的系主任。但是他把这些悲哀的东西、消极的东西、颓废的东西变成了非常美丽的艺术品，比如说："红楼隔雨相望冷，珠箔飘灯独自归。"[6]这本身悲哀极了，但是他，又是珠箔、又是红楼、又是雨、又是归，他变成了一个美的艺术品。比如写爱情的压抑，人和人相通或者交往上的困难，特别是爱情交往上的困难，他说："身无彩凤双飞翼，心有灵犀一点通。"甚至于他说得非常颓废："春心莫共花争发，一寸相思一寸灰。"这个已经都到了极点了，但是他变成了文字，变成了艺术品以后，很整齐，又对仗，有音韵，有非常美好的形象，而且李商隐还善于用蝴蝶、花儿、玉呀的各种形象来描写他自己颓唐的心情，我觉得这就是李商隐对他的颓唐心情的无害化处理。你看的时候不把他完全当成一个现实的人："唉，这个人写诗怎么写得这么颓废呀，他是不是要自杀呀，赶快报告，110啊，赶快报告，防止他自杀……"你不会有那种紧张感。相反，你除了觉得他很悲哀以外，你又觉得他的这种遣词造句，他的这种精致，他的这种匠心，他的这种营造一个精神园地、一个精神产品的能力太强了。

　　我每次看到《红楼梦》晴雯之死的时候就感慨颇多。晴雯冤枉地死了，这是一个非常难过的事情，宝玉探晴雯，写了《芙蓉女儿诔》。这《芙蓉女儿诔》里面，有的地方很奋激，有的地方非常的悲哀，然后宝玉自己朗诵来送别晴雯，然后这个时候黛玉就出来了，就提出来"你哪几个字用得不妥"，"我建议"这个地方应该这么改一下，那个地方应该那么改一下，这样就把一个对晴雯的悲悼适当地间离了，因为它进入了一个讨论语言和讨论文字这样一个境况，等于是黛玉和宝玉共同做一个语文的练习题了。我认为这也是一种无害化的处理，当然这个无害化的处理也有它另一面，有时候让你感觉非常残酷。这个人死了以后，因为贾宝玉事实上也做不了什么，他无法抗议，也无法改变自己这个家庭，他能做的就是写一篇文章。这段描写至少告诉我们，==语言和文字能够使我们的一种经验、一种遭遇、一种情感审美化==，审美化以后也就使不能承受的东西变得比较能够承受。类似的例子还非常多。

　　那么我还要说，语言和文字还有一种功能，有一种==信仰的功能==，有一种神学的功能，就是对于很多人来说，语言文字可以神圣到变成一种信仰，它可以变成神。各个民族都在寻找一种奇怪的、独特的、秘密的，甚至是诡秘的语言和文字，认为找到了这种语言和文字以后就可以获得超自然的力量，就可以获得超自然的坚强。比如我们都知道"芝麻开门",你如果掌握了,你就可以使密室的石门洞开,而所有的金银财宝就会属于你。我们知道有的佛教教派,他们有一个词叫做:嘛尼嘛咪吽,它来自梵语,就是南无阿弥陀佛,念到这个词的时候,信徒就会感到一种平安,感到似乎佛的力量会帮助你战胜魔的力量。当然也有反动会道门,如解放初期的一贯道,张口闭口就是"吾泰佛弥勒",当时也蒙住了不少人。还有许许多多的例子,当人们使某一些语言、某一些概念、某一些词语凌驾于人的生活,使你对它有所崇拜、有所敬仰,而这些东西除了在语言中存在以外,你是很难在现实中、实际生活中把它抓住的。比如说"神圣",比如说"终极",谁看得见"终极",看不见,听不见。但是所有的民族的语言,都有类似于终极这样的词。总会有一些非常神圣、非常伟大、非常崇高的一些词,这些词不但表了意,不但审了美,不但做了记录,而且它本身可以膨胀起来,它可以升高起来,本身成为一种价值,成为一种标准,成为一种理想,甚至于成为上帝,成为神。

所以,语言和文字所起的作用,你要是琢磨起来实在是琢磨不完。比如,它还有一些跟上面说的相比较似乎是很细微的作用,比如说形式的作用,比如说游戏的作用等。语言游戏、文字游戏太多了,而且这个游戏是天生的,不需要别人来教授他的。在(20世纪)60年代初期,那时候幼儿里头,因为我的大孩子是那个时候出生的,那时候幼儿里整天在传播一个童谣,这个童谣没有任何人教授,但是所有的小孩都会,我呆会儿一说你们也都会,而那些被教授、被推广的童谣,却都忘了。什么呢?就是"一个小孩写大字,写、写、写不了,了、了、了不起,起、起、起不来,来、来、来上学,学、学、学文化,画、画、画图画,图、图、图书馆,管、管、管不着,着、着、着火了,火、火、火车头,头、头,打你的大背儿头"。也不像记录,也不像交流,交流什么呢?但是它传播下来了,很多人都知道这个,我只能把它解释成文字的游戏。是不是里面有更深奥的内容?

我们知道侯宝林说相声,他说的绕口令很逗。虽然有许多许多绕口令,但是我认为最好的绕口令还是:"吃葡萄不吐葡萄皮,不吃葡萄倒吐葡萄皮。"我认为这个最好。而且这个绕口令的形成是有一个过程的。我在波恩看到过(20世纪)20年代末一个德国汉学家写的北京俗话词典,其中有一个绕口令,说"你吃葡萄就吐葡萄皮,你不吃葡萄就不吐葡萄皮"。这个很合乎逻辑,吃葡萄就吐葡萄皮,但这是中国文化,和欧洲习惯不一样。欧洲人大部分人吃葡萄都连葡萄皮一块咽,而且连葡萄籽都吃下

语言大师侯宝林在演出中

去，他们认为嚼葡萄籽、嚼葡萄皮可以使牙齿不容易倒牙，还有那么些营养。中国人的习惯是要吐葡萄皮，你不吃葡萄就不吐葡萄皮。我不知道是从什么时候，从何年何月，吃葡萄和吐葡萄皮的这个绕口令变得荒谬化、变得形式化、变得游戏化了，变成了"不吃葡萄倒吐葡萄皮"。这一变就绝了，没有讲了。"吃葡萄不吐葡萄皮"，这个有讲，无非跟欧洲一样，说明你早就全盘西化了，不待改革开放就西化了。但是伟大的是"不吃葡萄倒吐葡萄皮"，这个葡萄皮是从哪儿来的呢？我也是喜欢找死理的一个人，一看到"不吃葡萄倒吐葡萄皮"，我就脑门子出汗。我慢慢地悟到了，这是语言的另一种功能，这是一种形式的功能，这是一种游戏的功能，你不要为它出汗，你不要在那儿着急，你不要钻牛角尖，你不要自寻苦恼，你已经活得够苦恼，你再为一个不存在的葡萄皮而苦恼，那你累死了活该。

　　还可以说很多，我刚才说的很多了，也很乱，但是大致上我说的==三方面的功能==，一个功能是现实有用的功能，包括交流，包括表意，包括记录，包括传之久远，这是现实的和有用的功能；第二个功能是生发和促进的功能，推进思想、推进感情、推进文化、创造文化；第三个功能是一个浪漫的功能，是语言和文字离开了现实或者超出了现实的功能。我主要讲了这三个方面。

　　下面我想讲一下另一面，==语言是一个陷阱==。语言为什么又是一个陷阱呢？因为语言发达以后，就会产生麻烦，第一个麻烦，最简单的一个麻烦就是语言和现实和你的思想感情脱节，这是完全可能的。

　　十月份的《读书》杂志上有一篇文章，是通过"轮扁斫轮"的故事，来讲==言能不能达意==的问题。大家都知道，《庄子》上有这么一个故事，轮扁就是一个会砍车轮的阿扁，齐桓公在那儿看书，阿扁路过，说：桓公，您在看什么？说：我在看圣人的书。阿扁就说：无非是糟粕而已。桓公就说：我看的是圣人的书，你居然敢说是糟粕，你给我讲讲，为什么是糟粕？讲不出道理来，我就要惩罚你。阿扁就说了：我是做车轱辘的，我全靠我自己的经验，靠我的摸索，研究出一套砍轮子的方法，这种东西能够用语言来教吗？如果语言连教会人砍轮子都做不到，它还能教会你治国平天下吗？因此，能够写出来的都是糟粕，真正的好东西都写不出来。这个砍轮子的厉害呀。如果这个砍轮子的在这儿，我决不敢应聘当贵校的兼职教授，我们要请他做学术领头人哩。

　　我们中国常常讲的言不尽意，言有尽而意无穷，就是说你那些==最微妙、最重要的体会，恰恰是语言所表达不出来的==。砍轮子你表达不出来，教游泳你也教不出来呀。如果你就靠一本又一本，哪怕你买一千本关于游泳的书，也学不会游泳。我小时候看武侠小说看得入了迷了，我曾经积累多少天的早点的钱，我买了一本太极拳图解，最后我发现按照书练太极拳太困难了，那真是比推翻三座大山还困难。你要学太极拳还是请一个师傅，在你的面前教给你，把你的肩膀"叭"一砸，这儿太高了，腿抬起点儿来，这儿慢一点，那儿远一点，就行，否则你学不会，言不尽意。

还有一个呢，==文不尽言==。有很多语言的内涵是文字所无法表达的，语言除了有相应的字以外，还有语调，还有语速，还有语境，还有说话者的表情，还有说话者的身份，等等等等。比如今天我不在这儿讲，而是把我讲的话当录音在这儿放，能够使大家满意吗？

言不尽意，文不尽言，而且意还不能代表这个对象，不能充分地说明这个对象。每个人的意是很主观的，它是受很多很多东西的限制，比如说，不用说别的，描绘一个大学，让在座的人每人写一篇关于你的大学的东西，我相信各有特色，谁也不能说把它写尽了，已经写充分了，不需要再写了，不可能的。

那么言可能不尽意，言不能够完全把现实的对象说清楚，可有时候言还超过了现实，叫做==言过其实==。我最喜欢举的例子，已经举得有点臭的例子，就是"失空斩"，失街亭、空城计、斩马谡。把马谡斩了以后，诸葛亮也很矛盾，他自责说，我想起先帝托孤的时候曾经讲过，说是马谡这个人，言过其实，终无大用。就是说他的语言呀文字呀这些东西太花哨了、太漂亮了、太精彩了，超过了那个现实，超过了那个对象。

这种现象也很多呀，甚至于变成了一种夸张，变成了一种歪曲，变成了一种爆炸，变成了一种狂妄。最明显的例子就是，"文化大革命"中歌颂红太阳，唉哟，真是什么词都想出来了。我那时候在新疆，新疆最有名的歌，那歌是很好听的，我到现在还唱，那个里面用的据说是一首大跃进的民歌，就是把天下的树木都变成笔，把天下的土地都变成纸，把大海和大洋都变成墨水，也写不尽伟大的领袖毛主席啊您的恩情。一个女农民跟我说："唉哟，现在的人哪，怎么这么会说话呀，把天下的树都变成笔了，把蓝天和大地都变成了纸了，把大海和大洋都变成墨水了，都写不尽毛主席的恩情啊，唉哟，怎么这么会说话呀？"我现在也是考证不出来，这是民歌呢，还是知识分子做的。

言不尽意，或者说言过其意，或者是文不尽言，或者文过其言，这些东西都会误导人，都会使人们对世界、对现实产生不切实际的想法。更严重的呢，它不光是不尽意的问题，或者言过其意的问题，而是干脆脱节。==当语言以及文字脱离了生活、脱离了真实、脱离了真情以后，就变成了一个反面的东西==，变成了对语言和文字的伤害。到最后天下的墨你也都用尽了，天下的笔你也用完了，天下的纸你也用尽了，就剩下什么，最红最红最红最红最红的红太阳。这已经变成了对文字的戕害了，对语言的戕害了。最红就是比别的都红才叫最红，那么最红最红还要再加最红，到底应该加多少个，你用五个最，我要用一百个最怎么办呢？我翻出一本书来，前三页全是最红最红最红……你看两天一直看着最红，就变成笑话了，变成戕害，变成对语言文字的歪曲了，==这种语言文字变成了我们生活的敌人，变成了人的对立面==。因为人说话不能够接受这种方式。

好的、成功的语言表达和文字表达，还面临着可能==异化==的命运，变成了==俗套==。本来很好的一句话，被变成了俗套，就变成了虚伪，变成了教条，变成了机械重复。这样的例子也是不计其数呀。比如说，我们的任务第一是学习，第二是学习，第三是学习，这是列宁在共青团的任务里讲的，这话是非常好的，后来我们简单地翻译成，学习、学习再学习。但是如果你把这话到处重复，到处讲，由于重复得太多就失去了它的魅力。包括毛泽东给儿童题的字，"好好学习，天天向上"，我觉得这话多好呀，真是非常的得体，对于儿童来说，非常的好。但是现在你如果什么事都是"好好学习，天天向上"呢，它就已经丧失了它原本的、原生的力量，那种魅力，这是一种情况。

还有一种情况呢，本来很好的一句话，太普及了，就把它降低了，过于通俗化了。我把它称之为狗屎化效应。本来两个人之间学术争论，很有趣味。可是，两边的仗义的老哥们、小哥们都出来了，然后就开始互相揭发隐私，最后就变成一种争吵。比如说，仁孝忠信，礼义廉耻，那都是多么好的词啊，但是这些词最后变成了什么？变成了人们最厌恶的，最没有新意的、最拿不出精神成果的人所重复的话。再比如说中庸之道，中庸之道现在是很吃不开的，你一讲中庸马上让人感觉到你是一个含含糊糊、两面讨好、模棱两可、不男不女、不阴不阳这样的人。所以说不管多么好的命题，不管多么好的语言都是有懈可击的。只要你把这个话说出来了，就能被驳倒。毛泽东说：马克思主义的道理千条万绪，归根结底就是一句话，就是造反有理。这个可是太容易驳倒了，要就这一句话的话，那么马克思主义出那么多书都是废话呀，当然不是。其实毛泽东很精彩，只有毛泽东敢这么说，谁敢这么总结马克思呀。算了，有些例子不要举了，因为我再举例子，我举的每个例子都会被你们及时驳倒。所以我觉得对语言文字的东西，在发挥其奇效的同时又要看到它薄弱的一面，对我们来说是非常必要的。

语言文字还有一个陷阱，就是语言文字它可以反过来主宰我们，扼杀我们的创造性，扼杀我们活泼的生机。中国的历史最明显了，毛主席也是痛感这一点的，他在延安的时候曾经非常愤激地说，教条主义不如狗屎，连肥田的作用都没有。他为什么这么愤激，因为他看到了这一点，就是你如果把共产主义当作教条，把马克思主义当作教条，把联共布党史读本当作教条，其结果，这些东西就会主宰你，这是没有办法的事。正如我前面所说的，这既是语言的功效，也是语言的陷阱。就是说我们的思想和感情是被语言所塑造的，比如说"举头望明月，低头思故乡"，这就造成了我们中国人的心理模式，我们一看到明月就会想到家乡。我们从小话还说不全，很多的孩子就已经会背诵"举头望明月，低头思故乡"。但是这样的时候就会产生一个问题，就是你有没有真实的对于明月的感受。你一看到明月，一会儿就想到皎洁了，一会儿就想到玉盘，一会儿想低头思故乡，一会儿想"海上升明月，天涯共此时"，你想来想去，这都是别人已经有的经典的语言，那些判断、那些描写、那些感受，你脱离开这些以后，你已经没有你自己的思想和感情了。甚至于你登记结婚了，你想到"洞房花烛夜，金榜题名时"，你是真高兴，你是假高兴呀？所以国外也有一些非常偏激地抨击语言对人的统治。比如说，在中国对妇女的歧视，实际上体现在一系列的语言里、在一系列的概念里、在一系列的名词里，对于这些名词你也别闹，你闹了半天你也翻不过来，你改不过来。我也不一一举那些个例子，因为那些例子太不雅，不好听。那些例子里就反映了一种轻视妇女、歧视妇女，不拿妇女当人的野蛮，而很多女性她本身也受这个语言的控制，她很多事不敢做，很多思想不敢想，很多感情，不敢让自己有这种感情。那些语言都摆在那儿了，所以我觉得语言从另一方面来说它又成为人生中的陷阱，它会误导我们，它会让我们误以为掌握了语言就掌握了人生，它让我们误以为听从已有的语言和文字的驱遣就可以得到人生的真谛。它甚至于会使我们变得丧失了对于人生最本初、最纯洁、最属于自己的个性的那种感受，所以==语言这个东西是一个双面剑==。

在《伊索》这个话剧里，伊索是个会说话的奴隶，奴隶主说你给我做一道菜，把世界上最好的东西做成菜，然后他就端上来了，全部是舌头，就是口条，天津也叫口条吧。然后奴隶主说，你把世界上最坏的东西做成菜拿上来，他拿上来了，还是口条。口条是最好的也是最坏的，但是也不能俩平均地分，我觉得好的还是为主的。我希望我们大学的同学们在语言和文字、语言和文学学习上取得更大的成就，希望大家及时把我说的话驳倒，免得我误导大家。谢谢。（掌声）

（根据录音整理）

王蒙著作书影

注释

[1] 一篇小说：指王蒙的小说《要字8679号》。

[2] 周谷城（1898—1996）：湖南益阳人。历史学家、教育家、社会活动家。曾任复旦大学教授、教务长兼历史系主任，农工民主党中央主席，全国人大常委会副委员长。

[3] 一个小说：指契诃夫的小说《苦恼》。

[4] 罗先生的书：指著名古典文学专家罗宗强的《玄学与魏晋士人心态》一书，王蒙专为此书写过评论。

[5] "忍剪"句：李商隐《初食笋呈座中》的诗句。

[6] "红楼"二句：李商隐《春雨》中的诗句。后面两联分别见于《无题二首》《无题四首》。

王蒙（1934— ），生于北京。著名作家。1956年秋发表《组织部来了个年轻人》，引起很大反响。1958年被划为右派，先在北京郊区劳动，后赴新疆，在伊犁地区农村劳动多年，并曾任自治区文联编辑、维吾尔语翻译。1979年回北京，专业从事文学创作。1985年当选为中国作家协会常务副主席，同年当选为中共中央委员。1986—1989年任中华人民共和国文化部部长，后在政协、作协任职。自1950年代以来发表小说、评论、散文、新旧体诗、文学评论、杂文等共一千余万字。小说代表作有《活动变人形》《踌躇的季节》等。

王 蒙

导读

本文是王蒙2004年受聘南开大学兼职教授时在该校发表的演讲。

演讲是现代社会十分常用的信息交流手段，更是每位领导者、组织者、社会工作者和学者必须具有的本领。演讲根据其内容、对象而有不同的要求。王蒙这次演讲的听众主体是大学本科生，但也有研究生和教师，到场听众将近四百人，属于大型演讲会。这就要求其内容既要有充足的学术含量，又不能过于专业化；既要体现学术报告的严肃性，又要调动会场的气氛，在情绪互动中达成最佳的演讲效果。

这篇演讲稿的第一个特点就是"外松内紧"。演讲人态度轻松，仿佛随意说来，其实内在的逻辑很严谨，条理清楚，原则问题分寸感很强。第二个特点是"亦庄亦谐"，不时穿插几句调侃语，将严肃甚至沉重的话题更加机智地表达出来。第三个特点是"取譬引喻"，演讲依赖口语传播，讲道理就必须通畅晓白，此文近取诸身远取诸物，举例子打比方，生动形象地说明问题。

语言问题是一个十分复杂的学术问题，对语言的研究甚至引发了二十世纪哲学/思想的全球性转向。王蒙的演讲抓住语言的功能问题，从日常交往、艺术审美到文化权力三个方面，思考语言的艺术价值和社会功能，并结合历史进行了有力的现实反思和历史批判。值得注意的是，王蒙赋予语言一种根本性的角色地位，把它看作是主导性和决定性的，这对于我们重新思考语言和情感、语言与思维、语言和现实的关系提供了支持。

思考与讨论

1. 找出表现演讲者机智的句子。
2. 怎样区分演讲中的幽默与噱头？
3. 举例说明演讲者是怎样不断调动、活跃场内气氛的。
4. 你同意演讲者关于"语言陷阱"的观点吗？为什么？

平行阅读

老作家汪曾祺以敏锐的艺术感悟力，意识到语言在文学创作中的核心地位，提出"写小说就是写语言"的著名论断。

中国文学的语言问题（节选）

汪曾祺

语言不只是一种形式，一种手段，应该提到内容的高度来认识。最初提到这个问题的是闻一多先生。他在很年轻的时候，写过一篇《庄子》，说他的文字（即语言）已经不只是一种形式、一种手段，本身即是目的（大意）。我认为这是说得很对的。语言不是外部的东西。它是和内容（思想）同时存在，不可剥离的。语言不能像桔子皮一样，可以剥下来，扔掉。世界上没有没有语言的思想，也没有没有思想的语言。往往有这样的说法：这篇小说写得不错，就是语言差一点。我认为这种说法是不能成立的。我们不能说这首曲子不错，就是旋律和节奏差一点；这张画画得不错，就是色彩和线条差一点。我们也不能说：这篇小说不错，就是语言差一点。语言是小说的本体，不是附加的，可有可无的。从这个意义上说，写小说就是写语言。小说使读者受到感染，小说的魅力之所在，首先是小说的语言。小说的语言是浸透了内容的，浸透了作者的思想的。我们有时看一篇小说，看了三行，就看不下去了，因为语言太粗糙。语言的粗糙就是内容的粗糙。

……我们的语言都是继承了前人，在前人语言的基础上演变、脱化出来的。很难找到一种语言，是前人完全没有讲过的。那样就会成为一种很奇怪的，别人无法懂得的语言。古人说"无一字无来历"，是有道理的，语言是一种文化积淀。

语言的文化积淀越是深厚，语言的含蕴就越丰富。……

语言的美，不在语言本身，不在字面上所表现的意思，而在语言暗示出多少东西，传达了多大的信息，即让读者感觉、"想见"的情景有多广阔。古人所谓"言外之意"、"弦外之音"是有道理的。

国内有一位评论家评论我的作品，说汪曾祺的语言很怪，拆开来每一句都是平平常常的话，放在一起，就有点味道。我想任何人的语言都是这样，每句话都是警句，那是会叫人受不了的。语言不是一句一句写出来的，"加"在一起的。语言不能像盖房子一样，一块砖一块砖，垒起来。那样就会成为"堆砌"。语言的美不在一句一句的话，而在话与话之间的关系。包世臣论王羲之的字，说单看一个一个的字，并不怎么好看，但是字的各部分，字与字之间"如老翁携带幼孙，顾盼有情，痛痒相关"。中国人写字讲究"行气"。语言是处处相通，有内在联系的。语言像树，枝干树叶，汁液流转，一枝动，百枝摇；它是"活"的。……

语言的奥秘，说穿了不过是长句与短句的搭配。一泻千里，戛然而止，画舫笙歌，骏马收缰，可长则长，能短则短，运用之妙，存乎一心。中国语言的一个特点是有"四声"。"声之高下"不但造成一种音乐美，而且直接影响到意义。不但写诗，就是写散文，写小说，也要注意语调。语调的构成，和"四声"是很有关系的。

中国人很爱用水来作文章的比喻。韩愈说过。苏东坡说"吾文如万斛源泉，不择地涌出"，"但行于所当行，止于所不可不止"。流动的水，是语言最好的形象。中国人说"行文"，是很好的说法。语言，是内在地运行着的。缺乏内在的运动，这样的语言就会没有生气，就会呆板。

中国当代作家意识到语言的重要性的，现在多起来了。中国的文学理论家正在开始建立中国的"文体学""文章学"。这是极好的事。这样会使中国的文学创作提高到一个更新的水平。

本文为作者在耶鲁大学和哈佛大学的演讲，选自1988年1月16日《文艺报》

> 莫言作为第一位获得诺贝尔文学奖的中国籍作家，当他于2012年12月7日站上瑞典学院报告大厅的讲台循例发表诺贝尔文学奖演讲时，所有关注他的人都在好奇：这位时有惊人之作的"乡土作家"，面对全世界的目光，他会讲些什么，会怎样介绍自己的写作历程？

聚焦
- 一个贫苦少年，怎样成了讲故事的行家里手
- 一位中国作家，因何从高密东北乡走向世界

讲故事的人
——诺贝尔文学奖演讲

莫 言

尊敬的瑞典学院各位院士，女士们、先生们：

通过电视或者网络，我想在座的各位，对遥远的高密东北乡，已经有了或多或少的了解。你们也许看到了我的九十岁的老父亲，看到了我的哥哥姐姐我的妻子女儿和我的一岁零四个月的外孙女。但有一个我此刻最想念的人，<mark>我的母亲</mark>，你们永远无法看到了。我获奖后，很多人分享了我的光荣，但我的母亲却无法分享了。

我母亲生于一九二二年，卒于一九九四年。她的骨灰，埋葬在村庄东边的桃园里。去年，一条铁路要从那儿穿过，我们不得不将她的坟墓迁移到距离村子更远的地方。掘开坟墓后，我们看到，棺木已经腐朽，母亲的骨殖，已经与泥土混为一体。我们只好象征性地挖起一些泥土，移到新的墓穴里。也就是从那一时刻起，我感到，<mark>我的母亲是大地的一部分，我站在大地上的诉说，就是对母亲的诉说。</mark>

我是我母亲最小的孩子。我记忆中最早的一件事，是提着家里唯一的一把热水瓶去公共食堂打开水。因为饥饿无力，失手将热水瓶打碎，我吓得要命，钻进草垛，一天没敢出来。傍晚的时候，我听到母亲呼唤我的乳名。我从草垛里钻出来，以为会受到打骂，但母亲没有打我也没有骂我，只是抚摸着我的头，口中发出长长的叹息。

我记忆中最痛苦的一件事，就是跟随着母亲去集体的地里捡麦穗，看守麦田的人来了，捡麦穗的人纷纷逃跑，我母亲是小脚，跑不快，被捉住，那个身材高大的看守人扇了她一个耳光。她摇晃着身体跌倒在地。看守人没收了我们捡到的麦穗，吹着口哨扬长而去。我母亲嘴角流血，坐在地上，脸上那种绝望的神情让

我终生难忘。多年之后，当那个看守麦田的人成为一个白发苍苍的老人，在集市上与我相逢，我冲上去想找他报仇，母亲拉住了我，平静地对我说："儿子，那个打我的人，与这个老人，并不是一个人。"

我记得最深刻的一件事是一个中秋节的中午，我们家难得地包了一顿饺子，每人只有一碗。正当我们吃饺子时，一个乞讨的老人来到了我们家门口。我端起半碗红薯干打发他，他却愤愤不平地说："我是一个老人，你们吃饺子，却让我吃红薯干，你们的心是怎么长的？"我气急败坏地说："我们一年也吃不了几次饺子，一人一小碗，连半饱都吃不了！给你红薯干就不错了，你要就要，不要就滚！"母亲训斥了我，然后端起她那半碗饺子，倒进老人碗里。

我最后悔的一件事，就是跟着母亲去卖白菜，有意无意地多算了一位买白菜的老人一毛钱。算完钱我就去了学校。当我放学回家时，看到很少流泪的母亲泪流满面。母亲并没有骂我，只是轻轻地说："儿子，你让娘丢了脸。"

我十几岁时，母亲患了严重的肺病，饥饿、病痛、劳累，使我们这个家庭陷入困境，看不到光明和希望。我产生了一种强烈的不祥之感，以为母亲随时都会自寻短见。每当我劳动归来，一进大门，就高喊母亲，听到她的回应，心中才感到一块石头落了地，如果一时听不到她的回应，我就心惊胆颤，跑到厢房和磨坊里寻找。有一次，找遍了所有的房间也没有见到母亲的身影。我便坐在院子里大哭。这时，母亲背着一捆柴草从外边走进来。她对我的哭很不满，但我又不能对她说出我的担忧。母亲看透我的心思，她说："孩子，你放心，尽管我活着没有一点乐趣，但只要阎王爷不叫我，我是不会去的。"我生来相貌丑陋，村子里很多人当面嘲笑我，学校里有几个性格霸蛮的同学甚至为此打我。我回家痛哭，母亲对我说："儿子，你不丑。你不缺鼻子不缺眼，四肢健全，丑在哪里？而且，只要你心存善良，多做好事，即便是丑，也能变美。"后来我进入城市，有一些很有文化的人依然在背后甚至当面嘲弄我的相貌，我想起了母亲的话，便心平气和地向他们道歉。

我母亲不识字，但对识字的人十分敬重。我们家生活困难，经常吃了上顿没有下顿，但只要我对她提出买书买文具的要求，她总是会满足我。她是个勤劳的人，讨厌懒惰的孩子，但只要是我因为看书耽误了干活，她从来没批评过我。有一段时间，集市上来了一个说书人。我偷偷地跑去听书，忘记了她分配给我的活儿。为此，母亲批评了我。晚上，当她就着一盏小油灯为家人赶制棉衣时，我忍不住地将白天从说书人那里听来的故事复述给她听，起初她有些不耐烦，因为在她心目中，说书人都是油嘴滑舌、不务正业的人，从他们嘴里，冒不出什么好话来。但我复述的故事，渐渐地吸引了她。以后每逢集日，她便不再给我排活儿，默许我去集上听书。为了报答母亲的恩情，也为了向她炫耀我的记忆力，我会把白天听到的故事，绘声绘色地讲给她听。

很快的，我就不满足复述说书人讲的故事了，我在复述的过程中，不断地添油加醋。我会投我母亲所好，编造一些情节，有时候甚至改变故事的结局。我的听众，也不仅仅是我的母亲，连我的姐姐，我的婶婶，我的奶奶，都成为我的听众。我母亲在听完我的故事后，有时会忧心忡忡地，像是对我说，又像是自言自语："儿啊，你长大后会成为一个什么人呢？难道要靠耍贫嘴吃饭吗？"我理解母亲的担忧，因为在村子里，一个贫嘴的孩子，是招人厌烦的，有时候还会给自己和家庭带来麻烦。我在小说《牛》里所写的那个因为话多被村里人厌恶的孩子，就有我童年时的影子。==我母亲经常提醒我少说话==，她希望我能做一个沉默寡言、安稳大方的孩子。但在==我身上，却显露出极强的说话能力和极大的说话欲望==，这无疑是极大的危险，但我的说故事的能力，又带给了她愉悦，这使她陷入深深的矛盾之中。

俗话说"江山易改，本性难移"，尽管有我父母亲的谆谆教导，但我并没改掉我喜欢说话的天性，这使得我的名字"莫言"，很像对自己的讽刺。我小学未毕业即辍学，因为年幼体弱，干不了重活，只好到荒草滩上去放牧牛羊。当我牵着牛羊从学校门前路过，看到昔日的同学在校园里打打闹闹，我心中充满悲凉，深深地体会到一个人——哪怕是一个孩子——离开群体后的痛苦。到了荒滩上，我把牛羊放开，让它们自己吃草。蓝天如海，草地一望无际，周围看不到一个人影，没有人的声音，只有鸟儿在天上鸣叫。我感到很孤独，很寂寞，心里空空荡荡。有时候，我躺在草地上，望着天上懒洋洋地飘动着的白云，脑海里便浮现出许多莫名其妙的幻像。我们那地方流传着许多狐狸变成美女的故事。我幻想着能有一个狐狸变成美女与我来做伴放牛，但她始终没有出现。但有一次，一只火红色的狐狸从我面前的草丛中跳出来时，我被吓得一屁股蹲在地上。狐狸跑没了踪影，我还在那里颤抖。有时候我会蹲在牛的身旁，看着湛蓝的牛眼和牛眼中的我的倒影。有时候我会模仿着鸟儿的叫声试图与天上的鸟儿对话，有时候我会对一棵树诉说心声。但鸟儿不理我，树也不理我。——许多年后，当我成为一个小说家，==当年的许多幻想，都被我写进了小说==。很多人夸我想象力丰富，有一些文学爱好者，希望我能告诉他们培养想象力的秘诀，对此，我只能报以苦笑。就像中国的先贤老子所说的那样："福兮祸所伏，祸兮福所倚。"我童年辍学，饱受饥饿、孤独、无书可读之苦，但我因此也像我们的前辈作家沈从文那样，==及早地开始阅读社会人生这本大书==。前面所提到的到集市上去听说书人说书，仅仅是这本大书中的一页。

辍学之后，我混迹于成人之中，开始了=="用耳朵阅读"==的漫长生涯。二百多年前，我的故乡曾出了一个讲故事的伟大天才——蒲松龄，我们村里的许多人，包括我，都是他的传人。我在集体劳动的田间地头，在生产队的牛棚马厩，在我爷爷奶奶的热炕头上，甚至在摇摇晃晃地行进着的牛车上，聆听了许许多多神鬼故事、历史传奇、逸闻趣事，这些故事都与当地的自然环境、家族历史紧密联系在一起，使我产生了强烈的现实感。

我做梦也想不到有朝一日这些东西会成为我的写作素材，我当时只是一个迷恋故事的孩子，醉心地聆听着人们的讲述。那时我是一个绝对的有神论者，我相信万物都有灵性，我见到一棵大树会肃然起敬。我看到一只鸟会感到它随时会变化成人，我遇到一个陌生人，也会怀疑他是一个动物变化而成。每当夜晚我从生产队的记工房回家时，无边的恐惧便包围了我，为了壮胆，我一边奔跑一边大声歌唱。那时我正处在变声期，嗓音嘶哑，声调难听，我的歌唱，是对我的乡亲们的一种折磨。

我在故乡生活了二十一年，期间离家最远的是乘火车去了一次青岛，还差点迷失在木材厂的巨大木材之间，以至于我母亲问我去青岛看到了什么风景时，我沮丧地告诉她：什么都没看到，只看到了一堆堆的木头。但也就是这次青岛之行，使我产生了想离开故乡==到外边去看世界的强烈愿望==。

一九七六年二月，我应征入伍，背着我母亲卖掉结婚时的首饰帮我购买的四本《中国通史简编》，走出了高密东北乡这个既让我爱又让我恨的地方，开始了我人生的重要时期。我必须承认，如果没有多年来中国社会的巨大发展与进步，如果没有改革开放，也不会有我这样一个作家。

在军营的枯燥生活中，我迎来了八十年代的思想解放和文学热潮，我从一个用耳朵聆听故事、用嘴巴讲述故事的孩子，开始尝试用笔来讲述故事。起初的道路并不平坦，我那时并没有意识到==我二十多年的农村生活经验是文学的富矿==，那时我以为文学就是写好人好事，就是写英雄模范，所以，尽管也发表了几篇作品，但文学价值很低。

一九八四年秋，我考入解放军艺术学院文学系。在我的恩师著名作家徐怀中的启发指导下，我写出了《秋水》《枯河》《透明的红萝卜》《红高粱》等一批中短篇小说。在《秋水》这篇小说里，==第一次出现了"高密东北乡"这个字眼==，从此，就如同一个四处游荡的农民有了一片土地，我这样一个文学的流浪汉，终于有了一个可以安身立命的场所。我必须承认，在创建我的文学领地"高密东北乡"的过程中，美国的威廉·福克纳和哥伦比亚的加西亚·马尔克斯给了我重要启发。我对他们的阅读并不认真，但他们开天辟地的豪迈精神激励了我，使我明白了==一个作家必须要有一块属于自己的地方==。一个人在日常生活中应该谦卑退让，但在文学创作中，必须颐指气使，独断专行。

我追随在这两位大师身后两年，即意识到，必须尽快地逃离他们。我在一篇文章中写道：他们是两座灼热的火炉，而我是冰块，如果离他们太近，会被他们蒸发掉。根据我的体会，一个作家之所以会受到某一位作家的影响，其根本是因为影响者和被影响者灵魂深处的相似之处。正所谓"心有灵犀一点通"。所以，尽管我没有很好地去读他们的书，但只读过几页，我就明白了他们干了什么，也明白了他们是怎样干的，随即我也就明白了我该干什么和我该怎样干。我该干的事情其实很简单，那就是==用自己的方式，讲自己的故事==。我的方式，就是我所熟知的集市说书人的方式，就是我的爷爷奶奶、村里的老人们讲故事的方式。坦率地说，讲述的时候，我没有想到谁会是我的听众，也许我的听众就是那些如我母亲一样的人，也许我的听众就是我自己。我自己的故事，起初就是我的亲身经历，譬如《枯河》中那个遭受痛打的孩子，譬如《透明的红萝卜》中那个自始至终一言不发的孩子。

我的确曾因为干过一件错事而受到过父亲的痛打，我也的确曾在桥梁工地上为铁匠师傅拉过风箱。当然，个人的经历无论多么奇特也不可能原封不动地写进小说，==小说必须虚构，必须想象==。很多朋友说《透明的红萝卜》是我最好的小说，对此我不反驳，也不认同，但我认为《透明的红萝卜》是我的作品中最有象征性、最意味深长的一部。那个浑身漆黑、具有超人的忍受痛苦的能力和超人的感受能力的孩子，是我全部小说的灵魂，尽管在后来的小说里，我写了很多的人物，但没有一个人物，比他更贴近我的灵魂。或者可以说，一个作家所塑造的若干人物中，总有一个领头的，这个沉默的孩子就是一个领头的，他一言不发，但却有力地领导着形形色色的人物，在高密东北乡这个舞台上，尽情地表演。自己的故事总是有限的，讲完了自己的故事，就必须讲他人的故事。于是，我的亲人们的故事，我的村人们的故事，以及我从老人口中听到过的祖先们的故事，就像听到集合令的士兵一样，从我的记忆深处涌出来。他们用期盼的目光看着我，等待着我去写他们。我的爷爷、奶奶、父亲、母亲、哥哥、姐姐、姑姑、叔叔、妻子、女儿，都在我的作品里出现过，还有很多的我们高密东北乡的乡亲，也都在我的小说里露过面。当然，我对他们，都进行了文学化的处理，使他们超越了他们自身，成为文学中的人物。

我最新的小说《蛙》中，就出现了我姑姑的形象。因为我获得诺贝尔奖，许多记者到她家采访。起初她还很耐心地回答提问，但很快便不胜其烦，跑到县城里她儿子家躲起来了。姑姑确实是我写《蛙》时的模特，但小说中的姑姑，与现实生活中的姑姑有着天壤之别。小说中的姑姑专横跋扈，有时简直像个女匪，现实中的姑姑和善开朗，是一个标准的贤妻良母。现实中的姑姑晚年生活幸福美满，小说中的姑姑到了晚年却因为心灵的巨大痛苦患上了失眠症，身披黑袍，像个幽灵一样在暗夜中游荡。我感谢姑姑的宽容，她没有因为我在小说中把她写成那样而生气；我也十分敬佩我姑姑的明智，她正确地理解了==小说中人物与现实中人物的复杂关系==。母亲去世后，我悲痛万分，决定写一部书献给她。这就是那本《丰乳肥臀》。因为胸有成竹，因为情感充盈，仅用了八十三天，我便写出了这部长达五十万字的小说的初稿。

在《丰乳肥臀》这本书里，我肆无忌惮地使用了与我母亲的亲身经历有关的素材，但书中的母亲情感方面的经历，则是虚构或取材于高密东北乡诸多母亲的经历。在这本书的卷前语上，我写下了"献给母亲在天之灵"的话，但这本书，实际上是献给天下母亲的，这是我狂妄的野心，就像我希望把小小的"高密东北乡"写成中国乃至世界的缩影一样。

作家的创作过程各有特色，我每本书的构思与灵感触发也都不尽相同。有的小说起源于梦境，譬如《透明的红萝卜》，有的小说则发端于现实生活中发生的事件——譬如《天堂蒜薹之歌》。但无论是起源于梦境还是发端于现实，最后都必须和个人的经验相结合，才有可能变成一部具有鲜明个性的，用无数生动细节塑造出了典型人物的、语言丰富多彩、结构匠心独运的文学作品。有必要特别提及的是，在《天堂蒜薹之歌》中，我让一个真正的说书人登场，并在书中扮演了十分重要的角色。我十分抱歉地使用了这个说书人真实姓名，当然，他在书中的所有行为都是虚构。在我的写作中，出现过多次这样的现象，写作之初，我使用他们的真实姓名，希望能借此获得一种亲近感，但作品完成之后，我想为他们改换姓名时却感到已经不可能了，因此也发生过与我小说中人物同名者找到我父亲发泄不满的事情，我父亲替我向他们道歉，但同时又开导他们不要当真。我父亲说："他在《红高粱》中，第一句就说'我父亲这个土匪种'，我都不在意你们还在意什么？"

我在写作《天堂蒜薹之歌》这类逼近社会现实的小说时，面对着的最大问题，其实不是我敢不敢对社会上的黑暗现象进行批评，而是这燃烧的激情和愤怒会让政治压倒文学，使这部小说变成一个社会事件的纪实报告。小说家是社会中人，他自然有自己的立场和观点，但小说家在写作时，必须站在人的立场上，把所有的人都当做人来写。

只有这样，文学才能发端于事件但超越事件，关心政治但大于政治。可能是因为我经历过长期的艰难生活，使我对人性有较为深刻的了解。我知道真正的勇敢是什么，也明白真正的悲悯是什么。我知道，每个人心中都有一片难用是非善恶准确定性的朦胧地带，而这片地带，正是文学家施展才华的广阔天地。只要是准确地、生动地描写了这个充满矛盾的朦胧地带的作品，也就必然地超越了政治并具备了优秀文学的品质。

喋喋不休地讲述自己的作品是令人厌烦的，但我的人生是与我的作品紧密相连的，不讲作品，我感到无从下嘴，所以还得请各位原谅。在我的早期作品中，我作为一个现代的说书人，是隐藏在文本背后的，但从《檀香刑》这部小说开始，我终于从后台跳到了前台。如果说我早期的作品是自言自语，目无读者，从这本书开始，我感觉到自己是站在一个广场上，面对着许多听众，绘声绘色地讲述。这是世界小说的传统，更是中国小说的传统。我也曾积极地向西方的现代派小说学习，也曾经玩弄过形形色色的叙事花样，但我最终回归了传统。

当然，这种回归，不是一成不变的回归，《檀香刑》和之后的小说，是继承了中国古典小说传统又借鉴了西方小说技术的混合文本。小说领域的所谓创新，基本上都是这种混合的产物。不仅仅是本国文学传统与外国小说技巧的混合，也是小说与其他的艺术门类的混合，就像《檀香刑》是与民间戏曲的混合，就像我早期的一些小说从美术、音乐甚至杂技中汲取了营养一样。

最后，请允许我再讲一下我的《生死疲劳》。这个书名来自佛教经典，据我所知，为翻译这个书名，各国的翻译家都很头痛。我对佛教经典并没有深入研究，对佛教的理解自然十分肤浅，其所以以此为题，是因为我觉得佛教的许多基本思想，是真正的宇宙意识，人世中许多纷争，在佛家的眼里，是毫无意义的。这样一种至高眼界下的人世，显得十分可悲。当然，我没有把这本书写成布道词，我写的还是人的命运与人的情感，人的局限与人的宽容，以及人为追求幸福、坚持自己的信念所做出的努力与牺牲。小说中那位以一己之身与时代潮流对抗的蓝脸，在我心目中是一位真正的英雄。这个人物的原型，是我们邻村的一位农民，我童年时，经常看到他推着一辆吱吱作响的木轮车，从我家门前的道路上通过。给他拉车的，是一头瘸腿的毛驴，为他牵驴的，是他小脚的妻子。这个奇怪的劳动组合，在当时的集体化社会里，显得那么古怪和不合时宜，在我们这些孩子的眼里，也把他们看成是逆历史潮流而动的小丑，以至于当他们从街上经过时，我们会充满义愤地朝他们投掷石块。事过多年，当我拿起笔来写作时，这个人物，这个画面，便浮现在我的脑海中。我知道，我总有一天会为他写一本书，我迟早要把他的故事讲给天下人听，但一直到了二〇〇五年，当我在一座庙宇里看到"六道轮回"的壁画时，才明白了讲述这个故事的正确方法。

我获得诺贝尔文学奖后，引发了一些争议。起初，我还以为大家争议的对象是我，渐渐的，我感到这个被争议的对象，是一个与我毫不相关的人。我如同一个看戏人，看着众人的表演。我看到那个得奖人身上落满了花朵，也被掷上了石块、泼上了污水。我生怕他被打垮，但他微笑着从花朵和石块中钻出来，擦干净身上的脏水，坦然地站在一边，对着众人说：对==一个作家来说，最好的说话方式是写作==。我该说的话都写进了我的作品里。用嘴说出的话随风而散，用笔写出的话永不磨灭。我希望你们能耐心地读一下我的书，当然，我没有资格强迫你们读我的书。

即便你们读了我的书，我也不期望你们能改变对我的看法，世界上还没有一个作家，能让所有的读者都喜欢他。在当今这样的时代里，更是如此。

尽管我什么都不想说，但在今天这样的场合我必须说话，那我就简单地再说几句。==我是一个讲故事的人，我还是要给你们讲故事==。上世纪六十年代，我上小学三年级的时候，学校里组织我们去看一个苦难展览，我们在老师的引领下放声大哭。为了能让老师看到我的表现，我舍不得擦去脸上的泪水。我看到有几位同学还悄悄地将唾沫抹到脸上冒充泪水。我还看到在一片真哭假哭的同学之间，有一位同学，脸上没有一滴泪，嘴巴里也没有一点声音，也没有用手掩面。他睁着大眼看着我们，眼睛里流露出惊讶或者是困惑的神情。事后，我向老师报告了这位同学的行为。为此，学校给了这位同学一个警告处分。多年之后，当我因自己的告密向老师忏悔时，老师说，那天来找他说这件事的，有十几个同学。这位同学十几年前就已去世，每当想起他，我就深感歉疚。这件事让我悟到一个道理，那就是：当众人都哭时，应该允许有的人不哭。当哭成为一种表演时，更应该允许有的人不哭。

我再讲一个故事：三十多年前，我还在部队工作。有一天晚上，我在办公室看书，有一位老长官推门进来，看了一眼我对面的位置，自言自语道："噢，没有人？"我随即站起来，高声说："难道我不是人吗？"那位老长官被我顶得面红耳赤，尴尬而退。为此事，我洋洋得意了许久，以为自己是个英勇的斗士，但事过多年后，我却为此深感内疚。请允许我讲最后一个故事，这是许多年前我爷爷讲给我听过的：有八个外出打工的泥瓦匠，为避一场暴风雨，躲进了一座破庙。外边的雷声一阵紧似一阵，一个个的火球，在庙门外滚来滚去，空中似乎还有吱吱的龙叫声。众人都胆战心惊，面如土色。有一个人说："我们八个人中，必定一个人干过伤天害理的坏事，谁干过坏事，就自己走出庙接受惩罚吧，免得让好人受到牵连。"自然没有人愿意出去。又有人提议道："既然大家都不想出去，那我们就将自己的草帽往外抛吧，谁的草帽被刮出庙门，就说明谁干了坏事，那就请他出去接受惩罚。"于是大家就将自己的草帽往庙门外抛，七个人的草帽被刮回了庙内，只有一个人的草帽被卷了出去。大家就催这个人出去受罚，他自然不愿出去，众人便将他抬起来扔出了庙门。故事的结局我估计大家都猜到了——那个人刚被扔出庙门，那座破庙轰然坍塌。

我是一个讲故事的人。因为讲故事我获得了诺贝尔文学奖。我获奖后发生了很多精彩的故事，这些故事，让我坚信真理和正义是存在的。

今后的岁月里，我将继续讲我的故事。

谢谢大家！

原刊于诺贝尔官网，此据《当代作家评论》2013年第1期，副标题有更动

> 莫言，原名管谟业，1955年2月17日生，山东高密人。是第一位获得诺贝尔文学奖的中国籍作家，也是第一位获得诺贝尔奖的中华人民共和国公民。
> 莫言小学五年级时因"文化大革命"辍学，在农村劳动长达10年。1976年参军，在部队担任图书管理员期间，阅读了大量文学书籍。1984年考入解放军艺术学院文学系。转年，发表成名作《透明的红萝卜》。1986年，在解放军艺术学院文学系毕业。同年小说《红高粱》引起文坛轰动。1988年秋参加中国作协委托北京师范大学办的研究生班，1991年获文艺学硕士学位。1992年，其作品的第一部英译本——中短篇小说集《爆炸》在美国出版。1993年，《红高粱》英译本在欧美出版，《纽约时报》评论说：通过《红高粱》这部小说，莫言把高密东北乡安放在世界文学的版图上。2000年，《红高粱》入选《亚洲周刊》评选的"20世纪中文小说100强"。其后又获得多种奖项。2007年到文化部中国艺术研究院工作。其间有多部长篇小说问世。
> 2012年10月11日，瑞典文学院宣布莫言获得2012年诺贝尔文学奖。

导读

  这是一篇演讲词。莫言虽然名为"莫言",其实很能"言",尤其长于演讲。他的"典藏文集"之《用耳朵阅读》中,收录了四十余篇演讲稿,包括在海外如德国、美国、日本、韩国等地的演说,可以说篇篇"有序""有物"。

  莫言获得诺贝尔文学奖的消息一发布,便产生了极为轰动的舆论效应——这当然与中国人的"诺奖饥渴症"有关,但也和文学奖的特殊性有关。自古便有"文无第一,武无第二"的说法,更何况"相轻"实乃文人难于摆脱的积习。于是,在铺天盖地的鲜花同时,也有为数不少的砖头与脏水。质疑的声音来自多种不同的角度。有思想内容方面的,左面的批评认为"抹黑",右面的批评反而认为"逃避";有艺术技巧方面的,有的认为"模仿洋人",有的反而认为"视野局限"。一时间,众说纷纭,莫衷一是。

  因而,莫言的演说,既有惯例性的感想、感谢之类"规定动作"的内容,又要对质疑的声音有所回应。但是,一则限于场合,二则自己是站在"成功者"的高处,如果调门过高,如果针锋相对,都未免有失身份,贻笑大方。

  莫言以他的睿智(甚至是"狡狯")和高明的表达能力,十分巧妙地化解了难题,给这次例行的获奖演讲增添了几分亮色。

  首先,他以对母亲的感恩开始了演说,这便在听众(以及后来更多的读者)中产生了强烈的印象:这是一位真诚、质朴的演讲者。表面看来,对母亲的回忆都是童年、少年时的琐事,其实意味深长,颇有匠心在内。

  然后,他以自己的几部作品为线索,介绍了写作方面的心得。这似乎只是在铺叙,其实包含着对质疑的回应。特别是关于《天堂蒜薹之歌》与《生死疲劳》两部

作品的说明，既有理论的深度，也有明显的针对性。但风格上娓娓道来，毫无火气。

　　演讲结尾，他再度突出自己"讲故事者"的身份，并罗列式地讲了三个似乎彼此无所关联的故事，其中的涵蕴丰厚复杂。小说与故事的关系在文学批评界颇有争议，并直接关乎作家与作品的评价标准——这是其一。他说自己以旁观者身份观看自己的遭遇，幽默中隐含着俯瞰众生的"傲慢"——这是其二。三个收煞的故事都可以作为"寓言"来读，特别是最后那个"破庙故事"，解读的可能多多——这是其三。至于"获奖后发生了很多故事""我将继续把故事写下去"等，都是滋味很耐咀摸的。

思考与讨论

　　1. 分析母亲形象的意味。作者选择母亲的几个"小故事"来细细讲述，用意何在？从母亲迁葬开始讲起，有什么特别的效果？

　　2. 试分析结尾三个故事的含义。

　　3. 抽绎全文中有关文学创作的见解，概括一下莫言的文学创作主张。

> 鲁迅对旁观者这种"中国特色"可谓是深恶而痛绝。以他疾恶如仇的性情，自然要探究何以报之。构思写作《野草》的过程中，他熔铸历久盘踞于心的思索和意象，完成了这篇散文诗杰作。

聚焦
- 深刻揭示国民精神现象的名文
- 鲁迅特有的独异思维与犀利文风

复仇

鲁迅

人的皮肤之厚，大概不到半分，鲜红的热血，就循着那后面，在比密密层层地爬在墙壁的槐蚕[1]更其密的血管里奔流，散出温热。于是各以这温热互相蛊惑、煽动、牵引，拼命地希求偎倚、接吻、拥抱，以得生命的沉酣的大欢喜[2]。

但倘若用一柄尖锐的利刃，只一击，穿透这桃红色的，菲薄的皮肤，将见那鲜红的热血激箭似的以所有温热直接灌溉杀戮者；其次，则给以冰冷的呼吸，示以淡白的嘴唇，使之人性茫然，得到生命的飞扬的极致的大欢喜；而其自身，则永远沉浸于生命的飞扬的极致的大欢喜中。

这样，所以，有他们俩裸着全身，捏着利刃，对立于广漠的旷野之上。

他们俩将要拥抱，将要杀戮……

路人们从四面奔来，密密层层地，如槐蚕爬上墙壁，如马蚁要扛鲞头[3]。衣服都漂亮，手倒空的。然而从四面奔来，而且拼命地伸长颈子，要赏鉴这拥抱或杀戮。他们已经豫觉着事后的自己的舌上的汗或血的鲜味。

然而他们俩对立着，在广漠的旷野之上，裸着全身，捏着利刃，然而也不拥抱，也不杀戮，而且也不见有拥抱或杀戮之意。

他们俩这样地至于永久，圆活的身体，已将干枯，然而毫不见有拥抱或杀戮之意。

路人们于是乎无聊；觉得有无聊钻进他们的毛孔，觉得有无聊从他们自己的心中由毛孔钻出，爬满旷野，又钻进别人的毛孔中。他们于是觉得喉舌干燥，脖子也乏了；终至于面面相觑，慢慢走散；甚而至于居然觉得干枯到失了生趣。

于是只剩下广漠的旷野，而他们俩在其间裸着全身，捏着利刃，干枯地立着；以死人似的眼光，赏鉴这路人们的干枯，无血的大戮，而永远沉浸于生命的飞扬的极致的大欢喜中。

一九二四年十二月二十日

选自《鲁迅全集》第2卷，人民文学出版社1981年版

复仇

注释

[1] 槐蚕：生长在槐树上的蛾类幼虫，北方俗称"吊死鬼"。

[2] 大欢喜：佛家语。佛教中的天神"欲天"和"爱神"又名"欢喜天"，作裸身拥抱状。

[3] 鲞（xiǎng）头：指干的海鱼头。鲞，剖开晾干的海鱼。

鲁迅（1881—1936），本名周树人，字豫才。浙江绍兴人。1902年赴日留学，其间弃医从文，开始翻译与创作活动。1912年起任职于教育部，并先后在北京大学、北京女子师范大学、厦门大学、中山大学任教职。1927年10月后定居上海，成为职业作家。除外国作品翻译和中国古籍整理外，创作了《呐喊》《彷徨》《故事新编》等小说集，《野草》《朝花夕拾》等散文集，及十余部杂文集。其中包括《阿Q正传》《狂人日记》《孤独者》《伤逝》《过客》等新文学经典作品。鲁迅是20世纪中国最重要的文学家，也是一生致力于国民性改造的伟大的思想家。有多种版本的《鲁迅全集》行世，较通行的为1981年16卷本。

鲁迅

导读

本篇是鲁迅的散文诗集《野草》中的重要作品。

"复仇"是鲁迅作品和思想的重要主题之一。此篇之后，还有《复仇（其二）》（亦见于《野草》集中）；并且从早年到晚年，多次谈及，构成了独特的鲁迅式哲学的丰富内涵。本篇以散文诗的形式，集中而深刻地表现了以"毫无动作"对"看客"进行"复仇"这一主题。

鲁迅揭示的中国国民的劣根性之一，即是"看客"心理："庸众"因"无聊"而将他人的一切举动"事件"化，"戏剧"化，从而"旁观"之，"赏鉴"之，以慰其无聊；他人特别是其中的所谓"独异个人"，因之被迫成为演员，其爱与死——这生命中最庄严神圣的举动，均在看客的围观中成为表演作秀。文中裸立的两人与路人的关系即是如此。而被看者欲摆脱此尴尬处境，或者再进一步，欲还以颜色，只有"毫无动作"，使旁观者"无戏可看"，仍旧无聊，乃至"干枯""老死"，以此向看客们"复仇"。从中不难看出作者"憎恶""愤激"的强烈情感。

鲁迅之所以如此歌咏复仇，其内在的意涵不尽在于鼓吹向看客们"复仇"，或者更将这些看作是一种"疗救"。在《娜拉走后怎样》中，作者沉痛地说道："群众，——尤其是中国的，——永远是戏剧的看客。""对于这样的群众没有法，只好使他们无戏可看倒是疗救。"着眼于"疗救"，正一语道破了作者对"群众""衷悲而疾视"（语见作者早期文言论文《摩罗诗力说》，为谈及拜伦对待希腊人民的态度时而言）式的大爱！而作者清醒地知道，这将是一个漫长的过程，在改造这种国民性的途中，"正无需乎震骇一时的牺牲，不如深沉的韧性的战斗！"

在本篇中，精巧的构思，象征性的人物，细腻而尖新的描写，复沓而有力的语句，铸成了强烈的感觉和思想的冲击力。这一成就，也是《野草》中许多篇什的特点。

关于此篇，作者在两处专门谈及；此外还有多种表达类似思想的描写和议论，均可以参看。

思考与讨论

1. 篇中两次写到"永远沉浸于生命的飞扬的极致的大欢喜中"，其用意有何不同？
2. 依你所见，诗中二人有此处境，应"毫无动作"呢，还是或相爱、或相杀，"照所欲而行的为是"呢？
3. 阅读《复仇（其二）》，体会鲁迅复仇思想的另一种表达。

平行阅读

这一篇根据《新约全书》的有关记载改造生发，写的是另一种"复仇"：先觉者要救民众，却为民众所害；遂以"玩味""悲悯""仇恨"向庸众复仇。

复仇（其二）[1]

鲁　迅

因为他自以为是神之子，以色列的王[2]，所以去钉十字架[3]。

兵丁们给他穿上紫袍，戴上荆冠，庆贺他；又拿一根苇子打他的头，吐他，屈膝拜他；戏弄完了，就给他脱了紫袍，仍穿他自己的衣服。

看哪，他们打他的头，吐他，拜他……

他不肯喝那用没药[4]调和的酒，要分明地玩味以色列人怎样对付他们的神之子，而且较永久地悲悯他们的前途，然而仇恨他们的现在。

四面都是敌意，可悲悯的，可咒诅的。

丁丁地响，钉尖从掌心穿透，他们要钉杀他们的神之子了，可悯的人们呵，使他痛得柔和。丁丁地响，钉尖从脚背穿透，钉碎了一块骨，痛楚也透到心髓中，然而他们自己钉杀着他们的神之子了，可咒诅的人们呵，这使他痛得舒服。

十字架竖起来了；他悬在虚空中。

他没有喝那用没药调和的酒，要分明地玩味以色列人怎样对付他们的神之子，而且较永久地悲悯他们的前途，然而仇恨他们的现在。

路人都辱骂他，祭司长和文士也戏弄他，和他同钉的两个强盗也讥诮他[5]。

　　看哪，和他同钉的……

　　四面都是敌意，可悲悯的，可咒诅的。

　　他在手足的痛楚中，玩味着可悯的人们的钉杀神之子的悲哀和可咒诅的人们要钉杀神之子，而神之子就要被钉杀了的欢喜。突然间，碎骨的大痛楚透到心髓了，他即沉酣于大欢喜和大悲悯中。

　　他腹部波动了，悲悯和咒诅的痛楚的波。

　　遍地都黑暗了。

　　"以罗伊，以罗伊，拉马撒巴各大尼？！"（翻出来，就是：我的上帝，你为甚么离弃我？！）[6]

　　上帝离弃了他，他终于还是一个"人之子"；然而以色列人连"人之子"都钉杀了。

　　钉杀了"人之子"的人们的身上，比钉杀了"神之子"的尤其血污，血腥。

一九二四年十二月二十日

选自《鲁迅全集》第2卷，人民文学出版社1981年版

被钉在十字架上的耶稣

注释

　　[1] 本篇最初发表于1924年12月29日《语丝》周刊第七期。文中关于耶稣被钉十字架的事，是根据《新约全书》中的记载。

　　[2] 以色列的王：即犹太人的王。据《新约全书·马可福音》第十五章记载："他们带耶稣到了各各他地方（各各他翻出来，就是骷髅地）……于是将他钉在十字架上……在上面有他的罪状，写的是犹太人的王。"

　　[3] 关于耶稣被钉十字架的情况，据《马可福音》第十五章记载："将耶稣鞭打了，交给人钉十字架。……他们给他穿上紫袍，又用荆棘编做冠冕给他戴上，就庆贺他说，恭喜犹太人的王啊。又拿一根苇子，打他的头，吐唾沫在他的脸上，屈膝拜他。戏弄完了，就给他脱了紫袍，仍穿上他自己的衣服，带他出去，要钉十字架。"

　　[4] 没药：药名，一作末药，梵语音译。由没药树树皮渗出的脂液凝结而成。有镇静、麻醉等作用。《马可福音》第十五章有兵丁拿没药调和的酒给耶稣，耶稣不受的记载。

　　[5] 据《马可福音》第十五章记载："他们又把两个强盗，和他同钉十字架，一个在右边，一个在左边。从那里经过的人辱骂他，摇着头说，咳，你这拆毁圣殿，三日又建造起来的，可以救自己，从十字架上下来罢。祭司长和文士也是这样戏弄他，彼此说，他救了别人，不能救自己。以色列的王基督，现在可以从十字架上下来，叫我们看见，就信了。那和他同钉的也是讥诮他。"祭司长，古犹太教管祭祀的人；文士，宣讲古犹太法律，兼记录和保管官方文件的人。他们同属上层统治阶级。

　　[6] 关于耶稣临死前的情况，据《马可福音》第十五章记载："从午正到申初遍地都黑暗了。申初的时候，耶稣大声喊着说：'以罗伊，以罗伊，拉马撒巴各大尼？！'翻出来就是：我的上帝，我的上帝，为什么离弃我？！……气就断了。"

> "国文"之称，始于五四。作为与鲁迅齐名并称的散文作家，作者的汉语文章的学习经历和经验，自然为人所关注。且看这位现代散文名家的"传经""说法"。

聚焦
● 国文大家的切身经验
● "精纯趣味"的养成之道

我学国文的经验

周作人

我到现在做起国文教员来，这实在在我自己也觉得有点古怪的，因为我不但不曾研究过国文，并且也没有好好地学过。平常做教员的总不外这两种办法，或者把自己的赅博的学识倾倒出来，或者把经验有得的方法传授给学生，但是我于这两者都有点够不上。我于怎样学国文的上面就压根儿没有经验，我所有的经验是如此的不规则，不足为训的，这种经验在实际上是误人不浅，不过当作故事讲也有点意思，似乎略有浪漫的趣味，所以就写它出来，送给《孔德月刊》[1]的编辑，聊以塞责，收稿的期限已到，只有这一天了，真正连想另找一个题目的功夫都没有了，下回要写，非得早早动手不可，要紧要紧。

乡间的规矩，小孩到了六岁要去上学，我大约也是这时候上学的。是日，上午，衣冠，提一腰鼓式的灯笼，上书"状元及第"等字样，挂生葱一根，意取"聪明"之兆，拜"孔夫子"而上课，先生必须是秀才以上，功课则口授《鉴略》[2]起首两句，并对一课[3]，曰"元"对"相"，即放学。此乃一种仪式，至于正式读书，则迟一二年不等。我自己是哪一年起头读的，已经记不清了，只记得从过的先生都是本家，最早的一个号花塍，是老秀才，他是吸鸦片烟的，终日躺在榻上，我无论如何总记不起他的站立着的印象。第二个号子京，做的怪文章，有一句试帖诗云，"梅开泥欲死"[4]，很是神秘，后来终以疯狂自杀了。第三个的名字可以不说，他是以杀尽革命党为职志的，言行暴厉的人，光复的那年，他在街上走，听得人家奔走叫喊，"革命党进城了！"立刻脚软了，再也站不起来，经街坊抬他回去；以前应考，出榜时见自己的前一号（坐号）的人录取了，就大怒，回家把院子里的一株小桂花都拔了起来。但是从这三位先生我都没有学到什么东西，到了十一岁时往三味书屋去附读[5]，那才是正式读书的起头。所读的书我还清清楚楚地记得，是一本"上中"，即《中庸》的上半本，大约从"无忧者其唯文王乎"左近读起。书房里的功课是上午背书上书，读生书六十遍，写字；下午读书六十遍，傍晚不对课，讲唐诗一首。老实说，这位先生的教法倒是很宽容的，对学生也颇有理解，我在书房三年，没有被打过或罚跪。这样，我到十三岁的年底，读完了《论》《孟》《诗》《易》及《书经》的一部分。"经"可以算读得也不少了，虽然也不能算多，但是我总不会写，也看不懂书，至于礼教的精义尤其茫然，干脆一句话，以前所读之经于我毫无益处，后来的能够略写文字及养成一种道德观念，乃是全从别的方面来的。因此我觉得那些主张读经救国的人真是无谓极了，我自己就读过好几经，（《礼记》《春秋》《左传》是自己读的，也大略读过，虽然现在全忘了）总之就是这么一回事，毫无用处，也不见得有损，或者只耗费若干的光阴罢了。恰好十四岁时往杭州去[6]，不再进书房，只在祖父旁边学做八股文试帖诗，平日除规定看《纲鉴易知录》[7]，抄《诗韵》[8]以外，可以随意看闲书，因为祖父是不禁小孩看小说的。他是个翰林[9]，脾气又颇乖戾，但是对于教育却有特别的意见：他很奖励小孩看小说，以为这能使人思路通顺，有时高兴便同我讲起《西游记》来，孙行者怎么调皮，猪八戒怎样老实，——别的小说他也不非难，但最称赞的却是这《西游记》。晚年回到家里，还是这样，常在聚族而居的堂前坐着对人谈讲，尤其是喜欢找他的一位堂弟（年纪也将近六十了罢）特别反复地讲"猪八戒"，仿佛有什么讽刺的寓意似的，以致那位听者轻易不敢出来，要出门的时候必须先窥探一下，如没有人在那里等他去讲猪八戒，他才敢一溜烟地溜出门去。我那时便读了不少的小说，好的坏的都有，看纸上的文字而懂得文字所表现的意思，这是从此刻才起首的。由《儒林外史》《西游记》等渐至《三国演义》转到《聊斋志异》，这是从白话转到文言的径路。教我懂文言，并略知文言的趣味者，实在是这《聊斋》，并非什么经书或是《古文析义》[10]之流。《聊斋志异》之后，自然是那些《夜谈随录》等的假《聊斋》[11]，一变而转入《阅微草堂笔记》[12]，这样，旧派文言小说的两派都已入门，便自然而然地跑到《唐代丛书》[13]里边去了。不久而"庚子[14]"来了。到第二年，祖父觉得我的正途功名已经绝望，照例须得去学幕或是经商[15]，但是我都不愿，所以只好"投笔从戎"，去进江南水师学堂[16]。这本是养成海军士官的学校，于国文一途很少缘分，但是因为总办方硕辅观察[17]是很重国粹的，所以入学试验颇是严重，我还记得国文试题是"云从龙风从虎论"，覆试是"虽百世可知也

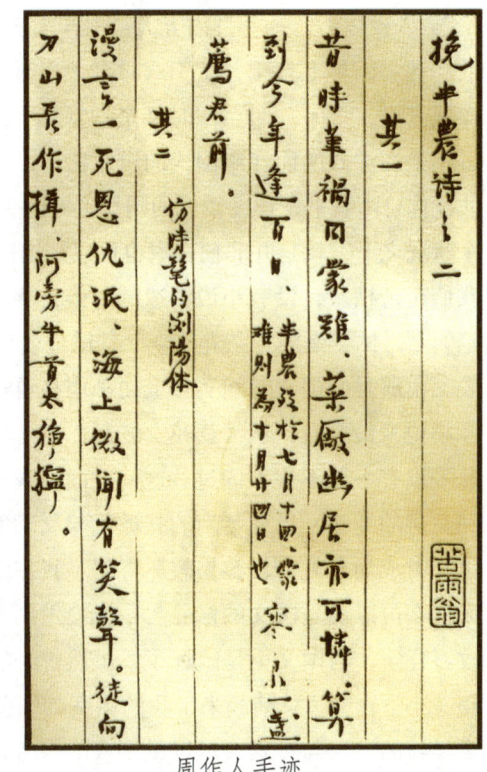

周作人手迹

论"。入校以后，一礼拜内五天是上洋文班，包括英文科学等，一天是汉文，一日的功课是，早上打靶，上午八时至十二时为两堂，十时后休息十分钟，午饭后体操或升桅，下午一时至四时又是一堂，下课后兵操。在上汉文班时也是如此，不过不坐在洋式的而在中国式的讲堂罢了，功课是上午作论[18]一篇，余下来的功夫便让你自由看书，程度较低的则作论外还要读《左传》或《古文辞类纂》[19]。在这个状况之下，就是并非预言家也可以知道国文是不会有进益的了。不过时运真好，我们正苦枯寂，没有小说消遣的时候，翻译界正逐渐兴旺起来，严几道的《天演论》[20]，林琴南的《茶花女》[21]，梁任公的《十五小豪杰》[22]可以说是三派的代表。我那时的国文时间实际上便都用在看这些东西上面，而三者之中尤其是以林译小说为最喜看，从《茶花女》起，至《黑太子南征录》止，这其间所出的小说几乎没有一册不买来读过。这一方面引我到西洋文学里去，一方面又使我渐渐觉到文言的趣味，虽林琴南的礼教气与反动的态度终是很可嫌恶，他的拟古的文章也时时成为恶札[23]，容易教坏青年。我在南京的五年，简直除了读新小说以外别无什么可以说是国文的修养。一九〇六年南京的督练公所派我与吴周二君往日本改习建筑，与国文更是疏远了，虽然曾经忽发奇想地到民报社去听章太炎讲过两年"小学"[24]。总结起来，我的国文的经验便只是这一点，从这里边也找不出什么学习的方法与过程，可以供别人的参考，除了这一个事实，便是我的国文都是从看小说来的，倘若看几本普通的文言书，写一点平易的文章，也可以说是有了运用国文的能力。现在轮到我教学生去理解国文，这可使我有点为难，因为我没有被教过这是怎样地理解的，怎么能去教人。如非教不可，那么我只好对他们说，请多看书。小说，曲，诗词，文，各种；新的，古的，文言，白话，本国，外国，各种；还有一层，好的，坏的，各种：都不可以不看，不然便不知道文学与人生的全体，不能磨炼出一种精纯的趣味来。自然，这不要成为乱读，须得有人给他做指导顾问，其次要别方面的学问知识比例地增进，逐渐养成一个健全的人生观。

　　写了之后重看一遍，觉得上面所说的话平庸极了，真是"老生常谈"，好像是笑话里所说，卖必效的臭虫药的，一重一重地用纸封好，最后的一重里放着一张纸片，上面只有两字曰"勤捉"。但是除灭臭虫本来除了勤捉之外别无好法子，所以我这个方法或者倒真是理解文章的趣味之必效法也未可知哩。

一九二六年，九月三十日，于北京

选自《知堂文集》，止庵校订，河北教育出版社2002年版

注释

[1]《孔德月刊》：文艺刊物，北京孔德学校同学会文艺部创办。1926年10月创刊，1928年6月停刊。

[2]《鉴略》：旧时学塾所用浅近历史读本。

[3] 对一课：对课，即旧时学塾教授学生练习对仗的功课，以虚实平仄之字相对。

[4] 试帖诗：古代科举考试中考生限题所作的应试诗。可参读作者《瓜豆集·关于试帖》。

[5] 三味书屋：周氏兄弟少年读书之所。可参读鲁迅《朝花夕拾·从百草园到三味书屋》，作者《鲁迅的青年时代·八　三味书屋》。

[6] 往杭州去：指1896年作者应祖父之命去杭州陪伴祖父读书。作者祖父周福清，人称介孚公，翰林出身。曾外放江西金溪县任知县，因顶撞上司被参劾革职，又遵例捐升内阁中书，做过几年京官。1893年参与科场行贿作弊，败露后被判"斩监候"，在杭州系狱，每年等待"秋决"。13岁的作者"身服父亲的重丧"，"隔日去探望在监的祖父"。可参读作者《鲁迅的青年时代·四　祖父的故事》《知堂回想录·一四　杭州》。

[7]《纲鉴易知录》：编年体中国通史纲要，清乾隆时吴楚材编辑。当时被作为简明的历史教科书使用。

[8]《诗韵》：旧体诗词检选用韵的工具性书籍。种类很多。清代有据《佩文诗韵》改编而成的《诗韵集成》，为初学作诗的简易工具书。另有清人所集《诗韵合璧》。

[9] 翰林：在明清两代指殿试选拔的较高名次的新科进士入翰林院。

[10]《古文析义》：清代流行的文章写作的入门书籍。

[11]《夜谭随录》：清乾隆时和邦额著，为仿《聊斋》之作。

[12]《阅微草堂笔记》：笔记小说集，二十四卷。清纪昀著。

[13]《唐代丛书》：又名《唐人说荟》。小说丛书，收辑唐传奇、笔记164种。清人编。

[14] "庚子"：清光绪二十六年（1900）为庚子年，八国联军侵占北京，并于次年强迫清政府签订《辛丑条约》，史称"庚子事变"。

[15] 学幕：明清地方军政大吏之署府称幕府，初入幕府做幕僚（又称幕友、师爷）者为学幕。明清时绍兴人学幕成为一时风尚，绍兴师爷遍全国，至有"无绍不成衙"之说。

[16] 江南水师学堂：洋务派创办的海军学校。建于光绪十六年（1890）。

[17] 观察：清代沿用唐代用法对兼管府、州的道员的尊称。

[18] 作论：指在科举考试中写作论说文，如策论等。

[19]《古文辞类纂》：古文选集，七十五卷。清人姚鼐编。

[20] 严几道的《天演论》：严几道，即严复，字几道。《天演论》，严复据英国人赫胥黎著《进化论与伦理学及其他论文》的前两篇论文所译述，出版于1898年。天演，即进化，为严复对英文evolution的汉译。

[21] 林琴南的《茶花女》：林琴南，即林纾，字琴南。《茶花女》，指林纾据法国人小仲马著同名小说所译《巴黎茶花女遗事》，出版于1898年。后文《黑太子南征录》亦为林氏所译。

[22] 梁任公的《十五小豪杰》：梁任公，即梁启超，号任公。《十五小豪杰》，梁启超与罗普合译的西方"教育小说"。

[23] 恶札：不好的文章。札，此处泛指以信札、札记为代表的各类文章。

[24] 民报：清末宣传革命的著名报纸，1905年创刊，为同盟会机关报。听章太炎讲过两年"小学"：指1908年夏天起，周氏兄弟等八人往东京小石川区新小川町民报社听章太炎讲《说文解字》。"小学"，旧称文字、音韵、训诂之学。可参看作者《知堂回想录·八　民报社听讲》"实在倒还是这中国文字的知识，给予我不少的益处，是我所十分感谢的"等。章太炎，即章炳麟，号太炎。民主革命家，著名学者，时在东京主编《民报》。

现代文

周作人（1885—1967），字启明，号知堂。浙江绍兴人，鲁迅胞弟，1924年兄弟失和。早年留学日本，五四前起在北京大学等校任教多年。提倡"人的文学"，提倡"美文"，关注女性和儿童、民俗和性心理问题，发表大量散文作品，影响深远。抗日战争中滞留北平，出任伪职，后被国民政府治罪系狱。1949年后居北京，从事写作与翻译。其主要作品有《自己的园地》《雨天的书》《泽泻集》《谈龙集》《谈虎集》《知堂文集》《鲁迅小说里的人物》《知堂回想录》等。

周作人

导读

在20世纪上半叶的中国文坛，周氏兄弟的散文成就是被相提并论的。知堂的文章，独具面目，名重当时。他的学习语文的经验，自然格外为人重视。此文即是应杂志之约，于1926年所作。==作者对本文及其所讲述的内容，相当看重==：本文先收入《谈虎集》（1928），后收入《知堂文集》（1933），在多部著作中又屡次谈及。

文章题目是讲"经验"，但一上来却说"我于怎样学国文的上面就压根儿没有经验"，似乎会让读者失望。但接着又说其所经验之事"当作故事讲也有点意思"，且还"似乎略有浪漫的趣味"。这就又足以引发读者的兴趣。实际上是有意识地==强调他的经验不同于通常流行的见解==。

他从开蒙读书讲起，讲了三位本家先生的故事，其人其行颇可一记，因其有趣也。其次，述读经，少年光阴，尽耗于此，不但达不到养成"爱国"大义的目的，而且于学习写作也无作用。下面讲他随祖父读书事。在那个时代，其祖父的见解颇为开明，算得上难能可贵。他"是不禁小孩看小说的"，"他很奖励小孩看小说，以为这能使人思路通顺"。==这是深谙学文之道的。==这里，作者又正中取曲，斜出一笔，写了那"脾气又颇乖戾"的祖父竟也有让人忍俊的一面：投缘最是《西游记》，逢人便说猪八戒，以致人们避之唯恐不及，果然"有趣"。接下来，==用个人经历，串起了一条国文进步之阶==：由断字而识文，从白话到文言，经读懂到知趣味。这是符合少年学习语文的规律的。他所列举的那些小说，白话者通俗易懂，文言者异想纷呈，又都具有情节曲折、引人入胜之致，对少年的吸引力实在很大。借助读小说，可以轻松愉快地获得中国语文的基础，识得汉语文的趣味。再往后，是"从军"的故事，新的读物——严译学术著作，林译西洋小说，给了作者一片新的天地，嗜读这类书的结果是，"使我渐渐觉到文言的趣味"。

结束语再次对其经验加以强调，一言以蔽之："请多看书。"似乎真是卑之无甚高论。然而由他这样的文章大家讲出，却是非同凡响。其"看书之道"为："小说，曲，诗词，文，各种；新的，古的，文言，白话，本国，外国，各种；还有一层，好的，坏的，各种：都不可以不看。"一字尽矣，曰"杂"。这是一种不事先设定哪些是好书、哪些是坏书，哪些能看、哪些不能看，而任由读者自行在读书中培养、提高识别能力的方法，与鲁迅提倡的什么书都要"随便翻翻"的主张是一致的。

　　值得注意的是，作者所讲多看书，读杂书的目的，不单是学文，还要"磨炼出一种精纯的趣味来"，更要"知道文学与人生的全体"，最终是要"逐渐养成一个健全的人生观"。至此，作者的深意算是和盘托出：这些才是学好"国文"的根本。而这，又都离不开"多看书"，舍此别无捷径。

　　本文看似应邀之作，率意为之，但并不是急就章，而是作者蓄之已久的深思熟虑。文章虽是讲故事的口吻，又出语诙谐，其用意却是极严肃的。多有细节的观察与描摹，穿插有趣的佚闻，看似散漫，其实都是在讲他接受国文教育之中所经历的有用的无用的、有效的无效的种种，让你在体味中接受、理解。像结尾一段，本可以没有的，却加了那个著名的段子，再以"我这个方法或者倒真是理解文章的趣味之必效法也未可知哩"作结，引人发噱的同时，加深了对其经验的信服。文章亲切，幽默，精练，丰腴，深刻，诸种质素集于一身，颇能代表作者的风格。

思考与讨论

　　1. 作者屡次说自己"没有经验"，讲的无非是"老生常谈"，他真的是认为他所讲的"无足道哉"吗？请加以解析。

　　2. "我的国文都是从看小说来的"，理解国文，只有"多看书"。你怎样看这位文章家的"经验"？

　　3. 题为"经验"，作者却以大半篇幅讲了许多有趣的经历和故事，这样的写法是不经意的吗？其效果如何？

> 人类文艺史上，天才的命运常常令人扼腕、叹息。但是，流星划过天际的光芒，瞬间即是永恒；真金沉埋砂砾后重现，岁月不能稍减其价值。如中国的徐文长，如法国的梵·高，时代不同，背景各异，但他们引发后人慨叹的命运却是一样的。

梵·高的坟茔

范 曾

聚焦
● 萧条异代不同时：艺术大师之间的共鸣
● 以激情驱策笔墨的范例

冬天来到了巴黎，寒风料峭，木叶尽脱。洗尽铅华后的巴黎，少了点艳丽，多了些庄严。顺着塞纳河西北行，更是一片冬天的萧瑟。我们驱车向瓦兹河上的欧维尔城疾驰，去瞻仰我心灵深处的艺术殉道者梵·高[1]的遗踪。

欧维尔实际上是一座距巴黎三十五公里的小镇，镇上惟一的萨都（大宅院之音译），是昔日贵胄的宅邸，阔大而巍峨。在萨都的平台上远望，平林漠漠，轻雾朦胧，只有闪光的瓦兹河不舍昼夜地流淌。一百年前这儿还是淳朴的村庄，生活状貌和巴黎大异其趣。那时巴黎开始有了地下铁路，马路上驰行着方头笨脑的汽车，而辚辚马车声依旧在巴黎唤醒昔日的梦境。那儿有的是智慧深邃的贤哲、风华婉转的艺人，美女们在宴会中、沙龙里光艳照座，鲜花在园圃中、市肆上幽香袭人。那是一个充满了智慧、豪情和诗意，也充满了虚荣、狡黠和鄙俗的社会。巴黎的艺术家们风云际会，大展身手，其中佼佼者，浮动在社会视线之上，成为熠熠生辉的明星。然而造物不公，它造就了一些更卓绝的天才，却不相应地造就能欣赏他的观众。要等到这些天才死了很多年后，评论家才像天文学家发现新星一样仰望他、赞叹他。梵·高，这位荷兰籍的天生奇才一百年前来到法兰西后，等待他的是贫困和饥饿，他背着简陋的画具和破旧的行囊，远离这座他同样迷恋的巴黎城。我们来到了镇上的一间小客栈，这儿便是梵·高生命最后一段时间的居停。楼下是饭厅，楼上有两间客房，一间六平方米，没有窗户，只有大可盈尺的一扇天窗，也没有壁柜，阴暗而潮湿，住着绝境中的梵·高。隔壁一间八平方米，稍显宽敞，有一扇窗户，还有一个壁橱，住着穷困的荷兰画家歇尔启格[2]，今天他已以自己卓越的才华载入青史，然而他当时同样被社会所忘却。梵·高的屋中只能放置一张小床和一张破椅，他根本无法在室内作画。于是苍苍穹庐、恢恢大地便是他的画室。没有钱雇模特儿，他只好对着镜子一而再、再而三地画自画像。客栈的主人有着乡下人的朴厚，梵·高每天花三块五角法郎便可食宿，梵·高为人质实和蔼，加上法国人自古以来普遍的对艺术家的垂青，梵·高和店主关系似乎很和睦，甚至店主十三岁的女儿阿德丽娜三次给梵·高当模特儿。1954年她还以高龄健在，她回忆道："文生先生（梵·高的名字）只在中午回来吃一餐饭，十分简单，绝不点菜，我们都很敬重他。"

在欧维尔，梵·高留下了他最后的杰作之一:《欧维尔教堂》。教堂外边竖着一块牌子，挂着这幅画的复制品，精通法文的杨起先生告诉我，这上面有诗人题句："于大师杰构中，请君深悟梵·高生前心灵最后一字——上帝。"

梵·高《自画像》

在欧维尔，至爱的友人高更[3]因误会，与他大吵一次离去，从此音书顿杳，留下的是寂寞、困顿和社会对他的冷漠。梵·高一生卖不出一张画，即使当时在巴黎已渐渐成气候的雷诺阿[4]、莫奈[5]、莫利索的拍卖会[6]，也累遭败绩，引起了一阵阵布尔乔亚们的嘲笑、评论家们的诟骂。人们根本不知道梵·高，也就是他连被人嘲笑和诟骂的资格也没有。==在人生的道路上没有比被弃置不顾、被彻底忘却更痛苦的了==，那是冰冷阴湿的黑夜、是狭窄深陷的冰窖，那是与死比邻的生。梵·高爱叼烟斗，抽的是粗劣廉价的烟草，他曾在一张画上描写了一个最粗糙的木椅，在破烂的藤座上放着他的烟斗和一张纸包的些许的烟草，它似乎向我们唱出了==一首凄凉的身世之歌==，一如这烟斗中袅袅的轻烟在人间消失，无影无踪。

一个伟大的天才，当他无法知道自己的艺术具有无限的生命，会永恒地受人热爱的时候，形骸之暂寓人世，那是毫无意义的。艺术既不能提供面包，那就让需要面包的艺术家速朽，而自裁便是最简捷的方式。梵·高拿起了手枪，走到萨都的草坪，向心窝射了一枪，他在华贵的建筑前==对这不平的社会用生命做了一次壮烈的抗议==。然而他没有倒下，一路流淌着鲜血回到他的卧室，他呻吟流泪，无法说话，只有一声声悲惨的呻吟。据说天鹅之死都选择朝暾初上的清晨，它如泣如诉、如怨如慕地吟哦，向自己曾用美奂的羽翼装点的自然告别。而梵·高，这一百年后将用他无量光焰烛照浑浊世界的伟大天才，在弥留之际的歌却这般凄厉惨烈。他死在深爱他的弟弟德奥的怀抱中。梵·高一生寡于交游，在他遗体旁的

61

梵·高《向日葵》

只有他的好朋友、穷苦的医生加歇和画家歇尔启格。神父拒绝为自杀者作弥撒，甚至教堂不给灵车送葬，只有在附近的梅里小镇借来一辆破旧的灵车将梵·高遗体送到墓地。他的弟弟德奥为了慰藉他的对艺术以生命与之的兄长，曾和另一位朋友合伙仅仅以几十法郎买过梵·高一张画，然而今天这一点点光明和温馨也深埋在梵·高的心灵，深埋在这最简单的坟茔之中了。梵·高生前曾有一封信致他亲爱的弟弟，信中说："我相信终有一天，我有办法在一家咖啡馆办一次画展。"今天，所有的雄伟壮丽的画馆，无论奥赛博物馆或大皇宫，都以一展梵·高的杰作为荣，荷兰和法兰西都争称梵·高是她的儿子，在巴黎和阿姆斯特丹都巍然耸立着他的纪念馆，而一百年前，梵·高的理想却是在咖啡馆一悬他的心迹。印度诗圣泰戈尔说："一个人大为谦卑的时候，就是他接近伟大的时候。"这种"谦卑"，倘若仅是知其当为而为之，那就近乎矫情，而梵·高的谦卑来源于他的天真和懵懂，他完全不知道驻于他质朴灵魂深处的不朽天才，胜过了英国女王皇冠上的钻石。梵·高只是画着画着，热烈地不倦地画着，那是他灵智的本能，而是否是天才无关宏旨，他不会像毕加索[7]每天清晨懒洋洋地睁开倦眼问妻子："我是天才吗？我有天才吗？"

梵·高过着清白无瑕的生活，他没有金钱的刺激，没有女人的诱惑，没有鲜花的慰藉。正如罗曼·罗兰[8]说："清贫，不仅是思想的导师，也是风格的导师，他使精神和肉体都知道什么是澹泊。"澹泊者，明于心而淡于欲、清于志而寡于营也。当罗丹[9]命丰腴清丽的裸女模特儿们在画室翩然起舞，当莫提格里昂尼[10]面对着妩媚而慵懒的美女，在画面上把她们的脸"令人愉快地拉长"时，梵·高在哪里？他正对着一片平常的农田、一张破旧的靠椅、一双踏遍人间含辛茹苦的皮鞋，画这些巴黎的大师们不屑一顾的事物。然而我不知道有哪一位画家能像梵·高画得那么动情、那么执著、那么令人神往，这就是==天才之所以为天才的原因==。看他画的所有自画像，那眼神没有一幅不咄咄逼人，那其中闪现的光芒有坚毅、有不平、有尊严，充满了对人生的批判和对自己命运的抗争。==梵·高在美术史上的出现确实是一个奇迹==。作为一个东方艺术家，我欣赏他是因为他手法的神奇、色彩的高妙、构图的超绝。梵·高远离了传统审美的藩篱，以所向无空阔的气势和才力俯瞰当代、睥睨千秋，从而一扫艺术界的平庸浅薄和乡愿惰性。他有着崭新的、惊世骇俗的、前所未有的艺术感觉，有着战栗着的、流动着的、闪耀着的绚烂光彩。这种画风一旦问世，美术史就必须重写，色彩学甚至美学就必须修正，这正是梵·高撒向人间的一个永恒的、不易解的谜。

　　20世纪30年代西方某些评论家不能容忍梵·高的离经背道，认为他的画只是神经不健全的产物，殊不知他们自己的神经正因作茧自缚而日见脆弱，受不了新事物出现的震动。这些评论家大体不是胃口欠佳，怪食品不好，便是属于信守狭隘，见过驼背恨马背不肿。再过半世纪的今天，一些对艺术全然无知的神经病学者声称梵·高的天才之谜在研究痴呆病患者中找到答案，说什么"这种人尽管可能永远不懂艺术这个词的含义，却能展现艺术才华"。有了这样的伪科学结论之后，他们还不甘心，梵·高死后这么多年，他们在没有任何实证和临床记录的条件下断言梵·高患有癫痫病、精神分裂症、躁狂抑郁病，甚至还

梵·高《麦田在乌云密布的天空下》

有口射病等多种病症，一位可恨的日本耳科专家断定梵·高可能有梅尼埃尔氏病……喂！你们这群蝉蛄般嘈噪的科学家们烦不烦人？你们懂艺术吗？你们饶了梵·高行不行？他生前很清醒，对艺术忠诚而痴迷，为人和蔼厚道，对友情很执着，对弟弟、母亲很关切。"文生先生"在他客栈主人女儿阿德丽娜的眼中有一点点痴呆的痕迹吗？一位如此不朽的、质朴的艺术天才，生前备尝人间的辛酸，死后蒙受如此不逊的、披着科学外衣的诟辱，实在使人愤怒。当然，不排除艺术界中笨蛋太多，而小有才情者又装痴卖乖，很容易使人们把美术史上简单的问题弄得复杂化。

梵·高不懂得"艺术"这个词的含义吗？他太懂了，他爱米勒[1]，甚至临摹米勒的画，米勒是他的偶像，这是由于他质实无华的心灵和米勒相通，梵·高与米勒素昧平生，梵·高只能遥远地膜拜他。梵·高的天真在于他不知道自己的艺术禀赋不但与米勒不同，而风发的才情更在米勒之上。我们可以认为梵·高属于老子所谓的大智若愚的类型，他不太清楚自己的天才，那是由于艺术界汪洋大海般的平庸在压抑着他，于是他干脆不认为自己是天才。这是一幅多么令人心酸、令人恻隐、令人悲痛的情景，又是一种多么令人艳羡、令人神往、令人敬仰的品格。谈到这一切之后，我们回过头再看他所画粗陶或大瓷杯中插的野地摘来的向日葵和蓝色野花，那向日葵像燃烧的一把火，那金黄色的花瓣临风摇曳，那一朵朵葵花或相向喁喁而谈，或低头若有所思，画面空间的分布无与伦比的精审。梵·高的激情不是一匹脱缰之马，只是他的马术高明，即使烈如焰火的骏骥，他也能立马歌啸。这些作品不仅充盈着天地的元气，甚或可以说是神灵赋予梵·高超人的表现力，那岂仅仅是梵·高依物描像，那是他在倾诉爱情，爱情就是艺术家的神灵。人们隐隐地知道毕加索风格的每一次突变，后面都有一个女人使他迷了心窍，那是一种真实的痴迷。而梵·高却没有这样的艳遇和幸运，但是他的情人却在大地的草木盛衰中，天穹的日星隐耀中。啊！他爱得多么纯净而雅洁，他画自己慈爱的母亲，看那欲展又蹙的眉宇，那莹然含泪的双眸，那慈祥和蔼的嘴唇。梵·高所歌颂的是人间最可珍惜的母爱，他知道普天下只有这颗心里贮藏着他和他的弟弟德奥。在梵·高死前一年，他画了一张世称《没有胡须的梵·高》的杰作，那是为了祝贺他母亲七十岁的生日，梵·高记着这一天，为了他和弟弟德奥，她受苦受难却甘之如饴。他自画这张像给母亲，类似中国的平安家信，告诉母亲，他的生活处境不似想象的恶劣，而且精神正常，不像传说中的癫狂。我相信他饮弹未倒的那一整天，他觉得这一次的冲动将撕碎慈母之心而最终使她离开人间，我也相信，他所钟爱的一切之中只有一件使他歉疚，那就是他没钱去侍奉老母，反而以结束自己的生命，带给母亲永远无法慰藉的悲痛。

当今天这幅《没有胡须的梵·高》在克里斯蒂拍卖行被那些富商大贾竞相投标，最后以七千一百五十万美金卖出时，举世震惊、欢声雷动。而这一切和寂寞痛苦的梵·高毫不相干，对此，我只想一挥作为一个艺术家的悲怆之泪。

古往今来的画家，车载斗量，可谓恒河沙数，不可胜计，然而可大分为三：第一类画社会认为最好的画；第二类画自己认为最好的画；第三类则是置好坏于度外，被冥顽不朽的力量驱动着画笔作画。第一类人终身勤于斯而不闻道；第二类人则"朝闻道夕死可矣"；第三类则如《庄子》书中的啮缺与道合而为一，其人"若天之自高，地之自厚，日月之自明"。他的艺术就是天然本真的生命，世俗形骸消亡之日，正是他的艺术走向永恒之时。

我们来到梵·高的坟茔，它坐落在一所极平凡的公墓里，梵·高和他心爱的弟弟德奥合葬，两块墓碑，方身圆顶，没有任何纹饰，没有花岗岩的墓室，碑前只是一抔黄土，覆盖着长青的蕃藤，比起公墓的所有墓室都寒酸而简陋。没有比冬天于公墓凭吊更使人凄恻的了，然而梵·高墓上的碧草却在刺骨寒风中颤动着不屈的生命。堪告慰于九泉梵·高之灵的，不是拍卖场的呼啸，而是一束束的鲜花，放在坟茔的四周。一位英国无名的旅游者在一张小纸上画着欧维尔教堂和梵·高的像，他写道："感谢您对绘画的挚爱，您的画使我有勇气走向完美的人生。"而一位儿童献上的是一束麦穗和几朵野花，他知道梵·高生前酷爱这里的麦田和野草闲花，正是这些平凡的事物，点燃着梵·高热烈的、不熄的艺术之火。公墓寂然无声，所有体面的、稍微精致的坟茔前都空无一物，这不禁使我想起鲁迅先生的《坟》，总有一些人是不会被人们忘却的。

梵·高学会会长冉森斯先生知道我的来临，送给我一把纪念馆的钥匙，他真诚地说："这是我们送给最尊贵的客人的礼品，您今后就是这儿的主人，您随时可以开门，我们永远欢迎您！"今后这把钥匙将伴着我走遍天涯，我或许不会再使用它，然而它将随时打开我心灵的门扉，让和畅的惠风一扫鄙俗的尘垢，从而满怀着赤子般的真诚走向人生。

1999年元旦于北京

选自《范曾散文三十三篇》，河北教育出版社2001年版

注释

[1] 梵·高（1853—1890）：荷兰画家，"后印象派"的代表人物。该画派强调艺术要抒发作者的自我感受、主观感情和情绪，表现"主观化了的客观"。

[2] 歇尔启格：荷兰画家。

[3] 高更（1848—1903）：法国画家，与梵·高同为"后印象派"。1888年，高更曾在欧维尔与梵·高同住，但最终不欢而散。

[4] 雷诺阿（1841—1919）：法国画家，"印象派"中很有特色的画家。"印象派"于19世纪60年代名噪法国画坛，以注重在绘画中对外光的研究，表现物体在光的照耀下色彩的微妙变化著称。

[5] 莫奈（1840—1926）：法国画家，"印象派"的奠基人。

[6] 莫利索（1841—1895）："印象派"中出色的女画家。曾在1875年3月与"印象派"画家莫奈、雷诺阿、西斯莱在德荷奥旅馆举行拍卖会。由于他们的作

品公然向传统学院派挑战，这次拍卖会受到公众的嘲骂和讥笑，其作品最终的平均拍卖价格为144法郎。

[7] 毕加索（1881—1973）：西班牙画家。其创作经历经过了从"后印象派"到"立体派"的转变过程，后期的作品怪诞不经，很难理解。

[8] 罗曼·罗兰（1866—1944）：法国著名作家。1889年毕业于巴黎高等师范学校，后在大学教授音乐史。早年写过不少剧本，20世纪初，写过《贝多芬传》《托尔斯泰传》及《甘地传》，并经过十年酝酿和艰苦写作，完成了他的杰出代表作《约翰·克里斯朵夫》。

[9] 罗丹（1840—1917）：法国著名雕塑家，在从古典雕塑向现代雕塑的转变中作用很大，有不少变形的人体雕塑。

[10] 莫提格里昂尼（1884—1920）：意大利著名画家、雕塑家，"巴黎画派"的代表人物。其作品带有凄凉、悲怆的情调，形象拉长，给人一种空虚感。

[11] 米勒（1814—1875）：法国农民画家，写实主义的代表。成就主要集中在人物画方面，多表现当时农村中勤劳、善良、贫穷的劳动人民，取材和表现手法非常独到，创作蕴含了丰富的感情。

范曾

范曾（1938— ），字十翼，江苏南通人。当代著名学者、书画家、诗人。早年先后就读于南开大学历史系、中央美术学院美术史系及国画系。现为南开大学教授。秉承家学，具有深厚的传统文化与古典文学修养，其文学作品涉及文学、哲学、历史、宗教、艺术等内容，有诗词、序跋、散文、随笔等多种文体。著作有《范曾诗稿》《画外话》《庄子显灵记》等。

导读

《梵·高的坟茔》是范曾散文中的杰出之作，曾被选列于1999年全国散文排行榜。范曾的散文作品有很多不同的风格，有的作品大气磅礴，有的作品意境深邃，而这篇散文不同于他的其他作品，没有起伏跌宕的情节安排，语言朴实无华，但感情十分真挚，充分体现出作者对艺术的热爱和感悟。

本文通过对梵·高一生的追忆，在我们面前展现出一位孤独、贫穷、饱受时人嘲笑和讥讽的画家，却将艺术视为生命，对绘画创作有着超乎常人的执著和热爱，表达了作者对梵·高这种为艺术献身精神的敬佩，并将之看作"异代知己"。这篇散文已超越了一般文采赡富的美文境界，蕴含了作者对艺术精神的哲学思考和执著追求。

这篇散文的首尾相互照应，写由巴黎来到欧维尔凭吊梵·高的过程与情境，文字雅洁凝练，很好地描绘出异域风情，渲染出浓厚的沧桑感与艺术氛围。而中间几段夹叙夹议，语言风格与首尾不无小异。相比之下，作者在抒写感慨、情怀时，少了几分从容与雅致，而多了一些愤激与直率。

　　伟大的文学艺术天才，被社会漠视、误解，甚至轻贱，古今中外此类可叹之事甚多；黄钟毁弃，瓦釜雷鸣，也同样的颇不鲜见。从这个意义上讲，本文的特殊价值恰恰在于中间部分。古人有"借他人酒杯浇自家块垒"之说，本文也有借梵·高之命运为天下不幸才士放声一呼的意味。这一部分愤激、直率的风格，既真实表现出作者的个性，也给读者以震动——这正是作者愿意看到的。

思考与讨论

1. 你欣赏过梵·高的作品吗？印象如何？
2. 你感觉文章中间部分的大声疾呼艺术效果如何？
3. 天才是否注定要有悲剧命运？遭遇悲剧命运的原因主要在社会方面还是在自身？

平行阅读

平生萧索，身后寂寞，竟成天才杰士之宿命，怎不令古今诗人同声一哭！

咏怀古迹五首（之二）

杜　甫

　　摇落深知宋玉悲，风流儒雅亦吾师。怅望千秋一洒泪，萧条异代不同时。江山故宅空文藻，云雨荒台岂梦思。最是楚宫俱泯灭，舟人指点到今疑。

选自《杜甫诗选》，人民文学出版社1978年版

> 秦腔是关中地区的民间艺术精粹，但长时间里，没有能完满表现其活力且与其地位、风格相称的诗文作品。到了20世纪80年代，有土生土长的陕西作家贾平凹出，遂有了这篇光辉之作。

聚焦
● 斯土斯民，方有此戏此腔
● 戏"土"文"土"，却成不刊之论

秦　腔

贾平凹

　　山川不同，便风俗区别，风俗区别，便戏剧存异；普天之下人不同貌，剧不同腔，京、豫、晋、越、黄梅、二簧、四川高腔，几十种品类；或问：历史最悠久者，文武最正经者，是非最汹汹者？曰：秦腔也。正如长处和短处一样突出便见其风格，对待秦腔，爱者便爱得要死，恶者便恶得要命。外地人——尤其是自夸于长江流域的纤秀之士——最害怕秦腔的震撼；评论说得婉转的是：唱得有劲；说得直率的是：大喊大叫。于是，便有柔弱女子，常在戏台下以绒堵耳，又或在平日教训某人：你要不怎么怎么样，今晚让你去看秦腔！秦腔成了惩罚的代名词。所以，别的剧种可以各省走动，唯秦腔则如秦人一样，死不离窝。严重的乡土观念，也使其离不了窝：可能还在西北几个地方变腔走调地有些市场，却绝对冲不出往东南而去的潼关呢。

　　但是，几百年来，秦腔却没有被淘汰，被沉沦，这使多少人大感而不得其解。其解是有的，就在陕西这块土地上。如果是一个南方人，坐车轰轰隆隆往北走，渡过黄河，进入西岸，八百里秦川大地，原来竟是：一抹黄褐的平原；辽阔的地平线上，一处一处用木椽夹打成一尺多宽墙的土屋，粗笨而庄重；冲天而起的白杨，苦楝，紫槐，枝干粗壮如桶，叶яр小似铜钱，迎风正反翻覆……你立即就会明白了：这里的地理构造竟与秦腔的旋律惟妙惟肖的一统！再去接触一下秦人吧，活脱脱的一群秦始皇兵马俑的复出：高个，浓眉，眼和眼间隔略远，手和脚一样粗大，上身又稍稍见长于下身。当他们背着沉重的三角形状的犁铧，赶着山包一样团块组合式的秦川公牛，端着脑袋般大小的耀州瓷碗，蹲在立的卧的石碌子碌碡上吃着牛肉泡馍，你不禁又要改变起世界观了：啊，这是块多么空旷而实在的土地，在这块土地摸爬滚打的人群是多么"二愣"的民众！那晚霞烧起的黄昏里，落日在地平线上欲去不去的痛苦的妊娠，五里一村，十里一镇，高音喇叭里传播的秦腔互相交织，冲撞，这秦腔原来是秦川的天籁，地籁，人籁的共鸣啊！于此，你不渐渐感觉到了南方戏剧的秀而无骨吗？不深深地懂得秦腔为什么形成和存在而占据时间、空间的位置吗？

八百里秦川，以西安为界，咸阳、兴平、武功、周至、凤翔、长武、岐山、宝鸡，两个专区几十个县为西府；三原、泾阳、高陵、户县、合阳、大荔、韩城、白水，一个专区十几个县为东府。秦腔，就源于西府。在西府，民性敦厚，说话多用去声，一律咬字沉重，对话如吵架一样，哭丧又一呼三叹。呼喊远人更是特殊：前声拖十二分的长，末了极快地道出内容。声韵的发展，使会远道喊人的人都从此有了唱秦腔的天才。老一辈的能唱，小一辈的能唱，男的能唱，女的能唱；唱秦腔成了做人最体面的事，任何一个乡下男女，只有唱秦腔，才有出人头地的可能，大凡有出息的、是个人才的，哪一个何曾未登过台，起码也能吼一阵乱弹呢！

农民是世上最劳苦的人，尤其是在这块平原上，生时落草在黄土炕上，死了被埋在黄土堆下。秦腔是他们大苦中的大乐，当老牛木犁疙瘩绳，在田野已经累得筋疲力尽，立在犁沟里大喊大叫来一段秦腔，那心胸肺腑，关关节节的困乏便一尽儿涤荡净了。秦腔与他们，要和"西凤"白酒，长线辣子，大叶卷烟，牛肉泡馍一样成为生命的五大要素。若与那些年长的农民聊起来，他们想象的伟大的共产主义生活，首先便是这五大要素。他们有的是吃不完的粮食，他们缺的是高超的艺术享受，他们教育自己的子女，不会是那些文豪们讲的，幼年不是祖母讲着动人的迷丽的童话，而是一字一板传授着秦腔。他们大都不识字，但却出奇地能一本一本整套背诵出剧本，虽然那常常是之乎者也的字眼从那一圈胡子的嘴里吐出来十分别扭。有了秦腔，生活便有了乐趣，高兴了，唱"快板"，高兴得像被烈性炸药爆炸了一样，要把整个身心粉碎在天空！痛苦了，唱"慢板"，揪心裂肠的唱腔却表现了多么有情有味的美来，美给了别人的享受，美也熨平了自己心中愁苦的皱纹。当他们在收获时节的土场上，在月在中天的庄院里大吼大叫唱起来的时候，那种难以想象的狂喜，激动，雄壮，与那些献身于诗歌的文人，与那些有吃有穿却总感空虚的都市人相比，常说的什么伟大的永恒的爱情是多么渺小、有限和虚弱啊！

我曾经在西府走动了两个秋冬，

秦腔《招贤镇》人物脸谱（传世粉本）

所到之处，村村都有戏班，人人都会清唱。在黎明或者黄昏的时分，一个人独独地到田野里去，远远看着天幕下一个一个山包一样隆起的十三个朝代帝王的陵墓，细细辨认着田埂上，荒草中那一截一截汉唐时期石碑上的残字，高高的土屋上的窗口里就飘出一阵冗长的二胡声，几声雄壮的秦腔叫板，我就痴呆了，感觉到那村口的尘土里，一头叫驴的打滚是那么有力，猛然发现了自己心胸中一股强硬的气魄随同着胳膊上的肌肉疙瘩一起产生了。

秦腔《伐子都》剧照

每到农闲的夜里，村里就常听到几声锣响：戏班排演开始了。演员们都集合起来，到那古寺庙里去。吹，拉，弹，奏，翻，打，念，唱，提袍甩袖，吹胡瞪眼，古寺庙成了古今真乐府，天地大梨园。导演是老一辈演员，享有绝对权威，演员是一家几口，夫妻同台，父子同台，公公儿媳也同台。按秦川的风俗：父和子不能不有其序，爷和孙却可以无道，弟与哥嫂可以嬉闹无常，兄与弟媳则无正事不能多言。但是，一到台上，秦腔面前人人平等，兄可以拜弟媳为帅为将，子可以将老父绳绑索捆。寺庙里有窗无扇，屋梁上蛛丝结网，夏天蚊虫飞来，成团成团在头上旋转，薰蚊草就墙角燃起，一声唱腔一声咳嗽。冬天里四面透风，柳木疙瘩火当中架起，一出场一脸正经，一下场凑近火堆，热了前怀，凉了后背。排演到什么时候，什么时候都有观众，有抱着二尺长的烟袋的老者，有凳子高、桌子高趴满窗台的孩子。庙里一个跟头未翻起，窗外就哇地一声叫倒好，演员出来骂一声：谁说不好的滚蛋！他们抓住窗台死不滚去，倒要连声讨好：翻得好！翻得好！更有殷勤的，跑回来偷拿了红薯、土豆，在火堆里煨熟给演员作夜餐，赚得进屋里有一个安全位置。排演到三更鸡叫，月儿偏西，演员们散了，孩子们还围了火堆弯腰踢腿，学那一招一式。

一出戏排成了，一人传出，全村振奋，扳着指头盼那上演日期。一年十二个月，正月元宵日，二月龙抬头，三月三，四月四，五月五日过端午，六月六日晒丝绸，七月过半，八月中秋，九月初九，十月一日，再是那腊月五豆，腊八，二十三……月月有节，三月一会，那戏必是上演的。戏台是全村人的共同的事业，宁肯少吃少穿也要筹资集款，买上好的木石，请高强的工匠来修筑。村子富不富，就比这戏台阔不阔。一演出，半下午人就找凳子去占地位了，未等戏开，台下坐的、站的人头攒拥，台两边阶上立的卧的是一群顽童。那锣鼓就叮叮咣咣地闹台，似乎整个世界要天翻地覆了。各类小吃趁机摆开，一个食摊上一盏马灯,花生,瓜子,糖果,烟卷,油茶,麻花,烧鸡,煎饼,长一声短一声叫卖不绝。锣鼓还在一声儿敲打,大幕只是不拉,演员偶尔从幕边往下望望,下边就喊:开演呀,场子都满了!幕布放下,只说就要出场了,却又叮叮咣咣不停。台下就乱了,后边的喊前边的坐下,前边的喊后边的为什么不说最前边的立着;场外的大声叫着亲朋子女名字,问有坐处没有,场内的锐声回应快进来;有要吃煎饼的喊熟人去买一个,熟人买了站在场外一扬手,"日"地一声隔人头甩去,不偏不倚目标正好;左边的喊右边的踩了他的脚,右边的叫左边的挤了他的腰,一个说:"狗年快完了,你还叫啥哩?"一个说:"猪年还没到,你便拱开了!"言语伤人,动了手脚;外边的趁机而入,一时四边向里挤,里边向外扛,人的旋涡涌起,如四月的麦田起风,根儿不动,头身一会儿倒西,一会儿倒东,喊声、骂声、哭声一片;有拼命挤将出来的,一出来方觉世界偌大,身体胖肿,但差不多却光了脚,乱了头发。大幕又一挑,站出戏班头儿,大声叫喊要维持秩序;立即就跳出一个两个所谓"二干子"人物来。这类人物多是头脑简单,四肢发达,却<mark>十二分忠诚于秦腔</mark>,此时便拿了枝条儿,哪里人挤,哪里打去,如凶神恶煞一般。人人恨骂这些人,人人又都盼有这些人,叫他们是秦腔宪兵,宪兵者越发忠于职责,虽然彻夜不得看戏,但大家一夜满足了,他们也就满足了一夜。

终于台上锣鼓停了,大幕拉开,角色出场。但不管男的女的,出来偏不面对观众,一律背身掩面,女的就碎步后移,水上漂一样,台下就叫:瞧那腰身,那肩头,一身的戏哟!是男的就摇那帽翎,一会双摇,一会单摇,一边上下飞闪,一边纹丝不动,台下便叫:绝了,绝了!等到那角色儿猛一转身,头一高扬,一声高叫,声如炸雷豁啷啷直从人们头顶碾过,全场一个冷颤,从头到脚,每一个手指尖儿,每一根头发梢儿都麻酥酥的了。如果是演《救裴生》,那慧娘站在台中往下蹲,慢慢地,慢慢地,慧娘蹲下去了,全场人头也矮下去了半尺,等那慧娘往起站,慢慢地,慢慢地,慧娘站起来了,全场人的脖子也全拉长了起来。他们不喜欢看生戏,最欢迎看熟戏,那一腔一调都晓得,哪个演员唱得好,就摇头晃脑跟着唱,哪个演员走了调,台下就有人要纠正。说穿了,看秦腔不为求新鲜,他们只图过过瘾。

在这样的地方,这样的环境,这样的气氛,面对着这样的观众,秦腔是最逞能的,它的艺术的享受,是和拥挤而存在,是有力气而获得的。如果是冬天,那风在刮着,像刀子一样,如果是夏天,人窝里热得如蒸笼一般,但只要不是大雪、冰雹、暴雨,台下的人是不肯撤场的。最可贵的是那些老一辈的秦腔迷,他们没有力气挤在台下,也没有好眼力看清演员,却一溜一排地蹲在戏台两侧的墙根,吸着草烟,慢慢将唱腔品赏。一声叫板,便可以使他们坠入艺术之宫,"<mark>听了秦腔,肉酒不香</mark>",他们是体会得最深。那些大一点的,脾性野一点的孩子,却占领了戏场周围所有的高空,杨树上、柳树上、槐树上,一个枝杈一个人。他们常常乐而忘了险境，双手鼓掌时竟从树杈上掉下来，掉下来自不会损伤，因为树下是无数的人头，只是招致一顿臭骂罢了。更有一些爬在了场边的麦秸积上，夏天四面来风，好不凉快，冬日就趴个草洞，将身子缩进去，露一个脑袋，也正是有闲阶级享受不了秦腔吧，他们常就瞌睡了，一觉醒来，月在西天，戏毕人散，只好苦笑一声悄然没声儿地溜下来回家敲门去了。

当然，一次秦腔演出，是一次演员亮相，也是一次演员受村人评论的考场。每每角色一出场，台下就一片喊喊喳喳：这是谁的儿子，谁的女子，谁家的媳妇，娘家何处？于是乎，谁有出息，谁没能耐，一下子就有了定论。有好多外村的人来提亲说媒，总是就在这个时候进行。据说有一媒人将一女子引到台下，相亲台上一个男演员，事先夸口这男的如何俊样，如何能干，但戏演了过半，那男的还未出场，后来终于出来，是个国民党的伪兵，还持枪未走到中台，扮游击队长的演员挥枪一指，"叭"的一声，那伪兵就倒地而死，爬着钻进了后幕。那女子当下哼一声，闭了嘴，一场亲事自然了了。这是喜中之悲一例。据说还有一例，一个老头在脖子上架了孙孙去看戏，孙孙吵着要回家，老头好说好劝只是不忍半场而去，便破费买了半斤花生，他眼盯着台上，手在下边剥花生，然后一颗一颗扬手喂到孙孙嘴里，但喂着喂着，竟将一颗塞进孙孙鼻孔，吐不出，咽不下，口鼻出血，连夜送到医院动手术，花去了七十元钱。

但是，以秦腔引喜的事却不计其数。每个村里，总会有那么个老汉，夜里看戏，第二天必是头一个起床往戏台下跑。戏台下一片石头、砖头，一堆堆瓜子皮，糖果纸，烟屁股，他掀掀这块石头，踢踢那堆尘土，少不了要捡到一角两角甚至三元四元钱币来，或者一只鞋，或者一条手帕。这是村里钻刁人干的营生，而馋嘴的孩子们有的则夜里趁各家锁门之机，去地里摘那香瓜来吃，去谁家院里将桃杏装在背心兜里回来分红。自然少不了有那些青春妙龄的少男少女，则往往在台下混乱之中眼送秋波，或者就悄悄退出，相依相偎到黑黑的渠畔树林子里去了……

秦腔在这块土地上，有着神圣的不可动摇的基础。凡是到这些村庄去下乡，到这些人家去做客，他们最高级的接待是陪着看一场秦腔，实在不逢年过节，他们就会要合家唱一会乱弹，你只能点头称好，不能耻笑，甚至不能有一点不入神的表示。他们一生最崇敬的只有两种人：一是国家领导人，一是当地的秦腔名角。即是在任何地方，这些名角没有在场，只要发现了名角的父母，去商店买油是不必排队的，进饭馆吃饭是会有座位的，就是在半路上挡车，只要喊一声：我是某某的什么，司机也便要嘎地停车。但是，谁要侮辱一下秦腔，他们要争死争活地和你论理，以至大打出手，永远使你记住教训。每每村里过红白丧喜之事，那必是要包一台秦腔的，生儿以秦腔迎接，送葬以秦腔致哀，似乎这人生的世界，就是秦腔的舞台。人只要在舞台上，生，旦，净，丑，才各显了真性，恶的夸张其丑，善的凸显其美，善的使他们获得美的教育，恶的也使丑化作了美的艺术。

秦腔

广漠旷远的八百里秦川，只有这秦腔，也只能有这秦腔，八百里秦川的劳作农民只有，也只能有这秦腔使他们喜怒哀乐。秦人自古是大苦大乐之民众，他们的家乡交响乐除了大喊大叫的秦腔还能有别的吗？

1983年5月2日草于五味村
选自《贾平凹散文自选集》，漓江出版社1992年版

贾平凹（1952—　），当代著名作家。原名贾平娃。陕西丹凤人。1975年毕业于西北大学中文系，后任陕西人民出版社文艺编辑、《长安》文学月刊编辑。1982年后从事专业创作。任中国作家协会理事、陕西省作家协会副主席等。著有小说《腊月·正月》《天狗》《浮躁》《废都》等，散文集《爱的踪迹》等。作品获多项国内外大奖，并被翻译成多种外文。

贾平凹

导读

贾平凹早期散文以阴柔之美为主体风格。但本篇是个例外，贾平凹在此把自己彻底关中化了，其文字风格与秦腔的火爆高亢、猛烈粗粝取得了一致，他好像是在用吼秦腔的方式写秦腔。这种文字与表达对象在风格上的一致，使本文获得了独特的艺术品格，质朴而不失精彩。

文章首先申明自然山川与风俗戏曲有必然关系，如此的环境，如此的关中人，如此的劳动、生活和娱乐方式，使秦腔成为秦川的天籁、地籁、人籁的共鸣。接下来，再写秦腔是关中农人大苦中的大乐，和"西凤"白酒、长线辣子、大叶卷烟、牛肉泡馍一样，共同成了他们生命的五大要素。行文至此，秦腔在关中农人生活里的重要，自已无以复加。

以下着重写排戏、演戏前的乡村舞台氛围，尤其是戏开演前人们那种火爆的言辞、情绪和行为，生动非常，让人如身临其境。作者特别借此强调秦腔这种地方戏曲得以存在且生命力极其旺盛，就在于它扎根于一种独特的生活方式之中。很多笔墨在写秦腔的自然地理环境、人文社会环境、演出环境，人们看秦腔的态度和演出的效果，演员的社会地位和声誉，等等，而很少正面写秦腔艺术本身。但我们读完全文，却能对秦腔有了极为真切、深刻的印象和认识。作者之真意乃在写秦人，写他们的生存状态和精神面貌。

贾平凹是文章高手，他能把传统古文、农民的方言口语、现代白话文很自然

73

贾平凹手迹

地融合在一起，**于拙朴平淡中有传神生动的精妙刻画和不动声色的幽默夸张**。在这些看似技巧的东西背后，其实有作者对人生、社会和艺术通达洞明的理解。平和宁静的思想心境，朴素自然的生活态度，顺势守拙的人生智慧——达到这样的境界，文章自然就是好的了。

思考与讨论

1. 本文以"秦腔"为题，但把笔墨放到排练、观众等方面，这样安排的效果怎样？
2. 你听过秦腔吗？本文的描写和你的欣赏感受一样吗？
3. 文章中哪些地方体现出"文字风格与秦腔的高亢火爆、猛烈粗粝相一致"？哪些地方有调侃的味道？
4. 以你的家乡戏曲、曲艺或民歌为例，谈谈你对"地理环境和地域性族群的性格、方言民歌乃至音乐之间具有血脉相通的关系"这一见解的看法。

> 融汇现代与古典，精致、典雅且具弹性的风格，是汉语写作的至高境界。几十年来，余光中对此有着一贯、自觉的追求。且一读其蜚声华语文学界的散文名篇。

我的四个假想敌

余光中

二女幼珊在港参加侨生联考，以第一志愿分发台大外文系。听到这消息，我松了一口气，从此不必担心四个女儿通通嫁给广东男孩了。

我对广东男孩当然并无偏见，在港六年，我班上也有好些可爱的广东少年，颇讨老师的欢心，但是要我把四个女儿全都让那些"靓仔""叻仔"[1]掳掠了去，却舍不得。不过，女儿要嫁谁，说得洒脱些，是她们的自由意志，说得玄妙些呢，是因缘，做父亲的又何必患得患失呢？何况在这件事上，做母亲的往往位居要冲，自然而然成了女儿的亲密顾问，甚至亲密战友，作战的对象不是男友，却是父亲。等到做父亲的惊醒过来，早已腹背受敌，难挽大势了。

在父亲的眼里，女儿最可爱的时候是在十岁以前，因为那时她完全属于自己。在男友的眼里，她最可爱的时候却在十七岁以后，因为这时她正像毕业班的学生，已经一心向外了。父亲和男友，先天上就有矛盾。对父亲来说，世界上没有东西比稚龄的女儿更完美的了，唯一的缺点就是会长大，除非你用急冻术把她久藏，不过这恐怕是违法的，而且她的男友迟早会骑了骏马或摩托车来，把她吻醒。

我未用太空舱的冻眠术，一任时光催迫，日月轮转，再揉眼时，怎么四个女儿都已依次长大，昔日的童话之门砰地一关，再也回不去了。四个女儿，依次是珊珊、幼珊、佩珊、季珊。简直可以排成一条珊瑚礁。珊珊十二岁的那年，有一次，未满九岁的佩珊忽然对来访的客人说："喂，告诉你，我姐姐是一个少女了！"在座的大人全笑了起来。

曾几何时，惹笑的佩珊自己，甚至最幼稚的季珊，也都在时光的魔杖下，点化成"少女"了。冥冥之中，有四个"少男"正偷偷袭来，虽然蹑手蹑足，屏声止息，我却感到背后有四双眼睛，像所有的坏男孩那样，目光灼灼，心存不轨，只等时机一到，便会站到亮处，装出伪善的笑容，叫我岳父。我当然不会应他。哪有这么容易的事！我像一棵果树，天长地久在这里立了多年，风霜雨露，样样有份,换来果实累累,不胜负荷。而你,偶尔过路的小子,竟然一伸手就来摘果子,活该蟠地的树根绊你一跤!

而最可恼的,却是树上的果子,竟有自动落入行人手中的样子。树怪行人不该擅自来摘果子,行人却说是果子刚好掉下来,给他接着罢了。这种事,总是里应外合才成功的。当初我自己结婚,不也是有一位少女开门揖盗吗?"堡垒最容易从内部攻破",说得真是不错。不过彼一时也,此一时也。同一个人,过街时讨厌汽车,开车时却讨厌行人。现在是轮到我来开车。

好多年来,我已经习于和五个女人为伍,浴室里弥漫着香皂和香水气味,沙发上散置皮包和发卷,餐桌上没有人和我争酒,都是天经地义的事。戏称吾庐为"女生宿舍",也已经很久了。做了"女生宿舍"的舍监,自然不欢迎陌生的男客,尤其是别有用心的一类。但自己辖下的女生,尤其是前面的三位,已有"不稳"的现象,却令我想起叶慈[2]的一句诗:

一切已崩溃,失去重心。

我的四个假想敌,不论是高是矮,是胖是瘦,是学医还是学文,迟早会从我疑惧的迷雾里显出原形,一一走上前来,或迂回曲折,嗫嚅其词,或开门见山,大言不惭,总之要把他的情人,也就是我的女儿,对不起,从此领去。无形的敌人最可怕,何况我在亮处,他在暗里,又有我家的"内奸"接应,真是防不胜防。只怪当初没有把四个女儿及时冷藏,使时间不能拐骗,社会也无由污染。现在她们都已大了,回不了头;我那四个假想敌,那四个鬼鬼祟祟的地下工作者,也都已羽毛丰满,什么力量都阻止不了他们了。先下手为强,这件事,该乘那

余光中和女儿在一起

我的四个假想敌

四个假想敌还在襁褓的时候，就予以解决的。至少美国诗人纳什（Ogden Nash, 1902—1971）劝我们如此。他在一首妙诗《由女婴之父来唱的歌》（Song to Be Sung by the Father of Infant Female Children）之中，说他生了女儿吉儿之后，惴惴不安，感到不知什么地方正有个男婴也在长大，现在虽然还浑浑噩噩，口吐白沫，却注定将来会抢走他的吉儿。于是做父亲的每次在公园里看见婴儿车中的男婴，都不由神色一变，暗暗想道："会不会是这家伙？"想着想着，他"杀机陡萌"（My dreams, I fear, are infanticiddle），便要解开那男婴身上的别针，朝他的爽身粉里撒胡椒粉，把盐撒进他的奶瓶，把沙撒进他的菠菜汁，再扔头优游的鳄鱼到他的婴儿车里陪他游戏，逼他在水深火热之中挣扎而去，去娶别人的女儿。足见诗人以未来的女婿为假想敌，早已有了前例。

不过一切都太迟了。当初没有当机立断，采取非常措施，像纳什诗中所说的那样，真是一大失策。如今的局面，套一句史书上常见的话，已经是"寇入深矣"！女儿的墙上和书桌的玻璃垫下，以前的海报和剪报之类，还是披头，拜丝，大卫·凯西第[3]的形象，现在纷纷都换上男友了。至少，滩头阵地已经被入侵的军队占领了去，这一仗是必败的了。记得我们小时，这一类的照片仍被列为机密要件；不是藏在枕头套里，贴着梦境，便是夹在书堆深处，偶尔翻出来神往一番，哪有这么二十四小时眼前供奉的？

这一批形迹可疑的假想敌，究竟是哪年哪月开始入侵厦门街余宅的，已经不可考了。只记得六年前迁港之后，攻城的军事便换了一批口操粤语的少年来接手。至于交战的细节，就得问名义上是守城的那几个女将，我这位"昏君"是再也搞不清的了。只知道敌方的炮火，起先是瞄准我家的信箱，那些歪歪斜斜的笔迹，久了也能猜个七分；继而是集中在我家的电话，"落弹点"就在我书桌的背后，我的文苑就是他们的沙场，一夜之间，总有十几次脑震荡。那些粤音平上去入，有九声之多，也令我难以研判敌情。现在我带幼珊回了厦门街，那头的广东部队轮到我太太去抵挡，我在这头，只要留意台湾健儿，任务就轻松多了。

信箱被袭，只如战争的默片，还不打紧。其实我宁可多情的少年勤写情书，那样至少可以练习作文，不致在视听教育的时代荒废了中文。可怕的还是电话中弹，那一串串警告的铃声，把战场从门外的信箱扩至书房的腹地，默片变成了身历声，假想敌在实弹射击了。更可怕的，却是假想敌真的闯进了城来，成了有血有肉的真敌人，不再是假想了好玩的了，就像军事演习到中途，忽然真的打起来了一样。真敌人是看得出来的。在某一女儿的接应之下，他占领了沙发的一角，从此两人呢喃细语，喁喁密谈，即使脉脉相对的时候，那气氛也浓得化不开，窒得全家人都透不过气来。这时几个姐妹早已回避得远远的了，任谁都看得出情况有异。万一敌人留下来吃饭，那空气就更为紧张，好像摆好姿势，面对照相机一般。平时鸭塘一般的餐桌，四姐妹这时像在演哑剧，连筷子和调羹都似乎得到了消息，忽然小心翼翼起来。明知这僭越的小子未必就是真命女婿，（谁晓得宝贝

77

女儿现在是十八变中的第几变呢？）心里却不由自主升起一股淡淡的敌意。也明知女儿正如将熟之瓜，终有一天会蒂落而去，却希望不是随眼前这自负的小子。

当然，四个女儿也自有不乖的时候，在恼怒的心情下，我就恨不得四个假想敌赶快出现，把她们统统带走，但是那一天真要来到时，我一定又会懊悔不已。我能够想象，人生的两大寂寞，一是退休之日，一是最小的孩子终于也结婚之后。宋淇[4]有一天对我说："真羡慕你的女儿全在身边！"真的吗？至少目前我并不觉得，自己有什么可羡之处。也许真要等到最小的季珊也跟着假想敌度蜜月去了，才会和我存[5]并坐在空空的长沙发上，翻阅她们小时相簿，追忆从前，六人一车长途壮游的盛况，或是晚餐桌上，热气蒸腾，大家共享的灿烂灯光。人生有许多事情，正如船后的波纹，总要过后才觉得美的。这么一想，又希望那四个假想敌，那四个生手笨脚的小伙子，还是多吃几口闭门羹，慢一点出现吧。

袁枚写诗，把生女儿说成"情疑中副车"[6]，这书袋掉得很有意思，却也流露了重男轻女的封建意识。照袁枚的说法，我是连中了四次副车，命中率够高的了。余宅的四个小女孩现在变成了四个小妇人，在假想敌环伺之下，若问我择婿有何条件，一时倒恐怕答不上来。沉吟半晌，我也许会说："这件事情，上有月下老人的婚姻谱，谁也不能窜改，包括韦固[7]，下有两个海誓山盟的情人，'二人同心，其利断金'，我凭什么要逆天拂人，梗在中间？何况终身大事，神秘莫测，事先无法推理，事后不能悔棋，就算交给二十一世纪的电脑，恐怕也算不出什么或然率来。倒不如故示慷慨，伪作轻松，博一个开明父亲的美名，到时候带颗私章，去做主婚人就是了。"

问的人笑了起来，指着我说："什么叫做'伪作轻松'？可见你心里并不轻松。"

我当然不很轻松，否则就不是她们的父亲了。例如人种的问题，就很令人烦恼。万一女儿发痴，爱上一个耸肩摊手口香糖嚼个不停的小怪人，该怎么办呢？在理性上，我愿意"有婿无类"，做一个大大方方的世界公民。但是在感情上，还没有大方到让一个臂毛如猿的小伙子把我的女儿抱过门槛。现在当然不再是"严夷夏之防"的时代，但是一任单纯的家庭扩充成一个小型的联合国，也大可不必。问的人又笑了，问我可曾听说混血儿的聪明超乎常人。我说："听过，但是我不稀罕抱一个天才的'混血孙'。我不要一个天才儿童叫我Grandpa[8]，我要他叫我外公。"问的人不肯罢休："那么省籍呢？"

"省籍无所谓，"我说，"我就是苏闽联姻的结果，还不坏吧？当初我母亲从福建写信回武进，说当地有人向她求婚。娘家大惊小怪，说'那么远！怎么就嫁给南蛮！'后来娘家发现，除了言语不通之外，这位闽南姑爷并无可疑之处。这几年，广东男孩锲而不舍，对我家的压力很大，有一天闽粤结成了秦晋，我也不会感到意外。如果有个台湾少年特别巴结我，其志又不在跟我谈文论诗，我也不会怎么为难他的。至于其他各省，从黑龙江直到云南，口操各种方言的少年，只要我女儿不嫌他，我自然也欢迎。"

"那么学识呢？"

"学什么都可以。也不一定要是学者，学者往往不是好女婿，更不是好丈夫。只有一点：中文必须清通。中文不通，将祸延吾孙！"

客又笑了。"相貌重不重要？"他再问。

"你真是迂阔之至！"这次轮到我发笑了。"这种事，我女儿自己会注意，怎么会要我来操心？"

笨客还想问下去，忽然门铃响起。我起身去开大门，发现长发乱处，又一个假想敌来掠余宅。

1980年9月于厦门街
选自《余光中集》第6卷，百花文艺出版社2004年版

注释

[1] 靓（liàng）仔（zǎi）：粤方言，漂亮男孩儿；叻（lè）仔：粤方言，聪明能干的男孩儿。

[2] 叶慈（1791—1821）：英国浪漫主义诗人。

[3] 披头，拜丝，大卫·凯西第：均为20世纪60—70年代欧美流行文化的偶像式明星。

[4] 宋淇：林以亮（1919—1996）的原名，浙江吴兴人，作家，学者。

[5] 我存：作者夫人范我存。

[6] 袁枚（1716—1798）：字子才，号简斋，随园老人。浙江钱塘人。清乾隆时诗人。"情疑中副车"：意指得了女儿后，心情好像是中了副榜贡生一样懊恼。副车，指古时帝王的随从车辆，在清代也指乡试正榜录取以外另行录取的名列副榜的贡生。

[7] 韦固：古小说中人物。唐李复言《续玄怪录》中《定婚店》一篇记唐人韦固于客店中遇一月下老人（即后世所称之"月老"），老人告其婚姻皆由天定（千里姻缘均由月下老人以赤绳系足而定）；韦固企图抗拒，不意十多年后所娶正是当年月下老人指定之女子。

[8] Grandpa：英语，祖父、外祖父。

余光中（1928—   ），福建永春人。生于南京。1949年前在内地求学。1952年毕业于台湾大学，开始创作。后三度赴美留学、讲学，又在我国的台港两地数所大学任教。现任台湾中山大学外文研究所讲座教授。著名散文家、诗人。诗、文、翻译、批评，皆有成就。著有《舟子的悲歌》《莲的联想》《白玉苦瓜》等诗集，《左手的缪思》《逍遥游》《听听那冷雨》《记忆像铁轨一样长》《青青边愁》等散文集，多收入《余光中集》。

导读

本文写于1980年，原收入1987年出版的作者散文集《记忆像铁轨一样长》。这是一篇以**机智幽默**风格记述、剖析人生现象的精彩文章。

为父者疼爱千金，舍不得女儿嫁人，本属人之常情。难得作者现身说法，以个人经历为题材，将父亲目睹爱女长到婚嫁年龄，不忍割舍，于是将其男友一律视作"假想敌"的微妙心理，叙写得淋漓尽致。

文章**抓住题目中"敌"之一义，步步紧扣题旨**，屡屡用军事上的术语与事物，来描写**"敌"之情状与"我"之心态**，暗喻父亲与候选女婿对女儿的争夺战。如"位居要冲"，"腹背受敌"，"堡垒最容易从内部攻破"，"滩头阵地已经被入侵的军队占领了去，这一仗是必败的了"；又如说自家"信箱被袭""电话中弹"等等，直到结尾的"假想敌来掠余宅"。这样，即使意旨集中，又惟妙惟肖地刻画了为父者对那些"掳掠"爱女者抱有淡淡敌意却又无可奈何的心情。

作者分**几个层面**叙写了自己心境的种种及其变化：先是讲"我"不愿四个女儿全都嫁给广东男孩，但又明白为父者于此事实在是无能为力，父亲与男友，先天就有矛盾；接着谈到女儿一个个长成少女，却"开门揖盗"，"少男"们伸手摘桃，做父亲的徒然心有不甘；又写女儿心有别属，里应外合，势有不保，于是引美国诗人为同调，竟迁怒于襁褓中的男婴——未来的女婿；接下去，述及"城池"被攻陷、假想敌由占领滩头阵地到真的闯进城来的全过程；最后，借答客问形式，论及不得已而择婿时在人种、省籍、学识、相貌等方面的考虑。

文中始终贯穿着"我"的矛盾复杂的心曲：明知女大当嫁乃必然之势，却又无端割舍不下；内心无法轻松，只好故示明达，自为宽解；既将女儿的男友们视为假想敌，却又郑重其事地提出种种条件。**对人生况味的细致入微的体察和丝丝入扣的剖白**，在文章中表现为一种机智、幽默和风趣，一种**夹杂着些微自嘲意味的豁达平和。**

本文以叙述为主，夹叙夹议，文势起伏迂回，富于节奏，文笔又圆熟浑成，很好地塑造了一个**开明通达、议论风生、幽默机智而又文雅明快的学者兼作家的父亲形象。**

文章态度亲切、随和而不失雅致；行文讲究密度和弹性，斟酌字词，善用比喻、双关，巧用成语，妙趣横生；新颖活泼，明快简洁。

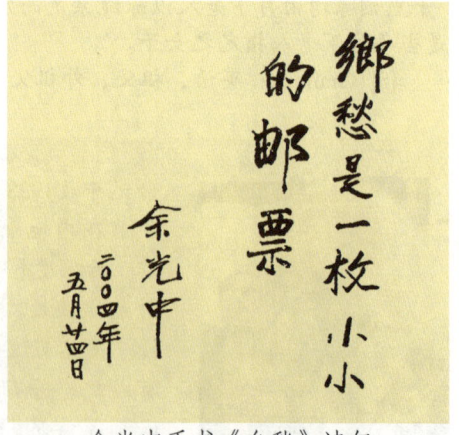

余光中手书《乡愁》诗句

思考与讨论

1. 概括与分析本文中"我"的矛盾心理。
2. 举例说明本文中作者对人生况味的细致体察。
3. 本文作者的幽默风趣表现在哪些地方？
4. 分析本文语言上的特点。

平行阅读

看一看作者如此描述和概括朋友的四种类型，有无道理。

朋友四型

余光中

一个人命里不见得有太太或丈夫，但绝对不可能没有朋友。即使是荒岛上的鲁滨孙，也不免需要一个"礼拜五"。一个人不能选择父母，但是除了鲁滨孙之外，每个人都可以选择自己的朋友。照说选来的东西，应该符合自己的理想才对，但是事实又不尽然。你选别人，别人也选你。被选，是一种荣誉，但不一定是一件乐事。来按你门铃的人很多，岂能人人都令你"喜出望外"呢？大致说来，按铃的人可以分为下列四型。

第一型，高级而有趣。这种朋友理想是理想，只是可遇而不可求。世界上高级的人很多，有趣的人也很多，又高级又有趣的人却少之又少。高级的人使人尊敬，有趣的人使人欢喜，又高级又有趣的人，使人敬而不畏，亲而不狎，交接愈久，芬芳愈醇。譬如新鲜的水果，不但甘美可口，而且富于营养，可谓一举两得。朋友是自己的镜子。一个人有了这种朋友，自己的境界也低不到哪里去。东坡先生杖履所至，几曾出现过低级而无趣的俗物？

第二型，高级而无趣。这种人大概就是古人所谓的诤友，甚至畏友了。这种朋友，有的知识丰富，有的人格高超，有的呢，"品学兼优"像一个模范生，可惜美中不足，都缺乏那么一点儿幽默感，活泼不起来。你总觉得，他身上有那么一个窍没有打通，因此无法豁然恍然，具备充分的现实感。跟他交谈，既不像打球那样，你来我往，此呼彼应，也不像滚雪球那样，把一个有趣的话题愈滚愈大。精力过人的一类，只管自己发球，不管你接不接得住。消极的一类则以逸待劳，难得接你一球两球。无论对手是积极或消极，总之该你捡球，你不捡球，这场球是别想打下去的。这种畏友的遗憾，在于趣味太窄，所以跟你的"接触面"广不起来。天下之大，他从城南到城北来找你的目的，只在讨论"死亡在法国现代小说中的特殊意义"，或是"爱斯基摩人对于性生活的态度"。为这种畏友捡一晚上的球，疲劳是可以想见的。这样的友谊有点像吃药，太苦了一点。

81

第三型，低级而有趣。这种朋友极富娱乐价值，说笑话，他最黄；说故事，他最像；消息，他最灵通；关系，他最广阔；好去处，他都去过；坏主意，他都打过。世界上任何话题他都接得下去，至于怎么接法，就不用你操心了。他的全部学问，就在不让外行人听出他没有学问。至于内行人，世界上有多少内行人呢？所以他的马脚在许多客厅和餐厅里跑来跑去，并不怎么露眼。这种人最会说话，餐桌上有了他，一定宾主尽欢，大家喝进去的美酒还不如听进去的美言那么"沁人心脾"。会议上有了他，再空洞的会议也会显得主题正确，内容充沛，没有白开。如果说，第二型的朋友拥有世界上全部的学问，独缺常识，这一型的朋友则恰恰相反，拥有世界上全部的常识，独缺学问。照说低级的人而有趣味，岂非低级趣味，你竟能与他同乐，岂非也有低级趣味之嫌？不过人性是广阔的，谁能保证自己毫无此种不良的成分呢？如果要你做鲁滨孙，你会选第三型还是第二型的朋友做"礼拜五"呢？

第四型，低级而无趣。这种朋友，跟第一型的朋友一样少，或然率相当之低。这种人当然自有一套价值标准，非但不会承认自己低级而无趣，恐怕还自以为又高级又有趣呢。然则，余不欲与之同乐矣。

一九七二年五月
选自《余光中集》第5卷，百花文艺出版社2004年版

> 生活的苦与乐，有时全在自己的心境如何。梁实秋抗战时期住在重庆郊外山上竹棚里，简陋艰苦，他却自命居所为"雅舍"，还在其中写出了一系列幽默风趣、意味悠远的文章。七十多年过去了，我们是否会从作者的人生态度里学到些什么？

下 棋

梁实秋

聚焦
● 妙趣横生的生活小品
● 言近旨远的人性揭示

有一种人我最不喜欢和他下棋，那便是太有涵养的人。杀死他一大块，或是抽了他一个车，他神色自若，不动火，不生气，好像是无关痛痒，使得你觉得索然寡味。**君子无所争，下棋却是要争的。**当你给对方一个严重威胁的时候，对方的头上青筋暴露，黄豆般的汗珠一颗颗地在额上陈列出来，或哭丧着脸作惨笑，或咕嘟着嘴作吃屎状，或抓耳挠腮，或大叫一声，或长吁短叹，或自怨自艾口中念念有词，或一串串的喧嗝打个不休，或红头涨脸如关公，种种现象，不一而足。这时节你"行有余力"便可以点起一支烟，或啜一碗茶，静静地欣赏对方的苦闷的象征。我想猎人困逐一只野兔的时候，其愉快大概略相仿佛。因此我悟出一点道理，和人下棋的时候，如果有机会使对方受窘，当然无所不用其极，如果被对方所窘，便努力作出不介意状，因为既不能积极地给对方以苦痛，只好消极地减少对方的乐趣。

自古博弈并称，全是属于赌的一类，而且只是比"饱食终日无所用心"略胜一筹而已。不过**弈虽小术，亦可以观人**，相传有慢性人，见对方走当头炮，便左思右想，不知是跳左边的马好，还是跳右边的马好，想了半个钟头而迟迟不决，急得对方拱手认输。是有这样的慢性人，每一着都要考虑，而且是加慢地考虑，我常想这种人如加入龟兔竞赛，也必定可以获胜。也有性急的人，下棋如赛跑，劈劈拍拍，草草了事，这仍旧是饱食终日无所用心的一贯作风。

下棋

下棋不能无争，争的范围有大有小，有斤斤计较而因小失大者，有不拘小节而眼观全局者，有短兵相接作生死斗者，有各自为战而旗鼓相当者，有赶尽杀绝一步不让者，有好勇斗狠同归于尽者，有一面下棋一面谩骂者，但最不幸的是争的范围超出了棋盘，而拳足交加。有下象棋者，久而无声响，排闼视之，阒不见人，原来他们是在门后角里扭做一团，一个人骑在另一个人的身上，在他的口里挖车呢。被挖者不敢出声，出声则口张，口张则车被挖回，挖回则必悔棋，悔棋则不得胜，这种认真的态度憨得可爱。我曾见过二人手谈，起先是坐着，神情潇洒，望之如神仙中人，俄而棋势吃紧，两人都站起来了，剑拔弩张，如斗鹌鹑，最后到了生死关头，两个人跳到桌上去了！

笠翁《闲情偶寄》[1]说弈棋不如观棋，因观者无得失心，观棋是有趣的事，如看斗牛、斗鸡、斗蟋蟀一般，但是观棋也有难过处，观棋不语是一种痛苦。喉间硬是痒得出奇，思一吐为快。看见一个人要入陷阱而不作声是几乎不可能的事，如果说得中肯，其中一个人要厌恨你，暗暗地骂一声"多嘴驴！"另一个人也不感激你，心想"难道我还不晓得这样走！"如果说得不中肯，两个人要一齐嗤之以鼻，"无见识奴！"如果根本不说，憋在心里，受病。所以有人于挨了一个耳光之后还要抚着热辣辣的嘴巴大呼"要抽车，要抽车！"

下棋只是为了消遣，其所以能使这样多人嗜此不疲者，是因为它颇合于人类好斗的本能，这是一种"斗智不斗力"的游戏。所以瓜棚豆架之下，与世无争的村夫野老不免一枰相对，消此永昼；闹市茶寮之中，常有有闲阶级的人士下棋消遣，"不为无益之事，何以遣此有涯之生？"宦海里翻过身最后退隐东山的大人先生们，髀肉复生，而英雄无用武之地，也只好闲来对弈，了此残生，下棋全是"剩余精力"的发泄。人总是要斗的，总是要钩心斗角地和人争逐的。与其和人争权夺利，还不如在棋盘上多占几个官，与其招摇撞骗，还不如在棋盘上抽上一车。宋人笔记曾载有一段故事："李讷仆射，性卞急，酷好弈棋，每下子安详，极于宽缓。往往躁怒作，家人辈则密以弈具陈于前，讷睹，便忻然改容，以取其子布弄，都忘其恚矣。"（《南部新书》）下棋，有没有这样陶冶性情之功，我不敢说，不过有人下起棋来确实是把性命都可置诸度外。我有两个朋友下棋，警报作，不动声色，俄而弹落，棋子被震得在盘上跳荡，屋瓦乱飞。其中一位棋瘾较小者变色而起，被对方一把拉住，"你走！那就算是你输了"。此公深得棋中之趣。

选自《雅舍小品全集》，上海人民出版社1993年版

注释

[1] 笠翁《闲情偶寄》：李渔，字笠翁，清代学者，戏曲专家，《闲情偶寄》是其随笔著作，其中涉及戏曲创作、表演的部分有很高的理论价值。

下棋

梁实秋（1902—1987），祖籍浙江杭州，生于北京。1915年入清华学校，1923年毕业后留学美国，获哈佛大学文学硕士学位。1926年回国后先后任教于东南大学、暨南大学、复旦大学、青岛大学、北京大学、中山大学。1928年3月与徐志摩、叶公超等创办《新月》月刊，1949年去台湾，任台湾师范大学外文系主任，文学院长。主要著作有《雅舍小品》《雅舍杂文》《槐园梦忆》《英国文学史》等，翻译有《莎士比亚全集》等，主编《远东英汉大辞典》等。

梁实秋

导读

《雅舍小品》的文章，谈的全是人生中的凡人小事。大体上可以分为几类：各色人等，世相情状，文化艺术，生活习俗，日用器物，等等，举凡作者漫长而相对单纯的教书、写作生涯中所经所见的凡人小事，几乎都能涉笔成趣，写出一篇篇精彩而又朴素的小品文。

随笔写人生琐事，单纯记录、描写世相细节并不难，难的是能于众人熟视无睹处发现人生的荒谬愚蠢，可笑可叹，进而有所感悟，以此提醒读者不妨作点反省，看自己是否可笑人做了可笑事。本篇颇能体现梁实秋文章的特点。第一段先写棋迷下棋时的情状，没有褒贬，寥寥几笔白描，已令读者忍俊不禁。以下再写棋盘上竞争者的生动表现，其次再写看棋者的情状，最后发表评论，指出许多人之所以爱好此道，"是因为它颇合于人类好斗的本能"。只有认真计较输赢的人，才"深得棋中之趣"，颇有点睛的效果。

其文温文典雅，含蓄简练，深得中国传统笔记小品的神髓；其睿智渊博和不动声色的幽默调侃，则显然来自英国随笔散文的熏陶浸染。作者于中国传统文学和欧洲文学均有精深造诣，故谈论古今中外文化，能融会贯通，浑然天成，毫无雕琢文字、卖弄学问的痕迹。相对于同时代乃至现在许多人的食洋不化、食古也不化，梁实秋的文章分明高出不止一等。

思考与讨论

1. 你认为这一类"休闲"式的生活小品文，价值在什么地方？
2. 你有过类似的生活经验吗？你是否对此有过超然、幽默的观感？
3. 作者最后的总结分析准确吗？你能举一反三，提出类似的现象作一下分析？

平行阅读

与下棋一样，写字也是雅事；但雅事之中却有不雅之举，同样令人莞尔。

写　字

梁实秋

在从前，写字是一件大事，在"念背打"教育体系当中占一个很重要的位置，从描红模子的横平竖直，到写墨卷的黑大圆光，中间不知有多大勤苦。记得小时候写字，老师冷不防地从你脑后把你的毛笔抽走，弄得你一手掌的墨，这证明你执笔不坚，是要受惩罚的。这样恶作剧还不够，有的在笔管上套大铜钱，一个，两个，乃至三四个，摇动笔管只觉头重脚轻，这原理是和国术家腿上绑沙袋差不多，一旦解开重负，便会身轻似燕极尽飞檐走壁之能事，如果练字的时候笔管上驮着好几两重的金属，一旦握起不加附件的竹管，当然会龙飞蛇舞，得心应手了。写一寸径的大字，也有人主张用悬腕法，甚至悬肘法，写字如站桩，挺起腰板，咬紧牙关，正襟危坐，道貌岸然，在这种姿态中写出来的字，据说是能力透纸背。现代的人无需受这种折磨。"科举"已经废除了，只会写几个"行""阅""如拟""照办"，便可为官。自来水笔代替了毛笔，横行左行也可以应酬问世，写字一道，渐渐地要变成"国粹"了。

当作一种艺术看，中国书法是很独特的。因为字是艺术，所以什么"永字八法"之类的说教，其效用也就和"新诗作法""小说作法"相差不多，绳墨当然是可以教的，而巧妙各有不同，关键在于个人。写字最容易泄露一个人的个性，所谓"字如其人"大抵不诬。如果每个字都方方正正，其人大概拘谨，如果伸胳臂拉腿的都逸出格外，其人必定豪放，字瘦如柴，其人必如排骨，字如墨猪，其人必近于"五百斤油"。所以郑板桥的字，就应该是那样的倾斜古怪，才和他那吃狗肉傲公卿的气概相称，颜鲁公的字就应该是那样的端庄凝重，才和他的临难不苟的品格相合，其间无丝毫勉强。

在"文字国"里，需要写字的地方特别多，擘窠大字至蝇头小楷，都有用途。可惜的是，写字的人往往不能用其所长，且常用错了地方。譬如，凿石摹壁的大字，如果不能使山川生色，就不如给当铺酱园写写招牌，至不济也可以给煤栈写"南山高煤"。有些人的字不宜在壁上题诗，改写春联或"抬头见喜"就合适得多。有的人写字技术非常娴熟，在茶壶盖上写"一片冰心"是可以胜任的，却偏爱给人题跋字画。中堂条幅对联，其实是人人都可以写的，不过悬挂的地点应该有个分别，有的宜于挂在书斋客堂，有的宜于挂在饭铺理发馆，求其环境配合，气味相投，如是而已。

"善书者不择笔"，此说未必尽然，秃笔写铁线篆，未尝不可，临赵孟頫《心经》就有困难。字写得坚挺俊俏，所用大概是尖毫。笔墨纸砚，对于字的影响是

梁实秋手稿

不可限量的。有时候写字的人除了工具之外还讲究一点特殊的技巧，最妙者无过于某公之一笔虎，八尺的宣纸，布满了一个虎字，气势磅礴，一气呵成，尤其是那一直竖，顶天立地笔直得一根杉木似的，煞是吓人。据说，这是有特别办法的，法用马弁一名，牵着纸端，在写到那一竖的时候把笔顿好，喊一声"拉"，马弁牵着纸就往后扯，笔直的一竖自然完成。

写字的人有瘾，瘾大了就非要替人写字不可，看着人家的白扇面，就觉得上面缺点什么，至少也应该有"精气神"三个字。相传有人爱写字，尤其是爱写扇子，后来腿坏，以至无扇可写；人问其故，原来是大家见了他就跑，他追赶不上了。如果字真写到好处，当然不需腿健，但写字的人究竟是腿健者居多。

选自《雅舍小品全集》，上海人民出版社1993年版

现代文

> 王小波本以小说创作为主要写作方式，20世纪90年代以来，有感于中国思想界之沉寂庸俗，他又选择了思想性随笔的写作。几年间发表了不少作品，在多个报刊上开辟专栏，其犀利明快的文字在舆论界博得激赏。本文即是其代表作之一，流传甚广。

聚焦
- 一篇现代风格的寓言
- 令你忍俊不禁，也令你掩卷长思

一只特立独行的猪

王小波

插队的时候，我喂过猪，也放过牛。假如没有人来管，这两种动物也完全知道该怎样生活。它们会自由自在地闲逛，饥则食渴则饮，春天来临时还要谈谈爱情；这样一来，它们的生活层次很低，完全乏善可陈。人来了以后，给它们的生活做出了安排：每一头牛和每一口猪的生活都有了主题。就它们中的大多数而言，这种生活主题是很悲惨的：前者的主题是干活，后者的主题是长肉。我不认为这有什么可抱怨的，因为我当时的生活也不见得丰富了多少，除了八个样板戏，没有什么消遣。有极少数的猪和牛，它们的生活另有安排。以猪为例，种猪和母猪除了吃，还有别的事可干。就我所见，它们对这些安排也不大喜欢。种猪的任务是交配，换言之，我们的政策准许它当个花花公子。但是疲惫的种猪往往摆出一种肉猪（肉猪是阉过的）才有的正人君子架势，死活不肯跳到母猪背上去。母猪的任务是生崽儿，但有些母猪却要把猪崽儿吃掉。总的来说，人的安排使猪痛苦不堪。但它们还是接受了：猪总是猪啊。

==对生活做种种设置是人特有的品性。不光是设置动物，也设置自己。==我们知道，在古希腊有个斯巴达，那里的生活被设置得了无生趣，其目的就是要使男人成为亡命战士，使女人成为生育机器，前者像些斗鸡，后者像些母猪。这两类动物是很特别的，但我以为，它们肯定不喜欢自己的生活。但不喜欢又能怎么样？人也好，动物也罢，都很难改变自己的命运。

以下谈到的一只猪有些与众不同。我喂猪时，它已经有四五岁了，从名分上说，它是肉猪，但长得又黑又瘦，两眼炯炯有光。这家伙像山羊一样敏捷，一米高的猪栏一跳就过；它还能跳上猪圈的房顶，这一点又像是猫——所以它总是到处游逛，根本就不在圈里呆着。所有喂过猪的知青都把它当宠儿来对待，它也是我的宠儿——因为它只对知青好，容许他们走到三米之内，要是别人，它早就跑了。它是公的，原本该劁[1]掉。不过你去试试看，哪怕你把劁猪刀藏在身后，它也能嗅出来，朝你瞪大眼睛，噢噢地吼起来。我总是用细米糠熬的粥喂它，等它吃够了以后，才把糠对到野草里喂别的猪。其他猪看了嫉妒，一起嚷起来。这时候整个猪场一片鬼哭狼嚎，但我和它都不在乎。吃饱了以后，它就跳上房顶去晒太阳，或者模仿各种声音。它会学汽车响、拖拉机响，学得都很像；有时整天不见踪影，我估计它到附近的村寨里找母猪去了。我们这里也有母猪，都关在圈里，被过度的生育搞得走了形，又脏又臭，它对它们不感兴趣；村寨里的母猪好看一些。它有很多精彩的事迹，但我喂猪的时间短，知道的有限，索性就不写了。总而言之，所有喂过猪的知青都喜欢它，喜欢它==特立独行的派头儿==，还说它活得潇洒。但老乡们就不这么浪漫，人们说，这猪不正经。领导则痛恨它，这一点以后还要谈到。我对它则不止是喜欢——==我尊敬它==，常常不顾自己虚长十几岁这一现实，把它叫做"==猪兄=="。如前所述，这位猪兄会模仿各种声音。我想它也学过人说话，但没有学会——假如学会了，我们就可做倾心之谈。但这不能怪它。人和猪的音色差得太远了。

《一只特立独行的猪》网络插图

后来，猪兄学会了汽笛叫，这个本领给它招来了麻烦。我们那里有座糖厂，中午要鸣一次汽笛，让工人换班。我们队下地干活时，听见这次汽笛响就收工回来。我的猪兄每天上午十点钟总要跳到房上学汽笛，地里的人听见它叫就回来——这可比糖厂鸣笛早了一个半小时。坦白地说，这不能全怪猪兄，它毕竟不是锅炉，叫起来和汽笛还有些区别，但老乡们却硬说听不出来。领导因此开了一个会，把它定成了破坏春耕的坏分子，要对它采取专政手段——会议的精神我已经知道了，但我不为它担忧——因为假如专政是指绳索和杀猪刀的话，那是一点门都没有的。以前的领导也不是没试过，一百人也逮不住它。狗也没用，猪兄跑起来像颗鱼雷，能把狗撞出一丈开外。谁知这回是动了真格的，指导员带了二十几个人，手拿四五式手枪；副指导员带了十几人，手持看青的火枪，分两路在猪场外的空地上兜捕它。这就使我陷入了内心的矛盾：按我和它的交情，我该舞起两把杀猪刀冲出去，和它并肩战斗，但我又觉得这样做太过惊世骇俗——它毕竟是只猪啊；还有一个理由，我不敢对抗领导，我怀疑这才是问题之所在。总之，我在一边看着。猪兄的镇定使我佩服之极：它很冷静地躲在手枪和火枪的连线之内，任凭人喊狗咬，不离那条线。这样，拿手枪的人开火就会把拿火枪的打死，反之亦然；两头同时开火，两头都会被打死。至于它，因为目标小，多半没事。就这样兜了几个圈子，它找到了一个空子，一头撞出去了；跑得潇洒之极。以后我在甘蔗地里还见过它一次，它长出了獠牙，还认识我，但已不容我走近了。这种冷淡使我痛心，但我也赞成它对心怀叵测的人保持距离。

我已经四十岁了，除了这只猪，还没见过谁敢于如此无视对生活的设置。相反，我倒见过很多想要设置别人生活的人，还有对被设置的生活安之若素的人。因为这个缘故，我一直怀念这只特立独行的猪。

选自《沉默的大多数》，中国青年出版社1997年版

注释

[1] 劁（qiāo）：阉割。

王小波（1952—1997）北京人。当代著名作家。"文革"中在云南农场、山东农村从事农业劳动，后在北京当工人。1982年大学毕业。1988年获美国匹兹堡大学硕士学位。回国后先在高校任教，1992年起为自由撰稿人。著有《黄金时代》《白银时代》《青铜时代》三部中长篇小说集（合称《时代三部曲》）等。20世纪90年代开始思想随笔写作，出版有《思维的乐趣》《我的精神家园》《沉默的大多数》等。1997年4月10日因心脏病猝发去世。

导读

王小波的思想随笔常常以幽默诙谐之笔出之，主题则是极严肃的。此篇亦然：初读使人觉得好笑，甚至觉得有些油滑；然而再三读之，却让人品味出个中辛酸甚至悲愤。文章大多数篇幅在谈猪，临末曲终奏雅，揭示出全篇其实一直蕴含着的令人警醒的提示：被他人（甚至还要包括被自己——当然是按照他人的意志）安排或设置的生活，是不幸的，因为那意味着自由的被扼杀；而人们往往对这样的生活安之若素，很难因此也很少特立独行如此猪者；人们于此应有省悟，敢于无视别人对你的生活的"正义的"却是粗暴的设置，否则岂不愧对猪乎？

本文说的是猪事，实则讲的全是人世。以鲜活而平庸的生活琐事作譬，引出严肃的论题，这也正是作者的议论深刻而不显枯燥的原因之一。它差不多是继奥威尔著名小说《动物庄园》之后以猪为主题最好的文学作品。

作者虽然有他的大发现，却不急不躁，缓缓说猪事，徐徐道猪情，没有真理在手、睥睨一切的作态，也不剑拔弩张，而是从人们司空见惯、见怪不怪的地方刺上一刀，使麻木处因疼痛而恢复知觉。思想的锋芒如绵里藏针，冷冷地挑破遮蔽，脱颖而出，寒光闪处，如快刀斩乱麻般，使纠缠不清的、貌似丰富的事理显其荒谬，最终一刀斩断而后快。

本文的写作风格是幽默而严肃，活泼而平实，犀利深刻而具温情与善意。

文章的主题与作者的态度是严肃的，但又出之以幽默之语，调侃是其突出的特色，如"还有一个理由，我不敢对抗领导，我怀疑这才是问题之所在"，"这种冷淡使我痛心，但我也赞成它对心怀叵测的人保持距离"，等等。这使他的文章具有一种"==冷幽默=="。而这种幽默不是"搞笑"，也不是一般的风趣，其所喻示的道理，又是颇为严正的；这种文章风格既使人忍俊不禁，又使人深思不已。

作者的态度平实，行文却跳荡活泼，毫不枯燥。作者的批判相当犀利，当得起一针见血。但在这批判锋芒的背后，却是==作者对社会、对人群的热切的关爱==，一如鲁迅当年批判"国民性"时所呈现给我们的。

思考与讨论

1. 本文所写，你认为是实有其猪呢，还是作者杜撰？它们影响你对文章观点的认同吗？

2. 自己安排或设置自己的生活，有什么问题吗？别人想要设置我们的生活，能够一概无视吗？

3. 作者采用这样的写法，你认为"闲篇"太多吗？它是否影响了对论题的充分阐述呢？

平行阅读

此篇阐发工作应是人生的主题，也是幽默其表，严肃其里，庄谐杂出。

工作与人生

王小波

我现在已经活到了人生的中途，拿一日来比喻人的一生，现在正是中午。人在童年时从朦胧中醒来，需要一些时间来克服清晨的软弱，然后就要投入工作；在正午时分，他的精力最为充沛，但已隐隐感到疲惫；到了黄昏时节，就要总结一日的工作，准备沉入永恒的休息。按我这种说法，工作是人一生的主题。这个想法不是人人都能同意的。我知道在中国，农村的人把生儿育女看作是一生的主题。把儿女养大，自己就死掉，给他们空出地方来——这是很流行的想法。在城市里则另有一种想法，但不知是不是很流行：它把取得社会地位看作一生的主题。站在北京八宝山的骨灰墙前，可以体会到这种想法。我在那里看到一位已故的大叔墓上写着：副系主任、支部副书记、副教授、某某教研室副主任，等等。假如能把这些"副"字去掉个把，对这位大叔当然更好一些，但这些"副"字最能证明有这样一种想法。顺便说一句，我到美国的公墓里看过，发现他们的墓碑上只写两件事：一是生卒年月，二是某年至某年服兵役。这就是说，他们以为人的一生只有这两件事值得记述：这位上帝的子民曾经来到尘世，以及这位公民曾去为国尽忠，写别的都是多余的，我觉得这种想法比较质朴……恐怕在一份青年刊物上写这些墓前的景物是太过伤感，还是及早回到正题上来罢。

我想要把自己对人生的看法推荐给青年朋友们：人从工作中可以得到乐趣，这是一种巨大的好处。相比之下，从金钱、权力、生育子女方面可以得到的快乐，总要受到制约。举例来说，现在把生育作为生活的主题，首先是不合时宜；其次，人在生育力方面比兔子大为不如，更不要说和黄花鱼相比较；在这方面很难取得无穷无尽的成就。我对权力没有兴趣，对钱有一些兴趣，但也不愿为它去受罪——做我想做的事（这件事对我来说，就是写小说），并且把它做好，这就是我的目标。我想，和我志趣相投的人总不会是一个都没有。

根据我的经验，人在年轻时，最头疼的一件事就是决定自己这一生要做什么。在这方面，我倒没有什么具体的建议：干什么都可以，但最好不要写小说，这是和我抢饭碗。当然，假如你执意要写，我也没理由反对。总而言之，干什么都是好的；但要干出个样子来，这才是人的价值和尊严所在。人在工作时，不单要用到手、腿和腰，还要用脑子和自己的心胸。我总觉得国人对这后一方面不够重视，这样就会把工作看成是受罪。失掉了快乐最主要的源泉，对生活的态度也会因之变得灰暗……

人活在世上，不但有身体，还有头脑和心胸——对此请勿从解剖学上理解。人脑是怎样的一种东西，科学还不能说清楚。心胸是怎么回事就更难说清。对我自己来说，心胸是我在生活中想要达到的最低目标。某件事有悖于我的心胸，我就认为它不值得一做；某个人有悖于我的心胸，我就觉得他不值得一交；某种生活有悖于我的心胸，我就会以为它不值得一过。罗素先生曾言，对人来说，不加检点的生活，确实不值得一过。我同意他的意见：不加检点的生活，属于不能接受的生活之一种。人必须过他可以接受的生活，这恰恰是他改变一切的动力。人有了心胸，就可以用它来改变自己的生活。

中国人喜欢接受这样的想法：只要能活着就是好的，活成什么样子无所谓。从一些电影的名字就可以看出来：《活着》《找乐》……我对这种想法是断然地不赞成，因为抱有这种想法的人就可能活成任何一种糟糕的样子，从而使生活本身失去意义。高尚、清洁、充满乐趣的生活是好的，人们很容易得到共识。卑下、肮脏、贫乏的生活是不好的，这也能得到共识。但只有这两条远远不够。我以写作为生，我知道某种文章好，也知道某种文章坏。仅知道这两条尚不足以开始写作。还有更加重要的一条，那就是：某种样子的文章对我来说不可取，绝不能让它从我笔下写出来，冠以我的名字登在报刊上。以小喻大，这也是我对生活的态度。

选自《沉默的大多数》，中国青年出版社1997年版你关心天下大事吗？你关心国家大事吗？你关心地方公共事务吗？你对周围人群特别是弱势群体有同情、怜悯、关怀、帮助的具体行动吗？一言以蔽之，你是社会生活的介入者，还是旁观者？请阅读此文，检视一下自己的人生态度。

呵旁观者文

梁启超

天下最可厌、可憎、可鄙之人，莫过于旁观者。

旁观者，如立于东岸，观西岸之火灾，而望其红光以为乐；如立于此船，观彼船之沈溺，而睹其凫浴以为欢。若是者，谓之阴险也不可，谓之狠毒也不可，此种人无以名之，名之曰无血性。嗟乎，血性者，人类之所以生，世界之所以立也；无血性，则是无人类、无世界也。故旁观者，人类之蟊贼，世界之仇敌也。

人生于天地之间，各有责任。知责任者，大丈夫之始也；行责任者，大丈夫之终也；自放弃其责任，则是自放弃其所以为人之具也。是故人也者，对于一家而有一家之责任，对于一国而有一国之责任，对于世界而有世界之责任。一家之人各各自放弃其责任，则家必落；一国之人各各自放弃其责任，则国必亡；全世界之人各各自放弃其责任，则世界必毁。旁观云者，放弃责任之谓也。

中国词章家有警语二句，曰："济人利物非吾事，自有周公孔圣人。"中国寻常人有熟语二句，曰："各人自扫门前雪，不管他人瓦上霜。"此数语者，实旁观派之经典也，口号也。而此种经典口号，深入于全国人之脑中，拂之不去，涤之不净。质而言之，即"旁观"二字代表吾全国人之性质也，是即"无血性"三字为吾全国人所专有物也。呜呼，吾为此惧！

旁观者，立于客位之意义也。天下事不能有客而无主，譬之一家，大而教训其子弟，综核其财产；小而启闭其门户，洒扫其庭除，皆主人之事也。主人为谁？即一家之人是也。一家之人，各尽其主人之职而家以成。若一家之人各自立于客位，父诿之于子，子诿之于父；兄诿之于弟，弟诿之于兄；夫诿之于妇，妇诿之于夫；是之谓无主之家。无主之家，其败亡可立而待也。惟国亦然。一国之主人为谁？即一国之人是也。西国之所以强者无他焉，一国之人各尽其主人之职而已。中国则不然，入其国，问其主人为谁，莫之承也。将谓百姓为主人欤？百姓曰：此官吏之事也，我何与焉。将谓官吏为主人欤？官吏曰：我之尸此位也，为吾威势耳，为吾利源耳，其他我何知焉。若是乎一国虽大，竟无一主人也。无主人之国，则奴仆从而弄之，盗贼从而夺之，固宜。《诗》曰："子有庭内，弗洒弗扫。子有钟鼓，弗鼓弗考。宛其死矣，他人是保。"[1]此天理所必至也，于人乎何尤？

夫对于他人之家、他人之国而旁观焉，犹可言也。何也？我固客也。（侠者之义，虽对于他国、他家亦不当旁观，今姑置勿论）对于吾家、吾国而旁观焉，不可言也。何也？我固主人也。我尚旁观，而更望谁之代吾责也？大抵家国之盛衰兴亡，恒以其家中、国中旁观者之有无多少为差。国人无一旁观者，国虽小而必兴；国人尽为旁观者，国虽大而必亡。今吾观中国四万万人，皆旁观者也。谓余不信，请征其流派：

一曰混沌派。此派者，可谓之无脑筋之动物也。彼等不知有所谓世界，不知有所谓国，不知何者为可忧，不知何者为可惧，质而论之，即不知人世间有应做之事也。饥而食，饱而游，困而睡，觉而起，户以内即其小天地，争一钱可以陨身命，彼等既不知有事，何所谓办与不办？既不知有国，何所谓亡与不亡？譬之游鱼居将沸之鼎，犹误为水暖之春江；巢燕处半火之堂，犹疑为照屋之出日。彼等之生也，如以机器制成者，能运动而不能知觉；其死也，如以电气殛毙者，有堕落而不有苦痛，蠕蠕然度数十寒暑而已。彼等虽为旁观者，然曾不自知其为旁观者，吾命之为旁观派中之天民。四万万人中属于此派者，殆不止三万万五千万人。然此又非徒不识字、不治生之人而已。天下固有不识字、不治生之人而不混沌者，亦有号称能识字、能治生之人而实大混沌者。大抵京外大小数十万之官吏，应乡、会、岁、科试数百万之士子，满天下之商人，皆于其中十有九属于此派者。

二曰为我派。此派者，俗语所谓遇雷打尚按住荷包者也。事之当办，彼非不知；国之将亡，彼非不知。虽然，办此事而无益于我，则我惟旁观而已；亡此国而无损于我，则我惟旁观而已。若冯道[2]当五季鼎沸之际，朝梁夕晋，犹以五朝元老自夸；张之洞[3]自言瓜分之后，尚不失为小朝廷大臣，皆此类也。彼等在世界中，似是常立于主位而非立于客位者。虽然，不过以公众之事业，而计其一己之利害；若夫公众之利害，则彼始终旁观者也。吾昔见日本报纸中有一段，最能摹写此辈情形者，其言曰：

> 吾尝游辽东半岛，见其沿道人民，察其情态，彼等于国家存亡危机，如不自知者；彼等之待日本军队，不见为敌人，而见为商店之主顾客；彼等心目中，不知有辽东半岛割归日本与否之问题，惟知有日本银色与纹银兑换补水[4]几何之问题。

此实写出魑魅魍魉之情状，如禹鼎铸奸矣。推为我之蔽，割数千里之地，赔数百兆之款，以易其衙门咫尺之地，而曾无所顾惜，何也？吾今者既已六七十矣，但求目前数年无事，至一瞑之后，虽天翻地覆非所问也。明知官场积习之当改而必不肯改，吾衣领饭碗之所在也。明知学校科举之当变而不肯变，吾子孙出身之所由也。此派者，以老聃[5]为先圣，以杨朱[6]为先师，一国中无论为官、为绅、为士、为商，其据要津、握重权者皆此辈也，故此派有左右世界之力量。一国聪明才智之士，皆走集于其旗下，而方在萌芽卵孵之少年子弟，转率仿效之，如麻风、肺病者传其种于子孙，故遗毒遍于天下，此为旁观派中之最有魔力者。

三曰鸣呼派。何谓鸣呼派？彼辈以咨嗟太息、痛哭流涕为独一无二之事业者也。其面常有忧国之容，其口不少哀时之语，告以事之当办，彼则曰诚当办也，奈无从办起何；告以国之已危，彼则曰诚极危也，奈已无可救何；再穷诘之，彼则曰国运而已，天心而已。"无可奈何"四字是其口诀，"束手待毙"一语是其真传。如见火之起，不务扑灭，而太息于火势之炽炎；如见人之溺，不思拯援，而痛恨于波涛之澎湃。此派者，彼固自谓非旁观者也，然他人之旁观也以目，彼辈之旁观也以口。彼辈非不关心国事，然以国事为诗料；非不好言时务，然以时务为谈资者也。吾人读波兰灭亡之记，埃及惨状之史，何尝不为之感叹，然无益于波兰、埃及者，以吾固旁观也。吾人见菲律宾与美血战，何尝不为之起敬，然无助于菲律宾者，以吾固旁观也。所谓鸣呼派者，何以异是！此派似无补于世界，亦无害于世界者，虽然，灰国民之志气，阻将来之进步，其罪实不薄也。此派者，一国中号称名士者皆归之。

四曰笑骂派。此派者，谓之旁观，宁谓之后观。以其常立于人之背后，而以冷言热语批评人者也。彼辈不惟自为旁观者，又欲逼人使不得不为旁观者；既骂守旧，亦骂维新；既骂小人，亦骂君子；对老辈则骂其暮气已深，对青年则骂其躁进喜事；事之成也，则曰竖子成名；事之败也，则曰吾早料及。彼辈常自立于无可指摘之地，何也？不办事故无可指摘，旁观故无可指摘。己不办事，而立于办事者之后，引绳批根以嘲讽掊击，此最巧黠之术，而使勇者所以短气，怯者所以灰心也。岂直使人灰心短气而已，而将成之事，彼辈必以笑骂沮之；已成之事，彼辈能以笑骂败之。故彼辈者，世界之阴人也。夫排斥人未尝不可，己有主义欲伸之，而排斥他人之主义，此西国政党所不讳也。然彼笑骂派果有何主义乎？譬之孤舟遇风于大洋，彼辈骂风、骂波、骂大洋、骂孤舟，乃至遍骂同舟之人，若问此船当以何术可达彼岸乎，彼等瞠然无对也。何也？彼辈借旁观以行笑骂，失旁观之地位，则无笑骂也。

五曰暴弃派。鸣呼派者，以天下为无可为之事；暴弃派者，以我为无可为之人也。笑骂派者，常责人而不责己；暴弃派者，常望人而不望己也。彼辈之意，以为一国四百兆人，其三百九十九兆九亿九万九千九百九十九人中，才智不知几许，英杰不知几许，我之一人岂足轻重。推此派之极弊，必至四百兆人，人人皆除出自己，而以国事望诸其余之三百九十九兆九亿九万九千九百九十九人。统计而互消之，则是四百兆人，卒至实无一人也。夫国事者，国民人人各自有其责任者也，愈贤智则其责任愈大，即愚不肖亦不过责任稍小而已，不能谓之无也。他人虽有绝大智慧、绝大能力，只能尽其本身分内之责任，岂能有分毫之代我？譬之欲不食而使善饭者为我代食，欲不寝而使善睡者为我代寝，能乎否乎？夫我虽愚不肖，然既为人矣，即为人类之一分子也，既生此国矣，即为国民之一阿屯也，我暴弃己之一身，犹可言也，污蔑人类之资格，灭损国民之体面，不可言也。故暴弃者实人道之罪人也。

六曰**待时派**。此派者，有旁观之实而不自居其名者也。夫待之云者，得不得未可必之词也。吾待至可以办事之时然后办之，若终无其时，则是终不办也。寻常之旁观则旁观人事，彼辈之旁观则旁观天时也。且必如何然后为可以办事之时，岂有定形哉？办事者，无时而非可办之时；不办事者，无时而非不可办之时。故有志之士，惟造时势而已，未闻有待时势者也。待时云者，欲觇风潮之所向，而从旁拾其余利，向于东则随之而东，向于西则随之而西，是乡愿[7]之本色，而旁观派之最巧者也。

以上六派，吾中国人之性质尽于是矣。其为派不同，而其为旁观者则同。若是乎，吾中国四万万人，果无一非旁观者也；吾中国虽有四万万人，果无一主人也。以无一主人之国，而立于世界生存竞争最剧最烈、万鬼环瞰、百虎眈视之大舞台，吾不知其如何而可也。六派之中，第一派为不知责任之人，以下五派为不行责任之人，知而不行，与不知等耳。且彼不知者犹有冀焉，冀其他日之知而即行。若知而不行，则是自绝于天地也。故吾责第一派之人犹浅，责以下五派之人最深。

虽然，以阳明学知行合一之说[8]论之，彼知而不行者，终是未知而已。苟知之极明，则行之必极勇。猛虎在于后，虽跛者或能跃数丈之涧；燎火及于邻，虽弱者或能运千钧之力。何也？彼确知猛虎、大火之一至，而吾之性命必无幸也。夫国亡种灭之惨酷，又岂止猛虎、大火而已。吾以为举国之旁观者直未知之耳，或知其一二而未知其究竟耳。若真知之，若究竟知之，吾意虽箝其手、缄其口，犹不能使之默然而息，块然而坐也。安有悠悠日月，歌舞太平，如此江山，坐付他族，袖手而作壁上之观，面缚[9]以待死期之至，如今日者耶？嗟乎！今之拥高位，秩厚禄，与夫号称先达名士有闻于时者，皆一国中过去之人也。如已退院之僧[10]，如已闭房之妇[11]，彼自顾此身之寄居此世界，不知尚有几年，故其于国也有过客之观，其苟且以媮逸乐，袖手以终余年，固无足怪焉。若**我辈青年**，正一国将来之主人也，与此国为缘之日正长。前途茫茫，未知所届。国之兴也，我辈实躬享其荣；国之亡也，我辈实亲尝其惨。欲避无可避，欲逃无可逃，其荣也非他人之所得攘，其惨也非他人之所得代。言念及此，**夫宁可旁观耶？夫宁可旁观耶？**吾岂好为深文刻薄之言以骂尽天下哉？毋亦发于不忍旁观区区之苦心，不得不大声疾呼，以为我同胞四万万人告也。

旁观之反对曰**任**。孔子曰："天下有道，丘不与易也。"孟子曰："如欲平治天下，当今之世，舍我其谁也。"任之谓也。

一九○○年二月二十日

选自《梁启超选集》，李华兴、吴嘉勋编，上海人民出版社1984年版

注释

[1] "《诗》曰"句：见于《诗经》的《唐风·山有枢》。

[2] 冯道（882—954）：瀛洲景城（今河北献县）人，五代时大官僚，每次改朝换代都能保住自己的禄位，自称"长乐老"。

[3] 张之洞（1837—1909）：直隶南皮（今属河北）人，晚清大官僚，曾任湖广总督等。政治态度暧昧而多变。

[4] 兑换补水：两种银两成色不同，故兑换时要规定一个贴补的比例。

[5] 老聃：即老子，先秦思想家，主张无为。

[6] 杨朱：战国时思想家，主张"拔一毛利天下而不为"。

[7] 乡愿：不讲原则、顺水推舟、八面玲珑的人物，孔子斥之为"德之贼也"。

[8] 阳明学知行合一之说：明代思想家王阳明主张"知行合一"，强调思想的实践。

[9] 面缚：即反绑。面，反训为背。

[10] 已退院之僧：离开寺庙的僧人。

[11] 已闭房之妇：老年妇女。

梁启超（1873—1929），广东新会人，著名政治家，启蒙思想家，现代思想与学术的开路人，杰出的学者。戊戌变法前后，创办主持《时务报》《清议报》和《新民丛报》，撰写大量政论文章，生平著述总数在1 400万字左右。1918年终止政治生涯，开始从事教育和学术研究。1920年承办上海中国公学，1921年应聘到南开大学讲授中国文化史，1923年起开始在清华任教。主要著作有《自由书》《少年中国说》《新民说》《新史学》《清代学术概论》《中国近三百年学术史》《欧游心影录》等。

梁启超

导读

本文发表于1900年2月20日《清议报》第三十六册。此时距戊戌变法失败已经一年有余，梁启超逃亡在日本，有感于维新派变法中未能得到更多社会支持而失败，痛定思痛，发而为文。所以开篇便痛责旁观者为天下最可厌、可憎、可鄙之人。随后把旁观者定义为无血性之人。下文的主体部分，将旁观者分为六派，逐一分说，把中国人的性质囊括无遗。这种铺排评论，是梁启超惯用的行文方式。最后一段论证国家与个人命运休戚相关，旁观的结果最终是害了自己；于是大声疾呼，青年人应该像孟子说的那样，以舍我其谁的气概，担当起平治天下的大任。

梁氏曾自述其文章的特色：笔锋常带感情。本文正是如此，愤激之情贯注笔端、溢于言表，可谓"盛气凌文"——在充沛的气势驱使下，文章如长江大河滚滚滔滔莫可抵御。当然，他对当时社会弊端及国民状况的洞悉，也使其宏文并未

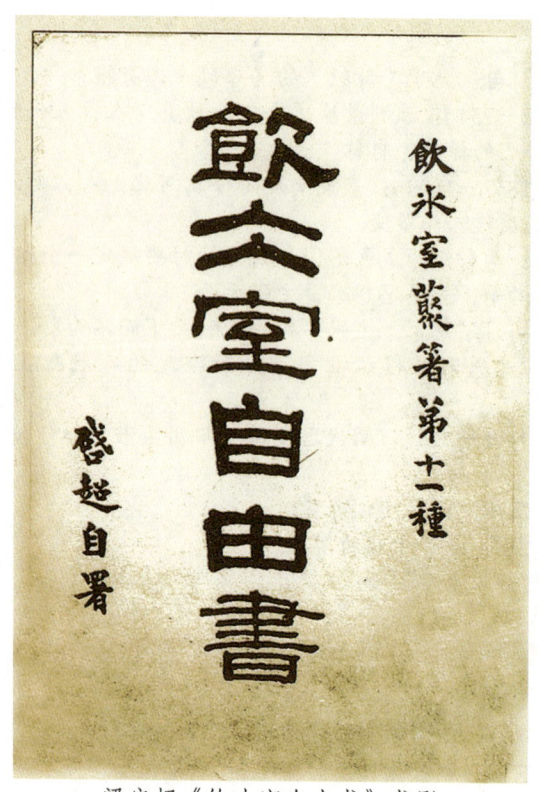

梁启超《饮冰室自由书》书影

流于空疏。他这种新文体，影响了整整一个时代。作为一代政论宣传家，梁文一扫晚清思想文化界萎靡不振的文风，给社会带来一股刚健明快的新气象，因而大受欢迎。而与他同时代、更具有思想深度的严复和章太炎，因为用古雅深奥的文言文写作，其著作只能在较高文化的知识分子范围内流行，而难以为青年学生和普通民众所接受，社会影响远不及梁启超。这个强烈对比，使后来人认识到，要对民众进行启蒙教育，用白话文写作极为重要。正是基于这一认识，推广白话文成为新文化运动最重要的目标之一，梁启超的文章也成为学习、仿效的对象。

思考与讨论

1. 梁启超对看客的分类和分析批评，你是否同意？为什么？
2. 你喜欢梁启超的文风吗？说说理由。
3. 梁启超主张文学要成为启发国民政治觉悟的工具，此种主张是否合理？
4. 中国人的国民性究竟如何，你对此有何看法？一个民族有没有全民共有的所谓国民性？
5. 这篇文章的内容还有没有现实意义？

> 经过对两性差异的长期漠视，中国大陆女性自我意识获得新的启蒙与觉醒。反映在文学上，即是女性自我书写的崛起。"女性散文"是其中显眼的旗帜。这一篇就是20世纪80年代女性散文的力作。

女孩子的花

唐 敏

聚焦：青春女性绚烂生命的象征　对女性命运的思考与感喟

相传水仙花是由一对夫妻变化而来的。丈夫名叫金盏，妻子名叫百叶。因此水仙花的花朵有两种，单瓣的叫金盏，重瓣的叫百叶。

"百叶"的花瓣有四重，两重白色的大花瓣中夹着两重黄色的短花瓣。看过去既单纯又复杂，像闽南善于沉默的女子，半低着头，眼睛向下看的。悲也默默，喜也默默。

"金盏"由六片白色的花瓣组成一个盘子，上面放一只黄花瓣团成的酒盏。这花看去一目了然，确有男子干脆简单的热情。特别是酒盏形的花蕊，使人想到死后还不忘饮酒的男人的豪情。

要是他们在变成花朵之前还没有结成夫妻，百叶的花一定是纯白的，金盏也不会有洁白的托盘。世间再也没有像水仙花这样体现夫妻互相渗透的花朵了吧？常常想象金盏喝醉了酒来亲昵他的妻子百叶，把酒气染在百叶身上，使她的花朵里有了黄色的短花瓣。百叶生气的时候，金盏端着酒杯，想喝而不敢，低声下气过来讨好百叶。这样的时候，水仙花散发出极其甜蜜的香味，是人间夫妻和谐的芬芳，弥漫在迎接新年的家庭里。

刚刚结婚，有没有孩子无所谓。只要有一个人出差，另一个就想方设法跟了去。炉子灭掉、大门一锁，无论到多么没意思的地方也是有趣的。到了有朋友的地方就尽兴地热闹几天，留下愉快的记忆。没有负担的生活，在大地上遛来逛去，被称做"游击队之歌"。每到一地，就去看风景，钻小巷走大街，袭击眼睛看得到的风味小吃。

可是，突然地、非常地想要得到唯一的"独生子女"。

冬天来临的时候，开始养育水仙花了。

从那一刻起，把水仙花看作是自己孩子的象征了。

99

像抽签那样，在一堆价格最高的花球里选了一个。

如果开"金盏"的花，我将有一个儿子；

如果开"百叶"的花，我会有一个女儿。

用小刀剖开花球，精心雕刻叶茎。一共有六个花苞。看着包在叶膜里像胖乎乎婴儿般的花蕾，心里好紧张。到底是儿子还是女儿呢？

我希望能开出"金盏"的花。

从内心深处盼望的是男孩子。

绝不是轻视女孩子。而是==无法形容地疼爱女孩子==。

爱到根本不忍心让她来到这个世界。

因为我不能保证她一生幸福，不能使她在短暂的人生中得到最美的爱情。尤其担心她的身段容貌不美丽而受到轻视，假如她奇丑无比却偏偏又聪明又善良，那就注定了她的一生将多么痛苦。

而男孩就不一样。==男人是泥土造的，苦难使他们坚强。==

"上帝"用泥土创造了男人，却用男人的肋骨造出了女人。肋骨上有新鲜的血和肉，只要轻轻一碰就会痛彻心肠。因此，女子连最微小的伤害也是不能忍受的。

从这个意义来说，女子是一种极其敏锐和精巧的昆虫。她们的触角、眼睛、柔软无骨的躯体，还有那艳丽的翅膀，仅仅是为了感受爱、接受爱和吸引爱而生成的。==她们最早预感到灾难，又最早在灾难的打击下夭亡。==

一天和朋友在咖啡座小饮。这位比我多了近十年阅历的朋友说：

"==男人在爱他喜欢的女人的过程中感到幸福==。他感到美满是因为对方接受他为她做的每件事。女人则完全相反，她只要接受爱就是幸福。如果女人去爱去追求她喜欢的男子，那是顶痛苦的事，而且被她爱的男人也就没有幸福的感觉了。这是非常奇妙的感觉。"

在茫茫的暮色中，从座位旁的窗口望下去，街上的行人如水，许多各种各样身世的男人和女人在匆匆走动。

"一般来说，男子的爱比女子长久。只要是他寄托过一段情感的女人，在许多年之后向他求助，他总是会尽心地帮助她的。男人并不太计较那女的从前对自己怎样。"

那一刹间我更加坚定了要生儿子的决心。男孩不仅仅天生比女孩能适应社会、忍受困苦，而且是女人幸福的源泉。我希望我的儿子至少能以善心厚待他生命中的女人，给她们短暂人生中永久的幸福感觉。

"做男人最大的缺点就是，==没有办法珍惜他不喜欢的女人对他的爱慕==。这种反感发自真心一点不虚伪，他们忍不住要流露出对那女子的轻视。轻浮的少年就更加过分，在大庭广众下伤害那样的姑娘。这是男人邪恶的一面。"

我想到我的女儿，如果她有幸免遭当众的羞辱，遇到一位完全懂得尊重她感情的男人，却把尊重当成了对她的爱，那样的悲哀不是更深吗？在男人，追求失败了并没有破坏追求时的美感；在女人则成了一生一世的耻辱。

怎么样想，还是不希望有女孩。

用来占卜的水仙花却迟迟不开放。

这棵水仙长得从未有过的结实，从来没晒过太阳也绿葱葱的，虎虎有生气。

后来，花蕾冲破包裹的叶膜，像孔雀的尾巴一样张开来，六只绿孔雀停在一块。

每一个花朵都胀得满满的，但是却一直不肯开放。

到底是"金盏"还是"百叶"呢？

弗洛伊德[1]的学说已经够让人害怕了，婴儿在吃奶的时期起就有了爱欲。而一生的行为都受着情欲的支配。

偶然听佛学院学生上课，讲到佛教的"缘生"说[2]。关于十二因缘，就是从受胎到死的生命的因果律，主宰一切有形和无形的生命与精神变化的力量是情欲。不仅是活着的人对自身对事物的感觉受着情欲的支配，就连还没有获得生命形体的灵魂，也受着同样的支配。

生女儿的，是因为有一个女的灵魂爱上了做父亲的男子，投入他的怀抱，化做了他的女儿；

生儿子的，是因为有一个男的灵魂爱上了做母亲的女子，投入她的怀抱，化做她的儿子。

如果我到死也没有听到这种说法，脑子里就不会烙下这么骇人的火印。如今却怎么也忘不了了。

回家，我问我的郎君："要男孩还是女孩？"

"女孩！"他毫不犹豫地回答。

"男孩！"我气极了！

"为什么？"他奇怪了。

我却无从回答。

就这样，在梦中看见我的水仙花开放了。

无比茂盛，是女孩子的花，满满地开了一盆。

我失望得无法形容。

开在最高处的两朵并在一起的花说：

"妈妈不爱我们，那就去死吧！"

她俩向下一倒，浸入一盆滚烫的开水中。

等我急急忙忙把她们捞起来，并表示愿意带她们走的时候，她们已经烫得像煮熟的白菜叶子一样了。

过了几天，果然是女孩子的花开放了。

在短短的几天内，她们拼命地开放所有的花朵。也有一枝花茎抽得最高的，在这簇花朵中，有两朵最大的花并肩开放着。和梦中不同的是，她们不是抬着头的，而是全部低着头，像受了风吹，花向一个方向倾斜。抽得最长的那根花茎突然立不直了，软软地东倒西歪。用绳子捆，用铅笔顶，都支不住。一不小心，这花茎就倒下来。

不知多么抱歉，多么伤心。终日看着这盆盛开的花。

它发出一阵阵锐利的芬芳，香气直钻心底。她们无视我的关切，完全是为了她们自己在努力地表现她们的美丽。

每朵花都白得浮悬在空中，云朵一样停着，其中黄灿灿的花朵，是云中的阳光。她们短暂的花期分秒流逝。

她们的心中鄙视我。

我的郎君每天忙着公务，从花开到花谢，他都没有关心过一次，更没有谈到过她们。他不知道我的鬼心眼。

于是这盆女孩子的花就更加显出有多么的不幸了。

她们的花开盛了，渐渐要凋谢了，但依然美丽。

有一天停电，我点了一支蜡烛放在桌上。

当我从楼下上来时，发现蜡烛灭了，屋内漆黑。

我划亮火柴。

是水仙花倒在蜡烛上，把火压灭了。是那支抽得最高的花茎倒在蜡烛上，和梦中的花一样，她们自尽了。

蜡烛把两朵水仙花烧掉了，每朵烧掉一半。剩下的一半还是那样水灵灵地开放着，在半朵花的地方有一条黑得发亮的墨线。

并非不雅观！

我吓得好久回不过神来。

这就是女孩子的花，刀一样的花。

在世上可以做许多错事，但绝不能做伤害女孩子的事。

只剩了养水仙的盆。

我既不想男孩也不想女孩，更不做可怕的占卜了。

但是我命中的女儿却永远不会来临了。

1986年3月妇女节写于厦门
选自《女孩子的花》，福建人民出版社1992年版

注释

[1] 弗洛伊德（1856—1939）：奥地利心理学家，精神分析学说的创始人。他认为存在于人的潜意识中的性本能是心理发展的基本动力，它与生俱来，贯穿和

影响人的一生；儿童时期的性欲发展包括"口腔期"等四个阶段，婴儿通过吸吮乳房来体验和表达自己的爱欲。

  [2]"缘生"：佛教术语又称"缘起"，是"因缘生起"的略称；"缘"指各种事物和现象存在、演变、消失的关系和条件。"缘生"说是佛教用以解释万事万物产生根源的基本理论。下文的"十二因缘"即为最早和传播最广的一种"缘生"说，它用从"无明"到"老死"的十二缘起描述人的三世轮回，解释人生痛苦之因。

导读

  这篇女性作家描摹女性心理的散文，真实、细腻、动人地展现了==青年女性对自身命运的紧张思考和复杂心态==，是20世纪80年代"女性散文"的代表作品。

  所谓"女孩子的花"，乃指传说中有一位名叫百叶的女孩变化而来的重瓣水仙花。作者以此为由头，抽绎出哲理性的思绪。本文中，"女孩子的花"是一种象征：重瓣水仙的灿烂开放、芬芳散发，她的美丽而短暂的花期，她的受到冷落的不幸和"刀一样"的性格，都是==青春女性绚烂生命、人生际遇、悲剧命运和纯真性格的写照==。借助水仙花，作者深刻入微地写出了女孩子的敏感而脆弱的心灵、对爱的渴慕与无奈、遭受伤害时的痛苦和刚烈；或者说，作者将年轻女子的性格情感赋予了水仙花，水仙花成了作者抒发对女性人生境遇的感喟的一个载体和触媒。这就比单纯直白的述说来得形象饱满和曲尽深致。

  文章依时间顺序写作者心思的变化，如剥茧抽丝，细致入微，而又曲曲折折，含蓄蕴藉。文章主旨并不隐晦，而其中所包蕴的==多个层次的内涵却是通过反反复复的叙写==，才得以淋漓尽致地表现出来的。结尾戛然而止，令人回味。文章语言长短句式交错，爽脆有力。

唐 敏

唐敏（1954— ），当代散文家、小说家。福建福州人。著有散文集《女孩子的花》《纯净的落叶》等。

思考与讨论

1. 本文就女性与男性的不同发表了哪些见解？你是否赞同？
2. 分析本文的中心意象及其象征意蕴。
3. "女孩子的花，刀一样的花"有何寓意？

平行阅读

  水仙有其性格，牡丹亦有灵性和品位。

牡丹的拒绝

张抗抗

它被世人所期待、所仰慕、所赞誉，是由于它的美。

它美得秀韵多姿，美得雍容华贵，美得绚丽娇艳，美得惊世骇俗。它的美是早已被世人所确定、所公认了的。它的美不惧怕争议和挑战。

有多少人没有欣赏过牡丹呢？

却偏偏要坐上汽车火车飞机轮船，千里万里爬山涉水，天南海北不约而同，揣着焦渴与翘盼的心，涛涛黄河般地涌进洛阳城。

欧阳修曾有诗云：洛阳地脉花最重，牡丹尤为天下奇。

传说中的牡丹，是被武则天一怒之下逐出京城，贬去洛阳的。却不料洛阳的水土最适合牡丹的生长。于是洛阳人种牡丹蔚然成风，渐盛于唐，极盛于宋。每年阳历四月中旬春色融融的日子，街巷园林千株万株牡丹竞放，花团锦簇香云缭绕——好一座五彩缤纷的牡丹城。

所以看牡丹是一定要到洛阳去看的。没有看过洛阳的牡丹就不算看过牡丹。况且洛阳牡丹还有那么点来历，它因被贬而增值而名声大噪，是否因此勾起人的好奇也未可知。

这一年已是洛阳的第九届牡丹花会。这一年的春却来得迟迟。

连日浓云阴雨，四月的洛阳城冷风嗖嗖。

街上挤满了从很远很远的地方赶来的看花人。看花人踩着年年应准的花期。明明是梧桐发叶，柳枝滴翠，桃花梨花姹紫嫣红，海棠更已落英纷纷——可洛阳人说春尚不曾到来；看花人说，牡丹城好安静。

一个又冷又静的洛阳，让你觉得有什么地方不对劲。你悄悄闭上眼睛不忍寻觅。你深呼吸掩藏好了最后的侥幸，姗姗步入王城公园。你相信牡丹生性喜欢热闹，你知道牡丹不像幽兰习惯寂寞，你甚至怀着自私的企图，愿牡丹接受这提前的参拜和瞻仰。

然而，枝繁叶茂的满园绿色，却仅有零零落落的几处浅红、几点粉白。一丛丛半人高的牡丹植株之上，昂然挺起千头万头硕大饱满的牡丹花苞，个个形同仙桃，却是朱唇紧闭，洁齿轻咬，薄薄的花瓣层层相裹，透出一副傲慢的冷色，绝无开花的意思。偌大的一个牡丹王国，竟然是一片黯淡萧瑟的灰绿……

一丝苍白的阳光伸出手竭力抚弄着它，它却木然呆立，无动于衷。

惊愕伴随着失望和疑虑——你不知道牡丹为什么要拒绝，拒绝本该属于它的荣誉和赞颂？

于是看花人说这个洛阳牡丹真是徒有虚名；于是洛阳人摇头说其实洛阳牡丹从未如今年这样失约，这个春实在太冷，寒流接着寒流怎么能怪牡丹？当年武则

女孩子的花

天皇帝令百花连夜速发以待她明朝游玩上苑，百花慑于皇威纷纷开放，惟独牡丹不从，宁可发配洛阳。如今怎么就能让牡丹轻易改了性子？

[清]恽寿平《花卉册》（之六）

于是你面对绿色的牡丹园，只能竭尽你想象的空间。想象它在阳光与温暖中火热的激情；想象它在春晖里的辉煌与灿烂——牡丹开花时犹如解冻的大江，一夜间千朵万朵纵情怒放，排山倒海惊天动地。那般恣意那般宏伟，那般壮丽那般浩荡。它积蓄了整整一年的精气，都在这短短几天中轰轰烈烈地迸发出来。它不开则已，一开则倾其所有挥洒净尽，终要开得一个倾国倾城，国色天香。

你也许在梦中曾亲吻过那些赤橙黄绿青蓝紫的花瓣，而此刻你须在想象中创造姚黄魏紫豆绿墨撒金白雪塔铜雀春锦帐芙蓉烟绒紫首案红火炼金丹……想象花开时节洛阳城上空被牡丹映照的五彩祥云；想象微风夜露中颤动的牡丹花香；想象被花气濡染的树和房屋；想象洛阳城延续了一千多年的"花开花落二十日，满城人人皆若狂"之盛况。想象给予你失望的纪念，给予你来年的安慰与希望。牡丹为自己营造了神秘与完美——恰恰在没有牡丹的日子里，你探访了、窥视了牡丹的个性。

其实你在很久以前并不喜欢牡丹。因为它总被人作为富贵膜拜。后来你目睹了一次牡丹的落花，你相信所有的人都会为之感动：一阵清风徐来，娇艳鲜嫩的盛期牡丹忽然整整朵朵地坠落，铺散一地绚丽的花瓣。那花瓣落地时依然鲜艳夺目，如同一只被奉上祭坛的大鸟脱落的羽毛，低吟着壮烈的悲歌离去。牡丹没有花谢花败之时，要么烁于枝头，要么归于泥土，它跨越萎顿和衰老，由青春而死亡，由美丽而消遁。它虽美却不吝惜生命，即使告别也要留给人最后一次惊心动魄的体味。

所以在这阴冷的四月里，奇迹不会发生。任凭游人扫兴和诅咒，牡丹依然安之若素。它不苟且不俯就不妥协不媚俗，它遵循自己的花期自己的规律，它有权利为自己选择每年一度的盛大节日。它为什么不拒绝寒冷？！

天南海北的看花人，依然络绎不绝地涌入洛阳城。人们不会因牡丹的拒绝而拒绝它的美。如果它再被贬谪十次，也许它就会繁衍出十个洛阳牡丹城。

于是你在无言的遗憾中感悟到，富贵与高贵只是一字之差。同人一样，花儿也是有灵性、有品位之高低的。品位这东西为气为魂为筋骨为神韵只可意会。你叹服牡丹卓尔不群之姿，方知"品位"是多么容易被世人忽略或漠视的美。

选自《收获》1992年第1期

105

> 世界上真有天才吗？历来说法种种，或承认确有天才，或以为那不过是后天勤奋努力，或高度专注于所做之事而已，与先天禀赋关系不大，难有定论。且看看张爱玲的自述。

聚焦
- 天才作家的真实童年
- 客观冷静的自我表白

天才梦

张爱玲

我是一个古怪的女孩，从小被目为天才，除了发展我的天才外别无生存的目标。然而，当童年的狂想逐渐褪色的时候，我发现我除了天才的梦之外一无所有——所有的只是天才的乖僻缺点。世人原谅瓦格涅[1]的疏狂，可是他们不会原谅我。

加上一点美国式的宣传，也许我会被誉为神童。我三岁时能背诵唐诗。我还记得摇摇摆摆地立在一个满清遗老的藤椅前朗吟"商女不知亡国恨，隔江犹唱后庭花"，眼看着他的泪珠滚下来。七岁时我写了第一部小说，一个家庭悲剧。遇到笔画复杂的字，我常常跑去问厨子怎样写。第二部小说是关于一个失恋自杀的女郎。我母亲批评说：如果她要自杀，她决不会从上海乘火车到西湖去自溺。可是我因为西湖诗意的背景，终于固执地保存了这一点。

我仅有的课外读物是《西游记》与少量的童话，但我的思想并不为它们所束缚。八岁那年，我尝试过一篇类似乌托邦的小说，题名《快乐村》。快乐村人是一好战的高原民族，因克服苗人有功，蒙中国皇帝特许，免征赋税，并予自治权。所以快乐村是一个与外界隔绝的大家庭，自耕自织，保存着部落时代的活泼文化。

我特地将半打练习簿缝在一起，预期一本洋洋大作，然而不久我就对这伟大的题材失去了兴趣。现在我仍旧保存着我所绘的插画多帧，介绍这种理想社会的服务、建筑、室内装修，包括图书馆、"演武厅"、巧克力店、屋顶花园。公共餐室是荷花池里的一座凉亭。我不记得那里有没有电影院与社会主义——虽然缺少这两样文明产物，他们似乎也过得很好。

九岁时，我踌躇着不知道应当选择音乐或美术做我终身的事业。看了一张描写穷困的画家的影片后，我哭了一场，决定做一个钢琴家，在富丽堂皇的音乐厅里演奏。

对于色彩、音符、字眼，我极为敏感。当我弹奏钢琴时，我想象那八个音符有不同的个性，穿戴了鲜艳的衣帽携手舞蹈。我学写文章，爱用色彩浓厚、音韵铿锵的字眼，如"珠灰""黄昏""婉妙""splendour[2]""melancholy[3]"，因此常犯了堆砌的毛病。直到现在，我仍然爱看《聊斋志异》与俗气的巴黎时装报告，便是为了这种有吸引力的字眼。

在学校里我得到自由发展。我的自信心日益坚强，直到我十六岁时，我母亲从法国回来，将她睽隔多年的女儿研究了一下。

"我懊悔从前小心看护你的伤寒症，"她告诉我，"我宁愿看你死，不愿看你活着使你自己处处受痛苦。"

张爱玲

我发现我不会削苹果，经过艰苦的努力我才学会补袜子。我怕上理发店，怕见客，怕给裁缝试衣裳。许多人尝试教我织绒线，可是没有一个成功。在一间房里住了两年，问我电铃在哪儿我还茫然。我天天乘黄包车上医院去打针，接连三个月，仍然不认识那条路。总而言之，==在现实的社会里，我等于一个废物==。

我母亲给我两年的时间学习适应环境。她教我煮饭；用肥皂粉洗衣；练习行路的姿势；看人的眼色；点灯后记得拉上窗帘；照镜子研究面部神态；如果没有幽默天才，千万别说笑话。

在待人接物的常识方面，我显露惊人的愚笨。我的两年计划是一个失败的试验。除了使我的思想失去均衡外，我母亲的沉痛警告没有给我任何的影响。

生活的艺术，有一部分我不是不能领略。我懂得怎么看"七月巧云"，听苏格兰兵吹bagpipe[4]，享受微风中的藤椅，吃盐水花生，欣赏雨夜的霓虹灯，从双层公共汽车上伸出手摘树巅的绿叶。==在没有人与人交接的场合，我充满了生命的欢悦==。可是我一天也不能克服这种咬啮性的小烦恼，==生命是一袭华美的袍，爬满了蚤子==。

选自《张爱玲典藏全集》第4卷，哈尔滨出版社2003年版

注释

[1] 瓦格涅：通译瓦格纳，德国作曲家。
[2] splendour：光辉，壮观，光彩。
[3] melancholy：忧郁。
[4] bagpipe：苏格兰风笛。

张爱玲（1920—1995），河北丰润人，生于上海。其祖父张佩纶为清末清流派名臣，至其父一代，家庭即败落。8岁随家从天津移居上海。因父母失和离异，童年生活并不愉快。7岁即开始尝试写作，就读圣玛丽女校时开始发表小说。1939年入香港大学读书。1942年回上海，以写作为生。1952年再赴香港，1965年移居美国。主要作品有：小说集《传奇》，散文集《流言》，长篇小说《秧歌》《赤地之恋》，文学评论《红楼梦魇》等。是20世纪中国最优秀的女性作家之一。

张爱玲

导读

本文是作者19岁刚入香港大学读书时写的"第一篇中文作品"（据作者1944年3月16日在上海女作家聚谈会上的发言），是应当时上海《西风》杂志命题为"我的……"征文而写，刊登在该刊1940年8月第48期，后获"名誉奖"第三名。到1976年作者散文集《张看》一书出版时，才重新"出土"，被正式编入集子，作者在"附记"中专门说明："征文限定字数，所以这篇文字极力压缩，刚在这数目内，但是第一名长好几倍。并不是我在几十年后还在斤斤计较，不过因为影响这篇东西的内容与可信性，不得不提一声。"

似是巧合，她在绝笔之作《忆〈西风〉：第十七届时报文学奖特别成就奖得奖感言》（1994年12月30日发表）中，又重提50多年前的旧事和近20年前的旧话，并且特意言及："《西风》从来没有片纸只字向我解释。我不过是个大学生。征文结集出版时就用我的题目《天才梦》。""这些年了还记恨？当然事过境迁早已淡忘了，不过十几岁的人感情最剧烈，得奖这件事成了一种神经死了的蛀牙，所以现在得奖也一点感觉都没有。隔了半个世纪还剥夺我应有的喜悦，难免怨愤。"可见其之耿耿于怀。其实据史料学家考证，那却是张爱玲看错了数字：把"五千字以内"记成"五百字以内"了。（详陈子善《〈天才梦〉获奖考》）不过这也恰恰显示出天才的特征：充满自信而略于细节。

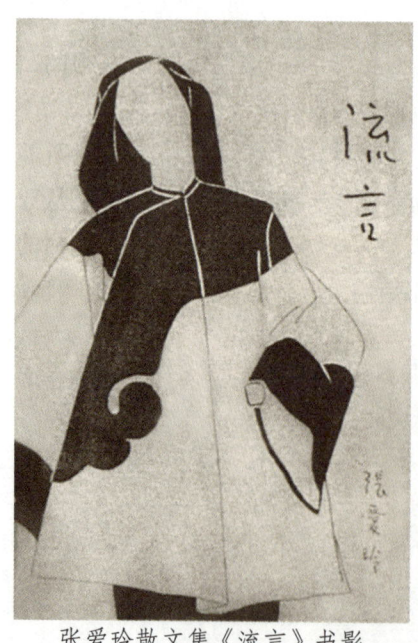

张爱玲散文集《流言》书影

此文算得上张爱玲早年的自传。她以与这个年龄似不相称的冷静，叙述自己儿童时的天才表现和种种"乖僻"，道尽"人世沧桑"，由此已经可见出作者==心智的成熟==。而这正是她在小说中能深刻表现人性的原因所在。

"我宁愿看你死，不愿看你活着使你自己处处受痛苦。"她母亲这句判断，含蓄而尖锐地道出了一个敏感的天才所可能遇到的困难与麻烦。==天才的痛苦==其实并不在下文她所说生活能力的低下、待人接物的低能；而在于==高度敏锐的感觉能力以及过度强烈的心理反应==，使她与社会、与他人难以正常相处。这才是关键。张爱玲晚年近于自闭的生活方式，充分证明了她母亲判断的正确。

张爱玲用略带戏谑自嘲的口吻讲述了自己的所谓"天才"。一方面是内心里面对于纯真性情和个性自我的执著，另一方面是面对世俗生活与琐碎人生时的沮丧不安。我们在张爱玲的很多作品中都可以看到这种执著与不安的奇异融合。

每个人都会遭遇张爱玲式的烦恼：个性和社会、自我和角色、理想和生活，彼此的冲突随时需要调适，这种麻烦的调适甚至要伴你终生。很多时候，我们并不是生活在复杂尖锐的矛盾之中，而是深深陷入到日常生活之中，这却足以吞噬灵动的生命。所以，对这种陷落的种种抵抗，直到今天仍值得我们认真探讨。

思考与讨论

1. 创造性工作主要依赖天才还是勤奋？
2. 天才就意味着精神和心灵的痛苦。天才就意味着享受事业成功的快乐。你更认同哪一种说法？
3. 你感觉张爱玲的自我描述真实客观吗？你也试着写一篇自传或自述看看。

平行阅读

读了这篇，使人感慨：有其姑，必有其侄（女）也！或谓：有其侄（女），必有其姑也！

姑 姑 语 录

张爱玲

我姑姑说话有一种清平的机智见识，我告诉她有点像周作人他们的。她照例说她不懂得这些，也不感到兴趣——因为她不喜欢文人，所以处处需要撇清。可是有一次她也这样说了："我简直一天到晚地发出冲淡之气来！"

有一天夜里非常的寒冷。急急地要往床里钻的时候，她说："视睡如归。"写下来可以成为一首小诗："冬之夜，视睡如归。"

洗头发，那一次不知怎么的，头发很脏很脏了，水墨黑。她说："好像头发掉色似的。"

她有过一个年老唠叨的朋友，现在不大来往了。她说："生命太短了，费那么些时间和这样的人在一起是太可惜——可是，和她在一起，又使人觉得生命太长了。"

起初我当做她是说：因为厌烦的缘故，仿佛时间过得奇慢。后来发现她是另外一个意思：一个人老了，可以变得那么的龙钟糊涂，看了那样子，不由得觉得生命太长了。

她读了苏青和我对谈的记录，（一切书报杂志，都要我押着她看的。她一来就声称"看不进去"我的小说，因为亲戚份上，她倒是很忠实地篇篇过目，虽然嫌它大不愉快。原稿她绝对拒绝看，清样还可以将就。）关于职业妇女，她也有许多意见。她觉得一般人都把职业妇女分开作为一种特别的类型，其实不必。职业上的成败，全看一个人的为人态度，与家庭生活里没有什么不同。普通的妇女职业，都不是什么专门技术的性质，不过是在写字间里做人罢了。在家里有本领的，如同王熙凤，出来了一定是个了不起的经理人才。将来她也许要写本书，关于女人就职的秘诀，譬如说开始的时候应当怎样地"有冲头"，对于自己怎样地"隐恶扬善"……然而后来她又说："不用劝我写了，我做文人是不行的。在公事房里专管打电报，养成了一种电报作风，只会一味地省字，拿起稿费来太不上算了！"

她找起事来，挑剔得非常厉害，因为："如果是个男人，必须养家活口的，有时候就没有选择的余地，怎么苦也得干，说起来是他的责任，还有个名目。像我这样没有家累的，做着个不称心的事，愁眉苦脸赚了钱来，愁眉苦脸活下去，却是为什么呢？"

从前，有一个时期她在无线电台上报告新闻，诵读社论，每天工作半小时。她感慨地说："我每天说半个钟头没意思的话，可以拿好几万的薪水，我一天到晚说着有意思的话，却拿不到一个钱。"

她批评一个胆小的人吃吃艾艾的演说："人家唾珠咳玉，他是珠玉卡住了喉咙了。"

"爱德华七世路"（爱多亚路）我弄错了，当做是"爱德华八世路"，她说："爱德华八世还没来得及成马路呢。"

她对于我们张家的人没有多少好感——对我比较好些，但也是因为我自动地黏附上来，拿我无可奈何的缘故。就这样她也常常抱怨："和你住在一起，使人变得非常唠叨（因为需要嘀嘀咕咕）而且自大（因为对方太低能）。"

有一次她说到我弟弟很可怜地站在她眼前："一双大眼睛吧嗒吧嗒望着我。""吧嗒吧嗒"四个字用得真是好，表现一个无告的男孩子沉重而潮湿地眨着眼。

她说她自己："我是文武双全，文能够写信，武能够纳鞋底。"我在香港读书的时候顶喜欢收到她的信，淑女化的蓝色字细细写在极薄的粉红拷贝纸上（是她办公室里省下来的，用过的部分裁了去，所以一页页大小不等，读起来淅沥沙啦作脆响），信里有一种无聊的情趣，总像是春夏的晴天。语气很平淡，可是用上许多惊叹号，几乎全用惊叹号来做标点，十年前是有那么一派的时髦文章的罢？还有，她老是写着"狠好，""狠高兴，"我同她辩驳过，她不承认她这里应当用"很"字。后来我问她："那么，'凶狠'的'狠'字，姑姑怎么写呢？"她也写作"狠"。我说："那么那一个'很'字要它做什么呢？姑姑不能否认，是有这么一个字的。"她想想，也有理。我又说："现在没有人写'狠好'了。一这样写，马上把自己归入了周瘦鹃他们那一代。"她果然从此改了。

她今年过了年之后，运气一直不怎么好。越是诸事不顺心，反倒胖了起来，她写信给一个朋友说："近来就是闷吃闷睡闷长。……好容易决定做条裤子，前天裁了一只腿，昨天又裁了一只腿，今天早上缝了一条缝，现在想去缝第二条缝。这条裤子总有成功的一日罢？"

去年她生过病，病后久久没有复原。她带一点嘲笑，说道："又是这样的恹恹的天气，又这样的虚弱，一个人整个地像一首词了！"

她手里卖掉过许多珠宝，只有一块淡红的披霞，还留到现在，因为欠好的缘故。战前拿去估价，店里出她十块钱，她没有卖。每隔些时，她总把它拿出来看看，这里比比，那里比比，总想把它派点用场，结果又还是收了起来，青绿丝线穿着的一块宝石，冻疮肿到一个程度就有那样的淡紫红的半透明。衬上挂着做个装饰品罢，衬着什么底子都不好看。放在同样的颜色上，倒是不错，可是看不见，等于没有了。放在白的上，那比较出色了，可是白的也显得脏相了。还是放在黑缎子上面顶相宜——可是为那黑色衣服的本身着想，不放，又还要更好些。

除非把它悬空宕着，做个扇坠什么的。然而它只有一面是光滑的。反面就不中看；上头的一个洞，位置又不对，在宝石的正中。

姑姑叹了口气，说："看着这块披霞，使人觉得生命没有意义。"

选自《张爱玲典藏全集》第4卷，哈尔滨出版社2003年版

> 作者与叶圣陶先生,都是著名的语文学家和教育家,语文观上有同有异,谊在师友之间。1988年2月16日,叶先生逝世。作者在三个月后,选定两个特别的角度,写下了这篇怀念文章。

叶圣陶先生二三事

张中行

叶圣陶[1]先生于1988年2月16日逝世。记得那是旧历丁卯年除夕,晚上得知这消息,外面正响着鞭炮,万想不到这繁碎而响亮的声音也把他送走了,心里立即罩上双层的悲哀。参加遗体告别仪式之后,总想写点什么,一则说说自己的心情,二则作为纪念。可是一拖延就三个月过去了。依理,或依礼,都应该尽早拿起笔来。写什么呢? 这有困难。一是他业绩多,成就大,写不胜写;二是遗体告别仪式印了《叶圣陶同志生平》的文本,一生事业已经简明扼要地说了;三是著作等身,为人,以及文学、教育、语文等方面,足以沾溉后人的,都明摆着,用不着再费辞。但纪念文是还要写。为了不重复,打算沿着两条线选取题材:一是写与我有关的,二是写不见于或不明显见于高文典册的。

我第一次见到叶圣陶先生,是五十年代初,我编课本,他领导编课本。这之前,我当然知道他,那是上学时期,大量读新文学作品的时候。那时候他还没以字行,用叶绍钧的名字。我的印象,比如与鲁迅、郁达夫相比,鲁迅笔下多锋芒,郁达夫有才任情,叶先生只是平实规矩而已。相识之后,交往渐多,感到过去的印象虽然不能说错,也失之太浅;至少是没有触及最重要的方面,品德。《左传》说不朽有三种[2],居第一位的是立德。在这方面,就我熟悉的一些前辈说,叶圣陶先生总当排在最前列。中国读书人的思想,汉魏以后不出三个大圈圈:儒、道、释。掺和的情况很复杂,如有的人是儒而兼道,或阳儒阴道;有的人儒而兼释,或半儒半释;有的人达则为儒,穷则修道;等等。叶圣陶先生则不掺和,而是单一的儒,思想是这样,行为也是这样。这有时使我想到《论语》上的话,一处是:"躬行君子,则吾未之有得。"[3]一处是:"学而不厌,诲人不倦,何有于我哉!"[4]两处都是孔老夫子认为虽心向往之而力有未能的,可是叶圣陶先生却偏偏做到了。因此,我常常跟别人说:"叶老既是躬行君子,又能学而不厌,诲人不倦,所以确是人之师表。"

凡是同叶圣陶先生有些交往的,无不为他的待人厚而深受感动。前些年,一次听吕叔湘先生说，当年他在上海，有一天到叶先生屋里去，见叶先生伏案执笔改什么，走近一看，是描他的一篇文章的标点。这一次他受了教育，此后写文章，文字标点一定清清楚楚，不敢草率了事。我同叶圣陶先生文墨方面的交往，从共同修润课本的文字开始。其时他刚到北方来，跟家乡人说苏州话，跟其他地方人说南腔北调话。可是他写文章坚决用普通话。普通话他生疏，于是不耻下问，让我帮他修润。我出于对他的尊敬，想不直接动笔，只提一些商酌性的意见。他说："不必客气。这样反而费事，还是直接改上。不限于语言，有什么不妥都改。千万不要慎重，怕改得不妥。我觉得不妥再改回来。"我遵嘱，不客气，这样做了。可是他却不放弃客气，比如有一两处他认为可以不动的，就一定亲自来，谦虚而恳切地问我，同意不同意恢复。我当然表示同意，并且说："您看怎么样好就怎么样，千万不要再跟我商量。"他说："好，就这样。"可是下次还是照样来商量，好像应该作主的是我，不是他。

文字之外，日常交往，他同样是一以贯之，==宽厚待人==。例如一些可以算作末节的事，有事，或无事，到东四八条他家去看他，告辞，拦阻他远送，无论怎样说，他一定还是走过三道门，四道台阶，送到大门外才告别，他鞠躬，口说谢谢，看着来人上路才转身回去。晚年，记得有两次是已经不能起床，我同一些人去问候，告辞，他总是举手打拱，还是不断地说谢谢。

"文革"的大风暴来了，还见了一次给他贴的大字报，幸而这有如阵风阵雨，不到片刻就过去。但交往总是不便了，何况其时我更是自顾不暇。所以只能默祝老人能够如《尚书》所说："皇天无亲，惟德是辅。"[5]一晃差不多十年过去，知道老人幸得安居，食住如旧，也就放了心。其时我是依据七十年代初的什么文件，干校结业，因为妻室是有两只手，仍在城里吃闲饭的人，所以没有返城居的权利，双肩扛着一口下了乡。大概是七十年代中期某年的春天吧，我以临时户口的身份在妻女家中小住，抽空去看他。他家里人说，很少出门，这一天有朋友来约，到天坛看月季去了。我要一张纸，留了几句话，其中说到乡居，说到来京，末尾写了住址，是西郊某大学的什么公寓。第二天就接到他的信。他说他非常悔恨，真不该到天坛去看花。他看我的地址是公寓，以为公寓必是旅店一类，想到我在京城工作这么多年，最后沦为住旅店，感到很悲伤。我看了信，也很悲伤，不是为自己的颠沛流离，是想到十年来的社会现象，像叶圣陶先生这样的人竟越来越少了。

叶圣陶先生待人厚，还有一次更为突出，是在某一小型会上发言。大概是"讨论"批评和自我批评之类的大题目吧，他说，这，他只能做到一半，是自我批评；至于批评，别人的是非长短，他不是看不出来，可是当面指摘人的短处，他总是说不出来。这只能做到一半的作风，是对是错，自然是仁者见仁、智者见智的事。这里我只能说说我自己的感觉，那是：至少是某些时候，或从某个角度看，德的力量会比力大，因为它可以使人自重，努力争取不愧于屋漏[6]。

以上说待人厚，是叶圣陶先生为人的宽的一面。他还有严的一面，是律己，这包括正心修身和"己欲立而立人，己欲达而达人"。[7]己，人，思想和行动，范围太广，我想损之又损[8]，只说说我深知，而且应该受到高度重视的一个方面，"语文"方面。这仍嫌范围广，只好再缩小，限于写作应该用什么样的语言这个像是不成问题的问题。说是不成问题，因为：一，看历史，似乎早已解决。那还是民初高喊文学革命的时候，以前言文不一致，如言，说"我觉得对"，文则要写"余然之"，既增加了无谓的负担，又不容易懂，所以应该合二为一。起初有些人，如林琴南之流，不以为然，但这是大势所趋，众意所归，不久就统一了天下，理，认定怎样说就应该怎样写，行，用笔写白话。二，看现实，写，都不用文言，而用普通话。但这里还隐藏着不少问题。由文学革命时期起，就应该有所谓白话指什么（如有孔乙己的白话，鲁迅的白话，北京市民的白话，等等），能不能这样写，应该不应该这样写等问题。这且不管，文学革命之后，许多知名的和不很知名的作家，以及广大的能执笔而不成家的，总是这样做了。成果呢？我的看法，除了少数人、个别文体（如小说、戏剧里的对话）之外，都是只能"不即不离"。不即，是与街谈巷议的口语不尽同；不离，是无论如何，总可以算作雅化的、精炼化的、条理化的口语。这都是过去的事了。值得重视的大问题在现在，流行的文的大多数，从用语方面看，与过去相比，不即的成分显然增加了，从而不离的成分就相应地减少了。这表现为冗长，扭曲，修饰，晦涩，不像话。不像话，有影响，是不自然，不简明，不易懂。这样写，有的来于心有余而力不足，有的来于看什么，学什么；但更多的是来于认识（纵使是不很明确的），以为不这样就不成其为文，甚至不足以称为文。有认识为依据，不即而离的文就会发荣滋长，终于成为文风问题。叶圣陶先生坚决反对这种文风，他提出正面的主张，要"写话"。写话，粗略说是嘴里怎么说，笔下就怎么写；加细一些说是，所写，从用语方面看，要是简明而有条理的口头话。

我们在一起的时候，常常谈到写文章，他不只一次地说："写成文章，在这间房里念，要让那间房里的人听着，是说话，不是念稿，才算及了格。"他这个意见，不同的人会有不同的反应。譬如近些年来，有不少人是宣扬朦胧的，还有更多的人是顺势朦胧的，对于以简明如话为佳文的主张，就必致付之一笑。这里为题目所限，不能牵涉过多，甚至挑起论辩。专说我的看法，写话，虽然其中有些细节还需要进一步说明，但大体上说，或当作行文用语的一个高标准看，总是既正确又对症。说正确，因为这是坚持文学革命以来求言文一致的老传统。说对症，因为时下的脱离口语甚至有意远离口语的文风正在制造"新文言"。称为文言，是因为只见于书面，嘴里并不这样说。新文言，就其难于为绝大多数人轻易了解说，会比旧文言更糟，因为旧文言简短，新文言冗长，旧文言直说，新文言要多绕弯子。不简短，不直说，再加上结果的难于了解，就成为症。去症要有对症药，那就是写话，写话的主张会碰到两种性质的难易问题。一种是执笔之前，刚才说过的，认为这样就不成其为文，下里巴人，不屑于。认识，属于一念之差，可是变却大不易，要慢慢学，多多比较，细心体会，求速成办不到。另一种是执笔之后，我的经验，就说是下里巴人吧，写得简明自然，让下里巴人听着像话，不是容易，而是很难。这也要靠慢慢学（多念像话的文），多多比较，细心体会；此外还要加上叶圣陶先生提到的办法，写完，可以自己试念试听，看像话不像话，不像话，坚决改。叶圣陶先生就是这样严格要求自己的，所以所作都是自己的写话风格，==平易自然，鲜明简洁，细致恳切==，念，顺口，听，悦耳，说像话还不够，就是话。

在文风方面，叶圣陶先生还特别重视"简洁"。简洁应该是写话之内的一项要求，这里提出来单独说说，是因为叶圣陶先生常常提到，有针对性。他是带着一些感慨说的："你写成文章，给人家看，人家给你删去一两个字，意思没变，就证明你不行。"关于繁简，关于修改，鲁迅提到的是字句段。叶圣陶先生只说字，我的体会，一是偏重用语，二是意在强调，精神是可简就决不该繁。可是现实呢，常常是应简而偏偏要繁。繁简有时牵涉到内容方面，意思无价值，甚至更坏，当然以不写为是。内容还会引来其他性质的复杂问题，这里不管，只说用语。用语的可简而繁，近些年来大为流行，种类和花样都很多，几年前我在拙作《作文杂谈》的"累赘拖沓"一题里曾较详细地谈到，这里不能多说。我的想法，值得重视的不是多用少用一两个字，而是应该少用而偏偏多用的这种==热爱冗赘的心情==，它扩张，无孔不入，就会成为风。举最微末的两个字为例。一个是"了"，势力越来越大，占据的地盘越来越广，如"我见到老师"，"他坐在前排"，简明自然，现在却几乎都要写"我见到了老师"，"他坐在了前排"，成为既累赘又别扭。另一个是"太"，如"吸烟不好"，"那个人我不认识"，也是简明自然，现在却几乎都要写"吸烟不太好"，"那个人我不太认识"，成为不只累赘，而且违理。像这样的废字，删去不只是意思没变，而且是变拖沓无理为简洁合理，可是竟然很少人肯删，也就无怪乎叶圣陶先生感慨系之了。

在我认识的一些前辈和同辈里，重视语文，努力求完美，并且以身作则，鞠躬尽瘁，叶圣陶先生应该说是第一位。上面说的是总的用语方面。零碎的，写作的各个方面，小至一个标点，以至抄稿的格式，他都同样认真，==不做到完全妥帖决不放松==。还记得五十年代早期，他发现课本用字，"做"和"作"分工不明，用哪一个，随写者的自由，于是出现这一处是"叫做"，那一处是"叫作"的现象。这不是对错问题，是体例不统一的问题。叶圣陶先生认为这也不应该，必须定个标准，求全社出版物统一。商讨的结果，定为"行动"义用"做"，"充当"

义用"作",只有一些历史悠久的,如作文、自作自受之类仍依旧贯。决定之后,叶圣陶先生监督执行,于是"做"和"作"就有了明确的分工。

叶圣陶先生,人,往矣,我常常想到他的业绩。仍以《左传》的三不朽为标准,"立德"是"太上"的事,就理说应该受到尊重,没有问题。问题是行方面的如何效法。两个时代有距离,相通的可能究竟有多大呢?不过无论如何,悲观总是不可取的,要知难而不畏难,办法是长记于心,学。语文方面也是这样,——不,是困难比较多,因为理的方面也不是人人都首肯。不人人首肯,乐观的空话就不大有什么用。但希望,即使不是很大的,总不当因不乐观而放弃。这希望就是,凡是拿笔的人,尤其或有意或无意而写得不像话的人,都要常常想想叶圣陶先生的写话的主张,以及提出这种主张的深重的苦心。

选自《谈文论语集》,内蒙古教育出版社1994年版

注释

[1] 叶圣陶(1894—1988):又名叶绍钧,江苏苏州人。著名作家、语言学家、教育家、社会活动家。著述很多,有《叶圣陶文集》行世。

[2]《左传》说不朽有三种:《左传·襄公二十四年》:"大(太)上有立德,其次有立功,其次有立言,虽久不废,此之谓不朽。"后称立德、立功、立言为"三不朽"。大上,即最上之意。

[3] 躬行君子,则吾未之有得:语见《论语·述而》。躬行,亲自实践,身体力行。未之有得:还没有做到。

[4] 学而不厌,诲人不倦,何有于我哉:语见《论语·述而》。何有于我哉,我做到了哪些呢?与前文所引均为孔子的自谦之辞。

[5] 皇天无亲,惟德是辅:语见《尚书·蔡仲之命》,意谓上天没有偏私,只佐助有德行的人。

[6] 不愧于屋漏:语见《礼记·中庸》。屋漏,原指房子西北角的隐僻处,后借指无人之处。全句谓于无人之处也能不做有所愧之事。

[7] 己欲立而立人,己欲达而达人:语见《论语·雍也》。立人,使人得以自立;达人,使人成为通达之人。

[8] 损:减少。

张中行(1909—2006),著名散文家、语文学家、古典文学与佛学研究家。河北香河人。曾任教师、编辑,后长期从事语文教科书编审工作。写有《负暄琐话》《负暄续话》《负暄三话》《流年碎影》《文言和白话》《佛教与中国文学》《诗词读写丛话》《顺生论》等著作。

张中行

导读

　　本文最初发表于1988年。这篇记人散文通过对叶圣陶先生言行的记述，赞美了其高尚品性。作者与叶圣陶先生谊在师友之间，交往密切，感情深厚；对叶先生的过世，内心有深重的悲哀。但写作时，他把这感情过滤了，将其潜藏在文章深处。表面上看，没有大喜大悲，不动声色，又有较明显的理性色彩，实际上全文==涌动着一股感情潜流==，挥发出一种动人心弦的力量；并且正因为作者善于控制表达感情，反而使其更显真挚。本文最重要的特点即在于此，也表现了作者炉火纯青的写作功力。本文没有精细的描写和专门的抒情笔墨，是以叙述为主，结合议论；但因并非空泛的叙议，而是通过一件件具体的典型事例的记述，==以小见大，凸显了一位躬行君子、堪为师表的忠厚长者独具而可贵的精神风貌==，所以，仍然有着鲜明的形象性和动人的情感力量。

　　文章还着重写了叶圣陶"==写话=="和"==简洁=="这==两项语文主张==，不但因此突出表现了叶先生那种不论作文抑或做人都力求完美，并且以身作则、鞠躬尽瘁的品德，而且对景仰叶先生的读者，也深有教益。本文堪称实践此种语文主张的范例：态度诚恳，叙述平实，语言朴素，恰是==简明而有条理的口头话，同时又不失其深致==。

思考与讨论

1. 本文主旨是记人，为何用了许多篇幅记述叶圣陶语文方面的主张？
2. 表现于本文中的作者的情感，是平淡的还是浓烈的？试加以分析。
3. 本文记述的表现叶先生品德的具体事例有哪些？对你有何启示？
4. 本文的写作如何体现了叶圣陶倡导的"写话""简洁"的语文主张？

> 作者于1939年考进"西南联大",觉得"联大的许多教授都应该有人好好地写一写"。晚年重新开始创作时,就再现了这些有着独特气质和诱人魅力的学者文人的音容笑貌。1986年写《沈从文先生在西南联大》,忍不住涉笔记下金岳霖的几个片断;1987年,因为"觉得还应该写一写",于是又有了本文。

金岳霖先生

汪曾祺

西南联大有许多很有趣的教授,金岳霖[1]先生是其中的一位。金先生是我的老师沈从文先生的好朋友。沈先生当面和背后都称他为"老金"。大概时常来往的熟朋友都这样称呼他。关于金先生的事,有一些是沈先生告诉我的。我在《沈从文先生在西南联大》一文中提到过金先生。有些事情在那篇文章里没有写进去,觉得还应该写一写。

金先生的样子有点怪。他常年戴着一顶呢帽,进教室也不脱下。每一学年开始,给新的一班学生上课,他的第一句话总是:"我的眼睛有毛病,不能摘帽子,并不是对你们不尊重,请原谅。"他的眼睛有什么病,我不知道,只知道怕阳光。因此他的呢帽的前檐压得比较低,脑袋总是微微地仰着。他后来配了一副眼镜,这副眼镜一只的镜片是白的,一只是黑的。这就更怪了。后来在美国讲学期间把眼睛治好了,——好一些了,眼镜也换了,但那微微仰着脑袋的姿态一直还没有改变。他身材相当高大,经常穿一件烟草黄色的麂皮夹克,天冷就在里面围一条很长的驼色的羊绒围巾。联大的教授穿衣服是各色各样的。闻一多先生有一阵穿一件式样过时的灰色旧夹袍,是一个亲戚送给他的,领子很高,袖口极窄。联大有一次在龙云[2]的长子,蒋介石的干儿子龙绳武家里开校友会,——龙云的长媳是清华校友,闻先生在会上大骂"蒋介石,王八蛋!混蛋!"那天穿的就是这件高领窄袖的旧夹袍。朱自清先生有一阵披着一件云南赶马人穿的蓝色毡子的一口钟。除了体育教员,教授里穿夹克的,好像只有金先生一个人。他的眼神即使是到美国治了后也还是不大好,走起路来有点深一脚浅一脚。他就这样穿着黄夹克,微仰着脑袋,深一脚浅一脚地在联大新校舍的一条土路上走着。

金先生教逻辑。逻辑是西南联大规定文学院一年级学生的必修课,班上学生很多，上课在大教室，坐得满满的。在中学里没有听说有逻辑这门学问，大一的学生对这课很有兴趣。金先生上课有时要提问，那么多的学生，他不能都叫得上名字来，——联大是没有点名册的，他有时一上课就宣布："今天，穿红毛衣的女同学回答问题。"于是所有穿红衣的女同学就都有点紧张，又有点兴奋。那时联大女生在蓝阴丹士林旗袍外面套一件红毛衣成了一种风气。——穿蓝毛衣、黄毛衣的极少。问题回答得流利清楚，也是件出风头的事。金先生很注意地听着，完了，说："yes!请坐！"

学生也可以提出问题，请金先生解答。学生提的问题深浅不一，金先生有问必答，很耐心。有一个华侨同学叫林国达，操广东普通话，最爱提问题，问题大都奇奇怪怪。

金岳霖

他大概觉得逻辑这门学问是挺"玄"的，应该提点怪问题。有一次他又站起来提了一个怪问题，金先生想了一想，说："林国达同学，我问你一个问题：'Mr.林国达 is perpendicular to the blackboard（林国达君垂直于黑板）'这是什么意思？"林国达傻了。林国达当然无法垂直于黑板，但这句话在逻辑上没有错误。

林国达游泳淹死了。金先生上课，说："林国达死了，很不幸。"==这一堂课，金先生一直没有笑容。==

有一个同学，大概是陈蕴珍，即萧珊，曾问过金先生："您为什么要搞逻辑？"逻辑课的前一半讲三段论，大前提、小前提、结论、周延、不周延、归纳、演绎……还比较有意思。后半部全是符号，简直像高等数学。她的意思是：这种学问多么枯燥！金先生的回答是：=="我觉得它很好玩。"==

除了文学院大一学生必修课逻辑，金先生还开了一门"符号逻辑"，是选修课。这门学问对我来说简直是天书。选这门课的人很少，教室里只有几个人。学生里最突出的是王浩。金先生讲着讲着，有时会停下来，问"王浩，你以为如何？"这堂课就成了他们师生二人的对话。王浩现在在美国。前些年写了一篇关于金先生的较长的文章，大概是论金先生之学的，我没有见到。

王浩和我是相当熟的。他有个要好的朋友王景鹤，和我同在昆明黄土坡一个中学教书，王浩常来玩。来了，常打篮球。大都是吃了午饭就打。王浩管吃了饭就打球叫"练盲肠"。王浩的相貌颇"土"，脑袋很大，剪了一个光头，——联大同学剪光头的很少，说话带山东口音。他现在成了洋人——美籍华人，国际知名的学者，我实在想象不出他现在是什么样子。前年他回国讲学，托一个同学要我给他画一张画。我给他画了几个青头菌、牛肝菌、一根大葱、两头蒜，还有一块很大的宣威火腿。——火腿是很少入画的。我在画上题了几句话，有一句是"以慰王浩异国乡情"。王浩的学问，原来是师承金先生的。一个人一生哪怕只教出一个好学生，也值得了。当然，金先生的好学生不止一个人。

金先生是研究哲学的，但是他看了很多小说，从普鲁斯特到福尔摩斯，都看。听说他很爱看平江不肖生的《江湖奇侠传》。有几个联大同学住在金鸡巷。陈蕴珍、王树藏、刘北汜、施载宣（萧荻）。楼上有一间小客厅。沈先生有时拉一个熟人去给少数爱好文学写写东西的同学讲一点什么。金先生有一次也被拉了去。他讲的题目是《小说和哲学》。题目是沈先生给他出的。大家以为金先生一定会讲出一番道理。不料金先生讲了半天，结论却是：小说和哲学没有关系。有人问：那么《红楼梦》呢？金先生说："红楼梦里的哲学不是哲学。"他讲着讲着，忽然停下来："对不起，我这里有个小动物。"他把右手伸进后脖领，捉出了一个跳蚤，捏在手指里看看，甚为得意。

金先生是个单身汉（联大教授里不少光棍，杨振声先生曾写过一篇游戏文章《释鳏》，在教授间传阅），无儿无女，但是过得自得其乐。他养了一只很大的斗鸡（云南出斗鸡）。这只斗鸡能把脖子伸上来，和金先生一个桌子吃饭。他到处搜罗大梨、大石榴，拿去和别的教授的孩子比赛。比输了，就把梨或石榴送给他的小朋友，他再去买。

金先生朋友很多，除了哲学家的教授外，时常来往的，据我所知，有梁思成、林徽因夫妇，沈从文、张奚若……君子之交淡如水，坐定之后，清茶一杯，闲话片刻而已。金先生对林徽因的谈吐才华，十分欣赏。现在的年轻人多不知道林徽因。她是学建筑的，但是对文学的趣味极高，精于鉴赏，所写的诗和小说如《窗子以外》《九十九度中》风格清新，一时无二。林徽因死后，有一年，金先生在北京饭店请了一次客，老朋友收到通知，都纳闷：老金为什么请客？到了之后，金先生才宣布："今天是徽因的生日。"

金先生晚年深居简出。毛主席曾经对他说："你要接触接触社会。"金先生已经八十岁了，怎么接触社会呢？他就和一个蹬平板三轮车的约好，每天蹬着他到王府井一带转一大圈。我想象金先生坐在平板三轮上东张西望，那情景一定非常有趣。王府井人挤人，熙熙攘攘，谁也不会知道这位东张西望的老人是一位一肚子学问、为人天真、热爱生活的大哲学家。

金先生治学精深，而著作不多。除了一本大学丛书里的《逻辑》，我所知道的，还有一本《论道》。其余还有什么，我不清楚，须问王浩。

我对金先生所知甚少。希望熟知金先生的人把金先生好好写一写。

联大的许多教授都应该有人好好地写一写。

1987年2月23日

选自《蒲桥集》，作家出版社1989年版

注释

[1] 金岳霖（1895—1984）：著名哲学家、逻辑学家。湖南长沙人。美国哥伦比亚大学硕士、博士，曾游历美、德、法、意诸国。1925年回国后，历任清华大学、西南联合大学哲学系教授、系主任、文学院院长。1952年起任北京大学哲学系教授、系主任。1955年后任中国科学院学部委员，哲学研究所研究员、副所长。有《知识论》《论道》等著作。

[2] 龙云（1884—1962）：时任国民党云南省政府主席。

汪曾祺（1920—1997），著名作家。江苏高邮人。毕业于西南联合大学中国文学系，做过中学教师、编辑，1962年起任北京京剧团编剧，写过《沙家浜》等剧本。20世纪40年代即开始发表作品，20世纪80年代以小说《受戒》《大淖记事》享誉文坛。其散文亦富特色。晚年的创作集为《晚饭花集》《蒲桥集》等。有《汪曾祺文集》五卷。

汪曾祺

导读

这是一篇怀人散文。作者以自然率真的笔致，生动地描绘了一位著名学者极富魅力的风貌。

作者曾是西南联大的学生，对沈从文、金岳霖等联大教授十分熟悉，也很有感情，这就为本文的写作提供了很有利的基础。作者有着一种难得的放松的心态，既不忘所记述的人是自己尊敬的师长，有着常人难以企及的成就和境界，又不忘他们是有血有肉的平常人，而且是很有个性特征的人。只要忠实记录他的言行，就写出了有性格的形象，不必有什么避忌，不必去刻意拔高、雕琢。文章于是写得很随便，很轻松，很平淡，然而一读之下，即可感觉到蕴藏在其中的对于所追忆者的景慕与赞叹。

又由于作者对人生有精细的观察，善于捕捉细节、再现人物风神，于是寥寥数笔，在简短的篇幅中，就写活了这位一肚子学问、为人天真、热爱生活的大哲学家。如写金先生有点"怪"的装饰和姿态，又写金先生对学生的幽默和深情，写他自得其乐的童心，等等。所选取的都是很能反映其个性的细节，因小见大，由平常之事显其不平常；不是面面俱到、细大不捐，而是留有空白和余地，反引人回味不尽。此种写法，深得中国古典散文特别是明清小品的精髓，颇为高明。

思考与讨论

1. 请根据本文的描写，概括一下金岳霖先生的性格特征。
2. 本文中间叉出一笔，写金岳霖的一位学生王浩，你认为这种写法好吗？是否成功？
3. 本文在口语和文言词语的使用上有怎样的特点？试加分析。
4. 试着用这种笔法写一位你身边"有趣"的师长。

平行阅读

这一篇写作者的另一位老师沈从文先生，也是赤子之心，也是痴迷于学问，而表现有异。

沈从文先生在西南联大（节选）

汪曾祺

沈先生在联大开过三门课：各体文习作、创作实习和中国小说史。三门课我都选了……

沈先生对学生的影响，课外比课堂上要大得多。他后来为了躲避日本飞机空袭，全家移住到呈贡桃园新村，每星期上课，进城住两天。文林街二十号联大教职员宿舍有他一间屋子。他一进城，宿舍里几乎从早到晚都有客人。客人多半是同事和学生，客人来，大都是来借书，求字，看沈先生收到的宝贝，谈天。

沈先生有很多书，但他不是"藏书家"，他的书，除了自己看，是借给人看的，联大文学院的同学，多数手里都有一两本沈先生的书，扉页上用淡墨签了"上官碧"的名字。谁借了什么书，什么时候借的，沈先生是从来不记得的。直

汪曾祺与沈从文

到联大"复员",有些同学的行装里还带着沈先生的书,这些书也就随之而漂流到四面八方了。沈先生书多,而且很杂,除了一般的四部书、中国现代文学、外国文学的译本,社会学、人类学、黑格尔的《小逻辑》、弗洛伊德、亨利·詹姆斯、道教史、陶瓷史、《髹饰录》、《糖霜谱》……兼收并蓄,五花八门。这些书,沈先生大都认真读过。沈先生称自己的学问为"杂知识"。一个作家读书,是应该杂一点的。沈先生读过的书,往往在书后写两行题记。有的是记一个日期,那天天气如何,也有时发一点感慨。有一本书的后面写道:"某月某日,见一大胖女人从桥上过,心中十分难过。"这两句话我一直记得,可是一直不知道是什么意思。大胖女人为什么使沈先生十分难过呢?

  沈先生对打扑克简直是痛恨。他认为这样地消耗时间,是不可原谅的。他曾随几位作家到井冈山住了几天。这几位作家成天在宾馆里打扑克,沈先生说起来就很气愤:"在这种地方,打扑克!"沈先生小小年纪就学会掷骰子,各种赌术他也都明白,但他后来不玩这些。沈先生的娱乐,除了看看电影,就是写字。他写章草,笔稍偃侧,起笔不用隶法,收笔稍尖,自成一格。他喜欢写窄长的直幅,纸长四尺,阔只三寸。他写字不择纸笔,常用糊窗的高丽纸。他说:"我的字值三分钱!"从前要求他写字的,他几乎有求必应。近年有病,不能握管,沈先生的字变得很珍贵了。

  沈先生后来不写小说,搞文物研究了,国外、国内,很多人都觉得很奇怪。熟悉沈先生的历史的人,觉得并不奇怪。沈先生年轻时就对文物有极其浓厚的兴趣。他对陶瓷的研究甚深,后来又对丝绸、刺绣、木雕、漆器……都有广博的知识。沈先生研究的文物基本上是手工艺制品。他从这些工艺品看到的是劳动者的创造性。他为这些优美的造型、不可思议的色彩、神奇精巧的技艺发出的惊叹,是对人的惊叹。他热爱的不是物,而是人,他对一件工艺品的孩子气的天真激情,使人感动。我曾戏称他搞的文物研究是"抒情考古学"。他八十岁生日,我曾写过一首诗送给他,中有一联"玩物从来非丧志,著书老去为抒情"是记实。他有一阵在昆明收集了很多耿马漆盒。这种黑红两色刮花的圆形缅漆盒,昆明多的是,而且很便宜。沈先生一进城就到处逛地摊,选买这种漆盒。他屋里装甜食点心、装文具邮票……的,都是这种盒子。有一次买得一个直径一尺五寸的大漆盒,一再抚摩,说:"这可以作一期《红黑》杂志的封面!"他买到的缅漆盒,除了自用,大多数都送人了。有一回,他不知从哪里弄到很多土家族的挑花布,摆得一屋子,这间宿舍成了一个展览室。来看的人很多,沈先生于是很快乐。这些挑花图案天真稚气而秀雅生动,确实很美。

  沈先生不长于讲课,而善于谈天。谈天的范围很广,时局、物价……谈得较多的是风景和人物。他几次谈及玉龙雪山的杜鹃花有多大,某处高山绝顶上有一户人家,——就是这样一户!他谈某一位老先生养了二十只猫。谈一位研究东方哲学的先生跑警报时带了一只小皮箱,皮箱里没有金银财宝,装的是一个聪明女人写给他的信。谈徐志摩上课时带了一个很大的烟台苹果,一边吃,一边讲,还说:"中国东西并不都比外国的差,烟台苹果就很好!"谈梁思成在一座塔上测绘内部结构,差一点从塔上掉下去。谈林徽因发着高烧,还躺在客厅里和客人谈文艺。他谈得最多的大概是金岳霖。金先生终生未娶,长期独身。他养了一只大斗鸡。这鸡能把脖子伸到桌上来,和金先生一起吃饭。他到处搜罗大石榴、大梨。买到大的,就拿去和同事的孩子的比,比输了,就把大梨、大石榴送给小朋友,他再去买!……沈先生谈及的这些人有共同特点:一是都对工作、对学问热爱到了痴迷的程度;二是为人天真到像一个孩子,对生活充满兴趣,不管在什么环境下永远不消沉沮丧,无机心、少俗虑。这些人的气质也正是沈先生的气质。"闻多素心人,乐与数晨夕",沈先生谈及熟朋友时总是很有感情的。

…………

沈先生在生活上极不讲究。他进城没有正经吃过饭,大都是在文林街二十号对面一家小米线铺吃一碗米线。有时加一个西红柿,打一个鸡蛋。有一次我和他上街闲逛,到玉溪街,他在一个米线摊上要了一盘凉鸡,还到附近茶馆里借了一个盖碗,打了一碗酒。他用盖碗盖子喝了一点,其余的都叫我一个人喝了。

沈先生在西南联大是1938年到1946年。一晃,四十多年了!

1986年1月2日上午

选自《蒲桥集》,作家出版社1989年版

> 沈从文于20世纪20年代初离开湘西家乡，十多年后（1934年初）重返故里时，已是享誉全国的知名作家。他乘船由常德溯流而上，记录下沿途千里沅水及各支流流经的乡村景物人事，寄给妻子多封信件，后经整理结成系列散文《湘行散记》，本文即是其中一篇。

鸭窠围的夜

沈从文

聚焦
● 现代著名"文体家"的杰作
● 浸满"泪与笑"的人生叙写

　　天快黄昏时落了一阵雪子，不久就停了。天气真冷，在寒气中一切都仿佛结了冰，便是空气，也像快要冻结的样子。我包定的那一只小船，在天空大把撒着雪子时已泊了岸。从桃源县沿河而上这已是第五个夜晚。看情形晚上还会有风有雪，故船泊岸边时便从各处挑选好地方。沿岸除了某一处有片沙砠宜于泊船以外，其余地方皆黛色如屋的大石头。石头既然那么大，船又那么小，我们皆希望寻觅得到一个能作小船风雪屏障，同时要上岸又还方便的处所。凡可以泊船的地方早已被当地渔船占去了。小船上的水手，把船上下各处撑去，钢钻头敲打着沿岸大石头，发出好听的声音，结果这只小船，还是不能不同许多大小船只一样，在正当泊船处插了篙子，把当作锚头用的石碇抛到沙上去，尽那行将来到的风雪，摊派到这只船上。

　　这地方是个长潭的转折处，两岸皆高大壁立的山，山头上长着小小竹子，长年翠色逼人。这时节两山只剩余一抹深黑，赖天空微明为画出一个轮廓。但在黄昏里看来如一种奇迹的，却是两岸高处去水已三十丈上下的吊脚楼。这些房子莫不俨然悬挂在半空中，藉着黄昏的余光，还可以把这些希奇的楼房形体，看得出个大略。这些房子同沿河一切房子有个共通相似处，便是从结构上说来，处处显出对于木材的浪费。房屋既在半山上，不用那么多木料，便不能成为房子吗？半山上也有用吊脚楼形式，这形式是必需的吗？然而这条河水的大宗出口是木料，木材比石块还不值价。因此即或是河水永远涨不到处，吊脚楼房子依然存在，似乎也不应当有何惹眼惊奇了。但沿河因为有了这些楼房，长年与流水斗争的水手，寄身船中枯闷成疾的旅行者，以及其他过路人，却有了落脚处了。这些人的疲劳与寂寞是从这些房子中可以一律解除的。地方既好看，也好玩。

河面大小船只泊定后，莫不点了小小的油灯，拉了篷。各个船上皆在后舱烧了火，用铁顶罐煮饭，饭焖熟后，又换锅子熬油，哗地把菜蔬倒进热锅里去。一切齐全了，各人蹲在舱板上三碗五碗把腹中填满后，天已夜了。水手们怕冷怕动的，收拾碗盏后，就莫不在舱板上摊开了被盖，把身体钻进那个预先卷成一筒又冷又湿的硬棉被里去休息。至于那些想喝一杯的，发了烟瘾得靠靠灯，船上烟灰又翻尽了的，或一无所为，只是不甘寂寞，好事好玩想到岸上去烤烤火谈谈天的，但莫不提了桅灯，或燃一段废缆子，摇着晃着从船头跳上了岸，从一堆石头间的小路径，爬到半山上吊脚楼房子那边去，找寻自己的熟人，找寻自己的熟地。陌生人自然也有来到这条河中，来到这种吊脚楼房子里的时节，但一到地，在火堆旁小板凳上一坐，便是陌生人，即刻也就可以称为熟人了。

这河边两岸除了停泊有上下行的大小船只三十左右以外，还有无数在日前趁融雪涨水放下形体大小不一的木筏。较小的木筏，上面供给人住宿过夜的棚子也不见，一到了码头，便各自上岸找住处去了。大一些的木筏呢，则有房屋，有船只，有小小菜园与养猪养鸡栅栏，有女眷，有孩子。

黑夜占领了全个河面时，还可以看到木筏上的火光，吊脚楼窗口的灯光，以及上岸下船在河岸大石间飘忽动人的火炬红光。这时节岸上船上皆有人说话，吊脚楼上且有妇人在黯淡灯光下唱小曲的声音，每次唱完一支小曲时，就有人笑嚷。什么人家吊脚楼下有匹小羊叫，固执而且柔和的声音，==使人听来觉得忧郁==，我心中想着，"这一定是从别一处牵来的，另外一个地方，那小畜生的母亲，一定也那么固执地鸣着吧。"算算日子，再过十一天便过年了。"小畜生明不明白只能在这个世界上活过十天八天？"明白也罢，不明白也罢，这小畜生是为了过年而赶来应在这个地方死去的。此后==固执而又柔和的声音，将在我耳边永远不会消失==。我觉得忧郁起来了。我仿佛==触着了这世界上一点东西，看明白了这世界上一点东西==，心里软和得很。

但我不能这样子打发这个长夜。我把我的想象，追随了一个唱曲时清中夹沙的妇女声音，到她的身边去了。于是仿佛看到了一个床铺，下面是草荐，上面摊了一床用旧了的帆布或别的旧货做成的脏而又硬的棉被，搁在被盖上面的是一个木托盘，盘中有一把小茶壶，一个小烟匣，一块石头，一盏灯。盘边躺

沈从文《湘行散记》书影

着一个人。唱曲子的妇人，或是袖了手捏着自己的膀子站在吃烟者的面前，或是靠在男子对面的床头，为客人烧烟。房子分两进，前面临街，地是土地，后面临河，便是所谓吊脚楼了。这些人房子窗口既一面临河，可以凭窗口呼喊河下船中人，当船上人过了瘾，胡闹已够，下船时，或者尚有些事情嘱托，或有其他原因，一个晃着火炬停顿在大石间，一个便凭立在窗口，"大老你记着，船下行时又来！""好，我来的，我记着的。""你见了顺顺就说：'会呢，完了；孩子大牛呢，脚膝骨好了，细粉捎三斤，冰糖捎三斤。'""记得到，记得到，大娘你放心，我见了就说：'会呢，完了。大牛呢，好了。细粉来三斤，冰糖来三斤。'""杨氏，杨氏，一共四吊七，莫错账！""是的，放心呵，你说四吊七就四吊七，年三十夜莫会要你多的！你自己记着就是了！"这样那样地说着，我一一皆可听到，而且一面还可以听着在黑暗中某一处咩咩的羊鸣。我明白这些回船的人是上岸吃过"荤烟"了的。

　　我还估计得出，这些人不吃"荤烟"，上岸时只去烤烤火的，到了那些屋子里时，便多数只在临街那一面铺子里。这时节天气太冷，大门必已上好了，屋里一隅或点了小小油灯，屋中土地上必就地掘了浅凹，烧些树根柴块。火光煜煜，且时时刻刻爆炸着一种难以形容的声音。火旁矮板凳上坐有船上人，木筏上人，有对河住家的熟人。且有虽为天所厌弃还不自弃的老妇人，闭着眼睛蜷成一团蹲在火边，悄悄地从大袖筒里取出一片薯干，一枚红枣，塞到嘴里去咀嚼。有穿着肮脏身体瘦弱的孩子，手擦着眼睛傍着火旁的母亲打盹。屋主人有退伍的老军人，有翻船背运的老水手，有单身寡妇，藉着火光灯光，可以看得出这屋中的大略情形，三堵木板壁上，一面必有个供奉祖宗的神龛，神龛下空处或另一面，必贴了一些大小不一的红白名片。这些名片倘若有那些好事者加以注意，用小油灯照着，去仔细检查检查，便可以发现许多动人的名衔，军队上的连副，上士，一等兵，商号中的管事，当地的团总，保正，催租吏，以及照例姓滕的船主，洪江的镩[1]商人，与其他人物，无所不有。这是近十年来经过此地若干人中一小部分的题名录。这些人各用一种不同的生活，来到这个地方，且同样地来到这些屋子里，坐在火边或靠近床边，逗留过若干时间。这些人离开了此地后，在另一世界里还是继续活下去，但除了同自己的生活圈子中人发生关系以外，与一同在这个世界上其他的人，却仿佛便毫无关系可言了。他们如今也许死掉了，水淹死的，枪打死的，被外妻用砒霜谋杀的，然而这些名片却依然将好好地保留下去。也许有些人已成了富人名人，成了当地的小军阀，这些名片却仍然写着催租人、上士等等的衔头⋯⋯除了这些名片，那屋里是不是还有比它更引人注意的东西呢？锯子，小捞兜，香烟大画片，装干栗子的口袋⋯⋯

　　提起这些问题时使人心中很激动。我到船头上去眺望了一阵。河面静静的，木筏上火光小了，船上的灯光已很少了，远近一切只能藉着水面微光看出个大略情形。另外一处的吊脚楼上，又有了妇人唱小曲的声音，灯光摇摇不定，且有猜拳声音。我估计那些灯光同声音所在处，不是木筏上的簰头在取乐，就是水手们小商人在喝酒。妇人手指上说不定还戴了水手从常德府特别为她捎带来的镀金戒指，一面唱曲一面把那只手理着鬓角，多动人的一幅画图！我认识他们的哀乐，这一切我也有份。看他们在那里把每个日子打发下去，也是眼泪也是笑，离我虽那么远，同时又与我那么相近。这正同读一篇描写西伯利亚方面的农人生活动人作品一样，使人掩卷引起无言的哀戚。我如今只用想象去领味这些人生活的表面姿态，却用过去一分经验，接触着了这种人的灵魂。

羊还固执地鸣着。远处不知什么地方有锣鼓声音，那是禳土酬神巫师的锣鼓。声音所在处必有火燎与九品蜡，照耀争辉，眩目火光下必有头包红布的老巫独立作旋风舞，门上架上有黄钱，平地有装满了谷米的平斗。有新宰的猪羊伏在木架上，头上插着小小纸旗。有行将为巫师用口把头咬下的活生公鸡，缚了双脚与翼翅，在土坛边无可奈何地躺卧。主人锅灶边则热了猪血稀粥，灶中正火光熊熊。

邻近一只大船上，水手们已静静地睡下了，只剩余一个人吸着烟，且时时刻刻把烟管敲着船舷。也像听着吊脚楼的声音，为那点声音所激动，忽然按捺自己不住了，只听到他轻轻地骂着野话，擦了支自来火，点上一段废缆，跳上岸往吊脚楼那里去了。他在岸上大石间走动时，火光便从船篷空处漏进我的船中。也是同样的情形吧，在一只装载棉军服向上行驶的船上，泊到同样的岸边，躺在成束成捆的军服上面，夜既太长，水手们爱玩牌的皆蹲坐在舱板上小油灯光下玩天九，睡既不成，便胡乱穿了两套棉军服，空手上岸，藉着石块间还未融尽残雪返照的微光，一直向高岸上有灯光处走去。到了街上，除了从人家门罅里露出的灯光成一条长线横卧着，此外一无所有。在计算中以为应可见到的小摊上成堆的花生，用哈德门长烟匣装着干瘪瘪的小橘子，切成小方块的片糖，以及在灯光下看守摊子把眉毛扯得极细的妇人（这些妇人无事可作时还会在灯光下做点针线的），如今什么也没有。既不敢冒昧闯进一个人家里面去，便只好又回转河边船上了。但上山时向灯光凝聚处

湘西吊脚楼

走去，方向不会错误。下河时可弄糟了。糊糊涂涂在大石小石间走了许久，且大声喊着才走近自己所坐的一只船。上船时，两脚全是泥，刚攀上船舷还不及脱鞋落舱，就有人在棉被中大喊："伙计哥子们，脱鞋呀！"把鞋脱了还不即睡，便镶到水手身旁去看牌，一直看到半夜，——十五年前自己的事，在这样地方温习起来，使人对于命运感到十分惊异。我懂得那个忽然独自跑上岸去的人，为什么上去的理由！

等了一会，邻船上那人还不回到他自己的船上来，我明白他所得的必比我多了一些。我想听听他回来时，是不是也像别的船上人，有一个妇人在吊脚楼窗口喊叫他。许多人都陆续回到船上了，这人却没有下船。我记起"柏子"[2]。但是，同样是水上人，一个那么快乐地赶到岸上去，一个却是那么寂寞地跟着别人后面走上岸去，到了那些地方，情形不会同柏子一样，也是很显然的事了。

为了我想听听那个人上船时那点推篷声音，我打算着，在一切声音皆已安静时，我仍然不能睡觉。我等待那点声音。大约到午夜十二点，水面上却起了另外一种声音。仿佛鼓声，也仿佛汽油船马达的转动声，声音慢慢地近了，可是慢慢地又远了。这是一个有魔力的歌唱，单纯到不可比方，也便是那种固执的单调，以及单调的延长，使一个身临其境的人，想用一组文字去捕捉那点声音，以及捕捉在那长潭深夜一个人为那声音所迷惑时节的心情，实近于一种徒劳无功的努力。那点声音使我不得不再从那个业已用被单塞好空罅的舱门，到船头去搜索它的来源。河面一片红光，古怪声音也就从红光一面掠水而来。日里隐藏在大岩下的一些小渔船，原来在半夜前早已静悄悄地下了拦江网。到了半夜，把一个从船头伸出水面的铁篮，盛上燃着熊熊烈火的油柴，一面敲着船舷各处走去。身在水中见了火光而来与受了柝声吃惊四窜的鱼类，便在这种情形中触了网，成为渔人的俘虏。[3]

一切光，一切声音，到这时节已为黑夜所抚慰而安静了，只有水面上那一分红光与那一派声音。那种声音与光明，正为着水中的鱼和水面的渔人生存的搏战，已在这河面上存在了若干年，且将在接连而来的每个夜晚依然继续存在。我弄明白了，回到舱中以后，依然默听着那个单调的声音。我所看到的仿佛是一种原始人与自然战争的情景。那声音，那火光，皆近于原始人类的武器！

不知在什么时候开始落了很大的雪，听船上人嘟哝着，我心想，第二天我一定可以看到邻船上那个人上船时节，在岸边雪地上留下那一行足迹。那寂寞的足迹，事实上我却不曾见到，因为第二天到我醒来时，小船已离开那个泊船处很远了。

选自《沈从文全集》第11卷，北岳文艺出版社2002年版

注释

[1] 簰（pái）：同"排"，大的木筏或竹筏。

[2] "柏子"：作者著名短篇小说代表作《柏子》中的主人公，也是作者《湘行散记》等作品中多次写到的"无数水手柏子"的"共名"。小说《柏子》描写了他与吊脚楼妓女炽热、泼辣而真挚的露水恩情和悲惨生活中的"快乐"。

[3] 在本文的初版本中，接着有一句解释："当地人把这种捕鱼方法叫'赶白'。"

沈从文（1902—1988），著名作家、文物学家。原名沈岳焕，湖南凤凰人，苗族。出身行伍家庭，14岁在湘西土著军队当兵，20岁时只身至北京，以自修获得创作能力。于20世纪20年代至40年代发表了大量文学作品：代表作中篇小说《边城》，长篇小说《长河》，散文长卷《湘行散记》《湘西》《从文自传》，以及众多短篇小说及文学评论等。其作品以湘西题材为主，文体多样，风格独具，蕴涵深刻，影响广远。

沈从文

导读

本文写于1934年，最初发表于1934年4月《文学》第二卷第四号。后收入《湘行散记》。1936年初版的此书是作者30年代散文的代表作。作者1934年初返回离别十余年的湘西故里，于沿途写给妻子的信件经整理而成此连续性系列长篇散文。全书叙写作者由常德沿沅水溯流而上，顺序记载了千里沅水及各支流流经的湘西乡村的景物人事。

本文为其中的第三篇（鸭窠围即是沅水流域的一个地名），写作者旅途中夜宿鸭窠围一夜间的见闻和思绪。像鸭窠围吊脚楼的建筑奇观一样，文中所写"水上人"和"妇人"们的生活，也是一种带有湘西地方色彩和民族色彩的特异人生。《湘行散记》以许多篇幅写了沅水流域水手和沿河码头吊脚楼妓女，写了他们的艰辛、凄凉、悲惨的命运。本篇则着重表现其人生形态的另一面：湘西下层民众于艰难处境中对人生的顽强与执著，被压抑被摧残的生命力的坚韧与强悍，掺和着泪与笑的生活的忠实与庄严。作者着力于具体入微、极富实感地描摹这些生活情状，而不作简单的道德评判，也超越了普通所谓"同情"，更无丝毫猎奇之意；他融入了自己的生命，感同身受地"认识他们的哀乐"，痛切地感到"这一切我也有份"。这种哀戚与悲悯的情思，源自作者对湘西民族历史遭遇和现实情状的深刻观照与反思，具有独到的哲理内涵，是深沉的动人心魄的人生感喟。本文在记人叙事状物写景时，没有舍弃生活中本有的原生态的充溢着生命力的元素，而是"始终保持着那个物性天然的素朴"，"一切还带'原料'意味"，具有高度的自然生动性；同时又"注入他个人的想象与情感"，用心灵之笔绘出动人画面，作品充满诗的气息，"使人掩卷引起无言的哀戚"。==从对平凡人生现象的描写中自然流溢出诗意的潜流==，体现了作者独到的艺术手段和美学追求。本文以叙述为主，自然融入描写、抒情、议论。其对自然景物的写生、对人物言行的勾勒、对氛围的渲染，均极见功力。语言质朴生动，不假修饰而具极强的表现力。

思考与讨论

1. 如何理解本文所写的旧时湘西水手的生活情状？
2. 作者在本文中寄寓了哪些人生感喟？其意义何在？
3. 本文的表现手段和美学追求是怎样的？

> 读过郁达夫《故都的秋》、鲁迅《秋夜》等以"秋"为题材的名篇；且看林语堂如何写"秋"。

聚焦
● 是秋的况味，也是人生的况味
● 捕捉"况味"，需要传神笔墨

秋天的况味

林语堂

秋天的黄昏，一人独坐在沙发上抽烟，看烟头白灰之下露出红光，微微透露出暖气，心头的情绪便跟着那蓝烟缭绕而上，一样的轻松，一样的自由。不转眼缭烟变成缕缕的细丝，慢慢不见了，而那霎时，心上的情绪也跟着消沉于大千世界，所以也不讲那时的情绪，而只讲那时的情绪的况味。待要再划一根洋火，再点起那已点过三四次的雪茄，却因白灰已积得太多，点不着，乃轻轻的一弹，烟灰静悄悄的落在铜炉上，其静寂如同我此时用毛笔写在中纸上一样，一点的声息也没有。于是再点起来，一口一口的吞云吐雾，香气扑鼻，宛如偎红倚翠温香在抱情调。于是想到烟，想到这烟一股温煦的热气，想到室中缭绕暗淡的烟霞，想到秋天的意味。这时才忆起，向来诗文上秋的含义，并不是这样的，使人联想的是肃杀，是凄凉，是秋扇，是红叶，是荒林，是萋草。然而秋确有另一意味，没有春天的阳气勃勃，也没有夏天的炎烈迫人、也不像冬天之枯槁凋零。我所爱的是秋林古气磅礴。有人以老气横秋骂人，可见是不懂得秋林古色之滋味。在四时中，我于秋是有偏爱的，所以不妨说说。秋是代表成熟，对于春天之明媚娇艳，夏日之茂密浓深，都是过来人，不足为奇了，所以其色淡，叶多黄，有古色苍茏之慨，不单以葱翠争荣了。这是我所谓秋天的意味。大概我所爱的不是晚秋，是初秋，那时暄气初消，月正圆，蟹正肥，桂花皎洁，也未陷入憭烈萧瑟气态，这是最值得赏慕的。那时的温和，如我烟上的红灰，只是一股熏熟的温香罢了。或如文人已排脱下笔惊人的格调，而渐趋纯熟炼达，宏毅坚实，其文读来有深长意味。这就是庄子所谓"正得秋而万宝成"结实的意义。在人生上最享乐的就是这一类的事。比如酒以醇以老为佳。烟也有和烈之辨。雪茄之佳者，远胜于香烟，因其味较和。倘是烧得得法，慢慢的吸完一支，看那红光炙发，有无穷

的意味。鸦片吾不知，然看见人在烟灯上烧，听那微微哔剥的声音，也觉得有一种诗意。大概凡是古老，纯熟，熏黄，熟炼的事物，都使我得到同样的愉快。如一只熏黑的陶锅在烘炉上用慢火炖猪肉时所发出的锅中徐吟的声调，是使我感到同观人烧大烟一样的兴趣。或如一本用过二十年而尚未破烂的字典，或是一张用了半世的书桌，或如看见街上一块熏黑了老气横秋的招牌，或是看见书法大家苍劲雄深的笔迹，都令人有相同的快乐，人生世上如岁月之有四时，必须要经过这纯熟时期，如女人发育健全遭遇安顺的，亦必有一时徐娘半老的风韵，为二八佳人所绝不可及者。使我最佩服的是邓肯[1]的佳句："世人只会吟咏春天与恋爱，真无道理。须知秋天的景色，更华丽，更恢奇，而秋天的快乐有万倍的雄壮，惊奇，都丽[2]。我真可怜那些妇女识见偏狭，使她们错过爱之秋天的宏大的赠赐。"若邓肯者，可谓识趣之人。

选自《林语堂名著全集》第十四卷，东北师范大学出版社1994年版

注释

[1] 邓肯：指伊莎多拉·邓肯（Isadora Duncan，1877—1927），20世纪初美国舞蹈家，有现代舞之母的美称。其作品以自然奔放、不守成规、独创一格的舞蹈语汇，体现了对自由和原创的追求，影响很大。

[2] 都丽：华丽，美丽。

林语堂（1895—1976），原名和乐，后改玉堂，又改语堂。福建龙溪人。著名现代散文家。毕业于圣约翰大学。1919年去美国哈佛大学留学，后转赴德国入莱比锡大学，获哲学博士学位。1922年归国，任北京大学英文教授、北京女子师范大学教务长和英文系主任。1924年后为《语丝》主要撰稿人之一。1926年到厦门大学任文学院长。1927年任国民政府外交部秘书。1932年起，编辑《论语》《人间世》《宇宙风》等刊物。抗战开始后，赴美国任教，用英文撰有《吾国与吾民》《京华烟云》《风声鹤唳》等著作。1966年定居台湾。1967年受聘为香港中文大学研究教授。著有散文《翦拂集》《大荒集》《有不为斋文集》等。

林语堂

导读

本文最初发表于1933年12月15日《申报·自由谈》，是写"秋"的现代名篇。如作者所言，"向来诗文上秋的含义"，本多秋风萧瑟、秋风落叶、秋风残照

之类悲凉、肃杀气氛的写照，多有"秋日凄凄，百卉具腓"（《诗经·小雅·四月》）、"嫋嫋兮秋风，洞庭波兮木叶下"（屈原《九歌·湘夫人》）、"悲哉秋之为气也，萧瑟兮草木摇落而变衰"（宋玉《九辩》）、"秋风起兮白云飞，草木黄落兮雁南归"（刘彻《秋风辞》）、"秋风萧瑟天气凉，草木摇落露为霜"（曹丕《燕歌行》）、"桐庭多落叶，慨然知已秋"（陶渊明《酬刘柴桑》）、"菡萏香销翠叶残，西风愁起绿波间"（李璟《浣溪沙》）等名句。至欧阳修作《秋声赋》，更集中笔力，尽写秋色惨淡，秋气栗冽，秋意萧条，秋声凄切……而另一方面，传统文化中，也不乏秋风送爽、金风玉露、秋高气和、春华秋实的"正面"意象，唐代诗人刘禹锡《秋词》可为代表："自古逢秋悲寂寥，我言秋日胜春朝。晴空一鹤排云上，便引诗情到碧霄。"李白也说："我觉秋兴逸，谁言秋兴悲？山将落日去，水与晴空宜。"杨万里亦云："秋气堪悲未必然，轻寒正是可人天。"可见，与一切自然景色和物象一样，"秋"所给人的印象、感触，或者说，人所感兴趣的那个"秋"，其实正是人的"心象""心证"——心境不同，笔下景色之味亦自不同。由自然景物之改换，牵连至身心变化，及于人生之叹，古今文人，可谓千秋同慨。作者写此文之际，正值所谓人过中年，感发万端。但与欧阳修"奈何以非金石之质，欲与草木而争荣"的人生悲感不同的是，本文捕捉了"况味"这种目不可睹、手不可触，只能感受、体味的主观感觉，展开联想，抒发对秋之意味的赏乐之情。

作者独坐黄昏，雪茄在手，宁静惬意的氛围中，思绪如烟，飘忽荡漾开来。人一旦与"大千世界"相浮沉，亦即面对现实世界，则其情绪的内涵，恐怕就不尽是轻松、自由了，故只有"情绪的况味"可以捕捉——其间的压抑、忧郁及悲凉，当于言外求之。看缭烟明灭，香气漂浮，联想到缥缈、飞浮、静寂、温暖、和煦的情调，温和、温香的感受，于是由烟而及秋。作者揭示的是秋的"另一意味"：于景物，为秋林古色；于文章，为纯熟炼达，宏毅坚实；于各色物事，为古老，纯熟，熏黄，熟炼。总之，秋是代表成熟的古色苍茏之貌，不单以葱翠争荣。文章接连用雪茄、鸦片、老字典、旧书桌、熏黑的招牌，苍劲的书法，甚至熏黑陶锅慢火炖肉的徐吟，乃至成熟女性的风韵，来多方比喻、象征、描摹、铺陈和渲染，勾画了一幅宁静幽远深醇的"纯熟的秋"的图景。是赞美秋，实在更是体味"正得秋而万宝成"的人生。没有促使生命成熟的人生历练，不易感受秋的况味；不能捕捉和把握秋之真味，也无从体会华丽恢奇、纯熟练达、内涵丰厚的人生境界。其中是否有对五四以来推崇"新青年"流风的反拨意味，则属见仁见智。

作者行文往往并非刻意经营，而是随意婉转，旁枝斜出，漫谈纵议。本文即有此特点：思路连绵，转折随心；一气呵成，疏徐而紧凑；从容洒脱，飘逸而有睿智。

自然的季候，即是人生的季候；秋的况味，也是人生的况味。同为现代名作，郁达夫《故都的秋》，着意描摹北京秋色的味深色浓，清静与悲凉，抒发其向往眷恋之情；鲁迅有《秋夜》之篇，写秋天夜晚奇怪而高的天空，繁霜四洒，野花草瑟缩凋零，又突出枣树直刺夜空，使天空窘迫退避，构造出一幅象征性的奇妙世界。外国也不乏写秋佳篇。从比较中，读者可以获得秋的多种"况味"。

思考与讨论

1. 本文起首提到"烟"，还几次提到"熏"，有何用意？
2. 分析一下本文思路有几次转折，其间联系如何？
3. 作为青年读者，对作者的观点是否认同？你对秋的感受是怎样的？

平行阅读

文化背景、文体有异，感受自然（包括时序、景色、"况味"）的方式、重点也就不同，其写秋也就"各有千秋"。

秋

穆 旦

1

天空呈现着深邃的蔚蓝，
仿佛醉汉已恢复了理性；
大街还一样喧嚣，人来人往，
但被秋凉笼罩着一层肃静。

一整个夏季，树木多么紊乱！
现在却坠入沉思，像在总结
它过去的狂想，激愤，扩张，
于是宣讲哲理，飘一地黄叶。

田野的秩序变得井井有条，
土地把债务都已还清，
谷子进仓了，泥土休憩了，
自然舒了一口气，吹来了爽风。

死亡的阴影还没有降临，

一切安宁，色彩明媚而丰富；
流过的白云在与河水谈心，
它也要稍许享受生的幸福。

2

你肩负着多年的重载，
歇下来吧，在芦苇的水边：
远方是一片灰白的雾霭
静静掩盖着路程的终点。

处身在太阳建立的大厦，
连你的忧烦也是他的作品，
歇下来吧，傍近他闲谈，
如今他已是和煦的老人。

这大地的生命，缤纷的景色，
曾抒写过他的热情和狂暴，
而今只剩下凄清的虫鸣，
绿色的回忆，草黄的微笑。

这是他远行前柔情的告别，
然后他的语言就纷纷凋谢；
为何你却紧抱着满怀浓荫，
不让它随风飘落，一页又一页？

3

经过了融解冰雪的斗争，
又经过了初生之苦的春旱，
这条河水渡过夏雨的惊涛，
终于流入了秋日的安恬；

攀登着一坡又一坡的我，
有如这田野上成熟的谷禾，
从阳光和泥土吸取着营养，

不知冒多少险受多少挫折；

在雷电的天空下，在火焰中，
这滋长的树叶，飞鸟，小虫，
和我一样取得了生的胜利，
从而组成秋天和谐的歌声。

呵，水波的喋喋，树影的舞弄，
和谷禾的香才在我心里扩散，
却见严冬已递来它的战书，
在这恬静的、秋日的港湾。

1976年9月

选自《穆旦诗文集》，人民文学出版社2006年版

秋 之 色

林 庚

像海洋的生出珊瑚树的枝
像橄榄的明净吐出青的果
秋天的熟人是门外的岁月
当宁静的原上有零星的火
清蓝的风色里早上的冻叶
高高的窗子前人忘了日夜
你这时若打着口哨子去了
无边的颜料里将化为蝴蝶

选自《闻一多全集·现代诗抄》，开明书店1948年版

> 作者在20世纪90年代初对清代掌故发生兴趣，找来近百种翻读，并摘录若干则，写成"夜读钞"，试图发掘出有意义的东西。且看这一篇，记载和分析了哪些"好玩"又引人思考的掌故。

李鸿章办外交

王元化

李鸿章[1]是清末主持外交的重要人物。梁启超说他"接人常带傲慢轻侮之色。与外人交涉，尤轻侮之"。弱国无外交，这本是常理，今对外竟出以轻侮态度，似乎不可置信。但前人笔记中，多有此类记载。甲午之役，伍廷芳[2]以议和随员赴日，日本首相伊藤博文[3]向他谈起十年前奉使至天津订约事。伊藤说，李鸿章态度威严，有"追忆令人心悸"之语。此类传闻颇多，有人甚至大肆渲染李鸿章在签订战败的屈辱条约时，用这种对洋人的轻侮态度，取得了精神上的胜利。李岳瑞《春冰室野乘》[4]云："……法使施阿兰狡甚，虽恭忠亲王[5]亦苦之。公（李鸿章）与相见，方谈公事，骤然询问：'尔今年年几何矣？'外人最恶人询问年龄，然慑于公威望，不能不答。公掀髯笑曰：'然则是与吾第几孙同年。吾上年路出巴黎，曾与尔祖剧谈数日，尔知之乎？'施竟踧踖而去，自是气焰稍杀矣。"这一记载虽然使人痛快，但似乎有些可疑。以年龄辈分压倒对手，只是我们的传统习俗，西方却并不管这一套。《庚子西狩丛谈》[6]也说到李鸿章总理各国事务衙门事：一日，华官与洋人议重大交涉。洋人态度嚣张，气势汹汹，而华官危坐只听，始终只回答一二语，面赧颜汗，局促殆不可为也。俄顷中堂（李鸿章）入门，左右从者只二人，才入厅数步，即止不前。此时三洋人之态度，不知何故，立时收敛。一一趋就身畔，鞠躬握手，甚谨饬。中堂若为不经意者，举手一挥，似请其还坐，随即放言高论，口讲指画。两从人为其御珠松扣，逐件解脱。似从里面换一袭衣，又从容逐件穿上。公一面更衣，一面数说，而三洋人仰注视，如聆训示。喧主夺宾，顿时两方声势大变。《庚子西狩丛谈》本刘焜记吴永口述故事。这一则却是刘焜记他本人事。当时他到总署访友，亲眼见到这一场面。接着，他说："再观列坐诸公，则皆开颜喜笑，重负都释。予亦不觉为之大快，如酷暑内热，突投一服清凉散，胸间郁火，立刻消降。吾友因为言：'中堂一到即更衣，我已见过两次，或者是外交一种作用，亦未可知。'同人皆大笑之，谓如此则公真吃饭穿衣，浑身皆经济矣。语虽近谑，而推想亦不无理致。"清季外交不务实际，多舍本逐末，在许多琐细事如礼节、称谓等问题上纠缠不休，甚至闹出笑话。据某笔记载，在民国初年，杭人黄保如司马，办理天津洋务局事务。一日，美领事招饮，仅请黄一人，领事夫人同坐。席将散，领事有公事先辞出，夫人留黄坐，黄虑遭物议，强辞而去。结果弄得不欢而散。曾纪泽（劼刚）[7]于光绪初奉命使法。他携夫人出国前，先郑重致书法国使馆，谓有"极重要之事，须与台端商量"。信中说："鄙人此次挈携妻子同行，拟请中下将鄙人之意，婉达于贵国仪礼大员之前，中国公使眷属，只可与西国女宾来往，不必与男客通拜，尤不肯与男宾通宴，即偶有公使至好朋友，可使妻子出见者，亦不过遥立一揖，不肯行握手之礼。"这是光绪初年的事。劼刚还是个开通而了解西方的外交官。他在信中这样郑重其事地提出礼节问题，而其中所规定的礼数又是这样详细琐碎，这在外交史上可说是 特殊国情。

一九九二年

选自《清园夜读》，上海古籍出版社1993年版

李鸿章出访外国

注释

[1] 李鸿章（1823—1901）：字少荃。安徽合肥人。清末大臣，洋务派首领。1870年任直隶总督兼北洋通商事务大臣，掌管清朝外交、军事、经济大权。曾开办近代工业，创立北洋水师学堂，组建北洋海军。1885年中法战争中，主张乘胜求和，与法国订立《中法新约》。1894年中日甲午战争中，奉行避战求和方针，签订《马关条约》。1900年八国联军侵占北京后，以全权大臣身份代表清廷签订《辛丑条约》。

[2] 伍廷芳（1842—1922）：广东新会人。1882年入李鸿章幕。后历任清驻外公使等要职。

[3] 伊藤博文（1841—1909）：日本四任内阁总理。为中日甲午战争的主要策划者，战后任全权代表，签订《马关条约》。曾数次来华。

[4] 李岳瑞：字孟符，陕西咸阳人。光绪进士。《春冰室野乘》，1911年上海广智书局初版，1922年世界书局再版增补本，记清代朝野遗闻轶事百余则。不少史料为他书所未载。

[5] 恭忠亲王：指爱新觉罗·奕䜣（1833—1898）。道光帝第六子。1860年为议和全权大臣，与英、法等签立《北京条约》。1861年奏请设立总理各国事务衙门，并前后担任总领大臣凡二十八年。

[6]《庚子西狩丛谈》：吴永口述，刘治襄（字煜）记。四卷。1928年出版。记1900年（农历庚子年）八国联军攻入北京后，慈禧太后携光绪帝及少数王公大臣西逃（即所谓"西狩"）事。吴永时任直隶怀来知县，接待慈禧奔走有力又随行在侧，得以听闻慈禧谈话，故所记颇有史料价值。

[7] 曾纪泽（1839—1890）：字劼刚。湖南湘乡人。清季名臣曾国藩长子。曾于1878年（光绪四年）出任驻英、法大臣。

王元化（1920—2008），湖北江陵人，生于武昌。20世纪30年代开始从事写作，50年代任上海新文艺出版社总编辑。1955年受胡风案牵连，1981年获平反。曾任中共上海市委宣传部部长。著名学者、理论家。主要著作有《文心雕龙创作论》《文学沉思录》《传统与反传统》《清园夜读》《清园论学集》等。

王元化

导读

　　本文是一篇**掌故笔记**。掌故是指有关国事朝政、典章制度、历史人物等的故事或传说，可以补充正史之未备。晚清时期掌故之文大盛，它较一般笔记或野史涉及的方面更多，内容也更丰富。本文中所引即是两部著名的掌故书。而本文所谈亦是掌故，采用的也是掌故文体。

　　谈旧时史事的**现代掌故文**体所涉及的事实因非作者所亲见，故多利用**引述、摘抄前人著述**的形式；同时，又不能是单纯的"书抄"，抄什么、怎么抄，都能显出作者的识见，更要用现代人的眼光**加以评骘、断以己见**。一篇现代掌故文写得如何，也正是在这两方面显出高下。本文在引述和评议上均有特色。所引多为近世名人（梁启超、曾纪泽）言论和掌故名著（《春冰室野乘》《庚子西狩丛谈》）。不论其记述是否信实，其重要性则勿庸置疑，故特具摘引和评论的价值，在这方面的取舍特别能见出作者的眼光和趣味。作者先引梁氏语，指出其似乎不可置信，跟着就连引数例书证，看李鸿章如何"轻侮"洋人。作者于摘引时屡加评议，所言皆一语中的，犀利允当。先言此类传闻是有人"大肆渲染"的结果，反映了一种对"精神上的胜利"的崇尚；再言李鸿章以年辈压倒法使之说不甚可信；继之指出李鸿章以在洋人面前更衣为外交手段，实际反映了清季外交不务实际，舍本逐末的本质，正是自曝其短；最后说曾纪泽的做法反映了中国的特殊国情，其言不无微讽之意。**这种评议，正是全文的画龙点睛之处。**

　　文章所述后二事，虽非李鸿章所亲为，却是他所开创的弱国"务虚"外交影响的结果，其实质并无不同。所以作者连类而及，恰好揭示了李鸿章办外交的"流风余韵"。

　　本文所引掌故材料均为文言，故作者的评议语也有**浅近的文言色彩**，以使二者风格接近，且言简意赅，这也是掌故文的通例。在引述时有直接引述，有间接引述，不显重复。

思考与讨论

1. 本文所记李鸿章办外交的典型事例说明了什么？
2. 本文作为掌故文体，有哪些特点？
3. 从本文看掌故在帮助人了解历史方面的作用。

平行阅读

又一篇可入"阿Q谱"的轶事。"掌故"果然有趣！

跪拜礼

王元化

　　清同治时，吴可读"劾成禄"一案，几酿大狱，曾前于另文中涉及。在这以前，吴可读尚有一疏，请免外国使臣行跪拜礼。这个问题成为清代外交上的一大问题。早在乾隆五十七年，英国正使马戛尔尼来华，要求通商。清廷责令他于船上插旗，上书英国进贡船。觐见时需循例叩头。陈康祺《郎潜纪闻》称，英使"自陈不习跪拜，强之，止屈一膝，乃至殿上，不觉双跪俯伏"。当时还有大臣赋诗，说什么"一到殿廷齐膝地，天威能使万心降"。真是懿欤盛哉。可惜好景不长，到了同治年代，对外战争一败涂地，外国使节的跪拜问题成为另一种情况了。吴可读折就充分反映了那种内心虚弱但又要强争面子的心理。这份奏折很长，开头大意说外国人无亲亲尊贤之仪，不懂礼仪廉耻为何物。引孟子的话说："君子于禽兽何择？"何必去计较。不如暂行权宜之计，免其强行跪拜之礼，如此又岂为朝廷辱？折中最有趣的是下面几句话："于许其进见时，不俟其启齿，一并慨然许以代为奏请皇上，免其行吾中国跪拜礼，并不曾轻假彼以名器，亦不致稍示我以单弱，岂不光明正大，夷夏凛然？"吴可读曾冒死忿谏请杀成禄，引起同治暴怒，几乎被杀头，可称得上是个敢批逆鳞的铮铮汉子。可是他的上一折竟是如此荒唐可笑，简直可采入"阿Q谱"。不过，从此以后，外国使节行跪拜问题，也随着国势日蹙而烟消云散了。不出三十年，到了庚子之役，清廷割地赔款，遣醇王载沣赴德谢罪，这时跪拜问题又重新提了出来。这回却是外国人欲以此礼强之于清朝大臣。当时载沣拍回的电报记载此事说："以跪礼我国万难应允，于德既无所取，更与两国体面大有相关，作为出自洋意，恳请德皇宽免。"清朝的外交不是倨傲自大，就是屈卑乞怜，充分显示了朝廷之昏昏，士人之愦愦。这虽是琐事，但亦可借有心于社会心理学者参考。

一九九二年

选自《清园夜读》，上海古籍出版社1993年版

> 民国初年，中国的近代高等教育刚刚诞生。1917年出任北京大学校长的蔡元培，此前曾两度赴欧考察，基本形成了成熟的办学思想。北京大学第一份学术性校刊恰于此时筹办，他在应邀撰写发刊词时，集中阐发了他的大学理念。

聚焦
- 大学何以为「大」？
- 大师如何讲话？

《北京大学月刊》发刊词

蔡元培

  北京大学之设立，既二十年于兹，向者自规程而外，别无何等印刷品流布于人间。自去年有《日刊》，而全校同人始有联络感情、交换意见之机关，且亦借以报告吾校现状于全国教育界。顾《日刊》篇幅无多，且半为本校通告所占，不能载长篇学说，于是有《月刊》之计划。

  以吾校设备之不完全，教员之忙于授课，而且或于授课以外，兼任别种机关之职务，则夫《月刊》取材之难，可以想见。然而吾校必发行《月刊》者，有三要点焉：

  一曰尽吾校同人所能尽之责任 所谓大学者，非仅为多数学生按时授课，造成一毕业生之资格而已也，实以是为共同研究学术之机关。研究也者，非徒输入欧化，而必于欧化之中为更进之发明；非徒保存国粹，而必以科学方法，揭国粹之真相。虽曰吾校实验室、图书馆等，缺略不具；而外界学会、工场之属，无可取资，求有所新发明，其难固倍蓰[1]于欧美学者。然十六七世纪以前，欧洲学者，其所凭借，有以逾于吾人乎？即吾国周、秦学者，其所凭借，有以逾于吾人乎？苟吾人不以此自馁，利用此简单之设备、短少之时间，以从事于研究，要必有几许之新义，可以贡献于吾国之学者，及世界之学者。使无月刊以发表之，则将并此少许之贡献，亦靳[2]而不与，吾人之愧歉当何如耶？

  二曰破学生专己守残之陋见 吾国学子，承举子、文人之旧习，虽有少数高材生知以科学为单纯之目的，而大

北京大学旧影

多数或以学校为科举，但能教室听讲，年考及格，有取得毕业证书之资格，则他无所求；或以学校为书院，嫒嫒姝姝[3]，守一先生之言，而排斥其他。于是治文学者，恒蔑视科学，而不知近世文学，全以科学为基础；治一国文学者，恒不肯兼涉他国，不知文学之进步，亦有资于比较；治自然科学者，局守一门，而不肯稍涉哲学，而不知哲学即科学之归宿，其中如自然哲学一部，尤为科学家所需要；治哲学者，以能读古书为足用，不耐烦于科学之实验，而不知哲学之基础不外科学，即最超然之玄学，亦不能与科学全无关系。有《月刊》以网罗各方面之学说，庶[4]学者读之，而于专精之余，旁涉种种有关系之学理，庶有以袪其褊狭之意见，而且对于同校之教员及学生，皆有交换知识之机会，而不至于隔阂矣。

三曰释校外学者之怀疑　大学者，"囊括大典，网罗众家"之学府也。《礼记》、《中庸》曰："万物并育而不相害，道并行而不相悖。"足以形容之。如人身然，官体之有左右也，呼吸之有出入也，骨肉之有刚柔也，若相反而实相成。各国大学，哲学之唯心论与唯物论，文学、美术之理想与写实派，计学[5]之干涉与放任论，伦理学之动机论与功利论，宇宙论之乐天观与厌世观，常樊[6]然并峙于其中，此思想自由之通则，而大学之所以为大也。吾国承数千年学术专制之积习，常好以见闻所及，持一孔之论。闻吾校有近世文学一科，兼治宋、元以后之小说、曲本，则以为排斥旧文学，而不知周、秦、两汉文学，六朝文学，唐、宋文学，其讲座固在也；闻吾校之伦理学用欧、美学说，则以为废弃国粹，而不知哲学门中，于周、秦诸子，宋、元道学，固亦为专精之研究也；闻吾校延聘讲师，讲佛学相宗，则以为提倡佛教，而不知此不过印度哲学之一支，借以资心理学、论理学[7]之印证，而初[8]无与于宗教，并不破思想自由之原则也。论者知其一而不知其二，则深以为怪。今后《月刊》以宣布各方面之意见，则校外读者，当亦能知吾校兼容并收之主义，而不至以一道同风之旧见相绳矣。

以上三者，皆吾校所以发行《月刊》之本意也。至《月刊》之内容，是否能副此希望，则在吾校同人之自勉，而静俟读者之批判而已。

选自《蔡元培全集》第3卷，人民教育出版社2001年版

注释

[1] 倍蓰：数倍。蓰（xǐ）：五倍。

[2] 靳：吝惜，不肯给予。《后汉书》卷八十二："悔不小靳，可至千万。"

[3] 嫒（xuān）嫒姝（shū）姝：洋洋自得，沾沾自喜。嫒，同"暖"（xuān）。《庄子·徐无鬼》："所谓暖姝者，学一先生之言，则暖暖姝姝而私自说也，自以为足矣。"

[4] 庶（shù）：庶几（jī），将近，差不多。

[5] 计学：今称经济学。

[6] 樊：纷杂。

[7] 论理学：今称逻辑学。

[8] 初：从来，本来。常与"无""不"等否定词连用。

蔡元培（1868—1940），字鹤卿，号孑民。浙江绍兴人。著名的民主革命家、教育家、思想家。早年考中进士，任翰林院编修，后投身革命。民国成立前后两度赴德国莱比锡大学研修。1917年起，先后两次担任北京大学校长共十年余，而实际在校视事四年余，改造旧北大为新北大，成就斐然，影响深远。又历任民国政府教育总长，大学院院长，中央研究院院长等。其著述均收入后人所编《蔡元培全集》。

蔡元培

导读

本文写于1918年，初次刊登于1919年《北京大学月刊》第一卷第一号。它说明了《北京大学月刊》创办的宗旨和意义，同时重点阐发了作者对大学的看法和他的办学原则亦即其大学理念的精义。其时，蔡元培出任北大校长，面临京师大学堂的风气，欲加以彻底改造，势必需要首先从观念上厘清何为大学、大学何以为大。作者此前两度赴欧考察，研究高等教育，结合中国实际，可以说已经基本形成了成熟的大学理念，而在此文中第一次作了集中的阐述。

文章开头部分，简略说明《北京大学月刊》创办的缘起。后半部分，则分三个要点阐述了办刊的必要性，同时论及近代大学理念的三项要义：第一，大学为研究学术之机关，应贡献于学术；这种研究，既不是单纯输入欧化，也不是一味保存国粹，而是要用科学方法揭示传统学术的真相，在近代学术的基础上作进一步的发展。第二，大学学生不应以获取毕业证书为目的，应破除固守专业、抱残守缺的旧习，于专精之余，旁涉各种有关学科的学理，成为一定意义上的通才。第三，大学是包容古今中外不同学术派别、典籍、思想，广泛延揽各家各派学者的研治学术的机关，应循思想自由原则，行兼容并收主义。

其中"兼容并包主义"（后也称"兼

蔡元培手迹

容并收"），是作者最为著名的教育主张，在中国现代教育史上影响深远。在作者看来，大学是研究学术的"学府"，是"囊括大典，网罗众家"的学术教育机构；在这样的学术重地之中，无论是哪种学派，只要其言之成理、持之有故，即是真正意义上的学术，均应予以包容，允许其存在，听任其自由发展。这种兼容并包、思想自由的原则，才是北京大学成为"五四"新文化运动的重镇，成为中国最高学府的根本原因。而在这篇文章中，这一点第一次得到了集中、详尽的阐述。这一大学理念，深刻影响和引导着中国现代大学的路向，成为现代中国大学共同的、最可宝贵的精神象征。在当下，蔡元培的大学理念，仍然显示其"不朽"的精神力量和生机，对方兴未艾的中国大学的改革与发展，具有重要的借鉴价值。

本文在文风上的特点也是很明显的。首先是写作态度的平和恳挚。作者是具有崇高地位的中国最高学府的校长，是辛亥革命和国民党的元老，又是前清翰林，无论于新于旧，都有很高的身份。而他所阐发的则是一些很重要、很深刻的观点，是以前人们闻所未闻的；不但对于北京大学，而且对全国高等教育的方向与发展，都具有非同一般的分量。但作者只是平静而不乏谦和地讲述道理，毫无剑拔弩张、咄咄逼人之气，更无轻佻浮泛之言。采取的完全是一种平和、诚恳、真挚的态度。

其次，行文朴实，措辞严谨，层次清晰，表意明确。作者似乎只是平直地说理，并不过多地引经据典；即使偶尔所引，亦是当时读书人所熟悉的经典，如明引《中庸》、暗引《庄子》；也并不专意使用各种修辞手段，只在第三要点的阐述中，用人体来比喻说明大学中各学派相反相成的道理，质朴平实。其词语的选用，准确、严谨，不会产生歧义。文章结构严密：缘起、三要点、结尾，次序井然；每个要点的阐述中，又有若干层次。全文逻辑严密，说理明晰，作者的观点表述得很清楚、也很坚实。

上述平和恳挚、朴实严谨的文风看似简单，但实不易得。这种文风，是作者内在的人格精神的外在表现。作者以忠厚长者闻名于世，又讲求思想、学术上的宽容、平等，但他却又不是"好好先生"，他是有着深厚学问功底的美学家、伦理学家和教育学家，是有着坚定明确的文化立场和是非原则的思想家。这些特质浑然相融，凝结成他的人格精神：诚恳、宽厚、温润、恬淡、坚定、从容，春风化雨，蔼然仁者，一代宗师。因有这种精神作为基石，才有了这样文风的文章。有了这种精神做"底色"、做支撑，其文章就不会褊狭、不会躁动、不会轻狂。在这里，其人其文是一致的。文风反映了一种人格精神。凡立一说，不但于逻辑上要站得住脚，而如何阐说，以何种态度阐说，同样关系匪浅。写作论说之文，又何尝不是如此。

本文作者虽不以文学创作著称于世，但其文章思想深刻，态度恳挚，注重说理，循循善诱，在当时也有相当影响。本文是一篇"发刊词"体的论说文，阐发观点并加以论证是其核心。本文写于"五四"新文化运动初期,其时散文语言尚处于由清末"新文体"向现代白话文过渡的阶段,本文使用的是浅近文言。这些也是学习本文时应当注意的。

思考与讨论

1. 本文从哪些方面阐述了《北京大学月刊》创办的宗旨?
2. 本文结合办刊宗旨的说明,阐明了哪些大学理念?
3. 在作者看来,所谓"大学"的内涵是什么?
4. 反复阅读本文,体会其文风,并分析一下这种文风体现了作者什么样的人格精神。

平行阅读

这些话虽然说在80多年前,现在听来,却仍有意义。我们的"宗旨"为何?"抱定"与否?似大可自问。

就任北京大学校长之演说

蔡元培

五年前,严几道先生为本校校长时,余方服务教育部,开学日曾有所贡献于本校。诸君多自预科毕业而来,想必闻知。士别三日,刮目相见。况时阅数载,诸君较昔当必为长足之进步矣。予今长斯校,请更以三事为诸君告。

一曰抱定宗旨。诸君来此求学,必有一定宗旨,欲知宗旨之正大与否,必先知大学之性质。今人肄业专门学校,学成任事,此固势所必然。而在大学则不然,大学者,研究高深学问者也。外人每指摘本校之腐败,以求学于此者,皆有做官发财思想,故毕业预科者,多入法科,入文科者甚少,入理科者尤少,盖以法科为干禄之终南捷径也。因做官心热,对于教员,则不问其学问之浅深,惟问其官阶之大小。官阶大者,特别欢迎,盖为将来毕业有人提携也。现在我国精于政法者,多入政界,专任教授者甚少,故聘请教员,不得不聘请兼职之人,亦属不得已之举。究之外人指摘之当否,姑不具论。然弭谤莫如自修,人讥我腐败,而我不腐败,问心无愧,于我何损?果欲达其做官发财之目的,则北京不少专门学校,入法科者尽可肄业法律学堂,入商科者亦可投考商业学校,又何必来此大学?所以诸君须抱定宗旨,为求学而来。入法科者,非为做官;入商科者,非为致富。宗旨既定,自趋正轨。诸君肄业于此,或三年,或四年,时间不为不多,苟能爱惜分阴,孜孜求学,则其造诣,容有底止。若徒志在做官发财,宗旨既乖,趋向自异。平时则放荡冶游,考试则熟读讲义,不问学问之有无,惟争分数之多寡；试验既终，书籍束之高阁，毫不过问，敷衍三四年，潦草塞责，文凭到手，即可借此活动于社会，岂非与求学初衷大相背驰乎？光阴虚度，学问毫无，是自误也。且辛亥之役，吾人之所以革命，因清廷官吏之腐败。即在今日，吾人对于当轴多不满意，亦以其道德沦丧。今诸君苟不于此时植其基，勤其学，则将来万一因生计所迫，出而任事，担任讲席，则必贻误学生；置身政界，则必贻误国家。是误人也。误己误人，又岂本心所愿乎？故宗旨不可以不正大。此余所希望于诸君者一也。

二曰砥砺德行。方今风俗日偷，道德沦丧，北京社会，尤为恶劣，败德毁行之事，触目皆是，非根基深固，鲜不为流俗所染。诸君肄业大学，当能束身自爱。然国家之兴替，视风俗之厚薄。流俗如此，前途何堪设想。故必有卓绝之士，以身作则，力矫颓俗。诸君为大学学生，地位甚高，肩此重任，责无旁贷，故诸君不惟思所以感己，更必有以励人。苟德之不修，学之不讲，同乎流俗，合乎污世，己且为人轻侮，更何足以感人。然诸君终日伏首案前，营营攻苦，毫无娱乐之事，必感身体上之苦痛。为诸君计，莫如以正当之娱乐，易不正当之娱乐，庶于道德无亏，而于身体有益。诸君入分科时，曾填写愿书，遵守本校规则，苟中道而违之，岂非于原始之意相反乎？故品行不可以不谨严。此余所希望于诸君者二也。

三曰敬爱师友。教员之教授，职员之任务，皆以图诸君求学便利，诸君能无动于衷乎？自应以诚相待，敬礼有加。至于同学共处一堂，尤应互相亲爱，庶可收切磋之效。不惟开诚布公，更宜道义相勖，盖同处此校，毁誉共之。同学中苟道德有亏，行有不正，为社会所訾詈，己虽规行矩步，亦莫能辩，此所以必互相劝勉也。余在德国，每至店肆购买物品，店主殷勤款待，付价接物，互相称谢，此虽小节，然亦交际所必需，常人如此，况堂堂大学生乎？对于师友之敬爱，此余所希望于诸君者三也。

余到校视事仅数日，校事多未详悉，兹所计划者二事：一曰改良讲义。诸君既研究高深学问，自与中学、高等不同，不惟恃教员讲授，尤赖一己潜修。以后所印讲义，只列纲要，细微末节，以及精旨奥义，或讲师口授，或自行参考，以期学有心得，能裨实用。二曰添购书籍。本校图书馆书籍虽多，新出者甚少，苟不广为购办，必不足供学生之参考。刻拟筹集款项，多购新书，将来典籍满架，自可旁稽博采，无虞缺乏矣。今日所与诸君陈说者只此，以后会晤日长，随时再为商榷可也。

（原载《东方杂志》第14卷第4号，1917年4月）

选自《蔡元培全集》第3卷，人民教育出版社2001年版

> 1946年5月4日，随着抗战胜利，1937年因日寇侵华而不得已远迁昆明，由北京大学、清华大学、南开大学合组的"国立西南联合大学"，亦将结束其使命。复员前夕的典礼上，校方委托冯友兰教授宣读他所撰写的《国立西南联合大学纪念碑碑文》，由此诞生了中国近代教育史上一篇重要文献。

国立西南联合大学纪念碑碑文

冯友兰

中华民国三十四年九月九日，我国家受日本之降于南京。上距二十六年七月七日卢沟桥之变，为时八年；再上距二十年九月十八日沈阳之变，为时十四年；再上距清甲午之役，为时五十一年[1]。举凡五十年间，日本所鲸吞蚕食于我国家者，至是悉备图籍献还。全胜之局，秦汉以来，所未有也。国立北京大学、国立清华大学，原设北平；私立南开大学，原设天津。自沈阳之变，我国家之威权逐渐南移，惟以文化力量，与日本争持于平津，此三校实为其中坚。二十六年，平津失守，三校奉命迁于湖南，合组为国立长沙临时大学，以三校校长蒋梦麟、梅贻琦、张伯苓为常务委员，主持校务，设法、理、工学院于长沙，文学院于南岳，于十一月一日开始上课。迨京沪失守，武汉震动，临时大学又奉命迁云南。师生徒步经贵州，于二十七年四月二十六日抵昆明。旋奉命改名为国立西南联合大学，设理、工学院于昆明，文、法学院于蒙自，于五月四日开始上课。一学期后，文、法学院亦迁昆明。二十七年，增设师范学院。二十九年，设分校于四川叙永，一学年后，并于本校。昆明本为后方名城，自日军入

西南联合大学纪念碑揭幕时的
冯友兰和纪念碑

聚焦
● 中国高等教育史上光辉的一页
● 浅近文言当代写作的典范文本

现代文

安南，陷缅甸，又成后方重镇[2]。联合大学支持其间，先后毕业学生二千余人，从军旅者八百余人。河山既复，日月重光，联合大学之战时使命既成，奉命于三十五年五月四日结束。原有三校，即将返故居，复旧业。缅维八年支持之苦辛，与夫三校合作之协和，可纪念者，盖有四焉。我国家以世界之古国，居东亚之天府，本应绍汉唐之遗烈，作并世之先进。将来建国完成，必于世界历史，居独特之地位。盖并世列强，虽新而不古；希腊、罗马，有古而无今。惟我国家，亘古亘今，亦新亦旧，斯所谓"周虽旧邦，其命维新[3]"者也。旷代之伟业，八年之抗战已开其规模，立其基础。今日之胜利，于我国家有旋乾转坤之功，而联合大学之使命，与抗战相终始。此其可纪念者一也。文人相轻，自古而然，昔人所言，今有同慨。三校有不同之历史，各异之学风，八年之久，合作无间。同无妨异，异不害同；五色交辉，相得益彰；八音合奏，终和且平。此其可纪念者二也。"万物并育而不相害，道并行而不相悖，小德川流，大德敦化，此天地之所以为大"[4]。斯虽先民之恒言，实为民主之真谛。联合大学以其兼容并包之精神，转移社会一时之风气，内树学术自由之规模，外来"民主堡垒"之称号，违千夫之诺诺，作一士之谔谔[5]。此其可纪念者三也。稽之往史，我民族若不能立足于中原，偏安江表，称曰南渡。南渡之人，未有能北返者：晋人南渡，其例一也；宋人南渡，其例二也；明人南渡，其例三也。"风景不殊"[6]，晋人之深悲；"还我河山"[7]，宋人之虚愿。吾人为第四次之南渡，乃能于不十年间，收恢复之全功，庾信不哀江南[8]，杜甫喜收蓟北[9]。此其可纪念者四也。联合大学初定校歌[10]，其辞始叹南迁流离之苦辛，中颂师生不屈之壮志，终寄最后胜利之期望。校以今日之成功，历历不爽，若合符契。联合大学之终始，岂非一代之盛事，旷百世而难遇者哉！爰就歌辞，勒为碑铭。铭曰：痛南渡，辞宫阙。驻衡湘，又离别。更长征，经峣嶙。望中原，遍洒血。抵绝徼，继讲说。诗书丧，犹有舌。尽笳吹，情弥切。千秋耻，终已雪。见仇寇，如烟灭。起朔北，迄南越，视金瓯，已无缺。大一统，无倾折。中兴业，继往烈。维三校，兄弟列，为一体，如胶结，同艰难，共欢悦，联合竟，使命彻，神京复，还燕碣。以此石，象坚节，纪嘉庆，告来哲。

选自《三松堂自序》，生活·读书·新知三联书店1984年版

注释

[1] 此句所说数事分别指1937年"七七"事变、1931年"九一八"事变、1894年中日甲午战争。

[2] 作者《三松堂自序》引录此碑文时于此处加注："当作'前方'"。

[3] "周虽旧邦"二句：出于《诗经·大雅·文王》，大意是周国虽是一个历史久远的国家，但文王新得天命，事业将要发展。

[4] "万物并育"五句：出于《礼记·中庸》，大意是说圣人之道合乎天道，

具有广泛的包容性。

[5] "违千夫"二句：由《史记·商君列传》中化出，原文为"千人之诺诺，不如一士之谔谔"，大意是说一千个唯唯诺诺的人不如一个敢于坚持己见的人。

[6] "风景不殊"：语出《世说新语》"过江诸人"条，即"新亭对泣"中的感伤之言。

[7] "还我河山"：岳飞语。

[8] "庾信"句：南北朝时由南入北的北周文学家，有《哀江南赋》。

[9] "杜甫"句：杜甫有诗句"剑外忽传收蓟北"。

[10] 校歌：即西南联合大学校歌，词为冯友兰所作，为中国教育史上的名篇。碑文铭词之辞章、文意，多有取自该歌词者。详下。

冯友兰（1895—1990），字芝生，河南唐河人。著名哲学史家。1915年考入北京大学，1919年赴美国哥伦比亚大学留学，获哲学博士学位。回国后历任中州大学、广东大学、燕京大学、清华大学等校哲学教授兼文学院院长。西南联大期间，任该校哲学系教授兼文学院院长。著作有《中国哲学史》及其《新编》、"贞元六书"、《三松堂自序》等，辑为《三松堂全集》。

冯友兰

导读

1946年5月4日，西南联合大学的结业典礼上，冯友兰教授宣读《国立西南联合大学纪念碑碑文》，师生们为纪念碑揭幕，标志着与抗战相始终的西南联合大学艰苦卓绝的历史使命的结束。西南联大是中国近代教育史上光荣的一页，这篇由该校文学院院长冯友兰先生撰文、中国文学系教授闻一多先生篆额、中国文学系主任罗庸先生书丹的碑文，就是记载其始末的重要历史文献。

这篇历史性的文章充满激昂慷慨的民族精神的情思，集中表现了"刚毅坚卓"（西南联大校训）的联大精神，读之令人感奋，具有廉顽立懦的力量。

文章大体为三部分：第一部分叙述历史，语调平和而民族耻辱的切肤之痛、抗战胜利的自豪之情含而不露。第二部分正面立论，"可纪念者"的四个方面，立意高远，评断切实，是碑文的典范写法。最后，化用校歌而成碑铭，意味更见深长。

作者冯友兰先生为哲学家，亦为文章家。碑之为文，不宜过于浅白；但另一方面，时代变迁，又不宜过于古奥。本文在这方面尺度把握甚好。该文以浅近文言体写成，叙事简洁而有法度，骈散相间，文采斐然，洵为名作。

思考与讨论

1. 本文为何要详述联大之始末?其叙事有何特点?
2. 本文中所说"可纪念者盖有四焉",都是从哪些角度着眼的?
3. 你觉得如果纯用白话文或纯用文言古体,效果会怎样?

平行阅读 1

意近而文异,反复咏之诵之,既可见作者文思之迹,亦可学其运句遣词之匠心。

西南联合大学进行曲

冯友兰

引

八年辛苦备尝,
喜日月重光,
愿同心同德而歌唱。

校 歌 词

万里长征,
辞却了五朝宫阙。
暂驻足衡山湘水,
又成离别。
绝徼移栽桢干质,
九州遍洒黎元血。
尽笳吹弦诵在山城,
情弥切。

西南联大旧影

千秋耻,
终当雪。
中兴业,
须人杰。
便一成三户,
壮怀难折。
多难殷忧新国运,
动心忍性希前哲。
待驱除仇寇复神京,
还燕碣。

勉　词

西山苍苍,
滇水茫茫。
这已不是渤海太行,
这已不是衡山潇湘。
同学们莫忘记失掉的家乡,
莫辜负伟大的时代,
莫耽误宝贵的辰光。
赶紧学习,
赶紧准备,
抗战、建国,
都要我们担当,
都要我们担当!
同学们要利用宝贵时光,
要创造伟大的时代,
要恢复失掉的家乡。

凯歌词

千秋耻,终已雪。
见仇寇,如烟灭。
大一统,无倾折。
中兴业,继往烈。
维三校,如胶结。
同艰难,共欢悦。
联合竟,使命彻。

神京复，还燕碣。

1946年5月

选自《三松堂全集》第14卷，河南人民出版社1994年版

平行阅读 2

碑不轻立，铭文应时而得体，亦颇难得，斯篇庶几近之。

百年南开纪念碑记

陈　洪

上溯百年，风雨板荡；肇我南开，神州苍茫。殷殷强种之梦，拳拳育才之想，其志伟哉，校父校长。

而后，或仁者多助，或险厄备尝，或寇雠肆虐，或浴火凤凰。播迁三地兮广树桃李，同源七派兮浩浩汤汤。于是乎，得愈挫愈奋之美誉，树铮铮南开之脊梁。乘风云而腾龙起凤，奋健翮而广宇高翔。荐轩辕以热血，听雄鸡之高唱。

一元兹始，春风骀荡；航道新开，云帆高张。图画连云广厦，贡献万千栋梁；赓绍前贤懿志，栽培桃李芬芳。渤海之滨，白河之津，看我南开，伟业发煌。日新月异兮中华之振兴，允公允能兮报国之渴想。百年曾不过一瞬，新纪且期我腾骧！

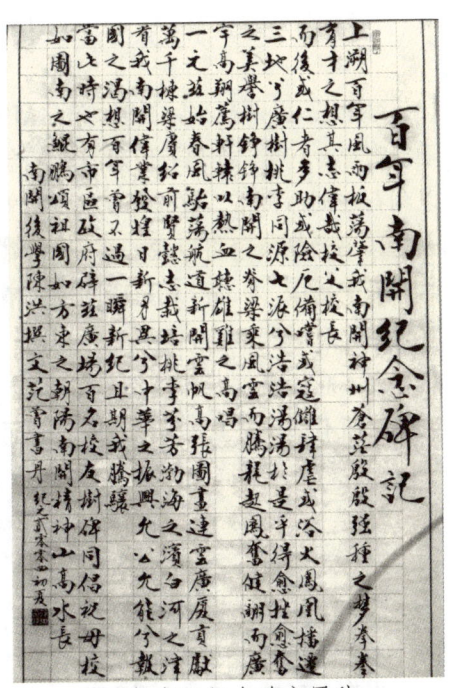

当此时也，有市区政府，辟兹广场；百名校友，树碑同倡。祝母校如图南之鲲鹏，颂祖国如方东之朝阳。南开精神，山高水长！

百年南开纪念碑文墨稿

录自"百年南开纪念碑"（2004年10月立）

国立西南联合大学纪念碑碑文

> 人类有给圣贤哲人、精英杰士树碑立传的悠久传统。中国历史上惺惺相惜的例子就很多。陈寅恪为王国维写碑铭，则是两位学术大师在精神上同情共感、相契相知的经典表现。

清华大学王观堂先生纪念碑铭

陈寅恪

海宁王先生[1]自沉后二年，清华研究院同人咸怀思不能自已。其弟子受先生之陶冶煦育者有年，尤思有以永其念。佥[2]曰：宜铭之贞珉[3]，以昭示于无竟[4]。因以刻石之词命寅恪，数辞不获已，谨举先生之志事，以普告天下后世。其词曰：士之读书治学，盖将以脱心志于俗谛[5]之桎梏，真理因得以发扬。思想而不自由，毋宁死耳。斯古今仁圣所同殉之精义，夫岂庸鄙之敢望。先生以一死见其独立自由之意志，非所论于一人之恩怨，一姓之兴亡[6]。呜呼！树兹石于讲舍，系哀思而不忘。表哲人之奇节，诉真宰[7]之茫茫。来世不可知者也，先生之著述，或有时而不章。先生之学说，或有时而可商。惟此独立之精神，自由之思想，历千万祀，与天壤而同久，共三光[8]而永光。

选自《陈寅恪文集之三·金明馆丛稿二编》，上海古籍出版社1980年版

注释

[1] 海宁王先生：即王国维（1877—1927），浙江海宁人，号观堂，现代学者，为清华研究院"四大导师"之一。1927年自沉于北京昆明湖。生平著作共六十余种，研究领域涉及文学、戏曲、甲骨文、金文、音韵学、汉晋简牍以及历代石经的考释等，且均有划时代的伟大贡献。著作收入《海宁王静安先生遗书》。

[2] 佥：全、都。

[3] 贞珉：石刻碑铭的美称，犹贞石。李商隐《李义山文集》四《太尉卫公昌一品集序》："追琢贞珉，彰灼来叶。"

[4] 无竟：永远。竟，穷尽。

[5] 俗谛：佛教名词，指世俗的道理，对"真谛"而言。这里指利害的计较。

[6] "非所论"二句：王国维自沉后，对其死因众说纷纭，或说缘于罗振玉的恩怨，或说为溥仪小朝廷殉节。本文就是针对这些议论而写的。

[7] 真宰：天为万物的主宰，故称真宰。《庄子·齐物论》："必有真宰，而特不得其朕。"杜甫《遣兴》之一："吞声勿复道，真宰意茫茫。"

[8] 三光：日、月、星。《庄子·说剑》："上法圆天，以顺三光。"又以日、月、五星合称三光。《史记·天官书》："衡，太微，三光之廷。"

陈寅恪（1890—1969），江西修水人，历史学家。早年留学日本、西欧，后又到美国和德国研究梵文。1926年回国后，先后任清华大学、西南联合大学、岭南大学、中山大学等校教授，中央研究院院士，中国科学院哲学社会科学学部委员，中央文史馆副馆长等职。主要著作有《隋唐制度渊源略论稿》《唐代政治史述论稿》《元白诗笺证稿》《寒柳堂集》《金明馆丛稿初编》《金明馆丛稿二编》《柳如是别传》等。其思想学术对现代中国有重大影响。

陈寅恪

清华大学王观堂先生纪念碑铭

导读

本文高度概括了王国维先生的文化人格，同时也是陈寅恪先生思想的集中表达。

王国维之死，是现代中国一个具有深远影响的文化历史事件。关于王国维先生自沉原因的分析探讨，自他辞世之日起，即有多种不同意见：或云殉情，或云与罗振玉发生矛盾，或云受叔本华哲学影响，厌世而去，或云担心受北伐革命军侮辱而死，不一而足。陈先生则认为王国维之死是为殉行将毁灭的中国传统文化。此一公案，时至今日，仍未有最后定论。但文化界多以为陈先生意见最中肯。

碑铭为中国古老文体之一种，历代均有佳作。曹丕在《典论·论文》中说："铭诔尚实，诗赋欲丽。"陆机在《文赋》中区别不同文体特征时认为："碑披文以相质，诔缠绵而凄怆，铭博约而温润。"则质实、博约、温润是碑铭文字的根本特点。按照加拿大传播学家哈罗德·伊尼斯（1894—1952）的理论，"碑铭"属于"占有时间"的媒介文体，力求时间传播的久远，而相对忽视空间的占有。陈氏这篇碑铭，典型地体现了石质媒介的文体特征：1. 主词突出；2. 讲究修辞；3. 叙、论、辩结合。现代以来，随着文言文的被弃用，碑铭此一文体不常用，优秀碑铭亦不多见。中国人最熟悉的或许是天安门广场人民英雄纪念碑上的碑文。陈寅恪先生此篇碑文，以其标举独立之精神，自由之思想，而成为现代思想文化史上的经典之作。全文不计标点仅253字，说明了立碑之原由，为学之目的，王国维自沉之动机，他的根本价值之所在，以及对他的高度评价和赞颂，既质且实，博而能约。至于作者情感之深沉，信念之坚定，态度之鲜明，则又非温润一语所能道尽也。

王观堂先生纪念碑，现仍立于清华园松荫之下，是现代学术文化的重要体现。

王国维遗嘱

思考与讨论

1. 你如何评价王国维的自杀？如何看待自杀这一社会现象？
2. 碑文一般是歌功颂德的，而且讲究"为尊者讳""为逝者讳"，本文却有"先生之著述，或有时而不章。先生之学说，或有时而可商"的说法，你认为合乎情理吗？理由是什么？
3. 本文的当代意义何在？

平行阅读

作者于静安先生之死的文化义涵，三致意焉。

挽王静安先生

陈寅恪

敢将私谊哭斯人，文化神州丧一身。越甲未应公独耻，湘累宁与俗同尘。吾侪所学关天意，并世相知妒道真。赢得大清干净水，年年呜咽说灵均。

选自《寒柳堂集》（附录《寅恪先生诗存》），上海古籍出版社1982年版

清华大学王观堂先生纪念碑铭

士之读书治学盖将以脱心志于俗谛之桎梏真理因得以发扬右录陈寅恪先生清华大学王观堂先生纪念碑铭

岁甲申大雪江东十翼范曾

范曾画陈寅恪像

> 20世纪30—40年代，是探讨中国现代大学教育宗旨和制度建设的盛期，尤以此篇文章引发的震动为甚，时人和后人均以"轰动一时""掀起轩然大波"形容之，可见其观点鲜明，眼光独到，批评犀利，切中要害。

专家与通人

雷海宗

聚焦
● 历久弥新的大学教育问题：培养何种人才？
● 每个学子都会遇到的选择：如何自我设计？

专家是近年来的一个流行名词，凡受高等教育的人都希望能成专家。专家的时髦性可说是今日学术界的最大流弊。学问分门别类，除因人的精力有限之外，乃是为求研究的便利，并非说各门之间真有深渊相隔。学问全境就是一种对于宇宙人生全境的探索与追求，各门各科不过是由各种不同的方向与立场去研究全部的宇宙人生而已。政治学由政治活动方面去观察人类的全部生活，经济学由经济活动方面去观察人类的全部生活。但人生是整个的，支离破碎之后就不是真正的人生。为研究的便利，不妨分工；但我们若欲求得彻底的智慧，就必须旁通本门以外的知识。各种自然科学对于宇宙的分析，也只有方法与立场的不同，对象都是同一的大自然界。在自然科学的发展史上，凡是有划时代的贡献的人，没有一个是死抱一隅之见的人。如牛顿或达尔文，不只精通物理学或生物学，他们各对当时的一切学术都有兴趣，都有运用自如的理解力。他们虽无哲学家之名，却有哲学家之实。他们是专家，但又超过专家；他们是通人。这一点总是为今日的一些专家或希望作专家的人所忽略。

假定某人为考据专家，对某科的某一部分都能详述原委，作一篇考证文字，足注能超出正文两三倍；但对今日政治经济社会的局面完全隔阂，或只有幼稚的观感，对今日科学界的大概情形一概不知，对于历史文化的整个发展丝毫不感兴趣。这样一个人，只能称为考据匠，若恭维一句，也不过是"专家"而已。又如一个科学家，终日在实验室与仪器及实验品为伍，此外不知尚有世界。这样一个人，可被社会崇拜为大科学家，但实际并非一个全人，他的精神上之残废就与身体上之足跛耳聋没有多少分别。

再进一步。今日学术的专门化，并不限于科门之间，一科之内往往又分化为许多细目，各有专家。例如一个普通所谓历史专家，必须为经济史专家，或汉史专家，甚或某一时代的经济史专家，或汉代某一小段的专家。太专之后，不只对史学以外的学问不感兴味，即对所专以外的史学部分也渐疏远，甚至不能了解。此种人或可称为历史专家，但不能算为历史家。片段的研究无论如何重要，对历史若真欲明了，却非注意全局不可。

今日学术界所忘记的，就是一个人除作专家外，也要作"人"，并且必须作"人"。一个十足的人，在一般生活上讲，是"全人"，由学术的立场讲，是"通人"。我们时常见到喜欢说话的专家，会发出非常幼稚的议论。这就是因为他们只是专家，而不是通人，一离本门，立刻就要迷路。他们对于所专的科目在全部学术中所占的地位完全不知，所以除所专的范围外，若一发言，不是幼稚，就是隔膜。

学术界太专的趋势与高等教育制度有密切的关系。今日大学各系的课程，为求"专精"与"研究"的美名，舍本逐末，基本的课程不是根本不设，就是敷衍塞责，而外国大学研究院的大部课程在我们只有本科的大学内反倒都可以找到。学生对本门已感应接不暇，当然难以再求旁通。一般的学生，因根基的太狭太薄，真正的精通既谈不到，广泛的博通又无从求得；结果各大学每年只送出一批一批半生不熟的智识青年，既不能作深刻的专门研究，又不能正当地应付复杂的人生。近年来教育当局与大学教师，无论如何地善于自辩自解，对此实难辞咎。抗战期间，各部门都感到人才的缺乏。我们所缺乏的人才，主要的不在量，而在质。雕虫小技的人才并不算少。但无论做学问，或是做事业，所需要的都是眼光远大的人才。

凡人年到三十，人格就已固定，难望再有彻底的变化，要做学问，二十岁前后是最重要的关键，这正是大学生的在校时期。品格、风趣、嗜好，大半要在此时来做最后的决定。此时若对学问兴趣立下广泛的基础，将来的工作无论如何专精，也不至于害精神偏枯病。若在大学期间，就造成一个眼光短浅的学究，将来若要再作由专而博的功夫，其难真是有如登天。今日各种的学术都过于复杂深奥，无人能再望做一个活的百科全书的亚里士多德。但对一门精通一切，对各门略知梗概，仍当是学者的最高理想。二十世纪为人类有史以来最复杂最有趣的时代，今日求知的时会也可谓空前；生今之世，而甘作井底之蛙，岂不冤枉可惜？因为人力之有限，每人或者不免要各据一井去活动，但我们不妨时常爬出井外，去领略一下全部天空的伟大！

（最初发表于1940年2月4日《大公报》重庆版）

选自《大学精神》，杨东平编，辽海出版社2000年版

专家与通人

雷海宗（1902—1962），字伯伦，河北永清人。著名历史学家、教育家。1927年获美国芝加哥大学哲学博士学位，归国后历任中央大学、武汉大学、清华大学、西南联合大学、南开大学等校历史学教授及系主任、代理文学院长等职。有《中国文化与中国的兵》《历史的形态和例证》《中国通史选读》等著作。

雷海宗

导读

这是一篇谈论治学上的"专"与"通"关系的短文，同时也是一篇谈论治学与人生关系的大文章——蕴含着大的思想容量。

文章抨击了当日学术界崇尚专家之弊，于是拈出"通人"一义，将人生与学术打通。所谓"通人"，不但在专业以外注意学问全境，旁通本门以外的知识，是学问上的"通人"，在生活上，则更应是"全人"。作者所论直指问题的核心，实乃见道之言。而"精神偏枯病"的提出，也是一语中的。

为造就"通人"，关键在力倡"通才教育"。雷文发表的次年，原清华校长梅贻琦发表著名的《大学一解》文，也明确指出："大学期内，通专应兼顾，而重心所寄，应在通而不在专，换言之，即须一反目前重视专科之倾向。"与雷海宗后先呼应。

作者当年指出的教育的弊病，不幸在相当长的时间里不仅未能改正，反而愈演愈烈，直到20世纪90年代中期才为人们所警觉，因而有了"素质教育"的提倡。实际上，从马克思的时代，已经把人的全面发展当作社会进步的主要指标，可惜无论是民众还是主其事者，往往急于眼前的功利，而忽视了根本性目标。正是因社会的强大的功利性压力和体制方面的原因，求学与治学者往往忘其根本，难脱眼界狭窄、专而不通之弊，进而导致精神偏枯，人生亦复支离破碎——本文所论不但解惑启蒙，而且切中时弊。

大学的宗旨，始终应是培养身心俱足、健康发展的全人，通识教育、全面教育、通人教育、全人教育，自应是大学教育追求的目标。此文最后一语，饱含激励之慨，表露了作者的拳拳之心。今天学子读之，难于撼动体制巨厦，则首当反求诸己——求为学术上的"通人"与生活上的"全人"。

有人形容作者为"其声如雷，其学如海，史学之宗"。作者既有西方学术的严格训练，又具深厚的国学根底，其文立论正大，说理充分，逻辑严密，遣词运句言简而意赅。

161

思考与讨论

1. 何谓"通人"？就你所研习的学科，举出三两位学者来例证之。
2. 学术上的"通人"与生活上的"全人"是怎样的关系？如何不害"精神偏枯病"？
3. 就你个人来说，如何摆脱专业课程的局限，"去领略一下全部天空的伟大"？
4. 随着知识大爆炸，"通"是否还有可能？今天可能有的"通"应是怎样的？

平行阅读

此文既写雷氏，所论亦与雷文宗旨相同——雷海宗本人即是"通人"。相互参读，可有三重收获。

中西史学一通人
—— 读雷海宗《西洋文化史纲要》有感

陈乐民

最近在我的书桌上摆着上海古籍出版社策划的"蓬莱阁丛书"中之一种——雷海宗撰《西洋文化史纲要》。翻阅之余产生了一些感想。

雷海宗这个名字，有好几十年极少有人提起了，现在的中青年人更少知道他。在1952年"院系调整"以前的清华园，雷海宗在学生中是与潘光旦、梁思成、陈岱孙、冯友兰等等许多教授齐名的。当年我非要上清华大学不可，主要就是因为清华园里有这些受人推重的学者。梅贻琦的名言——"所谓大学者，非谓有大楼之谓也，有大师之谓也。"——今天已是人们耳熟能详了。雷海宗便是梅先生所说的那样的"大师"。

"院系调整"后，清华文科名师当然都"分流"到其他高校和中科院哲学社会科学部去了；大部分到了北京大学；雷先生则被调到天津南开大学历史系，这是南开大学的幸运。不过几年后，雷先生也和许许多多的老学人一样被打成了右派。后来摘了帽子，没几年，雷先生就辞世了。他没有赶上"文革"，否则也难逃此劫。

这份《西洋文化史纲要》是雷先生在20世纪30年代在武汉大学的讲课提纲，当时正是武大的鼎盛时期，名师如云。这可不是一般的讲课提纲。它有纲有目，纲举目张，每纲每目的下面都缀上一句画龙点睛的话。有些历史基础的人，一看眼前就自然而然地会出现一幅生动的西洋历史长卷。我没有听过雷先生的课，据为这本书写"导读"的王敦书先生说，有人形容雷先生是"其声如雷，其学如海，史学之宗"。看了这份"纲要"，竟使我感觉到，雷先生就在眼前讲课。

这份七十年前的讲课"纲要"把西洋文化史分为酝酿时期，封建时代的盛期和末期，旧制度时代和欧美文明时代。这种分期法与习惯的希腊罗马时期—中世纪时期—近代时期……有所不同，更加凸显了文化和社会的变化。雷先生在"封建时代"之后添了一个"旧制度时代"，而不是从封建时代一下子跳进近代，这是因为在文艺复兴、宗教革命以后，欧洲大陆确实出现了一段"君主专制国家之兴起"的时期；然而也正是在这一段时期（相当于十七、十八世纪），"新科学之初兴""新哲学之初兴""新文学之初兴"同时登上了西洋的历史舞台，这是时代的悖论，也是向新时代的召唤，表明"旧制度时代"注定要被新的文明时代所取代。

雷先生在"旧制度时代"之后径直进入西洋文化的"欧美文明时代"（1815年后）从而完成了雷先生的西洋文化史的完整体系。特别引起我注意的是，最后一章"西洋文化之新局面与新趋向"的最后一节是这样写的："全世界各民族文化之大转机，（A）西洋文化势力之普及全世——势力且将日增；（B）西洋文化命运与人类命运之打成一片。"（原无标点，标点是我加的）雷先生在70年前已经触及了"全球化"的问题。

很可惜，这只是一份讲课的"纲要"，并不是讲稿本身。听上过雷先生的课的人说，雷先生是不照本宣科的，上得讲堂，先把从何年到何年，相当于中国的何朝何代写在黑板上，然后就开讲。因此没有写出的讲稿传世。但就只这本"纲要"，印成书已近四百页，而且才气四溢。

雷先生是兼通中西的，他在教西洋史的同时还开过中国古代史，如先秦史、秦汉史等课。那个时代的学者，都是学兼中西的，即使是理工科的教授也都有相当坚实的文史科学养。中国的近代教育本来是重视"通才教育"（liberaleduation）的，但是近半个多世纪以来发生了变化。单就史学而论，分科即相当的刻板，治中国史的，粗知世界史已不错了；治西洋史而懂中国史的，可以说几乎是凤毛麟角。而在世界史一科，又细分为国别史，几乎互不相涉。近来更有一种现象，蜂拥般地投向"美国史"，并且无论有无主客观条件，都去弄"中美关系"，这从一些高校史学系的博士、硕士论文的题目中可窥见这种畸形现象的漫延。我想，原因固然很多，但原因之一可能也是长期以来忽视"通识教育"、分科过细、泾水不犯渭水、急功近利、追逐"热门"的一个结果。好比一个口腔医生，只会看"门牙"，不会看"槽牙"，你以为这位牙医是称职的么？这是事关教育的另一问题，此处不赘。不久前看到钱伟长先生答《光明日报》记者问，他主张拆掉某些科系之间的"墙"。我非常拥护。

在西洋史中，中世纪是头绪最多、最难梳理的，但它却是近代资本主义诞生的"前提"史期。我个人对之倾心久矣，以为那是一段非常引人入胜的长时期；欲在深层理解近代，那是不可绕过的。但我"眼高手低"，力不能胜，只能"述而不作"而已。西方史学界也把中世纪当作一门"攻坚性"的学问，足见其难。雷先生负笈域外，实际上综合了西方学术界当时最新成果而出以己意，他的讲授"纲要"用了很大的篇幅讲他称之为欧西"封建时代"从"盛期"到"末期"的中世纪。其眼界涉及这个长达十个世纪之久的政治文化、经济生活、农业和工商业、基督教教会和文明、"神道学与书院哲学"（今所谓神学和经院哲学）、科学与教育、市民社会之诞生等等的演变，条分缕析，眉目昭然。如果有幸亲临雷先生设帐，一定会觉得那就相当于一部欧洲中世纪的"百科全书"。

雷海宗先生执教鞭几十年，虽少有专著，但论文甚丰，广涉中西文史诸科。朱自清先生《诗言志辨》在论及先秦时期的"外交赋诗"时，特引用了雷先生在《古代中国的外交》一文中的一段话。这段话把鲁文公十三年郑、晋、鲁、楚诸国国君以赋诗为媒介相互应答的情景，写得简洁而又生动，可证雷先生的史学造诣是有着深厚而纯熟的国学根底的。他的讲课，如当时有人笔录（这样的人如健在也有七八十岁了），加以校核整理，定是史学中的一本经典。我还想，如果有哪家出版社把雷先生的论文汇集起来，包括讲课笔录（如果有的话），辑印成书，亦当是一件嘉惠后学的善举。

选自《博览群书》2002年第5期，略有校订

> 胡适与大学生，是个说不完的话题。而从20世纪30年代直到60年代去世，胡适多次向他关心的莘莘学子推荐三个"防身的锦囊"，也称"三种防身的药方""防身药方的三味药"。其中自有奥妙。

赠与今年的大学毕业生

胡 适

聚焦：大学生走上社会的『防身锦囊』
谆谆之嘱，拳拳之心

这一两个星期里，各地的大学都有毕业的班次，都有很多的毕业生离开学校去开始他们的成人事业。学生的生活是一种享有特殊优待的生活，不妨幼稚一点，不妨吵吵闹闹，社会都能纵容他们，不肯严格地要他们负行为的责任。现在他们要撑起自己的肩膀来挑他们自己的担子了。在这个国难最紧急的年头，他们的担子真不轻！我们祝他们的成功，同时也不忍不依据我们自己的经验，赠与他们几句送行的赠言，——虽未必是救命毫毛，也许作个防身的锦囊罢！

你们毕业之后，可走的路不出这几条：绝少数的人还可在国内或国外的研究院继续作学术研究；少数的人可以寻着相当的职业；此外还有做官，办党，革命三条路；此外就是在家享福或者失业闲居了。第一条继续求学之路，我们可以不讨论。走其余几条路的人，都不能没有堕落的危险。堕落的方式很多，总括起来，约有这两大类：

第一是容易抛弃学生时代的求知识的欲望。你们到了实际社会里，往往所用非所学，往往所学全无用处，往往可以完全用不着学问，而一样可以胡乱混饭吃，混官做。在这种环境里，即使向来抱有求知识学问的决心的人，也不免心灰意懒，把求知的欲望渐渐冷淡下去。况且学问是要有相当的设备的，书籍，试验室，师友的切磋指导，闲暇的工夫，都不是一个平常要糊口养家的人所能容易办到的。没有做学问的环境，又谁能怪我们抛弃学问呢？

第二是容易抛弃学生时代的理想的人生的追求。少年人初次与冷酷的社会接触，容易感觉理想与事实相去太远，容易发生悲观和失望。多年怀抱的人生理想，改造的热诚，奋斗的勇气，到此时候，好像全不是那么一回事，渺小的个人在那强烈的社会炉火里，往往经不起长时期的烤炼就熔化了，一点高尚的理想不久就幻灭了。抱着改造社会的梦想而来，往往是弃甲曳兵而走，或者做了恶势力的俘虏。你在那俘虏牢狱里，回想那少年气壮时代的种种理想主义，好像都成了自误误人的迷梦！从此以后，你就甘心放弃理想人生的追求，甘心做现成社会的顺民了。

要防御这两方面的堕落，一面要保持我们求知识的欲望，一面要保持我们对于理想人生的追求。有什么好法子呢？依我个人的观察和经验，==有三种防身的药方是值得一试的==。

第一个方子只有一句话：=="总得时时寻一两个值得研究的问题！"== 问题是知识学问的老祖宗；古往今来一切知识的产生与积聚，都是因为要解答问题，——要解答实用上的困难或理论上的疑难。所谓"为知识而求知识"，其实也只是一种好奇心追求某种问题的解答，不过因为那种问题的性质不必是直接应用的，人们就觉得这是"无所为"的求知了。我们出学校之后，离开了做学问的环境，如果没有一个两个值得解答的疑难问题在脑子里盘旋，就很难继续保持追求学问的热心。可是，如果你有了一个真有趣的问题天天逗你去想他，天天引诱你去解决他，天天对你挑衅笑你无可奈何他，——这时候，你就会同恋爱一个女子发了疯一样，坐也坐不下，睡也睡不安，没工夫也得偷出工夫去陪她，没钱也得撙衣节食去巴结她。没有书，你自会变卖家私去买书；没有仪器，你自会典押衣服去置办仪器；没有师友，你自会不远千里去寻师访友。你只要能时时有疑难问题来逼你用脑子，你自然会保持发展你对学问的兴趣，即使在最贫乏的智识环境中，你也会慢慢地聚起一个小图书馆来，或者设置起一所小试验室来。所以我说：第一要寻问题。==脑子里没有问题之日，就是你的智识生活寿终正寝之时！==古人说："待文王而兴者，凡民也。若夫豪杰之士，虽无文王犹兴。"试想葛理略（Galileo）和牛敦（Newton）有多少藏书？有多少仪器？他们不过是有问题而已。

胡适应邀到美国普渡大学讲演

赠与今年的大学毕业生

适之先生造像
岁甲申江东十翼 范曾

范曾画胡适像

有了问题而后，他们自会造出仪器来解答他们的问题。没有问题的人们，关在图书馆里也不会用书，锁在试验室里也不会有什么发现。

第二个方子也只有一句话："总得多发展一点非职业的兴趣。"离开学校之后，大家总得寻个吃饭的职业。可是你寻得的职业未必就是你所学的，或者未必是你所心喜的，或者是你所学而实在和你的性情不相近的。在这种状况之下，工作就往往成了苦工，就不感兴趣了。为糊口而作那种非"性之所近而力之所能勉"的工作，就很难保持求知的兴趣和生活的理想主义。最好的救济方法只有多多发展职业以外的正当兴趣与活动。一个人应该有他的职业，又应该有他的非职业的顽艺儿，可以叫做业余活动。凡一个人用他的闲暇来做的事业，都是他的业余活动。往往他的业余活动比他的职业还更重要，因为一个人的前程往往全靠他怎样用他的闲暇时间。他用他的闲暇来打麻将，他就成了赌徒；你用你的闲暇来做社会服务，你也许成个社会改革者；或者你用你的闲暇去研究历史，你也许成个史学家。你的闲暇往往定你的终身。英国十九世纪的两个哲人，弥儿（J.S.Mill）终身做东印度公司的秘书，然而他的业余工作使他在哲学上，经济学上，政治思想史上都占一个很高的位置；斯宾塞（Spencer）是一个测量工程师，然而他的业余工作使他成为前世纪晚期世界思想界的一个重镇。古来成大学问的人，几乎没有一个不是善用他的闲暇时间的。特别在这个组织不健全的中国社会，职业不容易适合我们性情，我们要想生活不苦痛或不堕落，只有多方发展业余的兴趣，使我们的精神有所寄托，使我们的剩余精力有所施展。有了这种心爱的顽艺儿，你就做六个钟头的抹桌子工夫也不会感觉烦闷了，因为你知道，抹了六点钟的桌子之后，你可以回家去做你的化学研究，或画完你的大幅山水，或写你的小说戏曲，或继续你的历史考据，或做你的社会改革事业。你有了这种称心如意的活动，生活就不枯寂了，精神也就不会烦闷了。

第三个方子也只有一句话："你总得有一点信心。"我们生当这个不幸的时代，眼中所见，耳中所闻，无非是叫我们悲观失望的。特别是在这个年头毕业的你们，眼见自己的国家民族沉沦到这步田地，眼看世界只是强权的世界，望极天边好像看不见一线的光明，——在这个年头不发狂自杀，已算是万幸了，怎么还能够希望保持一点内心的镇定和理想的信任呢？我要对你们说：这时候正是我们要培养我们的信心的时候！只要我们有信心，我们还有救。古人说："信心（Faith）可以移山。"又说："只要工夫深，生铁磨成绣花针。"你不信吗？当拿破仑的军队征服普鲁士占据柏林的时候，有一位穷教授叫做菲希特（Fichte）的，天天在讲堂上劝他的国人要有信心，要信仰他们的民族是有世界的特殊使命的，是必定要复兴的。菲希特死的时候（1814年），谁也不能预料德意志统一帝国何时可以实现。然而不满五十年，新的统一的德意志帝国居然实现了。

一个国家的强弱盛衰，都不是偶然的，都不能逃出因果的铁律。我们今日所受的苦痛和耻辱，都只是过去种种恶因种下的恶果。我们要收将来的善果，必须努力种现在的新因。一粒一粒的种，必有满仓满屋的收成，这是我们今日应该有的信心。

我们要深信：今日的失败，都由于过去的不努力。

我们要深信：今日的努力，必定有将来的大收成。

佛典里有一句话："福不唐捐。"唐捐就是白白地丢了。我们也应该说："功不唐捐！"没有一点努力是会白白地丢了的。在我们看不见想不到的时候，在我们看不见想不到的方向，你瞧！你下的种子早已生根发叶开花结果了！

你不信吗？法国被普鲁士打败之后，割了两省地，赔了五十万万法郎的赔款。这时候有一位刻苦的科学家巴斯德（Pasteur）终日埋头在他的试验室里做他的化学试验和微菌学研究。他是一个最爱国的人，然而他深信只有科学可以救国。他用一生的精力证明了三个科学问题：（1）每一种发酵作用都是由于一种微菌的发展；（2）每一种传染病都是由于一种微菌在生物体中的发展；（3）传染病的微菌，在特殊的培养之下，可以减轻毒力，使它从病菌变成防病的药苗。——这三个问题，在表面上似乎都和救国大事业没有多大的关系。然而从第一个问题的证明，巴斯德定出做醋酿酒的新法，使全国的酒醋业每年减除极大的损失。从第二个问题的证明，巴斯德教全国的蚕丝业怎样选种防病，教全国的畜牧农家怎样防止牛羊瘟疫，又教全世界的医学界怎样注重消毒以减除外科手术的死亡率。从第三个问题的证明，巴斯德发明了牲畜的脾热瘟的疗治药苗，每年替法国农家灭除了二千万法郎的大损失；又发明了疯狗咬毒的治疗法，救济了无数的生命。所以英国的科学家赫胥黎（Huxley）在皇家学会里称颂巴斯德的功绩道："法国给了德国五十万万法郎的赔款，巴斯德先生一个人研究科学的成绩足够还清这一笔赔款了。"

巴斯德对于科学有绝大的信心，所以他在国家蒙奇辱大难的时候，终不肯抛弃他的显微镜与试验室。他绝不想他的显微镜底下能偿还五十万万法郎的赔款，然而在他看不见想不到的时候，他已收获了科学救国的奇迹了。

朋友们，在你最悲观最失望的时候，那正是你必须鼓起坚强的信心的时候。你要深信：天下没有白费的努力。成功不必在我，而功力必不唐捐。

二十一，六，二十七夜
选自《胡适全集》第4卷，安徽教育出版社2004年版

胡适（1891—1962），字适之，安徽绩溪人。著名文学家、学者、教育家、社会活动家。早年赴美，就读于康奈尔大学和哥伦比亚大学。1917年回国，在新文化运动中风云一时。曾任北京大学教授（1917）、文学院长（1930）、校长（1946），台湾"中央研究院"院长（1957）等。其著作辑有《胡适文集》《胡适全集》等。

赠与今年的大学毕业生

导读

本文是胡适于1932年6月写给即将走上社会的大学毕业生的。初载于1932年7月3日《独立评论》第7号，后收入《胡适文存四集》。

不是一般的赠言，不是含混的祝福，不是空泛的嘱咐，作者自负得很——"虽未必是救命毫毛，也许作个防身的锦囊罢！"岂可等闲待之！

文章首先指出，毕业生们，无论走哪条就业之路，都不能没有堕落的危险。"堕落"，作者说得很重，却不是危言耸听。在作者看来，学生离开学校，设若抛弃学生时代的求知识的欲望，或者抛弃学生时代的理想的人生的追求，成为庸人、顺民，就是堕落。因为大学生是社会栋梁，国家中坚，民族希望，文化的承传者，对己身的要求必须有所不同。这一段可称当头棒喝，不由人不对下面所谈之"救命的药方"心存期冀。

为防御"两方面的堕落"，胡适开出了"三种防身的药方""防身的锦囊"，那就是：一、"总得时时寻一两个值得研究的问题"，二、"总得多发展一点非职业的兴趣"，三、"总得有一点信心"。两年后，又到学生毕业时，又要给学生赠言，作者"心里要说的话，想来想去，还只是这三句话：要寻问题，要培养业余兴趣，要有信心"。直到1960年，他送给毕业生的，仍然是这个"防身药方的三味药"："问题丹""兴趣散""信心汤"。可谓苦口婆心，不厌其烦，谆谆嘱咐，语重心长。

应当说，每个人毕业后的境遇和机缘各有不同，不见得都能完满实现上述三个理想。但预先服下这"三味药"，打了这类预防针，时时心存此念，自会终身受益。

本文虽非演讲的记录，但是一篇拟写的演讲稿。作者以师长身份面对学子，却毫无盛气凌人之气，而是口气平和，字里行间蕴藏着诚恳与真情，使人感动。而这也正是为文的根本。

思考与讨论

1. 面对今天的实际，你认为胡适的这三条还有坚持的必要与可能吗？
2. 反躬自问：我们在大学求学时代，"求知识的欲望"和"理想的人生的追求"是否足够强烈？
3. 本文带有励志色彩，但没有特别强烈的语气，你认为这样写好吗？是否缺乏打动人心的力量？

平行阅读

另一位著名校长的演讲。虽角度不同，其所述三点，何尝不也是三剂良药？

大学毕业生应有的认识与努力

竺可桢

日　记

1938年6月26日　江西泰和

八点至新村肖氏宗祠举行浙大第十一届毕业典礼。八点半开会，行礼如仪，首由余致辞，余述三点：（一）大学生入社会后，在此国难时期应人人负起责任，使中华民族成为不可灭亡的民族；（二）目前学校缺点在于只传授知识，而不注意智慧，不能使人深思，以后毕业生应能慎思明辨，俾能日日新、又日新，以发扬而光大之；（三）在社会服务，不求地位之高，薪水之优，而在于努力去干，只要所干之事是吾人分内应做之事。

讲 演 词

诸位同学，今天是本校举行第十一届毕业典礼，正值倭寇猖獗万方多难的时候，诸位毕业生初入社会，就遇到国难，因此诸位的责任，就格外的重大。我们晓得范文正公为秀才时，即以天下为己任。现在诸位离校以后，每个人也应该以使中华民族成为一个不能灭亡与不可灭亡之民族为职志。目前虽然敌人炮火飞机连续地天天轰炸，我们前方将士们仍能奋勇杀敌，前仆后继。这种精神，就是我们民族的新精神，这种精神是铁血铸成的。从前战国的时候，秦国是有名强暴的国家，他把韩、赵、魏、齐、楚、燕一个一个地并吞。当时有句童谣，叫"楚虽三户，亡秦必楚"。据《史记》太史公的解释，以为秦灭六国，楚最无罪，怀王入关，为秦所杀，楚人哀之，故亡秦必楚。这话是不对的，国之兴亡不能以其君主之如何被杀来断定的。楚之所以能复兴，乃是因为当时楚之民族奋发有为，自强不息有以促成之。只要看当时，几个伟大人物如汉高祖、楚霸王、韩信统是楚人，巨鹿之战，各国诸侯兵皆作壁上观，惟有抱破釜沉舟之楚兵，始能以一当十，击败秦人。这都是表示楚之民族是可有作为的民族，不是一个堕落的民族。最近德意志虽然欧战败绩，而不出二十年，一跃而成为欧洲的盟主，亦并不是希特勒一人之功，乃是德意志民族刚毅不屈的精神。所以中华民族只要能自强不息，奋发有为，日本虽如何强暴，如何诡计多端，亦徒见其心劳日拙，而不能成功。我希望诸位到社会做事，能够把这自强不息、奋发有为的精神，传播于各村乡、各城市、各机关去。

其次，诸位在校四年，所得于学校及诸位老师之益不少，但同时不可以不知中国现行学校制度之缺点与优点，而对于缺点尤其应知道。惟知道缺点方能谋补救之方。许多人常以学校培植学生和工厂制造物品相比，毕业生没有出路好像是工厂出品无处可销。这比喻有很重要的一点根本不合。工厂出货无论是一部汽车、一只表，或是一个铁钉，总是出厂的时候最适用。等到旧了，表会停、汽车会抛锚、铁钉会生锈。毕业学生，可不能一离校就天天腐化下去。他必得在学校的时候，已经有一种内在力，使其出校门后能利用其思想以增加知识经验，锻炼身体品性，使学问道德又日新日日新。有若干教育家以为现代的学校，是教而不育，即是专重知识的传授而缺乏道德的修养。因此也就有许多人赞成恢复从前的书院制度。但即以智育一端，现行制度亦有重大缺点，即专重知识的传授而不注重训练智慧，过重于用授课方法来灌输各国学者已发明的事实，而对于思想的训练方面全未顾及。《中庸》有云：博学之，审问之，慎思之，明辨之，笃行之。宋程伊川说道：为学之道，五者缺一不可。但实际现在大学能行到博学审问已经算好的了。现在各大学统以读满多少学分即算毕业，这种制度的弊端到了极点，变成了北京填鸭式的教育。孔子教人不愤不启，不悱不发。程子解说道：学者须是深思，思而不得然后为他说便好。伊川大弟子尹彦明（焞）见伊川半年，方得《大学》和《西铭》看。这好像新生到校第一学期，不叫他上课，先看其人志趣如何，到第二学期方给他两本书看。有人问朱子此意如何？朱子答道也是叫他自就切己处思量。在杜威所著的《我们如何思考》讲到如何能使学生接受各种知识而不囫囵吞枣地咽下去。他的第一个条件是教师所供给的材料必是学生所期望而切实有需要的，第二是能有刺激性而使学生觉得尚有改进之可能的。若是老师铺陈事实时使学生得一印象，以为这个问题已经许多学者的研究，已如《吕氏春秋》一字不得增减时，其结果学生但可接受而无自动思想之能力。所以程子说学者要先会疑，他又说学源于思。二十年前有一次哈佛大学校长罗威尔召集一年级学生讲话，他说你们不要过信老师所讲的话，以为金科玉律不能变动的。这话初听很足惊异，但其实理由是很明显的。以物理学而论，四五十年前当凯尔文最有权威的时候，那时物理学家以为所有物理学上重要的学理已经发挥无余，但不久居里镭的发明、伦琴X光的发明，使物理学上思想大起变化。从前所谓能量不灭、物理不变诸定律，到现在统须加以重新估计了。所以现在我们教科书上有许多定律，安晓得二三十年以后，不被推翻吗？

中国古代虽无近世的实验科学，但是南宋理学家的思想，却是很科学的。近世科学均推培根为鼻祖，培根距今不过三百年。他和明朝徐光启是同时，小徐光启一岁，世人推他为科学鼻祖，是因为他是第一个提倡归纳法，同时注重实验。程子的格物致知，实在也是归纳法。如他问，或问格物须物物格之，还只格一物而万理皆知，答曰：怎得便为贯通，须是今日格一件，明日格一件，积习既多，然后恍然自有贯通处；又道：一草一木皆有理，须是察。这所讲就是归纳法。察就是观测。所谓归纳法也者，无非从许多观测的事物，寻求一个公共原则，是为定律。定律既定，然后由定律以推同样事情的归宿，是为演绎法，如欧几里德几何定律的推演即是。或问程子曰如何是近思，他答道以类而推，就是演绎法。宋代程朱之学确有科学见地。朱子对于进化论、对于化石、对于雷雨的解释，与近代科学的解释甚相吻合，但是所差有一点，就是并无所谓实验。据杜威说：实验者乃是依据一种理论而设计之观测，近世科学以实验为最要之工具。王阳明嘲笑朱子的致知格物，说他照朱子办法，坐在竹子旁边去格竹子的物，结果坐了七天，人几乎病倒了而不能格得一个道理出来，这就是因为不知实验的缘故。广东岭南大学的植物教授米克鲁尔，他花了十几年工夫，把世界所有竹子五百几十种，统种在岭南植物园里，天天观测，数年以后，竹子的性质统被他弄明白了，这才配称格竹子的物。所以实验是近世科学的特长，为中国所无的。至于科学方法即是归纳法与演绎法，以及学者之须善疑、之须深思，则程朱既已倡之于千年以前矣。七八年前国际联盟派了几位教育专家，法国的郎之万、英国的托尼、德国的贝克尔和波兰的法尔斯等来华考察教育，回欧以后，出了一个报告：《国际联盟考察中国教育专家团报告》。其中，有一句话很值得我们的注意的。他们说中国一般人士以为欧美的文明，是受近代科学发达之赐，所以中国只要应用欧美的科学技术，就立刻会把中国跻于欧美文明的水平线上。这种观念是错误的。欧美的科学技术，并不能产生现代欧美文明，倒是欧美人的头脑，才能产生近代科学。换而言之，若是一般国人无科学头脑，则虽满街引擎，遍地电气，科学还是不能发达，好像沙漠里虽移植新鲜茁壮的果树，其萎谢可立而待。我们用许多金钱去买飞机、无线电、电机引擎到一个没有科学头脑的国家，正好像移植果树到沙漠而希望其蕃生。我们一般人的无头脑，可以从一般人的轻信和盲从看出来。民国二十年，山东乡人梁作友冒称富翁，欲捐巨款与政府，一时社会人士多以上宾相看待；一·二八事变日本白川大将被击死的谣言，更轰动一时，甚至各地结队游行，放炮庆祝。到了去年卢沟桥事件发生，神圣抗战开始，各种无稽的谣言更是层出不穷。一般没有受过教育的人们的一味盲从，尚无足怪，所可痛恨者，就是许多受过高等教育自命为知识阶级的人们也毫无常识地一唱百和，这是中华民族前途最危险的一桩事。推究原因，大学里重传授知识而不训练知识是重要的一个。诸位毕业离校以后，若要发扬光大你们的学问道德，必得能深思、能善疑，利用实验方法来解决问题，要晓得天下事不进则退，不能发扬光大就是腐化。

最后，诸位毕业以后，就得寻一个职业，在这国难严重的时候，许多工厂学校已被毁于敌人炮火之下，机会比平时尤难。望诸位就事，不求地位之高，不谋报酬之厚，不惮地方的辽远和困苦，凡是吾人分内所应该做的事就得去做。新毕业的人，一进社会，就一跃而做一个机关的最高职业，不熟悉机关的内容，不能与下级职员同甘苦，则日后必致失败。古语有句话说道："吃得苦中苦，方为人上人。"孟子有曰："故天将降大任于斯人也，必先苦其心志，劳其筋骨，饿其体肤，空乏其身，行拂乱其所为，所以动心忍性，增益其所不能。"（《告子篇》）现在救国的责任，已在诸君身上，希望大家能担当起来。

选自《竺可桢文录》，樊洪业、段异兵编，浙江文艺出版社1999年版

古代文

分序二·古代文

　　"古代文",指自先秦至晚清民初产生的以散体为主的书面文章的集合。它以文言为主,也有较近于口语的"早期白话";散体是主流,但也可包括赋、骈文等特殊形式。同样,它既有"文学性"很强的文本,更有史、论、序、传、寓言、笔记等诸多文类。即便小说、戏曲等叙事文本,其实也是古代"文"之一种,也更强调文辞和案头的读、写。

　　由于古代中国的学术趋向、治理方式、选举制度、传播条件、文士阶层等特殊条件,形成了鲜明的"主文"的传统。古代人视"文"为"大业"、"盛事",他们更具属文著述的意识,往往精心结撰,锤炼文字。于是代有名作,灿如星辰。

　　"古代文",更彰显了汉字的特点,类皆讲究修辞,富于文采,合于音律,气盛言宜;甚或藻绘纵横,神韵飞动,虚实相生,形象如画。或结合书法、书籍、画作、器物、音乐等元素,成就其多姿多彩的幻妙景观。

　　"古代文"历经两千余年发展演变,累计了浩如烟海的典籍、文本,又历经时间的淘洗,产生了无数耀眼夺目的璀璨华章。有世所公认的经典,流传千古的警句,诵于众口的名篇,极大地丰富了汉语文章的宝藏,为后人留下了丰厚的遗产。

　　"古代文"是古代典籍的主要文字载体,经历焚毁兵燹之灾,沉埋朽烂之厄,传承至今,洵为古代人文的集中表现;民族精神于此奠基,人文演进于此彰显,中华文明借之弘扬。古代文沉淀了厚重的历史,体现了中华族群的共同经验和价值观,影响及国人的思维,至今未歇。

　　"古代文"作为一种"书写文字",在其演变中,逐渐与口头语言有所脱离。这既使其更显精练、优雅,充满尊严与魅惑,也使它被认为是艰涩凝固、束缚思想、给人压力的文化负担,故需有所分析、别择。文言文是所谓"美感语文",长于抒情、叙事而弱于说理、造论、演说,在逻辑、分析方面,在贴近和描述复杂现实方面,实有不足,故需吸收了外国语文和民间语文长处的现代语文来弥补。

　　中华传统就植根于"古代文"的深厚土壤之中。传统的继承和延续有赖于"古代文"的学习,那是我们尚友古人、与古圣先贤对话最重要的途径。"古代文"的阅读,是不可假手于人、借助"翻译"的。研读文言文,对我们了解古代典籍、领悟古人思想,无可或缺。同时,亲近文言,领略文言之美,也是培养现代中国人特别是知识分子母语素养的重要方法。

> 喜爱书法的人没有不知道"书圣"王羲之的；喜欢碑帖的人没有不梦想一睹《兰亭集序》真容的；关心《兰亭集序》的人没有不知道关于它的学术大悬案的——但是，我们有时却忽视了王羲之这篇美妙的文章本身。

兰亭集序

王羲之

永和九年[1]，岁在癸丑。暮春之初，会于会稽山阴之兰亭[2]，修禊事也[3]。==群贤毕至，少长咸集==。此地有崇山峻岭，茂林修竹，又有清流激湍，映带左右，引以为流觞曲水[4]，列坐其次[5]。虽无丝竹管弦之盛，一觞一咏，亦足以畅叙幽情。是日也，天朗气清，惠风和畅，仰观宇宙之大，俯察品类之盛，所以游目骋怀，足以极视听之娱，信可乐也。夫人之相与，俯仰一世[6]。或取诸怀抱，晤言一室之内[7]，或因寄所托，放浪形骸之外[8]。虽趣舍万殊[9]，静躁不同，当其欣于所遇，暂得于己，快然自足，不知老之将至；及其所之既倦[10]，==情随事迁，感慨系之==矣！向之所欣，俯仰之间，已为陈迹[11]，犹不能不以之兴怀[12]。况修短随化，终期于尽[13]。古人云，"死生亦大矣！"[14]岂不痛哉！每览昔人兴感之由，若合一契[15]，未尝不临文嗟悼[16]，不能喻之于怀[17]。固知一死生为虚诞，齐彭殇为妄作[18]，==后之视今，亦犹今之视昔==。悲夫！故列叙时人，录其所述。虽世殊事异，所以兴怀，其致一也[19]。后之览者，亦将有感于斯文。

选自《全晋文》，[清]严可均辑，多人审订，商务印书馆1999年版

注释

[1] 永和九年：永和，东晋穆宗年号。永和九年，即公元353年。

[2] 会稽山阴：会（kuài）稽，郡名。辖山阴、余姚、上虞等县。山阴，在今浙江绍兴。兰亭：原在山阴西南的兰渚，早经迁置。

[3] 修禊（xì）事：即按风俗举行禊祭礼仪。禊，古代三月上旬的巳日临水祭神，袚除不祥。曹魏以后改为三月三日。

[4] "引以为"句：就用它做（禊礼用的）流觞曲水。流觞曲水，即将酒杯放在环曲流淌的水面上，酒杯停在谁处，就由谁饮酒。《荆楚岁时记》："三月三日，士人并出水渚，为流杯曲水之饮。"

[5] 列坐其次：依序坐于水边。

[6] 相与，可有二解，一相同，二相处，皆通。俯仰：低头与抬头，比喻时间短暂。全句犹言"人生在世，匆匆而过"。

[7] "或取诸"二句：有的人（喜欢和朋友）倾吐胸怀，交谈于一室之中。晤，会面。

[8] "或因寄"二句：有的人寄托感情于外物（如饮酒，遨游山水），放纵不拘形迹。放浪，放纵、不拘检。形骸，形体。

[9] 趣舍万殊：志趣择弃，各各不同。趣舍，追求与舍弃。《庄子·秋水》："辞受趣舍。"

[10] 所之：所从事或追求的。

[11] "俛仰之间"二句：不过短暂的时间，已成了陈旧的往事，俛仰，同俯仰，这里作短暂的时间讲。

[12] 兴怀：兴发怀抱，指回顾盛事感而成诗。

[13] "况修短"二句：何况生命长短任凭造化，终究有尽期。修，长。期，期限，用为动词。

[14] "古人云"句：意思是古人说死是最大的变化。死生，复词偏义，主要是讲死。这是《庄子·德充符》引仲尼（孔子）语。郭象注："人虽日变，死生之变，变之大者也。"

[15] "每览"二句：每次观察前人发生感慨的原因，就像一张契的两半对在一起时一样，完全相合。

[16] 临文嗟悼：面对文章叹息悼念。

[17] "不能"句：不能使心中释然。喻，开解。

[18] "固知"二句：以此知道认为死生没有区别的理论，是虚妄无稽的，认为彭祖与夭死人等同的说教是胡说乱造的。固，通"故"。一死生，见《庄子·大宗师》："孰知死生存亡之一体者，吾与之友矣。"齐彭殇，见《庄子·齐物论》："莫寿于殇子，而彭祖为夭。"彭祖：古代传说中寿命极长的人。殇子，早夭的人。

[19] 致：情致。

王羲之（321—379，一作303—361，又作307—365），字逸少，东晋的书法家和文学家。原是琅琊临沂（今属山东）人。晋室南渡，家居会稽山阴。出身于掌权的大世族，官至右军将军、会稽内史，世称"王右军"。书法备精诸体，而尤以行书见长，对后世影响极大。

王羲之

兰亭集序

导读

　　据《晋书》等所载，永和九年三月三日，当时名士孙绰、谢安等41人宴集于山阴兰亭，有26人赋诗成集，由王羲之冠以序文，即此文。又名《三月三日兰亭诗序》。

　　他首先讲兰亭山水景色之美，和流觞曲水之乐，写出"何必丝与竹，山水有清音"（左思《招隐》）的自然情趣和乐享人生的感受。然后他转而写内心的慨叹，认为良辰美景终归消散，何况人生短促，欢乐转眼间就成了往事，所以便不能不回顾往事求取安慰。由此他总结创作经验说：古人创作的心理动力，都是由于珍惜生活，珍惜生命，而伤感于生命短促与死亡；他认为，文学创作中存在着一个生命与死亡的永恒主题。

兰亭

　　文章前一半写文人雅集之乐，用笔清雅简洁，反映出魏晋名士的审美情趣与精神风貌。后一半的议论，就其珍惜人生来说有其积极意义，而过分强调死亡的悲痛，则是消极的，它反映六朝文人强烈的生命意识。由于生命的当下价值与终究短暂是人类永远要面对的精神困境，所以我们在文学史上经常会遇到和本文题旨相近而表现不同的作品，如李后主的《相见欢》、苏东坡的《前赤壁赋》以及曹雪芹的《红楼梦》等。

　　作为一篇序言，作者既交代了集会的缘起、写作的背景，又写出自己阅读、编辑的感受，而这些篇中必有之义融化在诗一样的情境里，全无一般应用性文字的板重感觉，所以成为千古名篇。

思考与讨论

1. 关于王羲之，你还知道哪些关于他的事迹或传说？
2. 找出文章中至今仍有活力的成语、词组。
3. 举一反三，试分析平行阅读中的李后主、李白作品，比较与本文的异同。
4. 你觉得作者对文学创作心理动力的分析有道理吗？说说你的看法。

永和九年，岁在癸丑，暮春之初，会于会稽山阴之兰亭，修禊事也。群贤毕至，少长咸集。此地有崇山峻岭，茂林修竹，又有清流激湍，映带左右，引以为流觞曲水，列坐其次。虽无丝竹管弦之盛，一觞一咏，亦足以畅叙幽情。是日也，天朗气清，惠风和畅，仰观宇宙之大，俯察品类之盛，所以游目骋怀，足以极视听之娱，信可乐也。夫人之相与，俯仰一世，或取诸怀抱，悟言一室之内，或因寄所托，放浪形骸之外。虽趣舍万殊，静躁不同，当其欣于所遇，暂得于己，快然自足，不知老之将至。及其所之既倦，情随事迁，感慨系之矣。向之所欣，俯仰之间，已为陈迹，犹不能不以之兴怀，况修短随化，终期于尽。古人云："死生亦大矣。"岂不痛哉！每览昔人兴感之由，若合一契，未尝不临文嗟悼，不能喻之于怀。固知一死生为虚诞，齐彭殇为妄作。后之视今，亦犹今之视昔，悲夫！故列叙时人，录其所述，虽世殊事异，所以兴怀，其致一也。后之览者，亦将有感于斯文。

唐人摹写"神龙本"《兰亭序》

[明]仇英《李白夜宴桃李图》

平行阅读

古代文人对生命的感慨,反映了对自然的敬畏与契合,今之文人已罕有所见。

春夜宴桃花园序(一名《春夜宴桃李园序》)

李 白

夫天地者,万物之逆旅也;光阴者,百代之过客也。而浮生若梦,为欢几何?古人秉烛夜游,良有以也。况阳春召我以烟景,大块假我以文章。会桃花之芳园,序天伦之乐事。群季俊秀,皆为惠连;吾人咏歌,独惭康乐。幽赏未已,高谈转清。开琼筵以坐花,飞羽觞而醉月。不有佳咏,何伸雅怀?如诗不成,罚依金谷酒数。

选自《李白全集》,鲍方校点,上海古籍出版社1996年版

相 见 欢

李 煜

林花谢了春红,太匆匆,常恨朝来寒雨晚来风。 胭脂泪,相留醉,几时重,自是人生长恨水长东。

选自《南唐二主词校订》,王仲闻校订,中华书局2007年版

> 高山流水，子期伯牙，这是人生在世企盼的理想际遇。而文学创作与欣赏，更是需要彼此的"知音"。然而，这有时近乎于一种奢望，有时又不期而遇、不觅而得。怎样才能得到知音？怎样才能成为"知音"？刘勰有一套完整的理论。

文心雕龙·知音

刘　勰

聚焦
- 中国古代文学理论，最著名的书就是文心雕龙
- 人们企盼"知音"，"知音"为何又是那样难觅？

知音其难哉[1]！音实难知，知实难逢，逢其知音，千载其一乎！夫古来知音，多贱同而思古[2]，所谓"日进前而不御，遥闻声而相思"也[3]。昔《储说》始出，《子虚》初成，秦皇汉武，恨不同时[4]；既同时矣，则韩囚而马轻，岂不明鉴同时之贱哉[5]！至于班固傅毅，文在伯仲，而固嗤毅云："下笔不能自休[6]。"及陈思论才，亦深排孔璋[7]，敬礼请润色，叹以为美谈[8]，季绪好诋诃，方之于田巴，意亦见矣[9]。故魏文称"文人相轻"，非虚谈也[10]。至如君卿唇舌，而谬欲论文，乃称"史迁著书，谘东方朔"[11]，于是桓谭之徒，相顾嗤笑[12]，彼实博徒[13]，轻言负诮，况乎文士，可妄谈哉！故鉴照洞明，而贵古贱今者，二主是也[14]；才实鸿懿，而崇己抑人者，班曹是也[15]；学不逮文，而信伪迷真者，楼护是也[16]：酱瓿之议，岂多叹哉[17]！

夫麟凤与麏雉悬绝[18]，珠玉与砾石超殊，白日垂其照，青眸写其形。然鲁臣以麟为麏，楚人以雉为凤[19]，魏民以夜光为怪石，宋客以燕砾为宝珠[20]。形器易徵，谬乃若是；文情难鉴，谁曰易分。

夫篇章杂沓，质文交加，知多偏好，人莫圆该[21]。慷慨者逆声而击节，酝藉者见密而高蹈[22]；浮慧者观绮而跃心，爱奇者闻诡而惊听。会己则嗟讽，异我则沮弃，各执一隅之解，欲拟万端之变。所谓"东向而望，不见西墙"也[23]。

凡操千曲而后晓声，观千剑而后识器；故圆照之象[24]，务先博观。阅乔岳以形培塿，酌沧波以喻畎浍[25]，无私于轻重，不偏于憎爱，然后能平理若衡[26]，照辞如镜矣。是以将阅文情，先标六观[27]：一观位体[28]，二观置辞，三观通变，四观奇正[29]，五观事义[30]，六观宫商[31]。斯术既形[32]，则优劣见矣。

夫缀文者情动而辞发，观文者披文以入情，沿波讨源，虽幽必显。世远莫见其面，觇文辄见其心[33]。岂成篇之足深，患识照之自浅耳。夫志在山水，琴

185

表其情，况形之笔端，理将焉匿？故心之照理，譬目之照形，目瞭则形无不分[34]，心敏则理无不达。然而俗监之迷者[35]，深废浅售，此庄周所以笑《折杨》，宋玉所以伤《白雪》也[36]！昔屈平有言："文质疏内，众不知余之异采[37]。"见异唯知音耳。扬雄自称"心好沉博绝丽之文"。其事浮浅，亦可知矣[38]。夫唯深识鉴奥，必欢然内怿[39]，譬春台之熙众人，乐饵之止过客[40]。盖闻兰为国香，服媚弥芬[41]；书亦国华，玩绎方美[42]；知音君子，其垂意焉[43]。

[宋]赵佶《听琴图》（局部）

赞曰：洪钟万钧，夔旷所定[44]。良书盈箧，妙鉴乃订[45]。流郑淫人，无或失听[46]。独有此律[47]，不谬蹊径。

选自《文心雕龙注释》，周振甫注，人民文学出版社1981年版

注释

[1]知音其难哉：欣赏音乐多么困难啊！知音，能欣赏、懂得音乐，借来指能欣赏文学作品。

[2]"夫古来知音"二句：自古以来所谓知音，大多是看轻同代人而思慕古代人。

[3]"所谓"二句：所谓"每天送到面前也不赏识、使用，老远听见声音便非常想念"。御，进用。两句引文见《鬼谷子·内楗（jiàn）》。

[4]"昔《储说》始出"四句：从前韩非子的《内储说》《外储说》初始问世，司马相如的《子虚赋》刚刚写成，秦始皇、汉武帝看到了，以为不能和作者同时而非常遗憾。

[5]"既同时矣"三句：后来知道是同时代人，结果韩非被囚禁坐牢，司马相如也遭轻视，难道不是清楚地说明人们都看轻同时代的人吗？《史记·老庄申韩列传》说，韩非著作《孤愤》《五蠹》《内外储说》等篇传入秦国。秦王（即后来的秦始皇）看了，说："嗟乎，寡人见此人与之游，死不恨矣。"但后来韩非到了秦国，秦王听信李斯等人，把他囚禁在牢里，逼他自杀。《汉书·司马相如传》说，汉武帝读《子虚赋》，说："我偏偏不能跟这人同时吗？"后来召见司马相如，但也未予重用。

[6]"文在伯仲"三句：伯仲，兄弟次第，伯是老大，仲是老二，比喻难分优劣，不相上下。"下笔不能自休"，班固嘲笑傅毅的话，见曹丕《典论·论文》。

[7]"及陈思论才"二句：到陈思王曹植评论创作之才，也极力排斥陈琳。陈琳，字孔璋，东汉末建安文人。

[8]"敬礼请润色"二句：(曹植)又说丁廙写了文章请人修饰文辞，因而非常赞叹，认为是佳话。美谈，佳话。丁廙，字敬礼，东汉末建安文人。

[9]"季绪好诋诃"三句：刘修才能不如作者，却喜欢批评别人的文章，曹植就把刘修比做田巴，他的用意也可看到了。刘修，字季绪，东汉末建安文人。田巴，战国时齐国辩士，曾诋毁五帝、三王、五霸，被鲁仲连驳倒，从此不敢再开口。方，比拟。以上七句，事见曹植《与杨德祖书》。

[10]魏文：魏文帝曹丕。"文人相轻"的话出自他的《典论·论文》。

[11]"至如君卿唇舌"四句：至于楼护自以为很有口才，于是胡乱地想谈论文章，说什么司马迁著书向东方朔请教。楼护，字君卿，西汉游侠，善辩，见《汉书·游侠传》。

[12]"于是桓谭之徒"二句：因此桓谭等人相视而嗤笑楼护。《〈史记·太史公自序〉索隐》："桓谭云：迁所著书成，以示东方朔，朔皆署曰太史公。"据刘勰此篇所谈，则是桓谭嗤笑楼护，疑另有所据。

[13]博徒：赌徒，指楼护。

[14]"故鉴照洞明"三句：所以身为明主，却不免于重视古代轻视当代，秦始皇、汉武帝两位君主便是。

[15]"才实鸿懿"三句：文才实是宏博优异，却喜欢抬高自己贬低别人，班固、曹植就是。

[16]"学不逮文"三句：学问浅薄，够不上谈文的水平，结果真伪不辨，楼护就是这样的人。

[17]酱瓿（bù）之议：《汉书·扬雄传》记刘歆感叹扬雄的著作不被了解，而被用来覆盖酱缸。后世以"覆酱瓿"指称作品被轻贱。

[18]麇（jūn）：鹿类，似鹿而小。

[19]"然鲁臣"二句：但是鲁国臣子却把麒麟当作麇鹿，楚人把野鸡当作凤凰。鲁人获麒麟，冉有不识，事见《孔丛子·记问》。冉有为季氏宰，故称"鲁臣"。楚人以山雉骗路人，说是凤凰，事见《尹文子·大道上》。

[20]"魏民以夜光为怪石"二句：魏国人把夜光之璧当作怪石，宋国人把燕国的石子当作珠宝。《尹文子·大道上》载：魏国农夫耕田时得一宝玉，邻人骗他是怪石，他把宝玉丢了，邻人却将宝玉献给魏王。《艺文类聚》卷六引《阙子》说，宋国一愚夫得一燕国石子，把它当作珠宝珍藏起来。

[21]沓（tà）：繁多。该：包括一切。

[22]酝藉：含蓄有涵养。密：文字绵密。高蹈：喜悦貌。

[23]"各执一隅之解"四句：各人都坚持自己片面的见解，要想适应文章的千变万化，就像向东而望，看不见西面的墙。二句引文见《吕氏春秋·去宥》。

[24]圆照之象：全面分析的方法。照，察知，明白。象，犹法。

[25]畎浍（quǎn kuài）：田间小水沟。

[26]平理若衡：像天平一样公正地评价文章内容的高下。衡，秤。

[27]六观：六个需要考察的方面。

[28]位体：主要内容的安排。

[29]奇正：奇巧和雅正。

[30]事义：即事类典故，也就是对古事古语的运用。

[31]宫商：本指音乐的声调，这里泛指文章的声调和韵律。

[32]斯术既形：这些方面看清楚了。即指采用了六观的方法。

[33]觇（chān）：观看观察。

[34]瞭（liǎo）：眼珠明亮。

[35] 俗监之迷者：世俗那些不懂鉴赏的人们。监，当作鉴。

[36] "此庄周所以笑《折杨》"二句：意谓，（正是因为那些不懂鉴赏的人们不爱高深，追求浅俗，）所以才有庄周嘲笑人们喜欢浅俗的《折杨》一类歌，而宋玉为人们不懂得欣赏《阳春》《白雪》而感伤。《庄子·天地》："大声不入于里耳，《折杨》《皇华》则嗑然而笑，是故高言不止于众人之心，至言不出，俗言胜也。"《折杨》，浅俗小曲。《文选》宋玉《对楚王问》："客有歌于郢中者，其始曰《下里》《巴人》，国中属而和者数千人，其为《阳春》《白雪》，国中属而和者数十人。是其曲弥高，其和弥寡。"《白雪》，高雅的乐曲。

[37] "昔屈平有言"三句：从前屈原说过："我不善文饰自己的内质，疏达讷实，所以众人不了解我的卓异的内在之美。"引屈原语见《楚辞·九章·怀沙》。内，同讷，朴实。

[38] "扬雄自称"三句：扬雄自己说："心里喜好深沉渊博惊采绝艳的文辞。"由此可以知道，他并不喜欢浮浅。事，据范文澜《文心雕龙注》，作"不事"解。扬雄的话见《答刘歆书》。

[39] "夫唯深识鉴奥"二句：只要对作品深入领会，透彻理解，内心就一定感到欣喜。怿（yì），喜悦。

[40] "譬春台之熙众人"二句：好比春天登上高台，使众人兴高采烈，动人的音乐和美味食品使过路客人流连忘返。《老子》二十章："众人熙熙……如春登台。"二十五章："乐与饵，过客止。"熙，和悦。饵，美食。

[41] 服：佩戴。媚：喜爱。

[42] 翫：同"玩"，赏玩。绎：寻绎。

[43] 垂意：留心、注意。

[44] 洪：大。钧：三十斤。夔：尧舜时乐官。旷：师旷，春秋时晋国乐官。师旷为大钟调音事，见《吕氏春秋·长见》。

[45] 订：评定。

[46] "流郑淫人"二句：情欲放纵的郑国靡靡之音会使人迷惑，千万不要失去应有的鉴赏能力。流，流荡。郑，郑声，据说是淫靡之音。

[47] 此律：本文所讲的规律。

刘勰（约465—约532），字彦和，原籍东莞郡莒县（今山东莒县），祖上迁居京口（今江苏镇江）。少孤，依靠定林寺僧祐，苦读博学，写成《文心雕龙》，被后人誉为"体大思精"之作。全书50篇，全面论述文学及文章学的道理，集大成又颇有独到创见。

刘　勰

导读

《知音》篇是《文心雕龙》的第48篇，是刘勰的文学批评和鉴赏论。从理论上系统阐述这方面问题，刘勰是第一个。

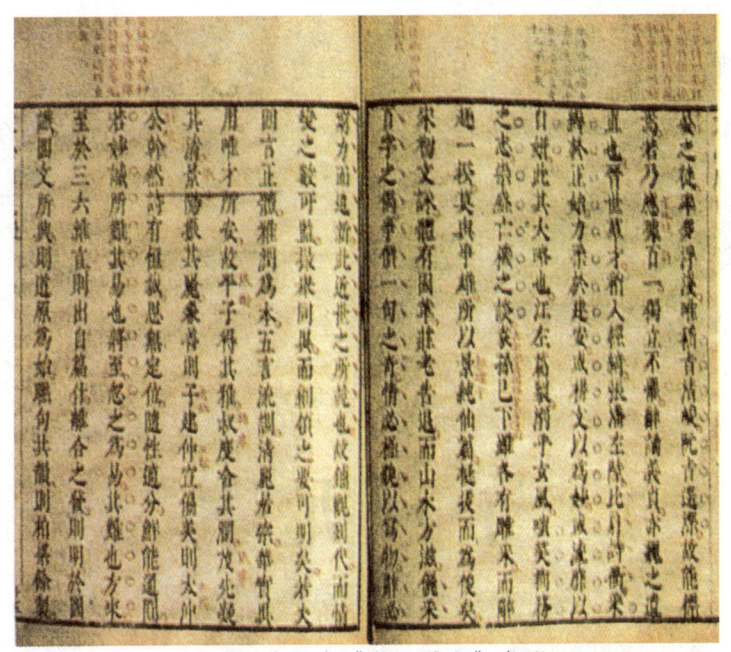

明五色套印本《文心雕龙》书影

为什么知音难求？刘勰首先分析三点，一是贵古贱今；二是崇己抑人；三是信伪迷真。除此之外，客观上，事物本身非常复杂，有形之器尚且难辨，篇章文情更是质文交加，杂沓多变；主观上，人各有偏好，慷慨者和酝藉者爱好不同，浮慧者和爱奇者口味各异，因此"各执一隅之解，欲拟万端之变"，因此很难对作品作出全面客观的评价。

怎样克服这些弊端，提高艺术鉴赏力？他提出"博观"。所谓博观，既包括广泛阅读文章作品，即"观千剑而后识器"，还包括多从事创作实践，即"操千曲而后晓声"。博观则自然有比较，能分清哪是高山哪是土堆，哪是大海哪是小沟，目的在晓声识器，提高对优秀作品的鉴赏力。博观也可以克服偏见，有助于客观地看待事物，所谓"无私于轻重，不偏于憎爱"，"平理若衡，照辞如镜"。

他又提出"六观"。这并非审美鉴赏的六条标准，而是入手文学批评的六个方面。置辞、奇正、宫商侧重于表现形式，位体、事义侧重于内容，而通变则兼指内容和形式。六观的基本精神是全面考察作品，而不是只看某一方面。

刘勰采用骈文的形式来写理论性的文章，无异于带着镣铐跳舞。但他写得文畅理顺，词采斐然，本身就堪称写作的典范。

思考与讨论

1. 就此篇分析骈体文有哪些特点。为什么说他是在"带着镣铐跳舞"？
2. 指出你所喜欢的妙语警句。
3. 除了"导读"指出的内容，刘勰对提高鉴赏力还有哪些主张？

> 唐代诗坛不仅佳作纷呈，而且为我们留下了诸多诗人之间友谊的佳话：李杜的惺惺相惜，柳刘的患难之交，元白的切磋琢磨，等等。记录他们友谊的，主要是相互思念、赠答的诗作，其中颇多名篇。而像本文这样的文章相对而言就少得多了，《与元九书》诚属凤毛麟角。

与元九书

白居易

聚焦
- 一封情真、理切、文美的朋友间的书信
- 一个困扰古今的问题：文艺应『求美』还是应『有用』？

月日，居易白，微之足下：

自足下谪江陵至于今[1]，凡枉赠答诗仅百篇[2]。每诗来，或辱序，或辱书，冠于卷首：皆所以陈古今歌诗之义，且自叙为文因缘，与年月之远近也。仆既受足下诗，又谕足下此意，常欲承答来旨，粗论歌诗大端，并自述为文之意，总为一书，致足下前。累岁已来，牵故少暇，间有容隙，或欲为之，又自思所陈，亦无出足下之见；临纸复罢者数四，卒不能成就其志，以至于今。今俟罪浔阳[3]，除盥栉食寝外无余事，因览足下去通州日所留新旧文二十六轴[4]，开卷得意，忽如会面，心所蓄者，便欲快言，往往自疑，不知相去万里也。既而愤悱之气，思有所泄，遂追就前志，勉为此书，足下幸试为仆留意一省[5]。

夫文尚矣！三才各有文[6]，天之文，三光首之[7]；地之文，五材首之[8]；人之文，六经首之。就六经言，《诗》又首之。何者？圣人感人心而天下和平。==感人心者，莫先乎情，莫始乎言，莫切乎声，莫深乎义==。诗者，根情，苗言，华声，实义。上自圣贤，下至愚骏，微及豚鱼[9]，幽及鬼神；群分而气同，形异而情一；未有声入而不应，情交而不感者。

圣人知其然，因其言，经之以六义；缘其声，纬之以五音[10]。音有韵，义有类。韵协则言顺，言顺则声易入。类举则情见，情见则感易交。于是乎孕大含深，贯微洞密，上下通而一气泰，忧乐合而百志熙。五帝三皇所以直道而行，垂拱而理者，揭此以为大柄，决此以为大窦也[11]。

故闻"元首明，股肱良"之歌，则知虞道昌矣[12]。闻五子洛汭之歌，则知夏政荒矣[13]。言者无罪，闻者足戒。言者闻者莫不两尽其心焉。

洎周衰秦兴，采诗官废，上不以诗补察时政，下不以歌泄导人情。乃至于谄成之风动，救失之道缺。于时，六义始刓矣[14]。

国风变为骚辞，五言始于苏、李[15]。苏、李、骚人，皆不遇者，各系其志，发而为文。故河梁之句，止于伤别；泽畔之吟，归于怨思[16]。彷徨抑郁，不暇及他耳。然去《诗》未远，梗概尚存：故兴离别，则引双凫一雁为喻；讽君子小人，则引香草恶鸟为比[17]。虽义类不具，犹得风人之什二三焉[18]。于时，六义始缺矣。

晋、宋已还，得者盖寡。以康乐之奥博，多溺于山水；以渊明之高古，偏放于田园。江、鲍之流[19]，又狭于此。如梁鸿《五噫》之例者[20]，百无一二焉。于时"六义"寝微矣，陵夷矣[21]。

至于梁陈间，率不过嘲风雪，弄花草而已。噫！风雪花草之物，《三百篇》中岂舍之乎？顾所用何如耳。设如"北风其凉"，假风以刺威虐也[22]；"雨雪霏霏"，因雪以愍征役也[23]；"棠棣之华"，感华以讽兄弟也[24]；"采采芣苢"，美草以乐有子也[25]：皆兴发于此，而义归于彼；反是者，可乎哉？然则"余霞散成绮，澄江净如练"[26]，"离花先委露，别叶乍辞风"之什[27]，丽则丽矣，吾不知其所讽焉。故仆所谓嘲风雪、弄花草而已。于时，六义尽去矣。

唐兴二百年，其间诗人，不可胜数。所可举者，陈子昂有《感遇诗》二十首，鲍鲂有《感兴诗》十五首[28]。又诗之豪者，世称李、杜。李之作，才矣奇矣，人不逮矣；索其风雅比兴，十无一焉。杜诗最多，可传者千余首，

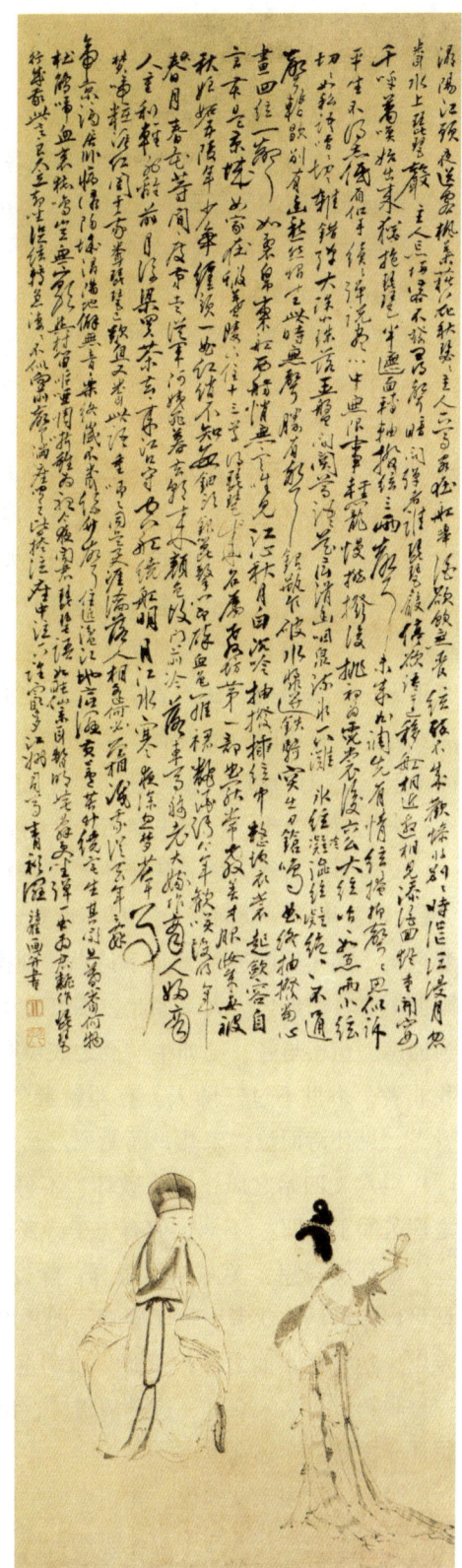

[明]郭诩《琵琶行》

至于贯串今古，𮖐缕格律[29]，尽工尽善，又过于李。然撮其《新安》《石壕》《潼关》《芦子》《花门》之章，"朱门酒肉臭，路有冻死骨"之句，亦不过三四十。杜尚如此，况不逮杜者乎？

仆常痛诗道崩坏，忽忽愤发，或食辍哺，夜辍寝，不量才力，欲扶起之。嗟乎！事有大谬者，又不可一二而言，然亦不能不粗陈于左右。

仆始生六七月时，乳母抱弄于书屏下，有指"无"字"之"字示仆者，仆虽口未能言，心已默识；后有问此二字者，虽百十其试，而指之不差。则仆宿昔之缘，已在文字中矣。及五六岁，便学为诗。九岁，谙识声韵，十五六，始知有进士，苦节读书。二十已来，昼课赋[30]，夜课书，间又课诗，不遑寝息矣。以至于口舌成疮，手肘成胝，既壮而肤革不丰盈，未老而齿发早衰白，瞥瞥然如飞蝇垂珠在眸子中也，动以万数。盖以苦学力文所致，又自悲矣！

家贫多故，二十七，方从乡赋[31]；既第之后，虽专于科试，亦不废诗。及授校书郎时[32]，已盈三四百首。或出示交友如足下辈，见皆谓之工，其实未窥作者之域耳。自登朝来，年齿渐长，阅事渐多，每与人言，多询时务；每读书史，多求理道[33]，始知<mark>文章合为时而著，歌诗合为事而作</mark>。是时，皇帝初即位[34]，宰府有正人，屡降玺书，访人急病[35]。仆当此日，擢在翰林，身是谏官，手请谏纸，启奏之外，有可以救济人病，裨补时阙，而难于指言者，辄咏歌之。欲稍稍递进闻于上，上以广宸聪，副忧勤[36]；次以酬恩奖，塞言责；下以复吾平生之志。岂图志未就而悔已生[37]，言未闻而谤已成矣！

又请为左右终言之。凡闻仆《贺雨》诗，而众口籍籍[38]，已谓非宜矣。闻仆《哭孔戡》诗[39]，众面脉脉，尽不悦矣。闻《秦中吟》[40]，则权豪贵近者相目而变色矣。闻《乐游原》寄足下诗[41]，则执政柄者扼腕矣。闻《宿紫阁村》诗[42]，则握军要者切齿矣。大率如此，不可遍举。不相与者，号为沽名，号为诋讦，号为讪谤。苟相与者，则如牛僧孺之戒焉[43]。乃至骨肉妻孥，皆以我为非也。其不我非者，举世不过三两人。有邓鲂者[44]，见仆诗而喜；无何，而鲂死。有唐衢者[45]，见仆诗而泣；未几，而衢死。其余则足下。足下又十年来，困踬若此。呜呼！岂六义四始之风，天将破坏，不可支持耶？抑又不知天之意，不欲使下人之病苦闻于上耶？不然，<mark>何有志于诗者，不利若此之甚也</mark>！

然仆又自思：关东一男子耳，除读书属文外，其他懵然无知。乃至书画棋博可以接群居之欢者，一无通晓，即其愚拙可知矣。初应进士时，中朝无缌麻之亲[46]，达官无半面之旧；策蹇步于利足之途，张空拳于战文之场[47]，十年之间，三登科第[48]；名入众耳，迹升清贯[49]，出交贤俊，入侍冕旒。<mark>始得名于文章，终得罪于文章</mark>，亦其宜也。

日者，又闻亲友间说：礼、吏部举选人，多以仆私试赋判，传为准的[50]；其余诗句，亦往往在人口中。仆恧然自愧，不之信也。及再来长安，又闻有军使高霞寓者[51]，欲聘倡妓。妓大夸曰："我诵得白学士《长恨歌》，岂同他妓哉？"由是增价。又足下书云：到通州日，见江馆柱间，有题仆诗者，复何人哉？又昨过江南日，适遇主人集众乐，娱他宾。诸妓见仆来，指而相顾曰："此是《秦中吟》《长恨歌》主耳。"自长安抵江西，三四千里，凡乡校、佛寺、逆旅、行舟之中往往有题仆诗者。士庶、僧徒、孀妇、处女之口，每每有咏仆诗者。此诚雕虫之技，不足为多。然今时俗所重，正在此耳。虽前贤如渊、云者[52]，前辈如李、杜者，亦未能忘情于其间哉。

古人云："名者公器，不可以多取。"[53]仆是何者？窃时之名已多；既窃时名，又欲窃时之富贵，使己为造物者，肯兼与之乎？今之迍穷[54]，理固然也。况诗人多蹇，如陈子昂、杜甫，各授一拾遗，而迍剥至死[55]。李白、孟浩然，辈不及一命，穷瘁终身[56]。近日孟郊六十，终试协律。张籍五十，未离一太祝[57]。彼何人哉？彼何人哉？况仆之才，又不逮彼。今虽谪佐远郡，而官品至第五，月俸四五万；寒有衣，饥有食；给身之外，施及家人，亦可谓不负白氏之子矣。微之微之，勿念我哉！

仆数月来，检讨囊袟中，得新旧诗，各以类分，分为卷目。自拾遗来，凡所适所感，关于美刺兴比者，又自武德迄元和因事立题，题为新乐府者，共一百五十首，谓之"讽谕诗"。又或退公独处，或移病闲居，知足保和，吟玩性情者一百首，谓之"闲适诗"。又有事物牵于外，情理动于内，随感遇而形于叹咏者一百首，谓之"感伤诗"。又有五言、七言、长句、绝句，自一百韵至两韵者四百余首，谓之"杂律诗"。凡为十五卷，约八百首。异时相见，当尽致于执事[58]。

微之！古人云：穷则独善其身，达则兼济天下[59]。仆虽不肖，常师此语。大丈夫所守者道，所待者时。时之来也，为云龙，为风鹏，勃然突然，陈力以出[60]；时之不来也，为雾豹，为冥鸿，寂兮寥兮，奉身而退。进退出处，何往而不自得哉？故仆志在兼济，行在独善，奉而始终之则为道，言而发明之则为诗。谓之"讽谕诗"，兼济之志也，谓之"闲适诗"，独善之义也。故览仆诗，知仆之道焉。其余杂律诗，或诱于一时一物，发于一笑一吟，率然成章，非平生所尚者；但以亲朋合散之际，取其释恨佐欢。今铨次之间，未能删去；他时有为我编集斯文者，略之可也。

微之！夫贵耳贱目，荣古陋今，人之大情也。仆不能远征古旧，如近岁韦苏

元稹

州歌行[61]，才丽之外，颇近兴讽；其五言诗又高雅闲淡，自成一家之体：今之秉笔者谁能及之？然当苏州在时，人亦未甚爱重，必待身后，然后人贵之。今仆之诗，人所爱者，悉不过杂律诗与《长恨歌》以下耳。时之所重，仆之所轻，至于"讽谕"者，意激而言质，"闲适"者，思淡而词迂：以质合迂，宜人之不爱也。

今所爱者，并世而生，独足下耳。然千百年后，安知复无如足下者出而知爱我诗哉？故自八九年来，与足下小通则以诗相戒，小穷则以诗相勉，索居则以诗相慰[62]，同处则以诗相娱。知吾罪吾，率以诗也。如今年春游城南时，与足下马上相戏，因各诵新艳小律，不杂他篇。自皇子陂归昭国里[63]，迭吟递唱，不绝声者二十里余。樊、李在旁[64]，无所措口。知我者以为诗仙，不知我者以为诗魔。何则？劳心灵，役声气，连朝接夕，不自知其苦，非魔而何？偶同人当美景，或花时宴罢，或月夜酒酣，一咏一吟，不知老之将至，虽骖鸾鹤，游蓬瀛者之适，无以加于此焉，又非仙而何？微之微之！此吾所以与足下外形骸，脱踪迹，傲轩鼎，轻人寰者，又以此也。

当此之时，足下兴有余力，且与仆悉索还往中诗，取其尤长者，如张十八古乐府[65]，李二十新歌行[66]，卢、杨二秘书律诗[67]，窦七、元八绝句[68]，博搜精缀，编而次之，号《元白往还诗集》。众君子得拟议于此者，莫不踊跃欣喜，以为盛事。嗟乎！言未终而足下左转[69]。不数月，而仆又继行，心期索然，何日成就？又可为之叹息矣！

又仆尝语足下：凡人为文，私于自是不忍于割截，或失于繁多，其间妍媸益又自惑；必待交友有公鉴无姑息者，讨论而削夺之，然后繁简当否得其中矣。况仆与足下，为文尤患其多。己尚病之，况他人乎？今且纂诗笔，粗为卷第，待与足下相见日，各出所有，终前志焉。又不知相遇是何年，相见在何地。溘然而至[70]，则如之何！微之微之，知我心哉！

浔阳腊月，江风苦寒，岁暮鲜欢，夜长无睡，引笔铺纸，悄然灯前，有念则书，言无次第，勿以繁杂为倦，且==以代一夕之话==也。微之微之，==知我心哉==！

乐天再拜。

选自《白居易集》，中华书局1979年版

注释

[1] 谪江陵：江陵，今属湖北。元稹元和五年因得罪宦官贬为江陵士曹参军，至此时已五年。

[2]"凡柱赠答"句：一共蒙你赠送我和酬和我的诗将近一百篇。柱，委屈的意思，谦词。仅，近，差不多，是唐人的习惯用法。

[3]"今俟"句：现在带罪在浔阳（此时他被贬为江州司马）。俟罪，听候罪遣。浔阳，今江西九江市。

[4]"因览"句：借此机会阅读你到通州去时留下的二十六卷新旧作品。通

州，今四川达州。此时，元稹又被遣为通州司马。

[5] 幸、试：都是谦词。省：看。

[6] "夫文"二句：文章的历史很久远了，天、地、人各有各的文章。尚，久远。三才，指天、地、人。

[7] 三光：日、月、星。《白虎通·封公侯》："天有三光，日、月、星。"

[8] 五材：金、木、水、火、土。《左传·哀公二十七年》："天生五材，民并用之。"

[9] 豚：小猪。《周易·中孚卦》："信及豚鱼。"以豚鱼喻微小的事物。

[10] 五音：本为宫、商、角、徵、羽，这里泛指声调规律。

[11] "五帝"四句：五帝三皇之所以能够用率直的方法推行政令，无为而治，就是因为举起这个作为工具，决开这一条渠道啊！五帝，黄帝、颛顼、帝喾、唐尧、虞舜。三皇，燧人氏、伏羲氏、神农氏。直道，即不必借助权术。垂拱，垂衣拱手。揭，举。柄，柄的本意是斧柄，引申为政柄，这里有工具的意思。窦，洞，引申为泄水之渠。《礼记·礼运》："礼义也者，所以达天道，顺人情之大窦也。"这里以治河比喻诗能疏导人情。

[12] "元首明，股肱良"：据《尚书·益稷》，虞舜在位时有皋陶歌"元首明哉！股肱良哉！庶事康哉！"

[13] "五子洛汭之歌"二句：据说夏代的统治者太康荒淫失国，其弟五人在洛水旁等候他不来，遂作歌，表示心中怨恨。原书已佚。此系指伪书《五子之歌》。其中之一是："惟彼陶唐，有此冀方，今失厥道，乱其纪纲，乃底灭亡。"

[14] 刓（wǎn）：磨削平，此为削弱义。

[15] "国风"二句：《国风》发展演变为楚辞，李陵、苏武开创了五言诗。骚辞，指以屈原的《离骚》为代表的楚辞。苏、李，指苏武、李陵。前人认为苏武、李陵的赠答诗是五言诗之始，但实际系东汉末伪作。

[16] 河梁之句：指苏、李赠答诗。李陵赠苏武诗第三首："携手上河梁，游子暮何之？徘徊蹊路侧，恨恨不得辞。行人难久留，各言长相思。"止：限。泽畔之吟：指屈原《渔父》。《渔父》篇序云："屈原既放，游于江潭，行吟泽畔，颜色憔悴，形容枯槁。"

[17] "双凫"、"一雁"：苏武别李陵诗有"二凫俱北飞，一凫独南翔"之句。香草恶鸟：屈原多用芷、荪等香草比君子，又用鸩鸟等恶鸟比小人。

[18] "虽义类"二句：虽然六义事类不完全，但还继承了《国风》的十分之二三。风人，《国风》作者。

[19] 江鲍：齐梁诗人江淹、鲍照。

[20] 梁鸿《五噫》：梁鸿，字伯鸾，汉章帝时人，与妻孟光居霸陵山中，以耕织为生。曾路过当时的京城洛阳，愤慨统治者的奢侈生活，作《五噫歌》，歌辞是："陟彼北芒兮，噫！顾瞻帝京兮，噫！宫阙崔巍兮，噫！民之劬劳兮，噫！辽辽未央兮，噫！"

[21] 陵夷：衰颓的意思。陵，颓。夷，平。

[22] "设如"二句：例如"北风其凉"，这是假借风讽刺暴政的。"北风其凉"，见《诗经·邶风·北风》第一章第一句。

[23] "雨雪"二句："雨雪霏霏"，以雨雪起兴，表达对戍边者的哀悯。"雨雪霏霏"，见《诗经·小雅·采薇》篇，全篇描写防守北方的士兵的艰苦生活，表达对征役的不满。

[24] "棠棣"二句："棠棣之华"，这是有感于棠棣的花朵彼此相依来讽刺兄弟不和睦的。"棠棣之华"，《诗经·小雅·棠棣》第一句。

[25]"采采芣苢"二句:"采采芣苢",妇女借赞美车前草来求子。"采采芣苢",《诗·周南·芣苢》中的起句:"采采芣苢,薄言采之。"芣苢,即车前草,据说妇女吃了有助于生育。

[26]"余霞"二句:是谢朓《晚登三山还望京邑》诗中的句子。

[27]"离花"二句:是鲍照《玩月城西门》诗中的句子。什,《诗经》中的雅、颂十篇为一什,后来因称诗篇为"什"。

[28]鲍鲂:字子慎,天宝末诗人。《新唐书》传中说他:"于诗尤工,有所感发,以讥扬世敝,当时称之。"《感兴诗》已佚。

[29]缧缕(luó lǚ)格律:精于格式声律。缧缕,详尽。

[30]课:按规定的内容和分量教授或学习。

[31]乡赋:即乡贡。唐代州里保送去考进士叫乡贡。公元799年,白居易由宣州太守"贡"到京城长安参加进士考试。

[32]校书郎:官名。属秘书省,掌校勘书籍。

[33]理道:即治道,治理国家的道理。唐讳高宗李治名,治写作理。

[34]"是时"句:这时元和元年唐宪宗刚即位。

[35]访人急病:访查人民的疾苦灾患。人,即民字,唐代因讳李世民名字而如此。急,疾苦。病,灾患。

[36]"上以"二句:首先用来扩大皇帝的听闻,符合君主治国的用心。

[37]悔:祸咎。是《周易》用语。

[38]"凡闻"两句:《贺雨诗》,系白居易于公元809年所作,内容是讽劝皇帝改善人民生活的诗。籍籍,喧聒。

[39]《哭孔戡诗》:白居易写的哀悼孔戡之死的诗。孔戡是当时正直不畏权贵的小官。

[40]《秦中吟》:是白居易揭露虐政的一组诗。

[41]《乐游原》:即《登乐游原望诗》,也是讽刺统治者的诗。扼腕:用力扼自己手腕,表示愤怒难忍。

[42]《宿紫阁村》诗:即《宿紫阁山北村》诗,是暴露当时神策军横暴情状的。神策军由宦官指挥。

[43]"苟相与"二句:假如有交情的人,就引牛僧孺的事为戒鉴。公元808年,唐宪宗策试贤良、方正、直言的极谏科举人,牛僧孺和皇甫湜、李宗闵都参加了这次考试,指陈时政,言语激烈,因此得罪了权贵和宦官,他们和考官都受到了处分。

[44]邓鲂:与白居易同时的诗人,一生不得意,贫困早死。白居易有《邓鲂、张澈落第诗》和《读邓鲂诗》,后者是邓鲂死后写的。

[45]唐衢:白居易同时的诗人,生卒年不详,应进士,久不第,看见有所感慨的文章,读完必哭。《旧唐书》有传。

[46]"中朝"句:朝廷里连最疏远的亲戚都没有。中朝,朝中。缌麻,细麻布丧服,古代"五服"中最轻的丧服,穿三个月,此指远亲。

[47]"策蹇步"二句:驱策跛拐的坐骑走上角逐的道路,持无箭之弓踏入比赛文章的场所。利足,指捷足先登的比赛。空弮,空弓。《汉书·司马迁传》:"张空弮,冒白刃,北首,争死敌。"

[48]"十年"二句:十年中间,三次考中科试。白居易于800年登进士第,802年应吏部试,以书判拔萃科登第;806年,应"才识兼茂明于体用科",被录取入第四等。

[49]迹升清贯:官职升入清要之列。迹,指任官的踪迹。清贯,指接近皇

帝、地位较高的官员。

[50] "礼、吏部"二句：礼部和吏部应选人多拿我考试中写的赋和判事文，传作范文。准的，标准。

[51] 军使高霞寓：是当时禁军中的将领。

[52] 渊、云：王褒字子渊，扬雄字子云。

[53] "古人云"三句：语见《庄子·天运》。意思是，声名是大家共有的东西，个人不应占有得太多。

[54] 迍（zhūn）穷：艰难困苦。迍，行进艰难的意思。

[55] 迍剥：艰难、受损害。

[56] "李白"二句：李白、孟浩然等人，连最小的官都没有做过，一辈子贫穷困苦。命，谓加爵服。一命，指受朝命的官秩的最低一级。语出《周礼·地官·党正》："一命，齿于乡里。"贾公彦疏："命，谓下士。"瘁，困苦。

[57] "近日"四句：当今诗人中，孟郊到六十岁，才得到协律郎的职务，张籍五十岁没离开太祝的职务。试，试任。协律，协律郎，掌管选词配乐，校正乐律等事。太祝，太常寺太祝，是在皇帝祖庙中帮助祭念祝文的官。

[58] 执事：称呼对方的敬词。

[59] "古人云"三句：见《孟子·尽心上》。

[60] 陈力：尽自己力量的意思。《论语·季氏》："陈力就列，不能者止。"

[61] 韦苏州：韦应物，长安人，是比白居易稍早的诗人，因曾做过苏州刺史，故称韦苏州。歌行：古代诗歌的一体。

[62] 索居：离开朋友独居。

[63] 皇子陂、昭国里：长安地名。

[64] 樊、李：樊宗师，李灼直。白居易早年诗中屡次提到他们。

[65] 张十八：张籍。

[66] 李二十：李绅。

[67] 卢、杨二秘书：卢拱、杨巨源两位秘书郎。

[68] 窦七、元八：窦巩、元宗简。

[69] 转：古人以左为下，所以贬官称为左迁或左转。此指元稹为通州司马事。

[70] 溘（kè）然：忽然的意思，指死。

白居易（772—846）字乐天，晚年号香山居士。祖籍下邽（今陕西渭南），诞生于郑州新郑县。唐贞元十六年进士，后历任左拾遗、杭州刺史、太子少傅等职，以刑部尚书致仕。中唐时期重要诗人，前期与元稹，后期与刘禹锡结为诗友，唱和酬答，在当时有很大的影响。其诗明白晓畅，自成一家，在诗歌发展史上，是语言平易的代表。

白居易

导读

白居易不仅是一位卓有成就的诗人，而且在诗歌理论方面颇有建树。他的文学思想以元和十年为限可分为前、后两期。前期以儒家传统的"美刺"观为主导，后期则又转向为愉悦性情而写诗。《与元九书》恰好写于转折点上，因此表现出比较复杂的文学思想。一方面，他总结了自己前期诗歌创作的实践，特别是讽谕诗的写作经历，阐扬其重大意义；另一方面，又隐约表现了他内心的矛盾。

在书信中表达自己的某种理论观点，是古代文人常用的方式。白居易的同时，就有韩愈的《答李翊书》、柳宗元的《答韦中立论师道书》等，都是讨论文学理论的名篇。因是书信的形式，所以不仅要透彻说理，还要沟通情感，文辞也以畅达为宜。白居易正是很好地做到了这一点。而由于唐宋的书面语对于今人已不算艰深，故此文读来情词并茂，如睹其人。

在《与元九书》中，白居易提出了"文章合为时而著，歌诗合为事而作"的主张。这种文学思想，从积极的一面看，可以促进文艺关注社会，反映现实，为民请命，对浮艳的形式主义文风有补偏救弊的意义；从消极的一面看，这种观点功利色彩过重，把诗看作纯然的社会政治工具，可能导致对诗歌艺术性的忽视，白居易《新乐府》中许多诗篇近乎口号，艺术性不强，缺乏感染力，便是明证。

思考与讨论

1. 你认为《长恨歌》与《卖炭翁》的价值哪个更高些？
2. 有没有既密切服务于社会政治，又具有很高艺术水平的作品？
3. 读后，你感觉白居易的心态如何？理由是什么？

> 天生龙湖，以待卓吾；天生卓吾，乃在龙湖。龙湖卓吾，其乐何如？四时读书，不知其余。读书伊何？会我者多。一与心会，自笑自歌；歌吟不已，继以呼呵。恸哭呼呵，涕泗滂沱。歌匪无因，书中有人；我观其人，实获我心……此独不朽，愿与偕殁。倚啸丛中，声振林鹊。歌哭相从，其乐无穷。寸阴可惜，何敢从容！
>
> 李卓吾：《读书乐》

杂　说

李　贽

《拜月》[1]《西厢》，化工也[2]；《琵琶》，画工也[3]。夫所谓画工者，以其能夺天地之化工，而其孰知天地之无工乎[4]？今夫天之所生，地之所长，百卉具在，人见而爱之矣，至觅其工[5]，了不可得。岂其智固不能得之欤？要知造化无工，虽有神圣亦不能识知化工之所在，而其谁能得之？由此观之，画工虽巧，已落二义矣[6]。文章之事，寸心千古，可悲也夫[7]！

且吾闻之：追风逐电之足，决不在于牝牡骊黄之间[8]；声应气求之夫，决不在于寻行数墨之士[9]，风行水上之文[10]，决不在于一字一句之奇。若夫结构之密，偶对之切，依于理道，合乎法度；首尾相应，虚实相生：种种禅病[11]，皆所以语文，而皆不可以语于天下之至文也。杂剧院本，游戏之上乘也。《西厢》《拜月》，何工之有？盖工莫工于《琵琶》矣。彼高生者[12]，固已殚其力之所能工，而极吾才于既竭。惟作者穷巧极工，不遗余力，是故语尽而意亦尽，词竭而味索然亦随以竭。吾尝揽琵琶而弹之矣，一弹而叹，再弹而怨，三弹而向之怨叹无复存者。此其故何耶？岂其似真非真，所以入人之心者不深耶！盖虽工巧之极，其气力限量只可达于皮肤骨血之间，则其感人仅仅如是，何足怪哉！《西厢》《拜月》，乃不如是。意者宇宙之内，本自有如此可喜之人，如化工之于物，其工巧自不可思议尔。

且夫世之真能文者，比其初皆非有意于为文也。其胸中有如许无状可怪之事，其喉间有如许欲吐而不敢吐之物，其口头又时时有许多欲语而莫可所以告语

聚焦
●中晚明是古代第三个思想解放时期，李卓吾则是旗手
●最好的作品是什么样的、怎样写出来的？李卓吾与王羲之、白居易的看法差别很大

之处，蓄极积久，势不能遏。一旦见景生情，触目兴叹，夺他人之酒杯，浇自己之垒块[13]，诉心中之不平，感数奇于千载[14]。既已喷玉唾珠，昭回云汉，为章于天矣[15]，遂亦自负，发狂大叫，流涕恸哭，不能自止。宁使见者、闻者切齿咬牙，欲杀欲割，而终不忍藏于名山，投之水火。余览斯记，想见其为人，当其时必有大不得意于君臣朋友之间者，故借夫妇离合因缘，以发其端。于是焉喜佳人之难得，羡张生之奇遇，比云雨之翻复，叹今人之如土[16]。其尤可笑者，小小风流一事耳，至比之张旭张颠、羲之献之，而又过之[17]。尧夫云："唐、虞揖让三杯酒，汤、武征诛一局棋。"[18]夫征诛揖让何等也，而以一杯一局觑之，至眇小矣！

呜呼！今古豪杰，大抵皆然。小中见大，大中见小[19]，举一毛端建宝王刹[20]，坐微尘里转大法轮[21]。此自至理，非干戏论。倘尔不信，中庭月下，木落秋空，寂寞书斋，独自无赖，试取《琴心》一弹再鼓，其无尽藏不可思议[22]，工巧固可思也。呜呼！若彼作者，吾安能见之欤！

选自《李贽文集·焚书》，张建业主编，刘幼生整理，社会科学文献出版社2000年版

注释

[1]《拜月》：杂剧《拜月亭》，元人施惠（字君美）作。
[2] 化工：指像自然造化所创造的一样，无雕琢痕迹。
[3] 画工：（高明的）画匠所作。
[4] "夫所谓"三句：那所谓"画工"的作品，是因为它能替代天地的创造工夫，但是，谁又知道天地本没有谁在刻意制造呢？
[5] 觅其工：寻觅百草的创造情况。工，指制作的痕迹。
[6] 落二义：落为第二等。二义，即第二义，佛家用语，指不是最透彻理解。
[7] "文章"三句：文章的创作，表达心中的真情实感，而流传千古。其不容易真令人悲哀啊！语本杜甫《偶题》："文章千古事，得失寸心知。"
[8] 牝牡骊黄：指马的外在形象。牝，母马。牡，公马。骊，黑马。黄，以黄色为主兼有其他颜色的马。秦穆公命九方皋求千里马，三月后，找到了，说是牝而黄。取来一看，却是牡而骊，不过确实是千里马。后来用"牝牡骊黄"表示应重实质，勿重形式，见《列子·说符》。
[9] "声应"二句：同声相应、同气相求的豪杰之士，绝不是那些拘泥于字里行间的人。声应气求，《易·文言》："同声相应，同气相求，云从龙，风从虎，圣人作而万物睹。"寻行数墨，只拘泥于书本字句。
[10] "风行"句：像风吹水面而自然激起波纹一样的好文章。《易·涣卦》："风行水上涣。"涣，自然漾起的波纹。
[11] 禅病：指不正确的佛学修行。大藏经有《治禅病秘要法》。这里借以指行文法则。
[12] 高生：《琵琶记》作者高则诚。
[13] 垒块：亦作块垒，积累的疙瘩。《世说新语·任诞》："阮籍胸中垒块，故须酒浇之。"通常用来指胸中的不平。
[14] 数奇（jī）：命运不好，古人用奇与偶表示遭际的不幸与幸运。

[15]"既已"三句：已经写出好文章，光耀中天了。"昭回"句，语本《诗·大雅·云汉》"倬彼云汉，昭回于天"及《棫朴》"倬彼云汉，为章于天"。昭，明。回，运转。云汉，银河。章，文章，指银河的灿烂光辉。

[16]"比云雨"二句：把人情比作翻云覆雨，慨叹现在的人把道义、友情弃之如土。杜甫《贫交行》："翻手作云覆手雨。"又："君不见管鲍贫时交，古道今人弃如土。"

[17]"至比"二句：竟比拟为张旭张颠、王羲之、王献之，而又胜过他们。张旭张颠，指唐草书大家张旭，他写字总是在醉后，大叫狂走，以头濡墨而书，时人号为张颠。羲之献之，指晋代书法家王羲之、王献之。《西厢记》五本二折，张君瑞见到莺莺的信，称赞其字："有柳骨颜筋，张旭张颠，羲之献之。"

[18]"尧夫云"三句：尧夫，指宋儒邵雍（1011—1077），字康节，号尧夫。唐、虞揖让，唐，唐尧，虞，虞舜，儒家相传唐尧让帝位给舜，舜后又让位给禹。史称"禅让"，也称"揖让"。汤、武征诛，汤，也叫成汤，商代的建立者。武，周武王，西周王朝的建立者。他们都是以武力取得统治的地位。三杯酒、一局棋，是说无论是禅让也好，武力争得帝位也好，在历史的长河中都是一瞬就消逝的事。

[19]"小中"二句：从微小的事件中可以见到重大意义，在大事中间（如唐、虞揖让，汤、武征诛）倒看出其微不足道。这段话的意思是作家观察生活要摆脱世俗的价值标准，独具只眼去发现事物的深刻含义。

[20]宝王刹：即佛寺。

[21]"坐微尘"二句：坐在一小粒尘土里，能运转佛家大道法之轮。微尘，一小粒尘土。《华严经》："如有大经卷，量等三千界，在于一尘内。"大法轮，佛家大道法，佛家说法以法轮为比。《维摩经·佛国品》："三转法轮于大千，其轮本来常清净。"

[22]无尽藏（zàng）：佛家语，指不可穷尽的蕴藏。

李贽（1527—1602），字宏甫，号卓吾，又号思斋居士、温陵居士等。明嘉靖三十一年举人，历任共城教谕、礼部司务等微职。万历五年为云南姚安知府，在任三年挂冠而去。晚年居湖北龙潭芝佛院，孑然一身从事著述与讲学。万历三十年被捕入狱，自刭而死。李卓吾是一位大思想家。他以"异端"自居，提倡反传统、反道学，大胆怀疑，在史学、伦理学、哲学及文学领域都有振聋发聩的议论。他和泰州学派有思想渊源，很多观点有市民阶层的色彩。在文学批评方面，他的主要著述有《杂说》《童心说》《忠义水浒传序》以及《水浒传》《琵琶记》等书的评点。

李贽

导读

本文通过对《西厢记》和《琵琶记》的比较，论述画工与化工的不同，这和他的《童心说》中强调不受外界（指虚伪礼教）污染的童心为文才是天下至文的见解相表里。那篇从人的心意讲，这篇从作品的表现讲，更为具体深刻。

化工即出自纯真无瑕之心自然发抒而成的作品。李卓吾以《西厢记》《拜月记》为代表，强调其中的人物事件，都是出于人情本色，并不是加工捏造而成。李贽主张饮食男女即是人伦物理，所以认为《西厢》《拜月》那种反礼教的情节与感情都是真实的。而画工则是依照一定模式的描绘，《琵琶记》加上许多礼教粉饰，虽极求工巧，针线细密，却不是出自真性情，情节结构也是勉强加上的。化工说的实质是主张表现自然的纯真的人情，反对理念先行，虚伪矫饰。

李卓吾曾师事泰州学派的巨擘，本人又秉狂放之资质，抨击道学不遗余力，向来以性情真率自命，所以对文学创作也就偏重于自我表现、发抒真性情的一面。他在《藏书·司马迁传》中讲："夫所谓作者，谓其兴于有感而志不容已，或情有所激词不可缓之谓也。若必是非尽合于圣人，则圣人既已有是非矣，尚何待于我也……笔则笔，削则削，初未尝案古圣人以为是非也。"不难看出，他的写自我、写真性情与其反传统的思想倾向是一致的。

本文同时还提出"小中见大、大中见小"的原则，谈的是题材与作家的见识之关系。在李卓吾看来，文学创作中作家的主体意识非常重要，而世俗的价值观则应予打破。这在当时也是具有思想解放意义的。

古人讲"文以气为主"（曹丕），又讲"气盛言宜"（韩愈），李卓吾的这篇文章一气贯注，盛气凌人，堪称这方面的范例。

李卓吾的观点在当时产生了很大的影响，如汤显祖等人的创作观都与之有关连。而晚明的整个文坛涌动着狂放的、浪漫的潮流，李卓吾的言论始终是若隐若现的旗帜。

思考与讨论

1. 李卓吾的观点与通常所说的"巧夺天工"有没有矛盾？
2. 能否举出几个例子，说明"小中见大，大中见小"的道理？
3. 你认为理念先行、教化优先的文艺观有没有一定的道理？
4. 试以司马迁《报任安书》"发愤著书"的议论与本文比较，看李卓吾的新见在什么地方。

平行阅读

以主张"发愤著书"说名世的，还有司马迁此信。但太史公是有感于自身遭遇，从人生之名山事业角度立论，不似李卓吾之恣肆张扬。

报任安书（节选）

司马迁

古者富贵而名摩灭，不可胜记，唯倜傥非常之人称焉。盖西伯拘而演《周易》；仲尼厄而作《春秋》；屈原放逐，乃赋《离骚》；左丘失明，厥有《国语》；孙子膑脚，兵法修列；不韦迁蜀，世传《吕览》；韩非囚秦，《说难》《孤愤》。《诗》三百篇，大抵圣贤发愤之所为作也。此人皆意有所郁结，不得通其道，故述往事，思来者。及如左丘无目，孙子断足，终不可用，退而论书策，以舒其愤，思垂空文以自见。

选自《汉书》，中华书局1979年版

> 战国时代，宋国蒙地人庄周，处身偏僻之地，冷眼旁观着纷扰的人世，探索着个体精神的自由，其思想奇特而不切实际，话语怪诞而不着边际，然而许多世纪以后，他的影响却抵抗了时间的侵蚀，历久而弥新。

庄子·秋水（节选）

庄 子

聚焦
● 文章幻丽，实开浪漫先河
● 哲理精深，堪称诸子之冠

秋水时至，百川灌河，泾流之大[1]，两涘渚崖之间[2]，不辨牛马。于是焉河伯欣然自喜[3]，以天下之美为尽在己。顺流而东行，至于北海，东面而视，不见水端，于是焉河伯始旋其面目，望洋向若而叹曰[4]："野语有之曰'闻道百以为莫己若'者[5]，我之谓也。且夫我尝闻少仲尼之闻而轻伯夷之义者[6]，始吾弗信，今我睹子之难穷也，吾非至于子之门则殆矣，吾长见笑于大方之家[7]。"

北海若曰："井蛙不可以语于海者，拘于虚也[8]；夏虫不可以语于冰者，笃于时也[9]；曲士不可以语于道者，束于教也[10]。今尔出于崖涘，观于大海，乃知尔丑[11]，尔将可与语大理矣。天下之水，莫大于海，万川归之，不知何时止而不盈；尾闾泄之[12]，不知何时已而不虚；春秋不变，水旱不知。此其过江河之流，不可为量数。而吾未尝以此自多者，自以比形于天地而受气于阴阳[13]：吾在天地之间，犹小石小木之在大山也。方存乎见少[14]，又奚以自多！计四海之在天地之间也，不似罍空之在大泽乎[15]？计中国之在海内，不似稊米之在大仓乎[16]？号物之数谓之万，人处一焉；人卒九州[17]，谷食之所生，舟车之所通，人处一焉[18]。此其比万物也，不似豪末之在马体乎？五帝之所连[19]，三王之所争，仁人之所忧，任士之所劳[20]，尽此矣[21]。伯夷辞之以为名，仲尼语之以为博，此其自多也，不似尔向之自多于水乎[22]？"

河伯 [元]张渥《九歌图》（局部）

河伯曰："然则吾大天地而小豪末，可乎？"

北海若曰："否。夫物，量无穷[23]，时无止，分无常[24]，终始无故[25]。是故大知观于远近，故小而不寡，大而不多，知量无穷；证曏今故[26]，故遥而不闷[27]，掇而不跂[28]，知时无止；察乎盈虚[29]，故得而不喜，失而不忧，知分之无常也；明乎坦途[30]，故生而不悦，死而不祸，知终始之不可故也。计人之所知，不若其所不知；其生之时，不若未生之时。以其至小，求穷其至大之域，是故迷乱而不能自得也。由此观之，又何以知豪末之足以定至细之倪[31]！又何以知天地之足以穷至大之域！"

选自《庄子集解》，[清]王先谦集解，中华书局1987年版

注释

[1] 泾流：即水流。泾，直流的水波。

[2] 涘（sì）：岸。渚：水中的小洲。

[3] 河伯：河神，名冯夷。

[4] "于是焉"二句：始，才。旋其面目，改变了（自得的）表情；或解为"转动头脸"。望洋，仰视貌。后多以望洋或望洋兴叹比喻因大开眼界而惊奇。若，即下文"北海若"，海神。

[5] 闻道百以为莫己若：听说了很多道理，以为没有人比得过自己。

[6] 少仲尼之闻而轻伯夷之义：以为仲尼的见闻浅陋、伯夷的高义微不足道。这是指道德见识非常高超之人的看法。

[7] 大方之家：通晓大道的人。

[8] 鼃：同"蛙"。虚：同"墟"，指处所。

[9] 笃：固，鄙陋不通达；或解为"限"。

[10] 曲士：乡曲之士。曲，偏僻住所，乡里。束：束缚。教：教养。

[11] 丑：陋劣，低水平。

[12] 尾闾：神话中海水泄出的地方。

[13] 受气于阴阳：（不过是）禀受阴阳之气而形成的一物（而已）。

[14] 方：正。存：省察。见少：显得很少。

[15] 礨（lěi）空：蚁穴。

[16] 稊（tí）米：小米。大：读作"太"。

[17] 卒：读为"萃"，聚集。

[18] 人处一焉：此语在本篇中两见，前一"人处一焉"，指人在万物中仅居其一，后一"人处一焉"，指个人在人类中仅居其一。

[19] 连：连续。指其接续的事业。

[20] 任士：能人。

[21] 尽此矣：都不出这个（小）范围。

[22] 向：过去。

[23] 量：器量，下文以大、小言之。

[24] 分（fèn）：时运，下文以得、失言之。

[25] 终始：结束与开始，下文以生、死言之。故：通"固"，即"固定"的意思。

[26] 证曏：证明。曏，明。今故：即今古。

[27] 遥：长。闷：郁闷。

[28] 掇：即短。跂：同"企"，即企盼、向往。
[29] 盈虚：满与亏（的变化）。
[30] 坦途：即大道。指循环往复的变化之道。
[31] 倪：端倪，（大小的）边界。

庄子（约前369—前286），姓庄名周，宋国蒙（在今河南商丘东北）人，战国中期道家思想的代表人物。其生平事迹难以确考，据《庄子》本文与《史记·老子韩非列传》可知，庄子做过蒙地的漆园吏，家境贫寒，曾不得不靠借粮为生，而对权势富贵却极端蔑弃。庄子被认为是先秦时期最具哲学家气质的人，其学说对中国人的思想观念和生活方式影响复杂而深远。《庄子》一书也以充满形象的寓言故事、丰富而奇特的想象、汪洋恣肆而富于诗性的语言，成为后世文学创作的源泉和楷范之一。

导读

　　本文选自《庄子》外篇《秋水》的第一章，它借两个虚构的神话人物河伯与北海若的对话，形象地表达了庄子关于人只有不断超越自身存在与认知的局限，才能接近对世界的本真即道的体认的思想。全章共七节，此处节选了前两节。

　　文章的开头仅寥寥数笔，就描绘了一幅波澜壮阔的黄河秋涨图，由此自然而然地引出了河伯的沾沾自喜，又自然而然地引出了黄河入海时他的望洋兴叹与自惭形秽，也为第一层问答中的小大之辨作了铺垫。在这层问答当中，北海若以类相推，由河而海，由海而天地，再由中国之在海内，人类之在万物，个人之在群体，层层类比，形象地说明了每一事物皆有其存在的局限，而只有不断地突破这种局限，才能反观自身的有限性，领悟更大范围和更高层次的真理，并对人类的妄自尊大予以辛辣的嘲讽。在第二层问答中，当河伯破除了自以为是的第一重成见，但随即又陷入小不如大的新成见时，北海若则从"量""时""分""终始"四个方面，说明小与大各有其不可穷尽的复杂性，其间并没有绝对的对立关系和固定不变的分野，而是相对的、变动不居的和不断转化的，从而进一步破除了河伯将小大之别绝对化的成见。两层问答在逻辑上环环相扣、周密完足，在文势上自然流畅、一气贯通，显示了作者深刻的思想和高超的写作技巧。

　　在阐述小大之辨的同时，作者又顺理成章地引出了"得而不喜，失而不忧""生而不悦，死而不祸"的旷达超迈的人生哲学，得出了"计人之所知，不若其所不知；其生之时，不若未生之时"的清醒的认识论判断，使读者在视野的骤然开阔中获得生命的顿悟。

庄子·秋水

范曾画庄周梦蝶

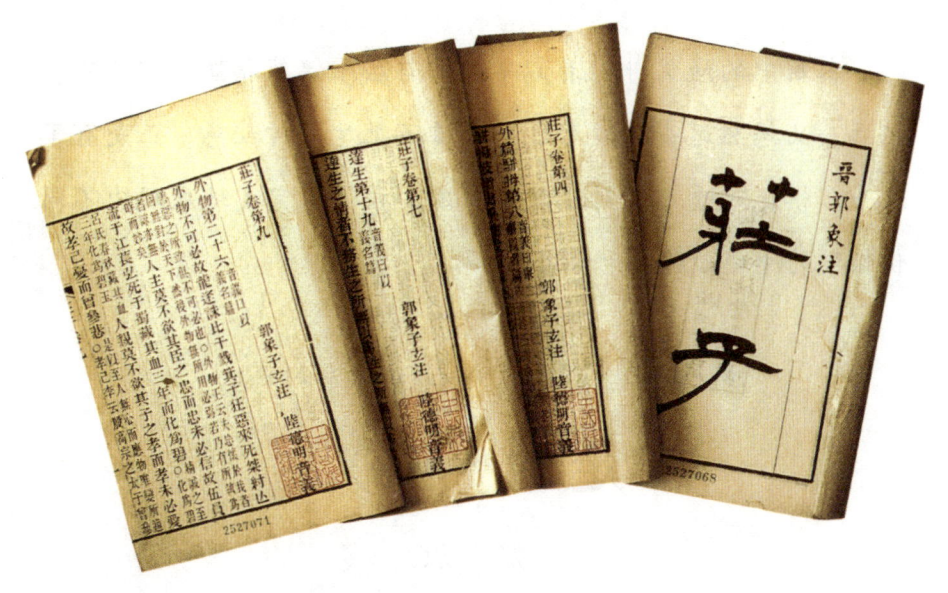

《庄子》书影

　　《庄子》共三十三篇，包括内篇七、外篇十五、杂篇十一。作者很难确指，较为通行的意见是，内篇为庄子自著，外篇为庄子后学所作。但是很多人认为，本文无论就思想的精深还是文体的高妙而言，都更像庄子本人的作品，其生动有趣的寓言故事，逼真传神的形象描写，卓尔不凡的见解，挥洒自如的语言风格，在《庄子》全书中均堪称一等。

思考与讨论

1. 你认为这种对话体在说理时有什么好处？有什么不足？
2. 在先秦诸子中，还有谁喜欢用寓言故事来阐述其哲学思想？
3. 在阐述哲理时，本文使用了多种修辞手法，请指出来，并说明其效果如何。
4. 本文中有若干语句，在后世化为人们习用的成语，请指出来。
5. 比较庄子和孟子的文章风格，谈谈二者间有何差别？

> 本篇中的渔父身份看似卑微,与屈原偶然相逢,言语不合之后,又悠然远去,颇有神龙见首不见尾的神秘感。正是有了这一"棋逢对手"的对比映衬,本文才得以完美地展现出不同价值观的冲突,成为千古名篇。

楚辞·渔父

屈 原

聚焦
● 作者虽有疑问,却仍是古代散文经典
● 或为真实记载,或只是一种文学手法

屈原既放[1],游于江潭,行吟泽畔,颜色憔悴,形容枯槁。渔父见而问之曰:"子非三闾大夫与[2]?何故至于斯?"屈原曰:"举世皆浊我独清,众人皆醉我独醒,是以见放。"渔父曰:"圣人不凝滞于物,而能与世推移。世人皆浊,何不淈其泥而扬其波[3]?众人皆醉,何不铺其糟而歠其醨[4]?何故深思高举,自令放为?"屈原曰:"吾闻之,新沐者必弹冠,新浴者必振衣。安能以身之察察[5],受物之汶汶乎[6]?宁赴湘流,葬于江鱼之腹中,安能以皓皓之白,而蒙世俗之尘埃乎?"渔父莞尔而笑,鼓枻而去[7]。歌曰:"沧浪之水清兮,可以濯吾缨;沧浪之水浊兮,可以濯吾足。"遂去,不复与言。

选自《屈原集校注》,金开诚、高路明、董洪利著,中华书局1981年版

[宋]龚开《渔夫》(局部)

注释

[1] 放:放逐,流放。
[2] 三闾大夫:战国时期楚国的官职。主管楚国屈、景、昭三姓王族的事务。
[3] 淈(gǔ)其泥而扬其波:意为把水进一步搅浑。淈,搅浑。
[4] 铺:食。糟:酒滓。歠:同"啜",饮。醨(lí):薄酒。
[5] 察察:清晰的样子,这里指清洁。
[6] 汶(mén)汶:不明的样子,这里指污秽。
[7] 鼓枻(yì):敲打船桨。枻即楫,船桨。

屈原（约公元前340—约前278），名平，字原，又名正则，字灵均。战国时期楚国著名文学家、政治家，在楚怀王时期，任过左徒、三闾大夫等官，遭谗去职。后因对楚国政治感到绝望，投汨罗江而死。这篇文章古人多相信是屈原所作，而今人则多数认为作者并非屈原本人，而是某个和屈原关系很密切的人。但无论它的作者是不是屈原，其内容与屈原的思想和经历都有非常密切的关系，对于了解、认识屈原有重要的意义。

屈原

导读

文章的内容可以理解为真实的事件，但也可能只是虚拟对白的文学手法，借助于对话表现屈原内心的矛盾冲突。

屈原是一位有着远大抱负的政治家，他的流放意味着命运遭受了挫折和失败。处在这样的困窘境地，他不能不考虑如何适应这个社会，保全自己；另一方面，从屈原本心来说，又无法忍受与恶势力的同流合污。这两种矛盾的思想通过外化为渔父和屈原两个形象，生动地展现了出来。一个洒落超脱，全身远害；一个坚守信念，宁为玉碎——通过对比，两个形象的差异更加鲜明，两种人生态度的不同更加凸显。

但是，作者虽然在二者之间有自己明确的选择，但在感情态度上也没有否定渔父的意思，因为渔父本身还是洁身自好的，在他的和光同尘、不做抗争的主张中，包含了睿智和超脱。正因为如此，后世文人面临挫折时，"渔父"意象总能够触发情思，让他们吟咏不绝。像我们熟悉的柳宗元"孤舟蓑笠翁，独钓寒江雪"，苏东坡"小舟从此逝，江海寄余生"，张志和"青箬笠，绿蓑衣，斜风细雨不须归"，等等。

本文的形式以散句为主，但在对话中运用了对仗这一韵文特有的手法，如"举世皆浊我独清，众人皆醉我独醒"，"安能以身之察察，受物之汶汶者乎"，还杂入了《楚辞》的文体特点，如"沧浪之水清兮，可以濯吾缨；沧浪之水浊兮，可以濯吾足"。可以说，文章虽短，却兼备众体。读起来，如行云流水，琅琅上口。

思考与讨论

1. 本文通过自设问答的形式表现内心矛盾，你认为这种方式与直抒胸臆相比，优点在哪里？

2. 在屈原的执著与渔父的旷达之间，你更欣赏哪一个？理由是什么？

3. 对比《卜居》，看二者的表现手法有何异同。
4. 你读过的文学作品中，还有哪篇是自设问答的？

平行阅读

独白与对话，是历来文章之两大类型，各有千秋，各擅胜场。

卜　居

屈　原

屈原既放，三年不得复见，竭知尽忠，而蔽鄣於谗，心烦虑乱，不知所从。乃往见太卜郑詹尹曰："余有所疑，愿因先生决之。"詹尹乃端策拂龟，曰："君将何以教之？"

屈原曰：

"吾宁悃悃款款，朴以忠乎？

将送往劳来，斯无穷乎？

宁诛锄草茅，以力耕乎？

将游大人，以成名乎？

宁正言不讳，以危身乎？

将从俗富贵，以偷生乎？

宁超然高举，以保真乎？

将哫訾栗斯，喔咿儒儿，以事妇人乎？

宁廉洁正直，以自清乎？

将突梯滑稽，如脂如韦，以洁楹乎？

宁昂昂若千里之驹乎？

将氾氾若水中之凫乎，与波上下，偷以全吾躯乎？

宁与骐骥亢轭乎？将随驽马之迹乎？

宁与黄鹄比翼乎？将与鸡鹜争食乎？

此孰吉孰凶？何去何从？

世溷浊而不清：蝉翼为重，千钧为轻；

黄钟毁弃，瓦釜雷鸣；

谗人高张，贤士无名。

吁嗟默默兮，谁知吾之廉贞？"

詹尹乃释策而谢曰："夫尺有所短，寸有所长，物有所不足，智有所不明，数有所不逮，神有所不通。用君之心，行君之意，龟策诚不能知此事。"

选自《屈原集校注》，金开诚、董洪利、高路明著，中华书局1981年版

楚辞·渔父

哀郢

去故乡而就远兮，遵江夏以流亡
出国门而轸怀兮，甲之鼂吾以行
发郢都而去闾兮，怊荒忽其焉极

己未季樵己师十翼范曾

范曾画屈原《哀郢》

王维是古代山水诗人的翘楚。苏东坡称道他"诗中有画",是说他能把山水景致形象生动地表现到诗歌中。而读下面的这封书信,不禁感叹他在日常的小文中同样表现出这样的情致、这样的本领。

山中与裴秀才迪书

王 维

近腊月下,景气和畅,故山殊可过[1]。足下方温经[2],猥不敢相烦,辄便独往山中,憩感配寺[3],与山僧饭讫而去。

北涉玄灞[4],清月映郭;夜登华子冈[5],辋水沦涟,与月上下;寒山远火,明灭林外;深巷寒犬,吠声如豹;村墟夜舂[6],复与疏钟相间[7]。

此时独坐,僮仆静默,多思曩昔[8],携手赋诗,步仄迳,临清流也。

当待春中,草木蔓发,春山可望,轻鲦出水[9],白鸥矫翼,露湿青皋[10],麦陇朝雊[11],斯之不远,傥能从我游乎[12]?非子天机清妙者[13],岂能以此不急之务相邀!然是中有深趣矣。无忽。

因驮黄檗人往,不一[14]。山中人王维白[15]。

选自《王维集校注》,陈铁民校注,中华书局2012年版

聚焦
● 同为写景,所描绘的境界与明清小品迥异
● 书信中,同好之友分享高雅体验

注释

[1] 故山:指蓝田山。在陕西蓝田东南三十里。王维先隐于蓝田,后移居辋川,因称蓝田为"故山"。殊:特别,极为。过:前往,造访。

[2] 温经:温习经书。

[3] 猥:自谦之辞。感配寺:在蓝田山。

[4] 玄灞:北面的灞水。玄,北方。《淮南子》:"流水就通,而合于玄海。"高诱注:"北方之海。"

[5] 华子冈:辋川一带的游览胜地。

[6] 舂:用碓白捣米。

[7] 疏钟:指山寺间断的钟声。相间:夹杂一起。

[8] 曩昔:往昔,从前。

[9] 鲦(tiáo):一种小白鱼。

[10] 矫翼:犹言展翅。矫,飞。皋:水中高地。

215

[11] 朝雊：早晨雉鸡的鸣叫。《诗·小雅·小弁》："雉之朝雊，尚求其雌。"郑玄注："雊，雉鸣也。"

[12] 斯：指上述春景。傥：倘若，假设。

[13] 子：指裴迪。天机清妙：谓悟性敏慧，气质超俗。

[14] 檗（bò）：即"蘗"，黄木，一名檀桓，味苦入药。五六月采皮去皱暴干，根亦可用。驮黄檗人：指贩药者。不一：犹言不一一尽言。

[15] 山中人：即隐者。屈原《九歌·山鬼》："山中人兮芳杜若。"此为诗人自况。

王维（701—761），字摩诘，号摩诘居士，河东蒲州（今山西运城）人。唐朝著名诗人、画家。曾任尚书右丞，世称"王右丞"。出生在佛教气息浓厚的家庭，自己也深契佛理禅境。不仅有卓越的文学才能，而且精音律，谙丹青。其诗作清新高妙，尤长于山水田园题材，当时与孟浩然合称"王孟"。在诗史上，与李白、杜甫同为盛唐诗歌的代表人物。

王维

导读

王维才华出众，少年得志，二十岁即中进士，因通乐理而担任太乐丞，后遭贬外放，十余年后复起。先后做过右拾遗、监察御史等，并有过边塞节度使判官的经历。这些都成为他的诗歌创作的精神源泉。四十岁前后，由于宦海风波的冲击与中年丧妻的影响，他的人生态度渐趋消极，先后在终南山一带的蓝田及辋川构建别业，过起了半官半隐的生活。安史之乱中，他曾陷于贼中并受任伪职。乱平后被追究，虽得免罪，但精神上遭到沉重打击。晚年越发钟情于山水与禅悦，形成了禅意淡远的诗风，后人遂有"诗佛"的称誉。

这封书信是王维隐居辋川时写给朋友裴迪的。裴迪也是一位诗人，与王维是隐居终南与辋川时的好友。二人都有山水烟霞之癖，多有唱和。在辋川的唱和诗篇编为《辋川集》，收入二人各二十首绝句，是盛唐山水诗的典范之一。

这封信是王维独自夜游后，与好友分享愉悦，并相约春游所作。信中描写寒山远村，春声夜钟，有声有色，一派清泠淡泊的境界，正契文中所谓"天机清妙"。相约春游时又写想象中的春景，鸟飞鱼跃，生机勃发，与冬夜之境正形成鲜明对比。以此预想之景邀友人同游，情怀高旷洒落，所谓"有深趣矣"。黄庭坚就此云："顾知此老胸次，定有泉石膏肓之疾。"（《苕溪渔隐丛话》）马端临在《文献通考·王右丞集》中也说："余每读之，使人有飘然独往之兴。"

作者的高情雅致与挚友间的灵犀相通，在信中以空灵而生动的文笔呈现出来，如诗如画，成为文人信函的经典之作。

思考与讨论

1. 信息时代，人们联络的手段有了很大的变化，更趋于便捷实用。相比之下，以此信为代表的文人书札有什么特点，其价值如何？
2. 与下一篇张岱的文章比较，同为描摹景物，二者的情感态度有什么不同？效果又有什么不同？

平行阅读

王维在辋川时与裴迪过从最密，所写山水诗居多，但也有愤世牢骚之辞。而寄情山水与伤时愤世其实是一枚硬币的两面。

酌酒与裴迪

王　维

酌酒与君君自宽，人情翻覆似波澜。白首相知犹按剑，朱门先达笑弹冠。草色全经细雨湿，花枝欲动春风寒。世事浮云何足问，不如高卧且加餐。

选自《王维集校注》，陈铁民校注，中华书局2012年版

古代文

> 张岱青少年时条件优越，追求精致生活，自称"好鲜衣，好美食，好骏马，好华灯，好烟火，好梨园，好鼓吹，好古董，好花鸟"。明亡之后，往事如烟，这一切都成了"梦忆"的对象。

西湖七月半

张　岱

聚焦
● 饶有兴味的冷眼旁观：精神贵族眼中的时尚
● 比较一下：和你在「旅游热」中的感受是否相同

　　西湖七月半，一无可看，止可看看七月半之人。看七月半之人，以五类看之。其一，楼船箫鼓[1]，峨冠盛筵[2]，灯火优傒[3]，声光相乱，名为看月而实不见月者，看之；其一，亦船亦楼，名娃闺秀，携及童娈[4]，笑啼杂之，环坐露台[5]，左右盼望，身在月下而实不看月者，看之；其一，亦船亦声歌，名妓闲僧，浅斟低唱，弱管轻丝[6]，竹肉相发[7]，亦在月下，亦看月，而欲人看其看月者，看之；其一，不舟不车，不衫不帻[8]，酒醉饭饱，呼群三五，跻入人丛，昭庆、断桥[9]，嚣呼嘈杂，装假醉，唱无腔曲，月亦看，看月者亦看，不看月者亦看，而实无一看者，看之；其一，小船轻幌[10]，净几暖炉，茶铛旋煮[11]，素瓷静递[12]，好友佳人，邀月同坐，或匿影树下，或逃嚣里湖[13]，看月而人不见其看月之态，亦不作意看月者，看之。

　　杭人游湖，巳出酉归[14]，避月如仇。是夕好名，逐队争出，多犒门军酒钱，轿夫擎燎[15]，列俟岸上。一入舟，速舟子急放断桥，赶入胜会。以故二鼓以前，

"西子"淡妆

人声鼓吹，如沸如撼，如魇如呓，如聋如哑，大船小船一齐凑岸，一无所见，止见篙击篙，舟触舟，肩摩肩，面看面而已。少刻兴尽，官府席散，皂隶喝道去[16]，轿夫叫船上人，怖以关门[17]，灯笼火把如列星，一一簇拥而去。岸上人亦逐队赶门，渐稀渐薄，顷刻散尽矣。

吾辈始舣舟近岸[18]。断桥石磴始凉，席其上，呼客纵饮。此时月如镜新磨，山复整妆，湖复颒面[19]，向之浅斟低唱者出，匿影树下者亦出，吾辈往通声气，拉与同坐。韵友来，名妓至，杯箸安，竹肉发。月色苍凉，东方将白，客方散去。吾辈纵舟，酣睡于十里荷花之中，香气拍人，清梦甚惬。

选自《陶庵梦忆　西湖梦寻》，夏咸淳、程维荣点校，上海古籍出版社2001年版

注释

[1] 楼船：这里指有楼饰的游船。
[2] 峨冠：高冠。峨冠博带是古代士大夫的装束。
[3] 优傒（xī）：倡优及仆从。
[4] 童娈（luán）：俊美的男童。
[5] 露台：楼船上的平台。
[6] 管：指吹奏乐器，如箫、笛之类。丝：指弹拨乐器，如琴、瑟之类。
[7] 竹肉相发：箫笛声和着歌声。竹：箫笛等竹制乐器。肉：歌喉。
[8] 帻（zé）：古代男子包头发的头巾。
[9] 昭庆、断桥：指昭庆寺、断桥，都是西湖名胜，为游人密集的地方。
[10] 轻幌（huǎng）：轻细的帷幔。
[11] 茶铛：煮茶的小锅。旋：随即。
[12] 素瓷：精致雅洁的杯子。
[13] 里湖：西湖以苏堤为界分为里湖和外湖两部分，苏堤以西为里湖。
[14] 巳出酉归：古人以十二地支记时，从晚上十一点开始，每两个小时为一个时辰。巳时，上午九点至十一点之间。酉时，下午五点至七点之间。
[15] 擎（qíng）燎：举着火把。
[16] 皂隶：衙役。皂和隶都是地位很低的差役。
[17] 怖以关门：以关城门来吓唬游人，使他们早归。
[18] 舣（yǐ）：停船靠岸。
[19] 颒（huì）面：洗面。形容湖面重新呈现出明净的样子。

张岱（1597—1679？），字宗子，又字石公，号陶庵、蝶庵。山阴（今浙江绍兴）人。生于仕宦家庭，但不求仕进，明亡后避居深山，从事著述。他能诗善文，兼通戏曲、音乐，提倡任情适性的文风，多有寄托故国之思的文字。尤以小品文著称，文笔流丽清新。一生著作很多，但流传下来的只有《陶庵梦忆》《西湖梦寻》等数种。

张　岱

导读

张岱的一生，以明清易代为转折点，分为截然不同、反差极大的两种生活状态。明亡前，他过着鲜衣美食、读书品艺的贵族生活；入清后，他坚持不事新朝，避居山中，布衣蔬食都难以为继，惟以著书写作来旧梦重温。他最著名的小品文集《陶庵梦忆》《西湖梦寻》，就是在这样困难的情况下写成的，大多是他对于往日繁华景象的追怀，反映出易代之际某些知识分子的共同心态：伤感与留恋。《西湖七月半》即为其中的一篇。全文追忆了明末杭州七月半游西湖的盛况，为张岱小品文的代表作之一。

小品文是极富个性色彩的文体，是广义的散文中的一种。它以篇幅短小、形式灵活、内容随意为特点，其源流久远，但至晚明而盛极。所以明人王思任认为，明代小品能够与汉赋、唐诗、宋元之词相并列而不逊色。在诸小品大家中，张岱被公认为是晚明小品文的集大成者。他为文最大的特色，是往往别具只眼，特别重视对于世态人情和众生相的细致考察与描写，故而他的许多小品就像一幅幅色彩明丽的风俗画。本文即是一例。面对被历代文人称叹不已的西湖，他脱开窠臼，不写西湖景色，偏写七月半西湖看月之人，在冷眼旁观中重现了当时的世风民习，可谓构思新奇，立意别致。而通篇喧哗与冷寂、庸俗与清雅等对比手法的成功运用，复为文章增色不少。

只是还有一个问题：在文中，张岱所自诩的清高拔俗的情致与避世雅游的态度，究其实，也不过是留恋湖光山色而已，并未脱传统文人的清高习气与风雅情怀。或者可以说，在今天的"吾辈"看来，彼亦成为"可看之人"耶？

思考与讨论

1. 分析"吾辈"看月与他人有何不同，表现了怎样的审美情趣，从中可看出张岱小品文的哪些特点？

2. 比较袁宏道的《虎丘记》（见本教材的《拓展读本》）与张岱的《西湖七月半》，两篇同写望月之夜，不过彼此之内容及感慨有同有异，试加以分析、讨论。

3. 在文学史上，往往有些文人作家的佳作，产生于生活境遇发生巨大变化、产生落差之后。所以有人说："苦难是一笔财富。"你怎样看这个说法？

"多情自古伤离别"，正道出生离之悲乃是人世间的普遍情感体验。而专写别情的名篇，正首推此赋。

别 赋（节选）

江 淹

聚焦
- 悲莫悲兮生别离：人生普遍的情感体验
- 骈文的华彩丽藻，特具一种艺术魅力

黯然销魂者[1]，唯别而已矣！况秦吴兮绝国，复燕宋兮千里[2]。或春苔兮始生，乍秋风兮暂起[3]。是以行子肠断[4]，百感凄恻。风萧萧而异响，云漫漫而奇色。舟凝滞于水滨，车逶迟于山侧[5]；棹容与而讵前[6]，马寒鸣而不息。掩金觞而谁御[7]，横玉柱而沾轼[8]。居人愁卧，怳若有亡。日下壁而沉彩，月上轩而飞光；见红兰之受露，望青楸之罹霜[9]。巡层楹而空掩[10]，抚锦幕而虚凉。知离梦之踯躅，意别魂之飞扬[11]。

……

乃有剑客惭恩，少年报士[12]。韩国赵厕，吴宫燕市[13]；割慈忍爱，离邦去里；沥泣共诀，抆血相视[14]。驱征马而不顾，见行尘之时起。方衔感于一剑，非买价于泉里[15]。金石震而色变[16]，骨肉悲而心死[17]。

……

又若君居淄右，妾家河阳[18]。同琼佩之晨照，共金炉之夕香[19]。君结绶兮千里[20]，惜瑶草之徒芳[21]。惭幽闺之琴瑟[22]，晦高台之流黄[23]。春宫閟此青苔色[24]，秋帐含兹明月光；夏簟青兮昼不暮[25]，冬釭凝兮夜何长[26]！织锦曲兮泣已尽，回文诗兮影独伤[27]。

……

是以别方不定，别理千名[28]。有别必怨，有怨必盈。使人意夺神骇，心折骨惊[29]。虽渊、云之墨妙[30]，严、乐之笔精[31]；金闺之诸彦[32]，兰台之群英[33]；赋有凌云之称[34]，辨有雕龙之声[35]，讵能摹暂离之状，写永诀之情者乎？

选自《江文通集汇注》，中华书局1982年版

注释

[1] 黯然：心神沮丧的样子。销魂：神思恍惚，丧魂落魄，形容极度悲伤。
[2] "况秦吴"二句：春秋战国时，秦国和吴国，一在西北，一在东南，相隔辽远。而燕国和宋国，燕在东北，宋在西南，也相隔千里。

罗宗强教授作《送别图》

[3]"或春苔"二句：春苔萌生，秋风乍起的季节，最能引起人们的离愁别恨。乍，突然，一说或。蹔，同"暂"。

[4] 行子：出行的人。肠断：形容极度悲伤。鲍照《东门行》："野风吹林木，行子心断肠。"

[5] 逶（wēi）迟：徘徊不前。

[6] 棹（zhào）：船桨，这里指船。容与：迟缓不前的样子。屈原《九章·涉江》："船容与而不进兮，淹回水而凝滞。"讵（jù）：岂。

[7] 掩：盖，覆。御：进，用，此指喝酒。

[8] 玉柱：琴瑟上支弦的弦码，这里代指琴瑟。霑（zhān）：同"沾"，泪水浸湿。轼：车前横木。以上十句，从行子一方落笔。

[9] 青楸（qiū）：绿色的楸树。楸，落叶乔木。罹：遭受。

[10] 巡：历，巡行。层：高。楹（yíng）：堂前柱子，此指房屋。

[11] "知离梦"二句：居人由于自己的离情别绪，设想行人也必定常梦到分离的时刻，神魂不安。踯躅（zhí zhú），止足不前的样子。意，料想。飞扬，心神不安。以上十句从居人一方着想。以下略去写富贵者别离的一段。

[12] 惭恩：受恩未报，感到惭愧。报士：报答好友。士，这里兼有士友、士君子之义。

[13] 韩国：指聂政刺死韩相侠累事。战国时，严仲子与侠累有仇，于是结交聂政，聂感其知遇之恩，为他刺死侠累，后自尽。赵厕：指豫让谋刺赵襄子事。豫让事晋国智伯，颇受礼遇。后智伯被赵襄子所灭。豫让改名换姓，装成罪奴，潜入赵国宫中厕所，想伺机刺襄子为智伯报仇，未成自杀。吴宫：指专诸刺死吴王僚事。春秋时，吴公子光谋夺王位，宴请吴王僚。专诸用藏在鱼腹中的匕首将吴王僚刺死，专诸也被吴王手下所杀。燕市：指荆轲为燕太子丹行刺秦王，不中，被秦所击杀一事。以上四事，均见《史记·刺客列传》。

[14] 抆（wěn）：擦，拭。血：泪尽继之以血。

[15] "方衔感"二句：刺客们正是因为不忘感恩而仗剑行刺，并非为了追求声名于地下。泉里，黄泉之下，指丧生。

[16] "金石"句：据《燕丹子》载，荆轲与舞阳入秦，秦王阶下持戟的卫士见燕使，敲响钟鼓，舞阳大恐，面如死灰。金石，指钟、磬一类的乐器。

[17] "骨肉悲"句：据《史记·刺客列传》载，聂政刺死侠累后，怕连累家人，于是破面抉眼，剖腹而死。韩国暴其尸于市，悬赏以求识者。聂政的姐姐聂嫈（yīng）悲其弟身死而名不扬，就赴韩市抚尸痛哭并宣布聂政姓名，随即自杀。本段写剑客之别。以下略去写从军与使外两段。

[18] "又若"二句：淄右，淄水之西。右，地理上以西为右。河阳，黄河之北。阳，水北山南称阳。

[19] "同琼佩"二句：追写别离前的生活。琼佩，用美玉做的佩饰。

[20] 结绶：出仕做官。绶，系印的带子。

[21] 瑶草：香草，代指上文的"妾"。徒芳：喻年华虚度。

[22] 惭：惭愧，对琴瑟而惭愧，表示无意娱乐。

[23] 晦：昏暗，黯淡。流黄：一种黄色的绢，指帷幕。

[24] 宫：泛指住所。闼（bì）：关门。以下分写四季的相思情状。

[25] 簟（diàn）：竹席。

[26] 釭（gāng）：灯。凝：沉滞无光。

[27] "织锦曲"二句：据《晋书·列女传》载，前秦苻坚时，秦州刺史窦涛被贬谪至沙漠地区，他的妻子苏蕙将回文诗织入锦中，寄给他，表达思念之情。织锦曲，即回文诗。回文诗是古代一种文体，诗句回环往复，皆可诵读。本段写游宦之别与思妇之情。以下略去写学道者之别与情人之别两段。

[28] "是以"二句：离别的情形不一，离别的原因也各不相同。方，类别。理，原因。

[29] 意夺神骇，心折骨惊：倒文（或有讹误），本意为"意骇神夺，心惊骨折"。

[30] 渊、云：渊，王褒，字子渊。云，扬雄，字子云。二人均为西汉著名辞赋家。

[31] 严、乐：指严安、徐乐。二人均为汉武帝时代的文人。

[32] 金闺：汉代长安的金马门，当时文学侍从之臣都在此待诏。彦：有才之士。

[33] 兰台：汉代宫廷藏书之所，也是文雄汇聚之地。

[34] 凌云之称：据《史记·司马相如列传》载，司马相如作《大人赋》，汉武帝读后大加赞赏，"飘飘有凌云之气"。这里指写赋才能极高。

[35] 雕龙之声：据《史记·孟子荀卿列传》载，战国时齐人邹奭擅长辩论，时人称为"雕龙奭（shì）"。雕龙，比喻辩术高超，如同雕镂龙文。

江淹（444—505），字文通，济阳考城（今河南兰考）人。历仕宋、齐、梁三代。梁武帝时，官至金紫光禄大夫。出身孤贫，早年即以文章著名。晚年才思衰退，人称"江郎才尽"。他的诗歌多为拟古之作，风格幽深奇丽。尤长于抒情小赋，现存赋作二十多篇，以《恨赋》《别赋》最为著名。有《江文通集》。

江淹

导读

离别，乃是人们共有的生活体验，也是人生永恒的缺憾之一。古往今来，抒写人间离情别意的佳作不胜枚举。而集中描绘多种离别状况，抒发哀怨之情的作品，则不能不首推江淹的《别赋》。它道出离别者的同感，引发了历代读者的共鸣。

赋，是中国文学史产生颇早的一种文体，一直保持着半诗半文的性质。魏晋以来，随着文学骈俪风气的日趋浓厚，赋这一文体也日益骈俪化，所谓"齐、梁而降，益事妍华"，从而发展为更为整炼的形式，也就是后人所称的"骈赋"。《别赋》即是一篇典型的骈赋。在骈赋盛行的南北朝时期，江淹这篇赋作的独出之处，在于避免了一般骈赋仅注重形式华美而体格渐卑的弊端，是在整饬华美的形式中，注入了真切情感，从而把离别之悲苦，表现得生动感人。

与汉大赋的凝重板滞不同，这篇赋在具体铺排上的参差错落、丰富多彩也值得注意。赋中摹写了七种离别情景，虽然悲苦之情同一，但作者力求写出不同离怨的不同特征，不仅事不同，且情不同、境不同。这里节选的剑客之别与夫妇之别，即是一慷慨悲壮，一缠绵悱恻，各具格调，有着鲜明的对照。

思考与讨论

1. 这篇赋善于以景物来正衬、反衬人物的感情，找出这样的段落，并体会这样写的妙处。

2. 离别之情，本是视而不可见，触而无形迹的，作者如何做到将它表现得具体可感？

3. 你有过与人离别的经历吗？这篇赋能引起你的一些共鸣吗？

4. 你还读过哪些抒写离别的名篇？讨论它们各自的优长。

平行阅读

壮士不堪别情。佳作连翩，千秋同慨。

贺新郎（送茂嘉十二弟）

辛弃疾

绿树听鹈鴂。更那堪、鹧鸪声住，杜鹃声切。啼到春归无寻处，苦恨芳菲都歇。算未抵、人间离别。马上琵琶关塞黑，更长门翠辇辞金阙。看燕燕，送归妾。　　将军百战身名裂。向河梁回头万里，故人长绝。易水潇潇西风冷，满座衣冠似雪。正壮士悲歌未彻。啼鸟还知如许恨，料不啼清泪长啼血。谁共我，醉明月？

选自《辛弃疾词选》，朱德才选注，人民文学出版社1988年版

> 韩愈与侄十二郎自幼相依，历尽忧患，虽为叔侄，实同兄弟。后因韩愈求禄远离，南迁北徙，见面日少，常以为憾。正当韩愈官运好转之时，十二郎却突然逝去。韩愈哀恸难抑，在骤闻死讯七天后，方写下这篇凄楚动人的千古祭文。

祭十二郎文[1]

韩 愈

年月日[2]，季父愈闻汝丧之七日[3]，乃能衔哀致诚，使建中远具时羞之奠[4]，告汝十二郎之灵：

呜呼！吾少孤[5]，及长，不省所怙[6]，惟兄嫂是依[7]。中年兄殁南方[8]，吾与汝俱幼，从嫂归葬河阳[9]，既又与汝就食江南[10]，零丁孤苦，未尝一日相离也。吾上有三兄[11]，皆不幸早世，承先人后者，在孙惟汝，在子惟吾；两世一身[12]，形单影只。嫂常抚汝指吾而言曰："韩氏两世，惟此而已！"汝时尤小，当不复记忆；吾时虽能记忆，亦未知其言之悲也！

吾年十九，始来京城；其后四年，而归视汝。又四年，吾往河阳省坟墓，遇汝从嫂丧来葬[13]。又二年，吾佐董丞相于汴州[14]，汝来省吾，止一岁，请归取其孥[15]；明年丞相薨，吾去汴州，汝不果来。是年，吾佐戎徐州[16]，使取汝者始行，吾又罢去，汝又不果来。吾念汝从于东，东亦客也，不可以久；图久远者，莫如西归，将成家而致汝。呜呼，孰谓汝遽去吾而殁乎！吾与汝俱少年，以为虽暂相别，终当久相与处；故舍汝而旅食京师，以求斗斛之禄[17]；诚知其如此，虽万乘之公相[18]，吾不以一日辍汝而就也！

去年孟东野往[19]，吾书与汝曰："吾年未四十，而视茫茫，而发苍苍，而齿牙动摇。念诸父与诸兄[20]，皆康强而早世，如吾之衰者，其能久存乎！吾不可去，汝不肯来，恐旦暮死，而汝抱无涯之戚也！"孰谓少者殁而长者存，强者夭而病者全乎！呜呼，其信然邪？其梦邪？其传之非其真邪？信也，吾兄之盛德而夭其嗣乎？汝之纯明而不克蒙其泽乎[21]？少者强者而夭殁，长者衰者而存全乎？未可以为信。梦也，传之非其真也，东野之书，耿兰之报[22]，何为而在吾侧也？呜呼！其信然矣！吾兄之盛德而夭其嗣矣！汝之纯明宜业其家者[23]，不克蒙其泽矣！所谓天者诚难测，而神者诚难明矣！所谓理者不可推，而寿者不可知

聚焦
● 人怎样面对亲友的辞世？人能够忘情于死生吗？
● 追悼一个小人物的祭文，为何能够传诵千古？

矣！虽然，吾自今年来，苍苍者或化而为白矣，动摇者或脱而落矣，毛血日益衰，志气日益微，几何不从汝而死也[24]！死而有知，其几何离[25]；其无知，悲不几时，而不悲者无穷期矣[26]！汝之子始十岁，吾之子始五岁[27]，少而强者不可保，如此孩提者又可冀其成立邪？呜呼哀哉，呜呼哀哉！

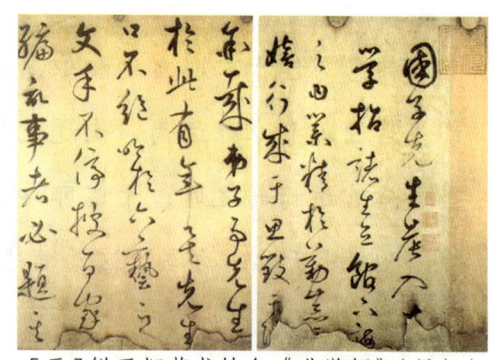

[元]鲜于枢草书韩愈《进学解》（局部）

汝去年书云："比得软脚病[28]，往往而剧。"吾曰："是疾也，江南之人常常有之。"未始以为忧也。呜呼！其竟以此而殒其生乎？抑别有疾而至斯乎？汝之书，六月十七日也[29]；东野云：汝殁以六月二日，耿兰之报无月日。盖东野之使者不知问家人以月日，如耿兰之报不知当言月日，东野与吾书，乃问使者，使者妄称以应之耳[30]。其然乎？其不然乎？

今吾使建中祭汝，吊汝之孤与汝之乳母。彼有食可守以待终丧[31]，则待终丧而取以来；如不能守以终丧，则遂取以来。其余奴婢，并令守汝丧。吾力能改葬，终葬于先人之兆，然后惟其所愿[32]。呜呼！汝病吾不知时，汝殁吾不知日；生不能相养以共居，殁不得抚汝以尽哀，敛不凭其棺，窆不临其穴[33]；吾行负神明而使汝夭，不孝不慈，而不得与汝相养以生，相守以死；一在天之涯，一在地之角，生而影不与吾形相依，死而魂不与吾梦相接：吾实为之，其又何尤？彼苍者天，曷其有极[34]！

自今已往，吾其无意于人世矣。当求数顷之田于伊颍之上[35]，以待馀年。教吾子与汝子，幸其成；长吾女与汝女，待其嫁——如此而已。呜呼！言有尽而情不可终，汝其知也邪？其不知也邪？呜呼哀哉，尚飨[36]！

选自《韩昌黎文集校注》，马其昶校注，马茂元整理，上海古籍出版社1986年版

注释

[1] 十二郎：韩愈的侄子，名老成，是韩愈二哥韩介之子，过继给韩愈大哥韩会。唐时口语称年轻男子为郎子，郎即郎子。老成在族中排行第十二，所以称十二郎。

[2] 年月日：写祭文的时间。这里的具体时间在拟稿时作了省略。

[3] 季父：叔父。古人兄弟间以伯、仲、叔、季排行，韩愈上有三兄，故称季父。

[4] 建中：人名，并下文"耿兰"，可能都是韩愈的家人。时羞：应时的鲜美食物。奠：这里指祭品。

[5] 孤：幼年丧父。韩愈的父亲去世时，韩愈只有三岁。

[6] 不省（xǐng）所怙（hù）：不记得父亲了。所怙，指父亲。怙，依靠。

[7] 兄嫂：指韩愈的哥哥韩会、嫂郑氏，即十二郎的嗣父母。

[8]"中年"句：大历十二年（777）五月，韩愈的大哥韩会贬为韶州刺史，不久死于任内，时年四十二岁，故称"中年"。韶州，唐属岭南道，治所在今广东曲江，故曰"南方"。

[9] 河阳：地名，在今河南孟州西，是韩愈祖坟所在地。

[10] 就食江南：到江南谋生。建中二年（781），因中原地区兵乱不息，韩愈随嫂避居宣州（今安徽宣城），这里韩氏置有田宅，所以说"就食"。

[11] 三兄：指韩愈的哥哥会、介和一个未及命名而夭折的哥哥。另一种解释说，"吾"代指韩愈和十二郎，韩愈有两个哥哥，十二郎有一个哥哥（百川），共是"三兄"。

[12] 两世一身：子辈和孙辈都只剩下了一个男丁。

[13]"又四年"三句：韩愈大嫂郑氏于贞元九年（793）死在宣州。贞元十一年，韩愈往河阳祭扫祖坟，恰好这时十二郎送其母灵柩归葬，叔侄又得相遇。

[14] 董丞相：即董晋。贞元十二年（796），董晋任宣武军节度使，汴、宋、亳、颍等州观察使，韩愈在他属下任节度推官（掌刑狱）。汴州：治所在今河南开封。

[15] 请归取其孥：请求回宣州接妻、子来汴州同住。孥（nǔ），妻子儿女的统称。

[16] 佐戎徐州：韩愈离开汴州后，当年秋天，在武宁节度使张建封属下任节度推官。徐州，武宁军治所，今江苏徐州。

[17]"故舍汝"二句：韩愈离开徐州后，于贞元十七年（801）到长安选官，调四门博士，十九年，迁监察御史。斗斛之禄，很少的俸禄。古代以十斗为斛。一本作"开斗之禄"。

[18] 万乘之公相：指高官厚禄。乘（shèng），四马一车为一乘。万乘，指万乘之国。周代，封国的大小以兵车和赋税的多少计算，千里大国，可出万辆兵车，称为万乘之国。

[19] 去年：贞元十八年（802）。孟东野：即孟郊，与韩愈友谊极厚。当时孟郊在长安选官，出任溧阳（今江苏溧阳）尉，溧阳距宣州不远，所以托他带家信。

[20] 诸父：伯父和叔父。

[21]"信也"三句：若是真的，以我哥哥的美好德行，他的儿子会短寿吗？像你这样的资质聪明，不能够承受他的恩泽么？克，能够。

[22] 耿兰：送报丧信的仆人。报：指报丧信。

[23] 宜业其家者：应该继承家业的人。业，用作动词，继承。

[24] 几何：意思是过不多久。

[25]"死而有知"二句：死后如果有知觉，那我们的分离又会有多久呢？意思是指自己身体不好，恐也年寿不长，与十二郎死后相会的日子也不远了。

[26] 不悲者：指死后无喜无悲的状态。

[27]"汝之子"二句：韩老成有二子，长韩湘，次韩滂，此指韩湘。韩愈有子三人，此指长子韩昶。

[28] 比：近来。软脚病：脚气病。

[29]"汝之书"句：十二郎死前，韩愈还收到他最后一封信，信是六月十七日写的。所以，他的死期，决不可能是下文孟郊信里所说的六月二日。

[30] 使者：指报丧的人。

[31] 终丧：守满丧期。古礼，父死，子应守孝三年。

[32]"吾力"三句：我将来有力量改葬的时候，一定把你的灵柩从宣州迁回，

最终葬于祖先的坟地河阳。那时（守丧的奴婢）就可以任其自由了。兆，坟地。

[33] 窆（biǎn）：落葬，即下棺木于墓穴。

[34] "彼苍者天"二句：语本《诗经·唐风·鸨羽》："悠悠苍天，曷其有极！"这里意思是说那青青的天啊，我的痛苦哪里有穷尽！

[35] 伊颍：伊河和颍河，都在今河南境内，靠近韩愈的家乡。

[36] 尚飨：古代祭文常用的结束语，意思是希望死者来享受祭品。

韩愈（768—824），字退之，河阳（今河南孟州）人。因其郡望昌黎，故世称韩昌黎。是唐代古文运动的倡导者和文坛领袖，与柳宗元并称"韩柳"。主张文以载道，文道合一。其散文气势充沛、雄奇奔放，对当时及后世都有重大影响，因而被列于唐宋八大家之首。有《昌黎先生集》。

韩愈

导读

人世间的悲哀，最常见的莫过于生离和死别。前选江淹《别赋》，说的是生离之悲苦。而此篇则倾泻了死别的深创巨恸。韩愈和十二郎自幼相依，虽为叔侄，实同兄弟。这种特殊亲厚的关系，使得韩愈骤闻噩耗后，痛不欲生，不愿相信他二人从此竟成永诀。七天之后，方能挥笔写下这篇被誉为"==祭文中千古绝调=="的文字。

祭文一体，古已有之。徐师曾在《文体明辨》中说："祭文者，祭奠亲友之辞也。"汉魏以来，祭文渐形成固定的格式，内容多为对死者生平的追述和赞颂，形式多是四言韵语，也有用骈文的。这种祭文，大多形式呆板，语多浮夸而缺少真情，甚至有人专以代人写祭文为职业，实际上已成为一种应酬文字，所以为人传诵的不多。韩愈此文则情之所至，不受检束，==一破祭文之常套==，纯用散文笔法，自然质朴，絮絮写来，宛如在和亡者相对而语。这种不拘常格的变体祭文，在古代祭文中较为罕见。形式的特殊，感情的浓烈，以及由此生发出的==巨大感染力==，正是本文的一大特色。

韩愈的散文，历来被认为结构谨严而又富于变化。另外，"韩文如潮"，即韩愈文章具有不凡的气

韩愈陵园

势与力度，也是人们对韩愈文章的通常说法。韩文的这两个特点，在《祭十二郎文》中都得到了鲜明体现。

只要有生命存在，祭吊就永远不会消失，所以也可以说祭文是最有实用价值的文体之一。从这篇千古传诵的祭文佳作中，我们当能从中汲取营养，得到启示。

思考与讨论

1. 苏轼曾说："读《祭十二郎文》不下泪者，其人必不友。"分析此说是否有道理。

2. 后人认为袁枚的《祭妹文》，乃是本文的接踵之作。通过比较两文，你能否找出祭文佳作的一些共通之处？

3. 一般祭文多使用韵语，本文则通篇散体。由此生发，你认为内容决定形式的说法正确吗？

4. 有生则必有死，谈谈你对死亡的看法。

平行阅读

一祭侄，一祭妹，对象不同，而真情贯注则一。

祭 妹 文

袁 枚

乾隆丁亥冬，葬三妹素文于上元之羊山，而奠以文曰：

呜呼！汝生于浙，而葬于斯，离吾乡七百里矣；当是时虽觭梦幻想，宁知此为归骨所耶？

汝以一念之贞，遇人仳离，致孤危托落，虽命之所存，天实为之；然而累汝至此者，未尝非予之过也。予幼从先生授经，汝差肩而坐，爱听古人节义事；一旦长成，遽躬蹈之。呜呼！使汝不识《诗》《书》，或未必艰贞若是。

予捉蟋蟀，汝奋臂出其间；岁寒虫僵，同临其穴。今予殓汝葬汝，而当日之情形憬然赴目。予九岁，憩书斋，汝梳双髻，披单缣来，温《缁衣》一章；适先生奓入户，闻两童子音琅琅然，不觉莞尔，连呼则则，此七月望日事也。汝在九原，当分明记之。予弱冠粤行，汝掎裳悲恸。逾三年，予披宫锦还家，汝从东厢扶案出，一家瞠视而笑，不记语从何起，大概说长安登科、函使报信迟早云尔。凡此琐琐，虽为陈迹，然我一日未死，则一日不能忘。旧事填膺，思之凄梗，如影历历，逼取便逝。悔当时不将嫛婗情状，罗缕纪存；然而汝已不在人间，则虽年光倒流，儿时可再，而亦无可与为证印者矣。

汝之义绝高氏而归也，堂上阿奶，仗汝扶持；家中文墨，眣汝办治。尝谓女流中最少明经义、谙雅故者。汝嫂非不婉嫕，而于此微缺然。故自汝归后，虽为汝悲，实为予喜。予又长汝四岁，或人间长者先亡，可将身后托汝；而不谓汝之先予以去也。前年予病，汝终宵刺探，减一分则喜，增一分则忧。后虽小差，犹尚殗殜，无所娱遣；汝来床前，为说稗官野史可喜可愕之事，聊资一欢。呜呼！今而后，吾将再病，教从何处呼汝耶？

　　汝之疾也，予信医言无害，远吊扬州；汝又虑戚吾心，阻人走报；及至绵惙已极，阿奶问："望兄归否？"强应曰："诺。"已予先一日梦汝来诀，心知不详，飞舟渡江，果予以未时还家，而汝已辰时气绝；四肢犹温，一目未瞑，盖犹忍死待予也。呜呼痛哉！早知诀汝，则予岂肯远游？即游，亦尚有几许心中言要汝知闻，共汝筹画也，而今已矣！除吾死外，当无见期。吾又不知何日死，可以见汝；而死后之有知无知，与得见不得见，又卒难明也。然则抱此无涯之憾，天乎人乎！而竟已乎！

　　汝之诗，吾已付梓；汝之女，吾已代嫁；汝之生平，吾已作传；惟汝之窀穸尚未谋耳。先茔在杭，江广河深，势难归葬，故请母命而宁汝于斯，便祭扫也。其旁葬汝女阿印；其下两冢：一为阿爷侍者朱氏；一为阿兄侍者陶氏。羊山旷渺，南望原隰，西望栖霞，风雨晨昏，羁魂有伴，当不孤寂。所怜者，吾自戊寅年读汝哭侄诗后，至今无男，两女牙牙，生汝死后，才周晬耳。予虽亲在未敢言老，而齿危发秃，暗里自知；知在人间，尚复几日？阿品远官河南，亦无子女，九族无可继者。汝死我葬，我死谁埋？汝倘有灵，可能告我？

　　呜呼！生前既不可想，身后又不可知；哭汝既不闻汝言，奠汝又不见汝食。纸灰飞扬，朔风野大，阿兄归矣，犹屡屡回头望汝也。呜呼哀哉！呜呼哀哉！

选自《袁枚全集》第2册，王英志校点，江苏古籍出版社1993年版

> 司马迁所描写的刺客，常被后人目为"侠"，是在于这些人感于恩义，忠于所托，其言必信，其行必果，轻生死，忘安危，实在是"天壤间第一种激烈人"。

史记·刺客列传（节选）

司马迁

聚焦
● 武侠小说的重要源头
● 荆轲刺秦：英雄侠义之举

荆轲者，卫人也。其先乃齐人，徙于卫，卫人谓之庆卿[1]。而之燕，燕人谓之荆卿。荆卿好读书击剑，以术说卫元君[2]，卫元君不用。其后秦伐魏，置东郡，徙卫元君之支属于野王[3]。荆轲尝游过榆次，与盖聂论剑，盖聂怒而目之。荆轲出，人或言复召荆卿。盖聂曰："曩者吾与论剑有不称者[4]，吾目之；试往，是宜去，不敢留。"使使往之主人[5]，荆卿则已驾而去榆次矣。使者还报，盖聂曰："固去也[6]，吾曩者目摄之[7]！"荆轲游于邯郸[8]，鲁句践与荆轲博[9]，争道[10]，鲁句践怒而叱之，荆轲嘿而逃去[11]，遂不复会。

荆轲既至燕，爱燕之狗屠及善击筑者高渐离[12]。荆轲嗜酒，日与狗屠及高渐离饮于燕市，酒酣以往[13]，高渐离击筑，荆轲和而歌于市中，==相乐也，已而相泣，旁若无人者==。荆轲虽游于酒人乎，然其为人沉深好书；其所游诸侯，尽与其贤豪长者相结。其之燕，燕之处士田光先生亦善待之[14]，知其非庸人也。

居顷之，会燕太子丹质秦亡归燕[15]。燕太子丹者，故尝质于赵，而秦王政生于赵，其少时与丹欢。及政立为秦王，而丹质于秦。秦王之遇燕太子丹不善，故丹怨而亡归。归而求为报秦王者，国小，力不能。其后秦日出兵山东以伐齐、楚、三晋，稍蚕食诸侯，且至于燕，燕君臣皆恐祸之至。太子丹患之，问其傅鞠武[16]。武对曰："秦地遍天下，威胁韩、魏、赵氏，北有甘泉、谷口之固，南有泾、渭之沃，擅巴、汉之饶，右陇、蜀之山，左关、殽之险，民众而士厉，兵革有余。意有所出[17]，则长城之南，易水以北[18]，未有所定也[19]。奈何以见陵之怨[20]，欲批其逆鳞哉！"丹曰："然则何由？"对曰："请入图之[21]。"

居有间[22]，秦将樊於期得罪于秦王，亡之燕，太子受而舍之[23]。鞠武谏曰："不可。夫以秦王之暴而积怒于燕，足为寒心，又况闻樊将军之所在乎？是谓'委肉当饿虎之蹊'也，祸必不振矣[24]！虽有管、晏[25]，不能为之谋也。愿太子疾遣樊将军入匈奴以灭口。请西约三晋，南连齐、楚，北购于单于，其后乃可图也。"太子曰："太傅之计，旷日弥久，心惛然[26]，恐不能须臾。且非独此也，夫樊将军穷困于天下，归身于丹，丹终不以迫于强秦而弃所哀怜之交，置之匈奴，是固丹命卒之时也。愿太傅更虑之。"鞠武曰："夫行危欲求安，造祸而求福，计浅而怨深，连结一人之后交[27]，不顾国家之大害，此所谓'资怨而助祸'矣。夫以鸿毛燎于炉炭之上，必无事矣[28]。且以雕鸷之秦，行怨暴之怒，岂足道哉！燕有田光先生，其为人智深而勇沉，可与谋。"太子曰："愿因太傅而得交于田先生，可乎？"鞠武曰："敬诺。"出见田先生，道"太子愿图国事于先生也"。田光曰："敬奉教。"乃造焉。太子逢迎，却行为导[29]，跪而蔽席。田光坐定，左右无人，太子避席而请曰[30]："燕秦不两立，愿先生留意也。"田光曰："臣闻骐骥盛壮之时，一日而驰千里；至其衰老，驽马先之。今太子闻光盛壮之时，不知臣精已消亡矣[31]。虽然，光不敢以图国事，所善荆卿可使也。"太子曰："愿因先生得结交于荆卿，可乎？"田光曰："敬诺。"即起，趋出。太子送至门，戒曰："丹所报，先生所言者，国之大事也，愿先生勿泄也！"田光俛而笑曰："诺。"偻行见荆卿，曰："光与子相善，燕国莫不知。今太子闻光壮盛之时，不知吾形已不逮也，幸而教之曰'燕秦不两立，愿先生留意也'。光窃不自外[32]，言足下于太子也，愿足下过太子于宫[33]。"荆轲曰："谨奉教。"田光曰："吾闻之，长者为行，不使人疑。今太子告光曰：'所言者，国之大事也，愿先生勿泄'，是太子疑光也。夫为行而使人疑之，非节侠也。"欲自杀以激荆卿，曰："愿足下急过太子，言光已死，明不言也。"因遂自刭而死。

汉墓石刻中的"刺秦故事"

荆轲遂见太子，言田光已死，致光之言。太子再拜而跪，膝行流涕，有顷而后言曰："丹所以诫田先生毋言者，欲以成大事之谋也。今田先生以死明不言，岂丹之心哉！"荆轲坐定，太子避席顿首曰："田先生不知丹之不肖，使得至前，敢有所道，此天之所以哀燕而不弃其孤也[34]。今秦有贪利之心，而欲不可足也。非尽天下之地，臣海内之王者，其意不厌。今秦已虏韩王，尽纳其地。又举兵南伐楚，北临赵；王翦将数十万之众距漳、邺，而李信出太原、云中。赵不能支秦，必入臣，入臣则祸至燕。燕小弱，数困于兵，今计举国不足以当秦。诸侯服秦，莫敢合从[35]。丹之私计愚，以为诚得天下之勇士使于秦，窥以重利；秦王贪，其势必得所愿矣。诚得劫秦王，使悉反诸侯侵地[36]，若曹沫之与齐桓公[37]，则大善矣；则不可[38]，因而刺杀之。彼秦大将擅兵于外而内有乱，则君臣相疑，以其间诸侯得合从，其破秦必矣。此丹之上愿，而不知所委命[39]，唯荆卿留意焉。"久之，荆轲曰："此国之大事也，臣驽下，恐不足任使。"太子前顿首，固请毋让，然后许诺。于是尊荆卿为上卿，舍上舍[40]。太子日造门下，供太牢具[41]，异物间进[42]，车骑美女恣荆轲所欲，以顺适其意。

久之，荆轲未有行意。秦将王翦破赵，虏赵王，尽收入其地，进兵北略地至燕南界。太子丹恐惧，乃请荆轲曰："秦兵旦暮渡易水，则虽欲长侍足下，岂可得哉！"荆轲曰："微太子言[43]，臣愿谒之。今行而毋信，则秦未可亲也。夫樊将军，秦王购之金千斤，邑万家。诚得樊将军首与燕督亢之地图，奉献秦王，秦王必说见臣[44]，臣乃得有以报。"太子曰："樊将军穷困来归丹，丹不忍以己之私而伤长者之意，愿足下更虑之！"荆轲知太子不忍，乃遂私见樊於期曰："秦之遇将军可谓深矣[45]，父母宗族皆为戮没。今闻购将军首金千斤，邑万家，将奈何？"於期仰天太息流涕曰："於期每念之，常痛于骨髓，顾计不知所出耳！"荆轲曰："今有一言可以解燕国之患，报将军之仇者，何如？"於期乃前曰："为之奈何？"荆轲曰："愿得将军之首以献秦王，秦王必喜而见臣，臣左手把其袖，右手揕其匈[46]，然则将军之仇报而燕见陵之愧除矣。将军岂有意乎？"樊於期偏袒搤捥而进曰[47]："此臣之日夜切齿腐心也[48]，乃今得闻教！"遂自刭。太子闻之，驰往，伏尸而哭，极哀。既已不可奈何，乃遂盛樊於期首，函封之。

于是太子豫求天下之利匕首，得赵人徐夫人匕首，取之百金，使工以药焠之，以试人，血濡缕[49]，人无不立死者。乃装为遣荆卿[50]。燕国有勇士秦舞阳，年十三，杀人，人不敢忤视。乃令秦舞阳为副。荆轲有所待，欲与俱；其人居远未来，而为治行。顷之，未发，太子迟之，疑其改悔，乃复请曰："日已尽矣，荆卿岂有意哉？丹请得先遣秦舞阳。"荆轲怒，叱太子曰："何太子之遣？往而不返者，竖子也[51]！且提一匕首入不测之强秦，仆所以留者，待吾客与俱。今太子迟之，请辞决矣！"遂发。太子及宾客知其事者，皆白衣冠以送之。至易水之上，既祖[52]，取道，高渐离击筑，荆轲和而歌，为变徵之声[53]，士皆垂泪涕泣。又前而为歌曰："风萧萧兮易水寒，壮士一去兮不复还！"复为羽声忼慨[54]，士皆瞋目，发尽上指冠。于是荆轲就车而去，终已不顾。

遂至秦，持千金之资币物，厚遗秦王宠臣中庶子蒙嘉。嘉为先言于秦王曰："燕王诚振怖大王之威[55]，不敢举兵以逆军吏，愿举国为内臣，比诸侯之列，给贡职如郡县，而得奉守先王之宗庙。恐惧不敢自陈，谨斩樊於期之头，及献燕督亢之地图，函封，燕王拜送于庭，使使以闻大王，唯大王命之。"秦王闻之，大喜，乃朝服，设九宾[56]，见燕使者咸阳宫。荆轲奉樊於期头函，而秦舞阳奉地图柙，以次进。至陛[57]，秦舞阳色变振恐，群臣怪之。荆轲顾笑舞阳，前谢曰："北蕃蛮夷之鄙人，未尝见天子，故振慑[58]。愿大王少假借之[59]，使得毕使于前。"秦王谓轲曰："取舞阳所持地图。"轲既取图奏之[60]，秦王发图，图穷而匕首见[61]。因左手把秦王之袖，而右手持匕首揕之。未至身，秦王惊，自引而起[62]，袖绝。拔剑，剑长，操其室[63]。时惶急，剑坚，故不可立拔。荆轲逐秦王，秦王环柱而走。群臣皆愕，卒起不意，尽失其度。而秦法，群臣侍殿上者不得持尺寸之兵；诸郎中执兵皆陈殿下，非有诏召不得上。方急时，不及召下兵，以故荆轲乃逐秦王。而卒惶急，无以击轲，而以手共搏之。是时侍医夏无且以其所奉药囊提荆轲也。秦王方环柱走，卒惶急，不知所为，左右乃曰："王负剑！"

233

负剑，遂拔以击荆轲，断其左股。荆轲废[64]，乃引其匕首以掷秦王，不中，中桐柱。秦王复击轲，轲被八创。轲自知事不就，倚柱而笑，箕踞以骂曰[65]："事所以不成者，以欲生劫之，必得约契以报太子也[66]。"于是左右既前杀轲，秦王不怡者良久。已而论功，赏群臣及当坐者各有差[67]，而赐夏无且黄金二百溢[68]，曰："无且爱我，乃以药囊提荆轲也。"

于是秦王大怒，益发兵诣赵，诏王翦军以伐燕。十月而拔蓟城。燕王喜、太子丹等尽率其精兵东保于辽东。秦将李信追击燕王急，代王嘉乃遗燕王喜书曰："秦所以尤追燕急者，以太子丹故也。今王诚杀丹献之秦王，秦王必解，而社稷幸得血食[69]。"其后李信追丹，丹匿衍水中[70]，燕王乃使使斩太子丹，欲献之秦。秦复进兵攻之。后五年，秦卒灭燕，虏燕王喜。其明年，秦并天下，立号为皇帝。

于是秦逐太子丹、荆轲之客，皆亡[71]。高渐离变名姓为人庸保，匿作于宋子[72]。久之，作苦，闻其家堂上客击筑，傍徨不能去。每出言曰："彼有善有不善。"从者以告其主，曰："彼庸乃知音，窃言是非。"家丈人召使前击筑[73]，一坐称善，赐酒。而高渐离念久隐畏约无穷时[74]，乃退，出其装匣中筑与其善衣，更容貌而前。举坐客皆惊，下与抗礼[75]，以为上客。使击筑而歌，客无不流涕而去者。宋子传客之[76]，闻于秦始皇。秦始皇召见，人有识者，乃曰："高渐离也。"秦皇帝惜其善击筑，重赦之，乃矐其目[77]。使击筑，未尝不称善。稍益近之，高渐离乃以铅置筑中，复进得近，举筑扑秦皇帝，不中。于是遂诛高渐离，终身不复近诸侯之人[78]。

鲁句践已闻荆轲之刺秦王，私曰："嗟乎，惜哉其不讲于刺剑之术也！甚矣吾不知人也！曩者吾叱之，彼乃以我为非人也[79]！"

太史公曰：世言荆轲，其称太子丹之命，"天雨粟，马生角"也，太过[80]。又言荆轲伤秦王，皆非也。始公孙季功、董生与夏无且游，具知其事，为余道之如是。自曹沫至荆轲五人[81]，此其义或成或不成，然其立意较然[82]，不欺其志，名垂后世，岂妄也哉！

选自《史记选》，人民文学出版社1982年版

注释

[1] 庆卿：庆为齐国大族，或荆轲祖先出自庆氏，或卫人以齐之大姓随意称之。也有认为"庆"与"荆"声相近，因此随荆轲所在之国不同叫法略有差异。卿，古代对男子的美称。

[2] 术：剑术。说（shuì）：游说。卫元君：卫国国君，公元前251年即位，在位25年。这时卫国已成为魏国附庸，所以下文才有秦伐魏而徙卫元君事。

[3] "徙卫元君"句：应为"徙卫元君及其支属于野王"。野王，邑名，原属韩，后为秦所取，即今河南沁阳。

[4] 曩者：昔者，这里指"刚才"。称（chèn）：合适，合格。

[5] 主人：荆轲寄居的房东或店家。

[6] 固：本来，当然。
[7] 慑：同"慑"，使恐惧，吓唬。
[8] 邯郸：战国时赵国的都城，即今河北邯郸。
[9] 博：类似下棋的一种游戏。
[10] 争道：在棋盘上争抢赢路。
[11] 嘿：同"默"。
[12] 狗屠：以屠狗为业的人。筑：古代乐器，似琴，有弦，用竹击打发音。
[13] 以往：以后。
[14] 处士：隐居者，有才德而不肯做官的人。
[15] 会：恰逢。燕太子丹：燕国太子，名丹。质秦：在秦国当人质，其事始于前239年，前232年自秦逃亡回燕。
[16] 傅：太傅，负责教导太子的官。
[17] 意有所出：心念一动。
[18] 长城之南，易水以北：当时燕国全境。
[19] 未有所定：不能确保。
[20] 见陵：被凌辱。陵，通"凌"。
[21] 入：深入。图：谋划。
[22] 居有间：过了一段时间。间（jiàn），空隙。
[23] 受：接纳。舍（shè）：安排住在馆舍里。
[24] "是谓"二句意思是，把肉扔在饿虎要经过的路上，必难幸免。委肉当饿虎之蹊，似为当时成语。委，扔。当，对着。蹊，小路。振，挽救。
[25] 管、晏：管仲，晏婴，春秋时齐国著名政治家。
[26] 惛然：心烦意乱的样子。惛，同"昏"。
[27] 连结：结识。后交：新交的朋友。
[28] 无事：什么都没了，全完蛋了。
[29] 却行为导：主人倒退着走，在前面引导着客人。这是当时的一种礼节。
[30] 避席：离开坐席，然后讲话，以示恭敬。
[31] 精：精力。
[32] 窃：谦词。不自外：不拿自己当外人看。
[33] 过：拜访。
[34] 孤：太子丹自称。
[35] 合纵：指六国合力抗秦。从，同"纵"。
[36] 侵地：指诸侯被侵占之地。
[37] 曹沫：春秋时鲁人，曾在齐鲁会盟时，劫持齐桓公，逼迫其归还侵鲁之地。
[38] 则：假若。
[39] 委：委托。命：命运，这里指刺秦事。
[40] 舍（shě）上舍（shè）：住在上等的馆舍。
[41] 太牢具：牛、羊、猪三牲皆备的筵席。
[42] 异物：珍异之物。间进：隔不多时送一次。
[43] 微：没有。
[44] 说：同"悦"。
[45] 遇：对待。深：残酷。
[46] 揕（zhèn）：刺。匈：同"胸"。
[47] 偏袒：脱下一只袖子，露出半边肩膀。搤：同"扼"。捥：同"腕"。扼

腕：一手握住另一只手腕。偏袒扼腕，当时人们发誓、表决心时常做的样子。

[48] 拊心：捶胸。拊，同"拊"，拍，捶。

[49] 濡：渗出。缕：一丝。

[50] 装：装好匕首。

[51] 竖子：小子，奴才，对人的蔑称。"往而不返者，竖子也"，荆轲本意是效仿曹沫，劫持秦王，迫其订立盟约归还侵六国地，而后全胜而归，故有此言。

[52] 祖：祭祀路神。古人出远门时常有的仪式。

[53] 变徵（zhǐ）之声：古代乐律分宫、商、角、变徵、徵、羽、变宫七调，大致相当于西方音乐的CDEFGAB七调，变徵即F调，此调悲惋苍凉。

[54] 羽声：相当于A调，此调慷慨激昂。

[55] 振怖：惧怕。振，同"震"。

[56] 九宾：同"九傧"，九个傧相依次传呼，为当时极隆重之礼。

[57] 陛：殿前的台阶。

[58] 振慑（shè）：惊恐。

[59] 少：稍。假借：宽容，通融。

[60] 既：同"即"。奏：进献。

[61] 图穷：图卷展到最后。

[62] 引：抽身。

[63] 室：指剑鞘。

[64] 废：瘫倒。

[65] 箕踞：伸着两腿，像簸箕口一样地坐着。这是轻蔑对方的表现。

[66] 约契：指荆轲原计划中让秦王尽返六国侵地的契约。

[67] 当坐者：应该治罪的人。"当坐者"前应有一"罚"字。

[68] 溢：同"镒"，古代重量单位，一镒为二十两，一说二十四两。

[69] 社稷幸得血食：国家侥幸可以得到保存。血食，享受祭祀，祭祀要杀牛、羊、豕，故称"血食"。

[70] 衍水：即今沈阳市附近的太子河，因太子丹曾隐匿于此而得名。

[71] 亡：逃亡。

[72] 宋子：地名，今河北赵县东北。

[73] 家丈人：主人。

[74] 久隐畏约无穷时：长久地隐藏畏缩下去，没有完结的时候。

[75] 抗礼：以平等之礼相待。

[76] 传客之：依次轮流请他去作客。

[77] 矐（huò）：使失明。

[78] 诸侯之人：指秦并天下前东方六国的人。

[79] 以我为非人也：认为我是不值得交往的人。按：曾与荆轲论剑以其"不称""怒而目之"者是盖聂，并非鲁句践，这里似乎行文有误。

[80] "世言"以下四句：世间流传荆轲的故事，其中说到太子丹的命运时，说太子丹曾感动得令天下起粟雨，让马生出了角，这种说法，太过虚妄。

[81] 自曹沫至荆轲五人：《刺客列传》全传是为曹沫、专诸、豫让、聂政、荆轲五名刺客做的合传。

[82] 较然：明确。

史记·刺客列传

司马迁（前145或前135—？），字子长，夏阳龙门（今陕西韩城）人。古代著名史学家、文学家、思想家。生于史官世家，曾任太史令，后为李陵降匈奴辩护而获罪，下狱，受腐刑。出狱后任中书令，发愤著书，完成了不朽的历史巨著《史记》。

《史记》是我国第一部纪传体史书，分为十二"本纪"、三十"世家"、七十"列传"、十"表"、八"书"，记载了上自黄帝下至汉武帝约三千年的历史，堪称中国古代史学领域的一座丰碑，且具有极高的文学价值。

司马迁

导读

本篇选自《史记·刺客列传》。《刺客列传》叙述了从春秋到战国时期曹沫、专诸、豫让、聂政、荆轲五个著名刺客的事迹。全文五千多字，而荆轲传部分就占三千有余，是全传最精彩的部分。

这一部分讲述了荆轲为挽救燕国而谋刺秦王的全过程。其时东方六国已有数国相继被秦国吞并，弱小的燕国也山穷水尽，即将灭亡。这时一群勇士不甘为虏，挺身而出，起而做最后的抗争。虽然最终未能挽救危局，但他们扶助弱小，急人之难，奋身抗暴，慷慨赴死，可歌可泣，表现出感人的英雄气质。

荆轲故事这部分文字，具有很高的艺术性。它结构完整，有开端、发展、高潮、尾声，脉络清晰，层次分明，组织严密，首尾呼应，完全可以当作一篇文言小说来读。文中运用多种手法，成功塑造了以荆轲为首的一组豪杰义士群像，无论是沉毅、豪迈、神勇的荆轲，还是坦诚躁进的燕太子丹，深沉老成的田光，以及樊於期、秦舞阳、高渐离等人，笔墨或繁或简，手法或欲扬先抑，或衬托对比，俱各传神写意，栩栩如生。此外，长于烘托气氛，譬如白衣送行、易水悲歌的慷慨壮烈，图穷匕见、秦廷一击的惊心动魄，均给人留下难忘的印象，堪称经典段落。

由本篇讲述的荆轲故事，还可以引出一个深刻的思想话题。荆轲为燕刺秦，固属扶危济困之举，但以今天的某种历史观点来看，秦国统一六国，有历史进步意义。那么是否应据此判定，荆轲刺秦是对抗统一潮流，开历史倒车，而应予彻底否定呢？一方是代表了历史发展趋势的残暴势力，一方是代表了反抗强权的人性道义，今人的评价又当落足何处，如何取舍或如何折衷呢？

《史记》把文言文的叙事功能发挥得淋漓尽致，作为文章也是后人敬仰的楷模。即以本篇而论，一是意在言外，耐人寻味，一是文气沛然，语感跌宕，都展现出文言文特有的美感和独具的叙述风格。

《史记》书影

思考与讨论

1. 本篇是如何运用多种手法塑造荆轲这一人物的？请具体分析。
2. 大手笔塑造人物，往往能于主要人物之外，将次要人物也刻画得各具光彩，试举例分析。
3. 荆轲与《刺客列传》中所写到的其他刺客相比，有何重要的不同？
4. 你对荆轲刺秦这一行动，做何评价？
5. 本篇哪些地方语感有起伏跌宕之美？试举本篇中的一段，谈谈你的体会。

平行阅读

荆轲故事长久激励后世人心，连"悠然""采菊"南山之下的陶潜也为之咏叹，无怪鲁迅称其为"金刚怒目"呢！

咏　荆　轲

陶渊明

　　燕丹善养士，志在报强嬴。招集百夫良，岁暮得荆卿。君子死知己，提剑出燕京。素骥鸣广陌，慷慨送我行。雄发指危冠，猛气冲长缨。饮饯易水上，四座列群英。渐离击悲筑，宋意唱高声。萧萧哀风逝，淡淡寒波生。商音更流涕，羽奏壮士惊。公知去不归，且有后世名。登车何时顾，飞盖入秦庭。凌厉越万里，逶迤过千城。图穷事自至，豪主正怔营。惜哉剑术疏，奇功遂不成。其人虽已没，千载有馀情。

选自《陶渊明集笺注》，袁行霈撰，中华书局2003年版齐白石自承愿为徐文长"磨墨理纸",郑板桥则治印称"青藤门下牛马走"。让这些艺术巨擘竞折腰的徐渭,生时寂寞,死后凄凉。幸而有了这篇《徐文长传》。

徐文长传[1]

袁宏道

余少时过里肆中,见北杂剧有《四声猿》,意气豪达,与近时书生所演传奇绝异,题曰"天池生",疑为元人作。后适越,见人家单幅上有署"田水月"者,强心铁骨,与夫一种磊块不平之气,字画之中宛宛可见。意甚骇之,而不知田水月为何人。

一夕坐陶编修楼[2],随意抽架上书,得《阙编》诗一帙。恶楮毛书,烟煤败黑,微有字形。稍就灯间读之,读未数首,不觉惊跃,急呼石篑:"《阙编》何人作者?今耶古耶?"石篑曰:"此余乡先辈徐天池先生书也。先生名渭,字文长,嘉隆间人[3],前五六年方卒。今卷轴题额上有田水月者,即其人也。"余始悟前后所疑,皆即文长一人。又当诗道荒秽之时,获此奇秘,如魇得醒。两人跃起,灯影下,读复叫,叫复读,僮仆睡者皆惊起。余自是或向人或作书,皆首称文长先生。有来看余者,即出诗与之读。一时名公巨匠,浸浸知向慕云[4]。

文长为山阴秀才[5],大试辄不利,豪荡不羁。总督胡梅林公知之[6],聘为幕客。文长与胡约:"若欲客某者,当具宾礼,非时辄得出入[7]。"胡公皆许之。文长乃葛衣乌巾,长揖就坐,纵谈天下事,旁若无人。胡公大喜。是时公督数边兵,威振东南,介胄之士膝语蛇行,不敢举头;而文长以部下一诸生傲之[8],信心而行,恣臆谈谑,了无忌惮。会得白鹿,属文长代作表,表上,永陵喜甚[9],公以是益重之,一切疏记皆出其手。

文长自负才略,好奇计,谈兵多中。凡公所以饵汪徐诸虏者[10],皆密相议然后行。尝饮一酒楼,有数健儿亦饮其下,不肯留钱。文长密以数字驰公,公立命缚健儿至麾下,皆斩之,一军股

徐渭

懔。有沙门负资而秽[11]，酒间偶言于公，公后以他事杖杀之，其信任多此类。

胡公既怜文长之才，哀其数困，时方省试，凡入帘者[12]，公密属曰："徐子天下才，若在本房，幸勿脱失。"皆曰如命。一知县以他羁后至，至期方谒，公偶忘属，卷适在其房，遂不偶[13]。

文长既已不得志于有司，遂乃放浪曲糵[14]，恣情山水，走齐鲁燕赵之地，穷览朔漠，其所见山奔海立，沙起云行，风鸣树偃，幽谷大都，人物鱼鸟，一切可惊可愕之状，一一皆达之于诗。其胸中又有一段不可磨灭之气，英雄失路托足无门之悲，故其为诗，如嗔如笑，如水鸣峡，如种出土，如寡妇之夜哭，羁人之寒起。当其放意，平畴千里，偶尔幽峭，鬼语秋坟。文长眼空千古，独立一时。当时所谓达官贵人，骚士墨客，文长皆叱而奴之，耻不与交，故其名不出于越。悲夫！

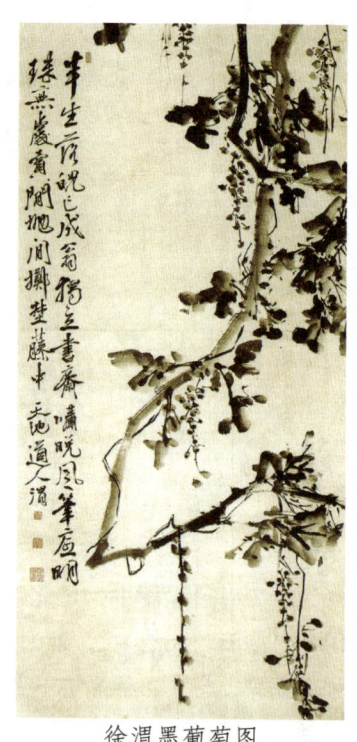

徐渭墨葡萄图

一日饮其乡大夫家，乡大夫指筳上一小物求赋，阴令童仆续纸丈余进，欲以苦之。文长援笔立成，竟满其纸，气韵遒逸，物无遁情，一座大惊。

文长喜作书，笔意奔放如其诗，苍劲中姿媚跃出。予不能书，而谬谓文长书决当在王雅宜文徵仲之上[15]。不论书法而论书神，先生者诚八法之散圣，字林之侠客也。间以其余旁溢为花草竹石，皆超逸有致。

卒以疑杀其继室，下狱论死。张阳和力解[16]，乃得出。既出，倔强如初。晚年愤益深，佯狂益甚，显者至门，皆拒不纳。当道官至，求一字不可得。时携钱至酒肆，呼下隶与饮。或自持斧击破其头，血流被面，头骨皆折，揉之有声，或槌其囊，或以利锥锥其两耳，深入寸余，竟不得死。

石篑言晚岁诗文益奇，无刻本，集藏于家，予所见者，《徐文长集》、《阙编》二种而已。然文长竟以不得志于时，抱愤而卒。

石公曰：先生数奇不已，遂为狂疾，狂疾不已，遂为囹圄。古今文人牢骚困苦，未有若先生者也。虽然，胡公间世豪杰，永陵英主，幕中礼数异等，是胡公知有先生矣；表上人主悦，是人主知有先生矣，独身未贵耳。先生诗文崛起，一扫近代芜秽之习，百世而下，自有定论，胡为不遇哉？梅客生尝寄余书曰[17]："文长吾老友，病奇于人，人奇于诗，诗奇于字，字奇于文，文奇于画。"余谓文长无之而不奇者也。无之而不奇，斯无之而不奇也哉[18]，悲夫！

选自《徐渭集》（附录），中华书局1983年版

徐渭《花卉杂画卷》（局部）

注释

[1] 本文有两稿。这里采用的是中华书局"中国古典文学基本丛书"《徐渭集》"附录"稿。

[2] 陶编修：即陶望龄（1562—1609），字周望，号石篑，亦称歇庵先生。浙江会稽人。明万历十七年（1589）任翰林院编修。

[3] 嘉隆：嘉靖（1522—1566）、隆庆（1567—1572），明朝年号。

[4] 浸浸：逐渐。

[5] 山阴：地名，在今浙江。秦始皇三十七年（前210）置，始名山阴，后改名会稽。至唐元和十年（815），两县并设；至民国初年，合并改称为绍兴。

[6] 胡梅林：即胡宗宪（1512—1565），字汝贞，号梅林。徽州绩溪（今属安徽）人，明代名将。曾任浙江巡抚，总督军务。因抗倭有功，加右都御史、太子太保。后因结交严嵩而获罪，死于狱中。

[7] 非时：不按固定时间，随时。辄：擅自。辄得出入：能够随意出入。

[8] 诸生：明清两代，录取入府、州、县学者称生员。生员有增生、附生、廪生、例生等名目，诸生为其统称。

[9] 永陵：明世宗嘉靖皇帝陵墓，此代指嘉靖本人。嘉靖好祥瑞。

[10] 饵：诱降。汪徐诸房：指当时汪直、徐海等盗寇。

[11] 沙门：和尚。负赀：依仗钱财。秽：指行为不轨。

[12] 入帘：指任考官。

[13] 不偶：不遇。偶：遇合，幸运，与"奇（jī）"相对。

[14] 曲蘖：酒。

[15] 王雅宜（1494—1533）：名宠，字履仁，号雅宜居士，人称王雅宜。文徵仲：即文徵明（1470—1559），初名壁，字徵明；后以字行，改字徵仲，号衡山。二人均为长州（今江苏苏州）人，明代书法家。

[16] 张阳和：张元忭（1538—1588），字子荩，号阳和。祖籍四川绵竹，徙居山阴。明隆庆辛未（1571）状元，官至翰林侍读。

[17] 梅客生：梅国桢（1541—1605），字客生，麻城人，曾任固安知县，官至兵部左侍郎。

[18] "余谓文长无之而不奇者"三句：我说徐渭的诗文书画没有不出色的，而正因为他身负奇才，所以才会一生遭遇坎坷吧！此处前两个"奇"读作qí，奇异、奇美之意。后一"奇"读作jī，意谓命运不好，遇事不利，与"偶"相对。

袁宏道（1568—1610，字中郎，号石公，又号六休。荆州公安人。明万历十六年（1588）举人，二十年中进士。后出任吴县县令，一县大治，吴民大悦。后辞职，遍游东南名胜。二十六年入京，先后任京兆校官、礼部仪制司主事等职。三十八年病逝。性爽直，喜游山水。为"公安派"首领，主张"独抒性灵，不拘格套"。传世作品有诗歌1700余首，游记、书札、序跋、碑记、传状、日记、杂文等近600篇。有《袁中郎全集》行世。

袁宏道

导读

徐渭，是中国十六世纪的艺术大师，自云"吾书第一，诗二，文三，画四"，在这四个方面，皆有独树一帜的成就。他的戏剧作品为汤显祖所推崇，而其绘画则标志着中国文人写意花鸟画的成熟；其后四百年中，无论八大山人、石涛、郑板桥、吴昌硕，还是近代齐白石、潘天寿等书画大师，无不受到他的影响。这样一位伟大的艺术家，却历尽坎坷，终身寂寥。直到死后多年，其诗作才由另一位杰出的文学家袁宏道在"恶楮毛书，烟煤败黑"的残卷中发现，并为他撰写了这篇荡气回肠的《徐文长传》。

此传是人物传记散文的名篇，也是风格独特之作。作者以"奇"字为文骨，既是徐氏之人生写照，又准确地概括出徐氏艺术成就的特色。

文章将文长一生悲剧凝练为一"奇"字。其才情恣肆是奇，其命运多艰亦是一奇："余谓文长无之而不奇者也。无之而不奇，斯无之而不奇也哉！悲夫！"表面看，这只是构思的小技巧：利用奇特之"奇"与奇偶之"奇"的字形相同，把气质、性格与命运绾结到一起；但骨子里却是表达出深刻的思想内涵。作为封建主流意识形态的儒学，力倡中庸保守，排斥个性张扬、创新出奇的人物。宋代以后，这种倾向越发严重。所以特立独行之士，大多命运坎坷而不偶。这是传统文化突出的痼疾。从李卓吾到袁中郎，讲童心，倡性灵，彰显奇人奇事，都是力图打破这一桎梏。此文借徐文长的遭际发此悲歌，既是为一位前辈鸣不平，更是为千古才士发出一声呐喊。

此文值得关注之处还有，文本与文中所推崇的艺术之境界的完美结合。文字自身的艺术形象，不但传达了传主的人格精神、也体现了作者的艺术追求。文章本身成了作者审美诉求的最佳体现。全文骨意森然、酣畅淋漓中别有深沉幽峭之苍凉。雄浑处亦是"沙起云行、山奔海立"，幽峭时也完全可以用"如水鸣峡，如种出土，如寡妇之夜哭，羁人之寒起"来映对。作者所言"当其放意，平畴千里，偶尔幽峭，鬼语秋坟"，是对徐渭艺术风格的概括，也是本文文风的最好总结。

这种契合不是偶然，徐渭所主张的艺术创作要"本色"，强调要抒发自己的真性情的主张，正与袁宏道不谋而合。这是一种对艺与美的执著，一种超乎法度、技艺层次的审美追求。袁氏在评论徐渭书法时谈到，"不论书法而论书神，先生者，诚八法之散圣，字林之侠客也"。对于徐渭的赞誉，不是因为其诗书画等艺术作品技艺的精湛，而在于其表现力的深刻，在于其书画笔墨中所寄寓的不羁、狂傲的灵魂和身影，实乃重其神魂而略其形迹。徐渭也有类似的艺术主张，他在《书谢叟时臣渊明卷为葛公旦》中说："画病不病，不在墨重与轻，在生动与不生动耳。"（《徐文长全集》卷二十一）或许这是两位天才在艺术精神上的契合，让袁宏道产生了深深的共鸣，使之对徐渭的人生有了真正深刻的理解，才激发出这样一篇文与义、情与境皆妙合无间的奇文，塑造了这样一曲自由精神的悲歌。这大概也可算本文的又一特色了。

思考与讨论

1. 本文开头的写法，有何好处？
2. 观赏徐渭的书法、绘画作品，对照本文的评价，加深对传主的理解。
3. 本文写成八年后，作者又有一改稿。可以找出来作一对比，考察其文本同异。

平行阅读

二百年后，另一位主张"性灵"说的文学家写就的人物传记。同样的传奇色彩，同样的人生感喟，不同的文字风格。

书鲁亮侪事

袁 枚

己未冬，余谒孙文定公于保定制府。坐甫定，阍启："清河道鲁之裕白事。"余避东厢，窥伟丈夫年七十许，高眶大颡，白须彪彪然，口析水利数万言。心异之，不能忘。

后二十年，鲁公卒已久，予奠于白下沈氏，纵论至于鲁。坐客葛闻桥先生曰：

鲁字亮侪，奇男子也。田文镜督河南，严，提、镇、司、道以下，受署惟谨，无游目视者。鲁效力麾下。

一日，命摘中牟李令印，即摄中牟。鲁为微行，大布之衣，草冠，骑驴入境。父老数百扶而道苦之，再拜问讯，曰："闻有鲁公来代吾令，客在开封，知否？"鲁谩曰："若问云何？"曰："吾令贤，不忍其去，故也。"又数里，见儒衣冠者簇簇然谋曰："好官去可惜。伺鲁公来，盍诉之？"或摇手曰："咄！田督有令，虽十鲁公奚能为？且鲁方取其官而代之，宁肯舍己从人耶？"鲁心敬之而无言。

至县，见李貌温温奇雅，揖鲁入曰："印待公久矣。"鲁拱手曰："观公状貌被服，非豪纵者；且贤称噪于士民，甫下车而库亏，何耶？"李曰："某滇南万里外人也。别母游京师十年，得中牟，借俸迎母。母至被劾，命也！"言未毕，泣。鲁曰："吾喝甚，具汤浴我。"径诣别室，且浴且思，意不能无动。良久，击盆水，誓曰："依凡而行者，非夫也。"具衣冠辞李。李大惊，曰："公何之？"曰："之省。"与之印，不受；强之曰："毋累公。"鲁掷印铿然，厉声曰："君非知鲁亮侪者！"竟怒马驰去。合邑士民焚香送之。

至省，先谒两司，告之故。皆曰："汝病丧心耶？以若所为，他督抚犹不可，况田公耶？"明早诣辕，则两司先在；名纸未投，合辕传呼鲁令入。田公南向坐，面铁色，盛气迎之，旁列司、道下文武十余人，睨鲁曰："汝不理县事而来，何也？"曰："有所启。"曰："印何在？"曰："在中牟。"曰："交何人？"曰："李令。"田公干笑，左右顾曰："天下摘印者宁有是耶？"皆曰："无之。"两司起立谢曰："某等教饬亡素，致有狂悖之员。请公并劾鲁，付某等严讯朋党情弊，以惩余官。"鲁免冠前叩首，大言曰："固也。待裕言之。裕一寒士，以求官故来河南，得官中牟，喜甚，恨不连夜排衙视事。不意入境时，李令之民心如是，士心如是；见其人，知亏帑故又如是。若明公已知其然而令裕往，裕沽名誉，空手归，裕之罪也。若明公未知其然而令裕往，裕归陈明，请公意旨，庶不负大君子爱才之心与圣上以孝治天下之意。公若以为无可哀怜，则裕再往取印未迟。不然，公辕外官数十，皆求印不得者也，裕何人，敢逆公意耶？"田公默然。两司目之退。鲁不谢，走出，至屋雷外。田公变色，下阶，呼曰："来！"鲁入跪。又招曰："前！"取所戴珊瑚冠覆鲁头叹曰："奇男子，此冠宜汝戴也。微汝，吾几误劾贤员。但疏去矣，奈何？"鲁曰："几日？"曰："五日，快马不能追也。"鲁曰："公有恩，裕能追之。裕少时能日行三百里。公果欲追疏，请赐契箭一枝以为信。"公许之，遂行。五日而疏还，中牟令竟无恙。以此鲁名闻天下。

先是，亮侪父某为广东提督，与三藩要盟，亮侪年七岁，为质子于吴。吴王坐朝，亮侪黄袄衫，戴貂蝉侍侧。年少豪甚，读书毕，日与吴王帐下健儿学赢越勾卒、掷涂赌跳之法，故武艺尤绝人云。

选自《袁枚全集》，王英志校点，江苏古籍出版社1993年版

> 王徽之父兄皆为书法大家。《世说新语》中的几则记载，使他成为魏晋名士潇洒不俗的一个典型。

世说新语·任诞（节选）

刘义庆

王子猷尝暂寄人空宅住[1]，便令种竹。或问："暂住何烦尔？"王啸咏良久[2]，直指竹曰："何可一日无此君？"

王子猷居山阴[3]，夜大雪，眠觉，开室命酌酒，四望皎然。因起彷徨[4]，咏左思《招隐诗》[5]。忽忆戴安道[6]。时戴在剡[7]，即便夜乘小舟就之。经宿方至，造门不前而返[8]。人问其故，王曰："吾本乘兴而行，兴尽而返，何必见戴？"

王子猷出都，尚在渚下[9]。旧闻桓子野善吹笛[10]，而不相识。遇桓于岸上过，王在船中，客有识之者云："是桓子野。"王便令人与相闻，云："闻君善吹笛，试为我一奏。"桓时已贵显，素闻王名，即便回下车，踞胡床[11]，为作三调[12]。弄毕[13]，便上车去。客主不交一言。

［元］方从义《东晋风流图》

选自《世说新语笺疏》，余嘉锡笺疏，上海古籍出版社1993年版。

聚焦

●『志人小说』：中国特有的文学样式；世说新语：最出色的志人小说

●魏晋风度：适意而行、不受拘束的生活方式，典雅别致、情趣盎然的人生境界

注释

[1] 王子猷：即王徽之，东晋人，号子猷。是大书法家王羲之的儿子，王献之的哥哥。

[2] 啸咏：歌咏。

[3] 山阴：今浙江绍兴。

[4] 彷徨：徘徊，走来走去。

[5] 左思：西晋文人，以文才著称于时，创作《三都赋》，豪贵之家，竞相传诵，洛阳为之纸贵。《招隐诗》：左思所作，诵隐居之乐，劝人归隐。

[6] 戴安道：即戴逵，东晋人，字安道。精通音乐，善于鼓琴，也善于铸造佛像和雕刻。

[7] 剡（shàn）：水名。曹娥江的上游，北流入上虞，在今浙江嵊州南。

[8] 造门不前而返：这句话的意思是说王徽之经过一夜的旅程，到了戴逵的家门口，却没去拜访，就返回了。造，去，到。

[9] "王子猷"句：王徽之将离开都城，所乘坐的船尚未开走，还停泊在水

边。渚（zhǔ）下，水边。

[10] 桓子野：桓伊，字叔夏，小字子野，善吹笛，时称江东第一。

[11] 胡床：一种可以折叠的轻便坐具，也叫交椅、交床。

[12] 为作三调（diào）：为他演奏三首乐曲。调，曲调。

[13] 弄毕：演奏完毕。弄，奏乐或指一曲音乐。

导读

本文的三个片段，出自《世说新语》之"任诞"篇，集中反映了王徽之的精神风貌与审美情趣。其中以王徽之雪夜访戴故事尤为脍炙人口，被后人传诵不已。

魏晋之际，是一个美的自觉的时代，文人中兴起了一股崇尚自然、风流自赏的生活方式，也就是后人所说的"魏晋风度"。可以说，在王徽之的身上，这一点格外突出。给人印象最深的是他的率真，适意而行，不计得失。当他想起朋友戴逵的时候，便乘着兴致前往拜访，一旦尽兴，即便到了戴逵家门口，也不会应景般登门问候，而是兴尽而返。这是何等的洒脱，何等的自在！与任性率真的生活态度相表里的，是王徽之典雅别致的人生情趣。他对竹子的痴迷，到了不可一日无此君的境界；他与桓伊的交往，只是为了一段美妙的音乐；甚至访戴，他饱满的兴致也是因为雪夜之美。王徽之对美的感受，没有丝毫的功利之心，而纯粹是高情雅趣的妙赏。正因为如此，他的为人、他的生活就充满了诗情画意。我们说"魏晋风度"是一种审美文化现象，其意义当即在此。

《世说新语》或称为"志人小说"或称为"轶事小说"，以记录人物言行为主，文字风格简洁含蓄。这三篇故事鲜明地体现了这一特点。作者选取王徽之生活中最具戏剧化的片段：对竹子的痴迷、雪夜访戴、请桓伊吹笛，加以适度地渲染夸张。既涉笔成趣，也集中凸显了人物的性格。在行文时，不做过多的铺叙和描写，抓住最有特点的动作和语言，寥寥几笔，勾勒出人物的气韵风度。这种创作手法很像绘画中的泼墨写意，遗貌而取神，着笔不多，却意味深长。一些有代表性的语言，如"何可一日无此君？""吾本乘兴而行，兴尽而返，何必见戴？"等，已经成为千古流传的经典佳句。

《世说新语》是志人小说的典范，对后世的笔记小说、小品文有深远的影响。而书中所展现魏晋文人的风范，千百年来也不断塑造着中国文人的文化品格，从李太白、苏东坡，到明代的三袁兄弟，乃至现代的文人林语堂等，其为人、为文，都若隐若现地闪现着"魏晋风度"的影子。

刘义庆

刘义庆（403—444），南朝宋宗室，袭封临川王，曾任豫州、荆州、南兖州刺史。为人朴素，少嗜欲。爱好文学，喜与文学之士交游。有《世说新语》等书传世。

[唐]孙位《高逸图》

思考与讨论

1. 对于魏晋文人，你还知道哪些有代表性的轶闻趣事？
2. 仔细品味这三个短故事，揣摩一下作者刻画人物的手法。
3. 就本文所提供的信息，谈谈你对"魏晋风度"的看法。
4. 《何氏语林》是明人何良俊仿《世说新语》所作之书，对比两书所选段落，看在情趣与风格上有什么不同。

平行阅读

有道是，寡言未必无趣，多言非即善言。

世说新语·任诞（节选）

刘义庆

王孝伯言："名士不必须奇才，但使常得无事，痛饮酒，熟读《离骚》，便可称名士。"

选自《世说新语笺疏》，余嘉锡笺疏，上海古籍出版社1993年版

何氏语林（节选）

何良俊

岳武穆尝入见，帝从容问曰："卿得良马不？"武穆答曰："臣有二马，日啖刍豆数斗，饮泉一斛。然非清洁，即不受。介而驰，初不甚疾，比行百里，始奋迅，自午至酉，犹可二百里。褫鞍甲而不息不汗。此其受大而不苟取，力裕而不求逞，致远之才也。不幸相继以死。今所乘者，日不过数升，而秣不择粟，饮不择泉。揽辔未安，踊跃疾驱。甫百里，力竭汗喘，殆欲毙然。此其寡取易盈，好逞易穷，驽钝之材也。"帝称善，曰："卿今议论极进。"

选自《续世说新语》（即《何氏语林》），陈洪、黄菊仲注，天津人民出版社1995年版

> 读者多知有此一文，但其所从出，却不见得知其详。其实，这是大批评家金圣叹"批评"实践的产物：批《第六才子书〈西厢记〉》卷七《拷艳》一出时，作者禁不住回想起二十年前与友人王斫山"赌说快事"的情景，遂有此记。

不亦快哉[1]

金圣叹

聚焦
● 追求"快哉"，是因为并不快乐？
● "快意""快谈""快文"

昔与斫山同客共住[2]，霖雨十日，对床无聊，因约赌说快事，以破积闷。至今相距既二十年，亦都不自记忆。偶因读《西厢》至"拷艳"一篇，见红娘口中作如许快文，恨当时何不检取共读，何积闷之不破。于是反自追索，犹记得数则，附之左方。但不能辨何句是斫山语，何句是圣叹语矣。

其一，夏七月，赤日停天，亦无风，亦无云，前后庭赫然如火炉，无一鸟敢来飞。汗出遍身，纵横成渠，置饭于前，不可得吃，呼簟欲卧于地[3]，地湿如膏，苍蝇又来，缘颈附鼻，驱之不去。正莫可如何，忽然大黑，车轴疾澍[4]，澎湃之声，如数百万金鼓，檐溜浩于瀑布[5]。身汗顿收，地燥如扫，苍蝇尽去，饭便得吃，不亦快哉！

其一，十年别友，抵暮忽至。开门一揖毕，不及问其船来路来，并不及命其坐床坐榻，便自疾趋入内叩内子："君岂有斗酒如东坡妇乎[6]？"内子欣然拔金簪相付，计可作三日供也，不亦快哉！

其一，空斋独坐，正思夜来床头鼠耗可恼，不知其嘎嘎者是损我何器，嗤嗤者是裂我何书。中心回惑[7]，其理莫措，忽见一俊猫注目摇尾，似有所睹，敛声屏息，稍复待之，则疾趋如风，吱然一声，而此物竟去矣。不亦快哉！

其一，于书斋前，拔去垂丝海棠紫荆等树，多种芭蕉一二十本。不亦快哉！

其一，春夜与诸豪士快饮，至半醉，住本难住，进则难进，旁一解意童子，忽送大纸炮可十余枚，便自起身出席，取火放之。硫磺之香，自鼻入脑，通身怡然。不亦快哉！

其一，街行见两措大执争一理[8]，既皆目裂颈赤，如不戴天，而又高拱手，低曲腰，满口仍用"之乎者也"等语。其语刺刺[9]，势将连年不休。忽有壮夫掉臂行来，振威从中一喝而解。不亦快哉！

不亦快哉

其一，子弟背诵书烂熟，如瓶中泻水。不亦快哉！

其一，饭后无事，入市闲行。见有小物，戏复买之，买亦成矣，所差者至少，而小儿苦争，必不相饶，便掏袖中一件，其轻重与前直相上下者[10]，掷而与之。市儿忽改笑容，拱手连称不敢。不亦快哉！

其一，饭后无事，翻倒敝箧，则见新旧逋欠之契不下数十百通[11]。其人或存或亡，总之无有还之理。背人取火，拉杂烧净。仰看高天，萧然无云。不亦快哉！

其一，夏月科头赤足[12]，自持凉伞遮日，看壮夫唱吴歌，踏桔槔[13]，水一时涌而上，譬如翻银滚雪。不亦快哉！

其一，朝眠初觉，似闻家人叹息之声，言某人夜来已死。急呼而讯之，正是一城中第一绝有心计之人。不亦快哉！

其一，夏月早起，看人于松棚下锯大竹作桶用。不亦快哉！

其一，重阴匝月，如醉如病，朝眠不起。忽闻众鸟毕作弄晴之声，急引手搴帏[14]，推窗视之，日光晶莹，林木如洗。不亦快哉！

其一，夜来似闻某人素心，明日试往看之，入其门窥其闺，见所谓某人，方据案面南，看一文书，顾客入来，默然一揖，便拉袖命坐曰："君既来，可试看此书。"相与欢笑，日影尽去，既已自饥，徐向客曰："君亦饥耶？"不亦快哉！

其一，本不欲造屋，偶得闲钱，试造一屋。自此日为始，需木需石，需砖需瓦，需灰需钉，无晨无夕不来聒于两耳，乃至罗雀掘鼠，无非为屋校计[15]，而又不得屋住。既而安之如命矣，忽然一日，屋竟落成，刷墙扫地，糊窗挂画，一切匠作出门毕去，同人乃来分榻列坐。不亦快哉！

其一，冬夜饮酒，转复寒甚，推窗试看，雪大如手，已积三四寸矣。不亦快哉！

其一，夏日于朱红盘中，自拔快刀，切绿沉西瓜。不亦快哉！

其一，久欲为比丘[16]，苦不得公然吃肉。若许为比丘又得公然吃肉，则夏月以热汤快刀净割头发。不亦快哉！

其一，存得三四癞疮于私处，时呼热汤，关门澡之。不亦快哉！

其一，箧中无意忽捡得故人手迹。不亦快哉！

其一，寒士来借银，谓不可启齿，于是唯唯亦说他事。我窥见其苦意，拉向无人处，问所需多少，急趋入内，如数给予，然后问其必当速归料理是事耶，为尚得少留共饮酒耶。不亦快哉！

其一，坐小船遇利风，苦不得张帆，一快其心。忽逢扁舸，疾行如风，试伸挽钩，不意挽之便着，因取缆，缆向其尾，口中高吟老杜"青惜峰峦黄知橘柚"之句[17]，极大笑乐。不亦快哉！

其一，久欲觅别居，与友人共住。忽一人传来云：有屋不多，可十余间，而门临大河，嘉树葱然。便与此人共吃饭毕，试走看看，都未知屋如何，入门先见空地一片，大可六七亩许，异日瓜果，不足复虑。不亦快哉！

其一，久客得归，望见郭门，两岸童妇皆做故乡之声。不亦快哉！

其一，佳瓷既损，必无完理，反覆多看，徒乱人意，因宣付厨人作杂器充用，永不更令到眼。不亦快哉！

其一，身非圣人，安能无过。夜来不觉私作一事，早起怦怦，实不自安。忽然想到佛家有布萨之法[18]，不自覆藏，便成忏悔，因明对生熟众客，快然自陈其失。不亦快哉！

其一，可人作擘窠大书[19]。不亦快哉！

其一，推纸窗，放蜂出去。不亦快哉！

其一，作县官，每日打鼓退堂时。不亦快哉！

其一，看人风筝断。不亦快哉！

其一，看野烧。不亦快哉！

其一，还债毕。不亦快哉！

其一，读《虬髯客传》[20]。不亦快哉！

选自金圣叹《第六才子书〈西厢记〉》，上海古籍出版社1987年版

注释

[1] 本文为金圣叹《西厢记》批本中的批语节选，题目为编者所加。

[2] 斫山：作者的友人王斫山。名瀚，世家子弟。与金圣叹一样，好学博览而无意于功名。在放情纵性、师心横口方面，二人堪称莫逆。

[3] 箪：竹席。

[4] 车轴疾澍：暴雨。

[5] 檐溜：房檐流下的雨水。

[6] 东坡妇：苏轼（东坡）《后赤壁赋》："归而谋诸妇。妇曰：'我有斗酒，藏之久矣，以待子不时之需。'"

[7] 回惑：惶惑。

[8] 措大：指贫穷的读书人，含轻慢意。

[9] 刺刺：形容说话唠叨，没完没了。

[10] 直：通"值"，价钱。

[11] 逋欠：拖欠。

[12] 科头：光头，不戴帽子。

[13] 桔槔：一种原始的井上汲水工具。

[14] 搴：同"褰"，撩起、掀起（帐子、衣服等）。

[15] 校计：犹言计较。

[16] 比丘：梵文bhikkhu的音译，即和尚。

[17] 老杜"青惜峰峦黄知橘柚"之句：杜甫《放船》："送客苍溪县，山寒雨不开。直愁骑马滑，故作泛舟回。青惜峰峦过，黄知橘柚来。江流大自在，坐稳兴悠哉。"

[18] 布萨之法：佛家戒律，僧众定时相集，就其间将所犯之罪，于他人面前发露忏悔。

[19] 擘窠：泛指大字，一般为楷书。初为篆刻用语；古人写碑为求匀整，有以横直界线划为方格者，称"擘窠"。

[20]《虬髯客传》：唐代传奇，武侠小说名篇。所写红拂女之勇敢机智、虬髯客之豪爽慷慨，笔墨淋漓痛快。

金圣叹（1608—1661），名采，字若采，明亡后改名人瑞，字圣叹。吴县（今属江苏）人。清顺治十八年（1661），因参加抗粮哭庙被杀。将《离骚》《庄子》《史记》、杜诗、《水浒传》和《西厢》合称"六才子书"，并批改《水浒传》《西厢记》，影响很大，是我国古代最重要的小说、戏曲批评家，其小说、戏剧、诗文理论批评，均卓有建树。

金圣叹

导读

晚明到清初，是小品文鼎盛时期。这种随意挥洒的散文体式，恰合于当时狂放时风、启蒙思潮中读书人心态。追溯渊源，金圣叹此文，直接受到"公安派"主将袁宏道的影响。中郎《与龚惟长先生书》曾列举五种"快活"境界，赞美道："真乐有五，不可不知。"那些境界在张扬自我、离经叛道方面与此文颇多相通。袁中郎曾为吴县令两载有余，被誉为"二百年来无此令"。以他在苏州的影响，金圣叹很可能从他的著作中直接得到沾溉。即使不然，作为晚明"才子"们的偶像，中郎这种人生见解也必影响到圣叹。

统而观之，这三十三则"不亦快哉"表现了金圣叹日常生活中的价值取向：张扬个性，喜欢痛快旷达，不拘泥礼法，不做官话套语。

从表面来看，这些"快哉"之事似很肤浅，特别是与"修、齐、治、平"的儒家理想相去甚远。不过这只是问题的一个方面。三十三则，半数描写视觉、听觉及综合感觉的快乐。而在这些感官快乐的背后，蕴含的是摆脱桎梏、追求精神自由的思想倾向。如炎夏暴雨、久阴初晴、燃炮醒酒、推窗放蜂、风筝断线等图景，皆有豁然破闷的味道；拔去杂树、俊猫捕鼠、抛去残瓷、烧净旧契等，亦不妨作禅家"公案"来体证。可见其所追求的"快哉"境界，既是感官快乐，也是精神畅快；而这正体现出一种有别于封建正统的人生准则：重视个体生命，张扬主体个性。

就文章来看，"不亦快哉"诸条也体现了"畅快"的特色：每一则纯用白描，不加繁枝缛叶；则与则之间跳跃式连接；语言自然、省净，而不乏机智、幽默的底蕴。圣叹一生标榜"快意""快谈""快文"，这篇小品，从内容到形式到风格，都堪称为代表作。

思考与讨论

1. 本文所述那些"快哉"之事，反映了怎样的人生情趣？今天看来，此文有无借鉴价值？

2. 喜欢一探究竟的同学，可以找出金批《西厢记》，看看其中的序言与读法，体会其独特的文字风格。

3. 金圣叹之后，有多名文人续写"不亦快哉"；近来网上也有网友试作接续。找出相关文本，对比阅读。

平行阅读

读一名文，续看后世诸多文人仿作；虽不中，亦不远矣。不亦快哉！

来台后二十四快事（节选）

林语堂

金圣叹批《西厢》，拷艳一折，有三十三个"不亦快哉"。这是他与朋友斫山赌说人生快意之事，二十年后想起这事，写成这段妙文。此三十三"不亦快哉"我曾译成英文，列入《生活的艺术》书中，引起多少西方人士的来信，特别嘉许。也有一位老太婆写出她三十三个人生快事，寄给我看。金圣叹的才气文章，在今日看来，是抒情派、浪漫派。目所见，耳所闻，心所思，才气横溢，尽可入文。我想他所做的《西厢记序》"恸哭古人"及"留赠后人"，诙谐中有至理，又含有人生之隐痛，可与庄生《齐物论》媲美。……

仿此，我也来写来台以后的快事二十四条：

一、华氏表九十五度，赤膊赤脚，关起门来，学顾千里裸体读经，不亦快哉！

二、初回祖国，赁居山上，听见隔壁妇人以不干不净的闽南语骂小孩，北方人不懂，我却懂。不亦快哉！

三、到电影院坐下，听见隔座女郎说起乡音，如回故乡。不亦快哉！

四、无意中伤及思凡的尼姑，看见一群和尚起来替尼姑打抱不平，声泪俱下。不亦快哉！

五、黄昏时候，工作完，饭罢，既吃西瓜，一人坐在阳台上独自乘凉，口衔烟斗，若吃烟，若不吃烟。看前山慢慢沉入夜色的朦胧里，下面天母灯光闪烁，清风徐来，若有所思，若无所思。不亦快哉！

六、赶酒席，座上都是贵要，冷气机不灵，大家热昏昏受罪，却都彬彬有礼，不敢随便。忽闻主人呼宽衣。我问领带呢？主人说不必拘礼，如蒙大赦。不亦快哉！

七、看电视儿童合唱，见一小孩特别起劲，张口大唱，又伸手挖鼻子，逍遥自在。不亦快哉！

八、听男人歌唱，声音摄气发自腹膜，喉咙放松，自然嘹亮。不亦快哉！

九、某明星打武侠，眉宇嘴角，自有一番英雄气象，与众不同。不亦快哉！

十、看小孩吃西瓜或水蜜桃，瓜汁桃汁入喉咙兀兀作响，口水直流胸前，想人生至乐，莫过于此。不亦快哉！

十一、什么青果合作社办事人送金碗、金杯以为二十年纪念，目无法纪，黑幕重重。忽然间跑出来一批青年，未经世事，却是学过法律，依法搜查证据，提出检举，把这些城狐社鼠捉将官里去，依法惩办。不亦快哉！

十二、冒充和尚，不守清规，奸杀女子，闻已处死。不亦快哉！

十三、看人家想攻击白话文学，又不懂白话文学；想提倡文言，又不懂文言。不亦快哉！

……

二十、能作文的人，少可与谈。可与谈的人，做起文章又是一副道学面孔，排八字脚说话。倘遇可与谈者，写起文章，也如与密友相逢，促膝谈心，如行云流水道来。不亦快哉！

……

二十三、家中闲时不能不看电视，看电视，不得不听广告，倘能看电视而不听广告，不亦快哉！

二十四、宅中有园，园中有屋，屋中有院，院中有树，树上见天，天中有月。不亦快哉！

选自《林语堂名著全集》，东北师范大学出版社1994年版，有校订

李敖之"不亦快哉"（节选）

李　敖

其一：得天下之蠢材而骂之，不亦快哉！

其一：平生有恩必报，有仇必报，快意恩仇，不亦快哉！

其一：在监牢里读禁书，不亦快哉！

其一：在浴盆里泡热水，不用手而用脚趾开水龙头，不亦快哉！

其一：在动物园，抱小老虎、小狮子照相，不亦快哉！

其一：逗小狗玩，它咬你一口，你按住它，也咬它一口，不亦快哉！

其一：破白蚁窝，见彼等奔相走告，不亦快哉！

其一：以DDT喷马蜂窝，见彼等欲振乏力，个个倒毙，不亦快哉！

其一：看自己出书、看朋友出狱、看高手出招、看敌人出丑，不亦快哉！

其一：看丑女出嫁、看美女出家、看大钞出笼、看老贼出殡，不亦快哉！

其一：看傻瓜入彀、看笨蛋入伍、看阿婆入席、看流氓入伙，不亦快哉！

其一：看淫书入迷、看债主入土、看丑八怪入选、看通缉犯入境，不亦快哉！

其一：看新女性大脑每下愈况、脸蛋美下愈况，不亦快哉！

其一：与牙医为邻，十多年拔牙不给钱，不亦快哉！

选自《李敖大全集》，中国友谊出版公司1996年版

> 本文所记述的，是孔门师徒间的一次谈话，其中流露着孔子阅尽沧桑之后的复杂心态，更揭出一段有关人生理想的千古话题。

论语·先进（节选）

聚焦
- 一段千古传诵的师生对话
- 一番意味深长的人生感慨

子路、曾皙、冉有、公西华侍坐[1]。

子曰："以吾一日长乎尔，毋吾以也。居则曰：'不吾知也！'如或知尔，则何以哉[2]？"

子路率尔而对曰："千乘之国，摄乎大国之间，加之以师旅，因之以饥馑。由也为之，比及三年，可使有勇，且知方也[3]。"夫子哂之[4]。

"求！尔何如？"

对曰："方六七十[5]，如五六十[6]，求也为之，比及三年，可使足民。如其礼乐，以俟君子[7]。"

"赤，尔何如？"

对曰："非曰能之，愿学焉。宗庙之事，如会同，端章甫，愿为小相焉[8]。"

"点！尔何如？"

鼓瑟希，铿尔，舍瑟而作，对曰："异乎三子者之撰[9]。"

子曰："何伤乎[10]？亦各言其志也。"

曰："莫春者，春服既成，冠者五六人，童子六七人，浴乎沂，风乎舞雩，咏而归[11]。"

夫子喟然叹曰："吾与点也[12]！"

三子者出，曾皙后。曾皙曰："夫三子者之言何如？"

子曰："亦各言其志也已矣。"

曰："夫子何哂由也？"

曰："为国以礼，其言不让，是故哂之。"

"唯求则非邦也与？"

"安见方六七十如五六十而非邦也者？"

"唯赤则非邦也与？"

"宗庙会同，非诸侯而何？赤也为之小，孰能为之大？"

选自《论语正义》，[清]刘宝楠正义，中华书局1990年版

注释

[1] 子路、曾皙、冉有、公西华：四人皆孔子早年弟子。子路是字，姓仲名由，小孔子九岁，于孔门中年岁最长。曾皙，名点，曾子（曾参）的父亲，年岁次于子路。冉有，名求，字子有，小孔子二十九岁。公西华，复姓公西，名赤，字子华，小孔子四十二岁。

[2] "以吾"六句：不要因为我比你们年纪大点就感到拘谨。平时你们总说："人们不了解我的才干啊！如果有人了解你们，你们将怎样去做呢？"一日，谦辞，意思是年纪大一点。居，平居，意为"平时"。

[3] 率尔：轻率的样子。摄：迫蹙，这里有"夹"的意思。方：指礼法。

[4] 哂：笑。

[5] 方：指国土的边长。

[6] 如：或者。

[7] 如：至于。俟：等待。

[8] "非曰"六句：不是说我有能力，但是愿意学习做这样的事——宗庙的祭祀，或诸侯间的盟会，我愿意穿着礼服，戴着礼帽，作一个小司仪。端，古代礼服之名。章甫，古代礼帽之名。相，读四声，义为赞礼的人。

[9] "鼓瑟"五句：（曾点）弹瑟声音渐稀，最后"铿"的一声，把瑟放下站起身来，回答说："（我的志向）与他们三位不同。"撰，郑玄本作"僎"，读作"诠"。《广韵》："诠，善言也。"

[10] 伤：妨害。

[11] "莫春"句：暮春时节，换上春天的衣服，与五六位成人，六七个小孩一起，在沂水边沐浴，在舞雩台上吹风，一路唱着歌走回来。莫，同"暮"。成，定。冠者，成年男性，古时男子二十岁行冠礼，表示已经长大成人。舞雩，指雩坛。《水经注》："沂水北对稷门，一名高门，一名雩门。南隔水有雩坛，即曾点所欲风处也。"

[12] 与：赞同。

仇英《子路问津》

《论语》是孔子及其弟子的言语行止的记录，出自孔门不同弟子及后学之手，其最后的汇集和编定，大约在战国初期。

孔子（前551—前479）名丘，字仲尼，鲁国昌平乡陬邑人，春秋末年著名的思想家、政治家和教育家，儒家学派的创始人。他出身于殷商没落贵族家庭，幼年贫贱，少而好学，以博学知礼闻名当时，曾任鲁国中都宰、司空、大司寇等职，不久因触犯权贵的利益而被迫辞官，于是周游列国，宣传其社会理想和政治主张，但终不被采纳。晚年回到鲁国，专心从事教育和古籍整理，对保存和传播古代文化遗产作出了巨大贡献。其儒学在当时即有"显学"之称，自汉代罢黜百家、独尊儒术之后，更成为中国思想文化的主流和正统，影响中国文化至深至巨。

孔子

导读

本章出自《论语》的《先进》篇，描绘了孔门师徒之间的一段谈话。话题围绕着各人的人生理想而展开，先生情辞恳切，弟子畅所欲言，其中思想内涵之丰富，人生况味之隽永，历来为后人所称道。

《论语》开先秦散文语录体之先河，以格言警句或问对交谈为主要内容，大多篇幅简短，辞约义丰。本章在保持了这些特点的同时，又表现出颇为独特的特征。它描绘了一个戏剧化的场景，以孔子的发问为开端，以四位弟子各具性格的回答为中段，以孔子意味深长的评价为结束，结构完整，跌宕生姿，人物的口吻、神情宛然如现，令人悬想、回味不尽。

这场发生在两千多年以前的对话，触及了一个永恒的问题，即人应该如何安顿自己的人生。子路、冉有、公西华三人的回答，或治军，或治赋，或治礼，但均不出社会政治的范围，表现出强烈的入世精神，深契于孔子平生"修己安人"之志。孔子汲汲求仕、颠沛流离，虽历尽艰险而矢志不渝，目的无非在此。出人意料的是，同为孔门弟子的曾皙，却作了一个完全不同的回答，它描绘了一种优游自适、从容欣悦的诗意人生，而与治国平天下者全然无涉。当然，更为出人意料的，是孔子对这回答的慨然叹许。这就提出了许多耐人寻味的问题：孔子之叹，真意何在？是理想屡遭挫折之后的无奈？还是仁者无忧的得道之乐？是对太平盛世宁静生活的向往？还是超然出世的隐逸之思？在个人幸福和社会责任之间，究竟孰轻孰重？孰去孰取？人生的意义和价值究竟何在？等等。在本文中，孔子并没有给出直接的答案，后人也见地不一。不过，这正好给读者留下了无穷的想象和理解的空间，因为它也是我们每个人都必须面对和回答的问题。

思考与讨论

1. 在写到曾皙的时候,出现了一段关于弹瑟的声音和人物动作的描写,这样写的意图和效果是什么?

2. 将本文与《韩诗外传》"各赋所愿"相比较,谈谈它们在写作的笔法上有什么不同。

3. 假如你想在社会事务或政治领域有所作为,而这一理想又屡遭挫折,你会有什么样的反应?为什么?

平行阅读

是孔子所言本即不同,还是记载者笔法有异?

韩 诗 外 传

孔子游于景山之上,子路、子贡、颜渊从。

孔子曰:"君子登高必赋。小子愿者何,言其愿。丘将启汝。"

子路曰:"由愿奋长戟,荡三军,乳虎在后,仇敌在前,蠡跃蛟奋,进救两国之患。"孔子曰:"勇士哉!"

子贡曰:"两国构难,壮士列阵,尘埃涨天。赐不持一尺之兵、一斗之粮,解两国之难。用赐者存,不用赐者亡。"孔子曰:"辩士哉!"

颜回不愿。孔子曰:"回何不愿?"颜渊曰:"二子已愿,故不敢愿。"孔子曰:"不同意。各有事焉。回其愿,丘将启汝。"

颜渊曰:"愿得小国而相之。主以道治,臣以德化,君臣同心,外内相应;列国诸侯,莫不从义向风,壮者趋而进,老者扶而至。教行乎百姓,德施乎四蛮,莫不释兵,辐辏乎四门,天下咸获永宁,蝖飞蠕动,各乐其性。进贤使能,各任其事,于是君绥于上,臣和于下,垂拱无为,动作中道,从容得礼。言仁义者赏,言战斗者死。则由何进而救,赐何难之解?"孔子曰:"圣士哉!大人出,小子匿;圣者起,贤者伏。回与执政,则由、赐焉施其能哉!《诗》曰:'雨雪瀌瀌,见晛曰消。'"

选自《韩诗外传笺疏》,屈守元笺疏,巴蜀书社1996年版战国时代，四海扰攘，民生涂炭。孟子蒿目时艰，忧愤难平，于是奔赴地广人众的齐国，希望借其强大的国势实现自己王道仁政的理想。本文所记即其二度赴齐时与齐宣王的一次著名的对话。

孟子·梁惠王下（节选）

聚焦
●激情、雄辩，先秦说理文经典之作
●与民同乐，社会政治理想的表达

庄暴见孟子[1]，曰："暴见于王，王语暴以好乐，暴未有以对也[2]。"曰："好乐何如？"

孟子曰："王之好乐甚，则齐国其庶几乎[3]！"

他日，见于王曰："王尝语庄子以好乐，有诸[4]？"

王变乎色，曰："寡人非能好先王之乐也，直好世俗之乐耳。"

曰："王之好乐甚，则齐其庶几乎！今之乐由古之乐也[5]。"

曰："可得闻与？"

曰："独乐乐，与人乐乐，孰乐[6]？"

曰："不若与人。"

曰："与少乐乐，与众乐乐，孰乐？"

曰："不若与众。"

"臣请为王言乐。今王鼓乐于此，百姓闻王钟鼓之声，管籥之音[7]，举疾首蹙頞而相告曰[8]：'吾王之好鼓乐，夫何使我至于此极也？父子不相见，兄弟妻子离散。'今王田猎于此[9]，百姓闻王车马之音，见羽旄之美[10]，举疾首蹙頞而相告曰：'吾王之好田猎，夫何使我至于此极也？父子不相见，兄弟妻子离散。'此无他，不与民同乐也。

"今王鼓乐于此，百姓闻王钟鼓之声，管籥之音，举欣欣然有喜色而相告曰：'吾王庶几无疾病与，何以能鼓乐也？'今王田猎于此，百姓闻王车马之音，见羽

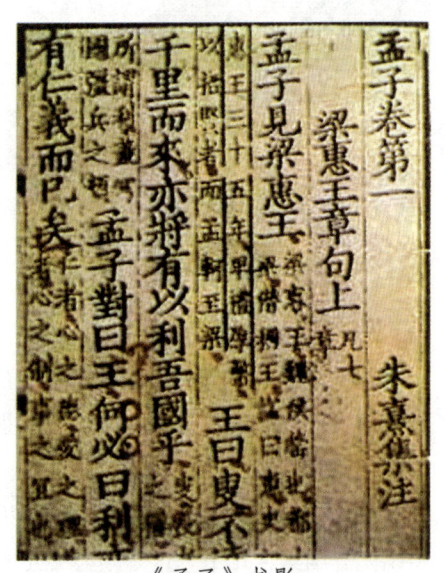

《孟子》书影

旄之美，举欣欣然有喜色而相告曰：'吾王庶几无疾病与，何以能田猎也？' 此无他，与民同乐也。今王与百姓同乐，则王矣[11]。"

选自《孟子译注》，杨伯峻译注，中华书局1960年版

注释

[1] 庄暴：齐国大臣。
[2] 王：指齐宣王。好乐：喜欢音乐。未有以对：不知怎么回答。
[3] 庶几：差不多了。
[4] 诸：相当于"之乎"。
[5] 由：与"犹"通用，如同。
[6] "独乐乐"三句：独自欣赏音乐而快乐，与别人一起欣赏音乐而快乐，哪一种更快乐呢？两处"乐乐"，前一"乐"是"音乐"的"乐"，后一"乐"是"快乐"的"乐"。
[7] 管籥（yuè）：箫笛一类的乐器。
[8] 疾首：头痛。蹙（cù）：收缩，皱。蹙頞（è）：忧愁的样子。頞，鼻梁。
[9] 田猎：打猎。
[10] 羽旄：本义为装饰着羽毛和牦牛尾的旗帜，此处指仪仗。
[11] 王：读作wàng，意思是称王，统治天下。

孟子（前372—前289），名轲，邹国（今山东邹城）人，战国中期著名思想家、政治家和教育家，孔子之后最重要的儒学大师。孟子出身贫寒，幼年丧父，由母亲养育成人。他对孔子极为仰慕，受业于孔子之孙子思（孔伋）的门人，继承和发展了孔子的仁义思想，认为"民为贵，君为轻"，提倡"法先王""行仁政"，主张"性善"论。曾游说于齐、宋、滕、魏等国，一度为齐宣王客卿，但其学说被认为是"迂远而阔于事情"，终不被采用。晚年回到邹地，专心讲学和著述，与弟子共同写作了《孟子》一书。其思想对后代儒学产生了很大的影响，被尊称为"亚圣"。

孟子

导读

本文是孟子劝导齐宣王推行仁政的一段谈话。它由宣王的好乐而起，最后归结到与民同乐才能称王于天下的大问题上来，充分体现了孟子倡仁义、尊王道的理论主张和高超的论辩技巧。

文章的开头即巧设悬念：庄暴闻宣王"好乐"而"未有以对"，孟子则立刻得出"齐国其庶几乎"这一颇显突兀的结论，至于其间的逻辑关联，却只字未提，

山东邹县孟庙亚圣殿

这必然会诱发闻者欲知究竟的兴趣。他日进见之时，孟子提及"好乐"之事，宣王闻言"变色"，惭言非好古乐，直好今乐而已，孟子则仍以"王之好乐甚，则齐其庶几乎"为说，更提出了"今之乐由古之乐也"的断语，可谓悬念之外又添悬念。因为在儒家看来，今乐与古乐是绝对不可同日而语的。例如孔子，虽以好乐著称，所好的也只是《韶》《舞》那样的古乐，至于郑声之流的今乐，则是痛诋为"淫"且必欲绝之而后快的。如今，孟子竟将这两者等量齐观，自然大出宣王所料，故其不安之情顿消，好奇之心则继之而起。文章就在这悬念的推动下展开，直至全篇终了。"今王与民同乐，则王矣"的结论既出，谜底才告揭开，孟子欲擒故纵之意、引人入彀之巧，也就昭然可见了。

值得称道的是，孟子虽意在劝导，但并未流于枯燥的说教，而是通过移情入境的悬想和代言方式，将"独乐乐"和"与众乐乐"的不同效果和百姓对它们截然不同的反应，形象地展现出来，可谓"辞不迫切而意已独至"（赵岐《孟子章句·题解》）。这种论说方法不仅富于逻辑的说服力，情绪的感染力也相当强烈。

从《论语》到《孟子》，可以看出先秦论说性散文文体演变的基本倾向。《论语》大多是只言片语的记录，即使描写问答和对话，措辞也极为简约。《孟子》虽然沿用了语录体的形式，但也表现出一个新的趋势，即围绕一个话题逐层展开、反复论证，不仅篇幅有所增大，思辨的特质和论辩的色彩也更见浓厚了。

思考与讨论

1. 在描述百姓对齐王好乐和田猎的两种不同反应时，孟子使用了同中有异的重章叠句的手法，这种写法的意图何在？效果如何？
2. 比较本文与《论语》"子路、曾皙、冉有、公西华侍坐"章，思考二者的语言风格有何差异，原因何在。
3. 将本文与《礼记·乐记》"魏文侯问于子夏曰：'吾端冕而听古乐，则唯恐卧'"章加以对比，谈谈它们在思想倾向和论说方式上有何区别。
4. 你喜欢音乐吗？喜欢哪种音乐？你认为现在的音乐都有什么样的功能？

平行阅读

士人为政之"快""乐"，应是出自"王"天下或其他功利的需要，还是发自内心的愿望？

黄州快哉亭记

苏　辙

江出西陵，始得平地。其流奔放肆大，南合湘沅，北合汉沔，其势益张。至于赤壁之下，波流浸灌，与海相若。清河张君梦得谪居齐安，即其庐之西南为亭，以览观江流之胜，而余兄子瞻名之曰"快哉"。盖亭之所见，南北百里，东西一舍，涛澜汹涌，风云开阖。昼则舟楫出没于其前，夜则鱼龙悲啸于其下。变化倏忽，动心骇目，不可久视。今乃得玩之几席之上，举目而足。西望武昌诸山，冈陵起伏，草木行列，烟消日出，渔夫樵父之舍，皆可指数。此其所以为"快哉"者也。至于长洲之滨，故城之墟，曹孟德、孙仲谋之所睥睨，周瑜、陆逊之所骋骛，其流风遗迹，亦足以称快世俗。

昔楚襄王从宋玉、景差于兰台之宫，有风飒然至者，王披襟当之曰："快哉此风！寡人所与庶人共者耶？"宋玉曰："此独大王之雄风耳，庶人安得共之？"玉之言盖有讽焉。夫风无雄雌之异，而人有遇不遇之变。楚王之所以为乐，与庶人之所以为忧，此则人之变也，而风何与焉？士生于世，使其中不自得，将何往而非病？使其中坦然，不以物伤性，将何适而非快？今张君不以谪为患，窃会计之余功，而自放山水之间，此其中宜有以过人者。将蓬户瓮牖，无所不快，而况乎濯长江之清流，揖西山之白云，穷耳目之胜以自适也哉？不然，连山绝壑，长林古木，振之以清风，照之以明月，此皆骚人思士之所以悲伤憔悴而不能胜者，乌睹其为快也哉？

元丰六年十一月朔日赵郡苏辙记

选自《三苏全书·集部·苏辙集》，曾枣庄、舒大刚主编，语文出版社2001年版短短的文字,却是一篇思想深刻、影响深远,但又充满疑问、备引争议的儒学经典。

礼记·大学(节选)

聚焦
● 儒家"内圣外王"人格理想的经典表述
● 其"格物致知"说引发思想史上激烈的争论

大学之道,在明明德,在亲民,在止于至善[1]。知止而后有定,定而后能静,静而后能安,安而后能虑,虑而后能得[2]。物有本末,事有终始,知所先后,则近道矣[3]。

古之欲明明德于天下者,先治其国。欲治其国者,先齐其家[4]。欲齐其家者,先修其身[5]。欲修其身者,先正其心[6]。欲正其心者,先诚其意[7]。欲诚其意者先致其知,致知在格物[8]。物格而后知至,知至而后意诚,意诚而后心正,心正而后身修,身修而后家齐,家齐而后国治,国治而后天下平[9]。自天子以至庶人,壹是皆以修身为本[10]。其本乱而末治者否矣[11]。其所厚者薄,而其所薄者厚,未之有也[12]。此谓知本,此谓知之至也[13]。

选自《礼记训纂》[清]朱彬,中华书局1996年版

注释

[1] 大:旧读为"太",大学,古代一种高级学校的名称。《大戴礼记·保傅》说:"古者年八岁而出就外舍(即小学),学小艺焉,履小节焉;束发(指成童,约十五岁)而就大学,学大艺焉,履大节焉。"当时能入大学学习者,多为贵族子弟,即"王太子、王子、群后之子以至卿大夫、元士之适(嫡)子"(《尚书·大传》)。至于用"大学"为篇题,郑玄认为:"名曰《大学》者,以其记博学可以为政也。"朱熹读"大"为dà,认为:"大学者,大人之学也。"明明德:前一个"明"字用作动词,义为"显明";明德,即光辉的品德。亲民:依字面可解为"亲爱人民";程颐认为"亲"当作"新","新民"即使人民的道德境界不断更新。止:达到且能坚守不移。关于"明明德""亲民""止于至善",朱熹说:"此三者,大学之纲领也。"

[2] 知止:知道应该达到的目标。定:有确定的志向。静:心态平静。安:精神安宁。虑:思虑。得:有所收获。

[3] 物有本末:万物都有主次轻重。事有终始:万事都有先后次序。

[4] 齐其家:依字面可解为"整顿其家庭",但本文所说的"家",与现代意义上的"家庭"有所不同,内涵着封建家族所特有的宗法、等级含义。

[5] 修其身:修养其自身。朱熹说:"正心以上,皆所以修身也。"

[6] 正其心:端正其心。朱熹说:"心者,身之主也。"

[7] 诚其意:使其意念诚实。

中国古代的礼器——编钟

　　[8] 致其知：获得知识。格：至；物：事物。"格物"一词，解说颇有分歧，依朱熹的解释，应理解为"穷究事物的道理"，但依陆、王心学的解释，则是格除物欲的意思。关于"格物""致知""诚意""正心""修身""齐家""治国""平天下"，朱熹说："此八者，大学之条目也"。

　　[9] 而后：与上句"欲……先……"同样表示逻辑的条件关系，上句是由果及因的倒溯，此句则是由因及果的顺推。

　　[10] 壹是：一律。以修身为本，朱熹说："正心以上，皆所以修身也。齐家以下，则举此而措之耳"。

　　[11] 本：指"修身"。末：指身外的种种事务。否：意为"不可能"。

　　[12] 所厚者：指"本"。所薄者：指"末"。

　　[13] 知之至：智慧的极致。知，即"智"。

关于《大学》的作者，朱熹说："经一章，盖孔子之言而曾子述之。其传十章，则曾子之意而门人记之也。"(《大学章句》)这是毫无根据的。不过，它所反映的是地道的儒家思想则毫无疑问。《大学》原本只是《礼记》(即所谓《小戴礼记》，共四十九篇)中的一篇。《礼记》是用以阐释《礼经》(即《仪礼》)经文的意义，或对经文的内容加以补充的辅助性资料。其作者主要是孔子再传弟子及其后学。其写作在战国至秦汉之间，其最后的编定，则在东汉的晚期。自唐代后期开始，其中的《大学》《中庸》二篇逐渐受到儒者的重视。北宋理学家程颐、程颢对《大学》格外推崇，并予以编次、解说。南宋理学家朱熹则继承二程的观点，将《大学》《中庸》与《论语》《孟子》并列，合称"四书"；又作《大学》《中庸》章句与《论语》《孟子》集注，其中于《大学》用力最多，不仅分别经、传，改动次序，还补写了他认为已佚的论格物致知的传第五章。自谓"平生精力，尽在此书"，直至临终之际还在不断修改。朱熹死后，《四书章句集注》被立于学官，成为士人的必读书，其地位甚至凌驾于"五经"(即《诗》《书》《礼》《易》《春秋》)之上，对以后的中国社会和文化产生了深刻的影响。

导读

《大学》自唐宋以来，它的地位越来越高，它的话语为世人所熟悉和传诵，以至成了那种从来不需要想起、永远也不会忘记的文化格言。它所描绘的人生理想，仿佛是一个难以化解的结，一个挥之不去的梦，激励着一代又一代的知识分子走向自强不息、奋斗不已的人生之路。

本文为《大学》的第一章，集中阐述了儒家关于教育的宗旨、步骤及作用的理论，鲜明地体现了儒家学派"内圣外王"的人格理想。

商代青铜礼器铭纹

文章的第一节，概括了大学教育的基本宗旨，即以"明明德""亲（新）民"和"止于至善"为内容的所谓"三纲领"。"明明德"，强调的是自我的道德完善；"亲（新）民"，强调的是推己及人的道德感化作用；"止于至善"，则强调的是为善不已、守善不渝的道德境界。它以道德的修养为教育的首要内容，以道德的完美为教育的最高目标，鲜明地体现了自殷周以来逐渐形成，并为儒家学派所发扬光大的重德思想，具有浓厚的道德理想主义色彩。第二节反复论述了修养的步骤及其实践效果，即所谓"八条目"。自"格物""致知"至"诚意""正心""修身"，都是在讲教育的根本，即自我道德的修养；自"齐家""治国"至"平天下"，则是这内在道德修养的外化的展开。前者可谓之"体"，后者可谓之"用"；前者可谓之"微"，后者可谓之"显"；前者可谓之"内圣"，后者可谓之"外王"。将这八条合而观之，正是所谓"体用一源""显微无间"的关系，也正是"内圣外王"的人格理想的最佳表述，它凝聚了儒家学派关于人生与社会、道德与政治等问题的思想精髓，表达了完善自我并改造社会的强烈愿望。其人格理想和社会责任意识均不无积极的因素，因此成为有志之士用以自励并为之奋斗的人生目标。

但是，作为封建社会及其文化观念的产物，这种理想又有其历史和文化的局限。这里所说的"德"与"善"，是有着特定的社会与历史的内涵的；这里的"家""国"和"天下"也不同于今天的"家""国"和"天下"。在先秦封建社会里，天下是"溥天之下，莫非王土"的王之天下，国是"天子建国"的诸侯之国，家是"诸侯立家"的卿大夫之家。至于大学，则是"国子"即贵族子弟接受治术教育的学校。从王到诸侯，从诸侯到卿大夫，靠着宗法的关系，构成了利害相关的统治网络，构成了等级金字塔的上层。所谓"自天子以至庶人，壹是皆以修身为本"，绝不仅仅是为了成圣，更有强化其统治的根基、巩固其自身的权利的意图在。这是我们在学习时必须注意的。

本文的语言也很有特色。它大量使用了排比和蝉联句法，造成了一种环环相扣、间不容发的逻辑感和不容置疑的雄辩气势。

思考与讨论

1. 本文所使用的排比、蝉联句式，在逻辑上是否真的很严密？有没有可以置疑的地方？
2. 本文所说的"大学"，与今天的大学有什么不同之处？
3. 道德的修养与知识的探求是什么关系？二者是否一回事？能否统一起来？

> 最能体现中国人智慧的著作,其影响早及于海外,但理解起来颇为不易。幸而箴言隽语散落于全书,如精金美玉,时间的流逝反而愈增其光彩。

道德经(节选)[1]

老 子

道可道,非常道[2];名可名,非常名[3]。无,名天地之始。有,名万物之母[4]。故常无欲也,以观其妙;常有欲也,以观其徼[5]。此两者同出而异名,同谓之玄[6]。玄之又玄,众妙之门[7]。(第一章)

天下皆知美之为美,斯恶已;皆知善之为善,斯不善已[8]。故有无相生,难易相成,长短相形,高下相盈,音声相和,前后相随。是以圣人处无为之事,行不言之教。万物作而弗始[9],生而弗有,为而弗恃,功成而弗居。夫唯弗居,是以不去[10]。(第二章)

三十辐,共一毂[11],当其无,有车之用。埏埴以为器[12],当其无,有器之用。凿户牖以为室,当其无,有室之用。故有之以为利,无之以为用[13]。(第十一章)

将欲歙之[14],必固张之;将欲弱之,必固强之;将欲废之,必固兴之;将欲取之,必固与之。是谓微明[15]。柔弱胜刚强。鱼不可脱于渊,国之利器不可以示人。(第三十六章)

上士闻道,勤而行之;中士闻道,若存若亡;下士闻道,大笑之。不笑不足以为道。故建言有之:明道若昧;进道若退;夷道若纇[16];上德若谷[17];广德若不足;建德若偷[18];质真若渝[19];大白若辱[20];大方无隅;大器晚成;大音希声;大象无形;道隐无名。夫唯道,善始且善成[21]。(第四十一章)

其政闷闷[22],其民淳淳;其政察察,其民缺缺[23]。祸兮福之所倚;福兮祸之所伏。孰知其极?其无正也。正复为奇,善复为妖[24]。人之迷,其日固久。是以圣人方而不割[25],廉而不刿[26],直而不肆[27],光而不耀。(第五十八章)

天之道,其犹张弓与?高者抑之,下者举之;有余者损之,不足者补之。天之道,损有余而补不足。人之道,则不然,损不足以奉有余。孰能有余以奉天下,唯有道者。是以圣人为而不恃,功成而不处,其不欲见贤邪[28]!(第七十七章)

天下莫柔弱于水，而攻坚强者，莫之能胜。以其无以易之[29]。弱之胜强，柔之胜刚，天下莫不知，莫能行。是以圣人云："受国之垢，是谓社稷主；受国不祥，是为天下王。"正言若反[30]。（第七十八章）

小国寡民，使有什伯之器而不用[31]，使民重死而不远徙；虽有舟舆无所乘之，虽有甲兵无所陈之；使民复结绳而用之。甘其食，美其服，安其居，乐其俗；邻国相望，鸡犬之声相闻，民至老死不相往来。（第八十章）

选自《老子注译及评介》，陈鼓应，中华书局1984年版

注释

[1]《道德经》的版本问题，以及由此产生的文字异同，均相当复杂。本教材虽以陈本为基础，个别地方参考近年新的研究成果有所调整——特别是在关乎文本要旨的地方。

[2] 道：第一个与第三个为此书的核心概念，大意为终极存在与根本动因。第二个则为"言说"。

[3] 名："名"与"道"对举，类似于名实关系。"常名"对应于"常道"，故不可能具体命名。

[4] 这两句有不同句读，另一种是在"名"字后面断开，其意义大不相同。

[5] 徼（jiǎo）：边际，这里有实存之义。旧通行本无"也"字，故通行的句读在"欲"前断开。今据帛书本，则应"有欲""无欲"连读，而意旨似较胜一筹。

[6] 玄：深奥、玄妙。

[7] 门：门户，引申为"所由来"。

[8] 已：已然，引申做"就产生了"。

[9] 作：兴起。始：开端，引申做"引导"。

[10] 去：埋没。

[11] 毂（gǔ）：车轮的中心部分，其内联轴，其外插辐条。

[12] 埏埴（shān zhí）：以水和泥。埏，和泥。埴，泥土。

[13] 利：便利。用：效用。

[14] 歙（xī）：收敛。

[15] 微明：隐微的征兆。

[16] 颣（lèi）：不平。

[17] 谷：山间低洼的空地，空谷。

[18] 建：同"健"，刚健。偷：怠惰。

[19] 渝：变，变质。

[20] 辱：污浊。

[21] 通行本作"善贷且成"，此据帛书改。

[22] 闷闷：相对于"察察"而言，指混沌（有"难得糊涂"之义）、无作为的施政。

[23] 缺缺：诈伪的样子。

[24] 妖：邪恶。

[25] 割：划伤。

[26] 刿：刺伤。

[27] 肆：放纵、恣意。

[28] "是以"三句，或以为错简复出。

[29] 易：代替。

[30] 正言若反：正面的表述却好像是负面的。这有两种理解，一种是承上文"圣人云"，能蒙受"垢""不祥"者，反而是称职的君主。一种是兼承前文"明道若昧"之类的话头，为《道德经》辩证思维的概括语。

[31] 什伯：十倍百倍，谓复杂而高效的器械。此即《庄子》"有机械者必有机事，有机事者必有机心"之意。

老子

在先秦思想家中，老子的身世是争论最大的。据《史记·老庄申韩列传》："老子者，楚苦县厉乡曲仁里人也。姓李氏，名耳，字伯阳。谥曰'聃'。周守藏室之史也。孔子适周，将问礼于老子。"这里关于其乡里是争议最小的。至于姓名、时代，特别是与孔子的关系，都是众说纷纭的。以生活时代而论，就有"稍早于孔子""晚于孔子早于庄子"及"晚于庄子"的分歧，甚至还有"并无其人，纯属虚构"的极端说法。若折中群说，大致可以认为：老聃，春秋晚期思想家，与孔子有过交集；其思想影响了庄周，二者成为道家的代表性人物。在兵家、法家的著作中，也可以看到老子思想的印痕。

《道德经》还成为后世道教的最重要经典，老子本人也被道教信徒尊奉为最高神祇之一。《道德经》原通行的文本为王弼注本与河上公注本。后出土的更早的则有郭店竹简本与马王堆帛书本（甲、乙本）。一般而言，王弼本文字最为整饬。但帛书本在若干关键地方的异文十分重要。所以，晚近出版的《道德经》多以王弼本为基础，参照其他诸本，尤其是帛书本而斟酌去取。本教材也循此酌定文字。

《道德经》的文体很有特色，可以看作是箴言集，或是哲理散文诗。精炼、警醒是其优长之处，但也造成了较大的见仁见智的空间。例如，它的基本思想倾向究属"唯心"抑或"唯物"？其旨归为人生智慧抑或阴谋诡计？不过这种歧见的存在，更增加了研究、解读的吸引力。

导读

《道德经》共计八十一章，五千余字（版本不同，稍有出入）。大要言之，所论涉及三个方面：首先是"道"之论，关乎世界的产生、本体、形态，以及存在与运行的规律；其次是修身与养生，强调谦退与自然；再次是论治国及军事。本教材选其中九章，兼顾思想内容与文字表达两个方面。

首章"道可道"，是全书纲领性文字，言简意赅，影响极大。但也是歧见最为突出的部分。一是"无，名天地之始"还是"无名，天地之始"（以及相同句式的下句），二是"故常无，欲以观其妙"还是"故常无欲（也），以观其妙"（以及相同句式的下句）。从语法角度讲，都说得通，但旨趣却大相径庭。

次章讲的是相对论的观点，可参看《庄子》的《齐物论》和《秋水》。而由相对论的立场出发，老子反对主体膨胀，主张"弗始""弗有""弗恃""弗居"。

所选第三章通过三个比喻，说明有无相生的道理。而重点在于强调"无"的实存性及其特殊价值。

第四章的字面很好懂，理解却有霄壤之别。一派认为是客观指出了宇宙间互为消长的规律，另一派则认为是指点"柔弱胜刚强"的阴招。仁者见其仁，智者见其智，这也不是黑白分明的话题。

接下来一章谈的是世界普遍存在的假象问题：真正明白的却像是昏昧，真正洁白的却被认为是污秽。所以"我"讲述的大道，聪明人听到会努力奉行，愚蠢的人反而要大笑不已——因为他们总是被假象蒙蔽。他们的大笑恰好证明了"我"所讲道理的正确。这几句，也有研究者看作是对老子学说的接受过程（如林语堂）：始则不理解而大笑，继而有所领悟开始自嘲，然后彻悟以致奉行。虽非原意，却不无启发。

所选第六章谈了三个层次的问题：第一层是政治，提倡无为或少为，反对苛政；接下来讲事物转化无常；第三层讲智者应有的人生姿态。主旨在于提倡辩证的思维。

第七章涉及社会、政治的公平问题，并由此谈到"天""人"之别。是全面认识我国古代天人观应特别关注的一种提法。

第八章以水为喻，讲柔弱胜刚强的道理。老子还讲过"上善若水"（原文第八章）。在《道德经》的意象系列中，"水"的意味很值得注意（包括对后代文学的影响）。

最后一章讲老子的社会理想。过去往往简单以"倒退"来否定、批判，其实失之肤浅。从"文明的代价"角度来重新解读老子这段话，其意味反而历久弥新。

总括来看，老子之文不同于孔孟，也迥异于庄列。其行文短小精警，目光锐利；特有的"正言若反"以及辩证立论形成了鲜明的思想风格；其比喻大多要言不烦，并形成了相互关联的意象群，如水、溪谷、雌性、婴儿等。这些融合到一起，就产生了一系列精金美玉般箴言警句，如选文中的"将欲取之，必固与之""大器晚成；大音希声；大象无形""祸兮福之所倚，福兮祸之所伏"等等。

思考与讨论

1. 学术界有"儒道互补"之说。就此文，以及教材中所选《论语》《孟子》《礼记》《庄子》《楚辞》诸篇，综合对比来谈谈你的认识、感受。
2. 这九章中，你印象最深的箴言是哪些？结合自己生活经历加以分析。
3. 老子"小国寡民""无为而治"的思想有无合理因素？试分说之。

诗歌

分序三·诗歌

"诗歌",顾名思义,指"诗"与"歌"。诗可独立阅读,歌则配乐歌唱才为合体。因体式和语言形式的不同,一般将汉语诗歌分为古代诗歌与现代诗歌。再细分之,则古代诗歌在《诗经》《楚辞》之后,大体有古体、近体、五言、七言及杂言之别,又有词、曲于其外别张异帜。现代诗歌则有格律体、自由体之别;至于歌词一体,则有的近似于诗,有的却是"非诗的",只是"歌"。而古代诗词的写作,现代人中仍颇有热衷者。

诗是文学的明珠,其文学性、精神性的表现,更为典型和极端。诗是文学中的贵族。较之其他文学样式,诗是小众的文学类型。西哲名言曰:诗代表着一民族最精细的感受和智慧(艾略特)。自由、真切、深刻的表达和寄托,是诗久远的追求。诗因此是民族文化的骄傲,民族精神的旗帜,民族智慧的火炬。

古代中华号称"诗国",诗的传统源远流长,作品灿若繁星,成为中华文化的重要象征。现代诗歌的历史不长,但也基本适应了现代人沉吟、抒发和思考的需求,呈现了现代国人生命体验的复杂面相,给了我们古典诗美之外的另一类享受。

"诗也者,有象之言,依象以成言"(钱锺书)。古代诗歌以字呈象,借景生情,善用比兴,讲求意境;富于典故、暗指和象喻,讲求"象外象""言外意""言有尽而意无穷"(苏轼);善于灵活处理词汇和句子,讲究对仗、平仄、押韵、对称,句式齐整或字数有一定之规,等等。这些,都最充分地利用和体现了汉语汉字的特点。

及至现代,汉语日常用语由文言向白话的过渡,汉语写作承受的外来影响,在诗歌语言和形式上引发的变化尤为重大。虽然有的诗人仍乞援于古典,有的则刻意追求口语,但基本上,现代汉语书面语是现代诗歌语言的主流。它极大地扩充了诗歌的词汇,突破了传统音韵规则的束缚,显出颇不同于古代诗歌的样貌。现代诗歌在追求内在节奏和旋律的同时,也讲求音步音尺,也曾追求格律乃至形式上的"建筑美",也有潜在的语文规律可循。

总之,诗"文"是一种特殊的语文,是文学语言最典型、最集中的体现。它在语言的对仗、节奏、协韵、省略、双关、隐喻、象征等方面更加讲究;特别追求语言表现的精练、含蓄及陌生化。因而,诗歌语文往往更能凸显汉语的特质与意味。

> 流行歌曲与诗之间并非壁垒森严，界限分明。流行音乐虽为大众文化的一种形式，却具有特定的艺术价值和文化功能。罗大佑歌曲的价值，在于他唱出了二十世纪八九十年代海峡两岸中国青年面临社会转型时所特有的迷惘、困惑、痛苦和思考。

现象七十二变

罗大佑

黄花岗有七十二个烈士，
孔老夫子有七十二个徒弟，
孙悟空的魔法七十二变，
我们又等到民国七十二年[1]。

岁岁年年风水都在改变，
有多少沧海一夜变成桑田。
在这个五千年的悠久历史里面，
成功与失败多少都有一点。

清清楚楚写在你的脸上，
你是个道道地地的聪明人，
慌慌张张迈开你的脚步，
你是个匆忙的现代人。

有人默默耕耘默默种植，
有人在过着他的太平日子。
有人在大白天里彼此明争暗斗，
有人在黑夜之中枪杀歌手。

随着都市现代化的程度，
每个人多少追求一点幸福，

聚焦
一首反映了时代变迁的名作
一篇风格特异的现代『歌诗』

诗歌

罗大佑演出现场剧照

是个什么样的心理因素,
每年要吃掉一条高速公路。

在西门町的天桥上面闲逛,
有多少文明人在人行道上。
就像我看到文明车辆横冲直撞,
我不懂大家心里作何感想。

一年过了又是新的一年,
每一年现代都在传统边缘,
在每个新的一年三百六十五天,
我们都每天进步一点点。

眼看着高楼盖得越来越高,
我们的人情味却越来越薄,
朋友之间越来越有礼貌,
是因为大家见面越来越少。

苹果价钱卖得没有以前高,

或许是现在味道变得不好,
就像彩色电视变得更加花哨,
能辨别黑白的人越来越少。

一年过了又是新的一年,
每一年都曾经是新的一年,
在每个新的一年三百六十五天,
每天进步一点点。

现实生活不能等待奇迹,
这是个非常简单的道理,
如果要生存非常容易,
只要你对人保持一点距离。

但是生活不能像在演戏,
你戴着面具如何面对自己?

或许你将会真的发现一些奇迹,
只要你抛开一些面子问题。
或许你将会发现人生还算美丽,
只要你抛开一些面子问题。

选自《罗大佑自选集》,滚石国际音乐股份有限公司

注释

[1] 民国七十二年:即公元1983年,"民国",本指1911年辛亥革命胜利后成立的中华民国,1949年中华人民共和国成立后,台湾当局仍沿用"民国"纪年。

罗大佑(1954—),著名歌曲作家,歌手,自20世纪70年代中期成名以来,在中国大陆和台湾、港澳地区及世界其他地区的华人群体中,一直拥有广泛影响。

罗大佑

诗歌

导读

　　罗大佑的歌曲是随着日本产手提式录音机的迅速普及，在世界华人青年当中广泛流行的。他的早期作品，典型地表现了那时青年人的惶惑、焦虑、伤感，同时也体现了鲜明的批判精神。

　　这首歌词最能体现罗大佑歌曲的特点。第一段歌者用"七十二"这个数字的巧合，把早期国民党的光荣历史、传统儒家文化、孙悟空的变化魔法（预示时代的多变）和面临的时代处境出人意料地联系在一起，产生了强烈的反讽效果。它也暗示了整首歌曲的基调：面对社会生活各方面的急剧变化，歌者的怀疑、讽刺、失望和无奈。罗大佑已经不再像上一代台湾学者如20世纪70年代的柏杨那样，通过对传统文化的研究批判，来表达对国民党统治的极端不满（柏杨轰动一时的著作《丑陋的中国人》，就是在这一背景下问世的）。他对历史的看法相应地缓和，而且有些调侃意味："在这个五千年的悠久历史里面，成功与失败多少都有一点。"第三至第七节是作者对社会世相的简略速写，聪明人、现代人、文明人，形形色色，但彼此不知在想什么，就是为了追求一点幸福？幸福体现在哪里？是那日益增高的摩天大楼？但为什么人情味越来越少？是彩色电视一类日益丰富的物质享受？但为什么"彩色电视变得更加花哨，能辨别黑白的人越来越少"？这个意味深长的诘问，凸显了商业消费社会产生的文化困境。

　　罗大佑的歌曲在表达自己生活感受的同时，包含了丰富的民族情绪、文化关怀和社会批判内容。如果说一般流行歌曲是非常个人化的"小叙事"，那么罗大佑的歌称得上是流行文化里相当社会化的"宏大叙事"。从文字本身看，他的歌词语言相当通俗，没有传统意义上的那种精美凝练、含蓄幽雅，但作者对社会现象的敏锐感觉仍然是诗性的；再配以他极具个人风格的乐曲和演唱，这样的歌曲就具有了通常文字所没有的感染力。

　　从诗歌历史看，很长一段时间内，诗就是歌，歌就是诗。中国早期的《诗三百》都是有曲调，可以吟唱的。诗不能吟唱，是最近一百多年的事。就社会影响而言，流行歌曲这种特殊的诗歌形式，要远远大于通常不能吟诵更无法歌唱的现代新诗。现代流行音乐依靠以电子、数字为基础的大众传播媒介发展起来。批量生产和标准化制作常常使之备受诟病。人们认为，大众文化的形式一定是媚俗、芜杂和单调的。但是，罗大佑的歌曲却以其现代性的质疑和反思，凸显了可贵的文化品格。罗大佑歌曲中的激情主义冲动与现实主义批判的融合，也打造了1980年代以来中国流行音乐的启蒙倾向。

思考与讨论

　　1. 有人说："假如乐谱失传，录音手段和设备丧失殆尽，那么80年代的邓丽君，也许就是两百年后的柳永；90年代的刘欢，可能就是三百年后的白居易。因

280

此，从文学的、诗的意义上对他们的作品给予关注，显得非常必要，他们在歌中所表达的种种情绪和感觉，同时代的文学作品特别是诗和其他严肃艺术未必能表达得了。"你同意这种说法吗？为什么？

2. 你认为流行歌曲能否成为经典？理由是什么？
3. 举出三首你最喜欢的流行歌曲歌词，并说一说喜欢的原因。

平行阅读

通俗的语言和音乐形式，加上有深度的思想，使流行音乐独具魅力。

假 行 僧

崔 健

我要从南走到北，我还要从白走到黑
我要人们都看到我，却不知我是谁
假如你看我有点累，就请你给我倒碗水
假如你已经爱上我，就请你吻我的嘴

我有这双脚，我有这双腿，我有这千山和万水
我要这所有的所有，但不要恨和悔
要爱上我你就别怕后悔，总有一天我要远走高飞
我不想留在一个地方，也不愿有人跟随
我要从南走到北，我还要从白走到黑
我要人们都看到我，但不知道我是谁

我只想看你长得美，但不想知道你在受罪
我想要得到天上的水，但不是你的泪
我不愿相信真的有魔鬼，也不愿与任何人作对
你别想知道我到底是谁，也别想看到我的虚伪

选自《新长征路上的摇滚》，中国国际音像出版社1989年版

关于理想的课堂作文

高晓松

是谁第一个打破了沉默
是谁第一声唱出老歌

是谁又提起从前的约定
那关于理想的课堂作文

年少的作文虽然不能成真
你我都愿意再笑着重温
我们所说的爱我们想的未来
可能是今天再相聚的缘

我们年少时不经心许下的愿
再提起时依然是多温暖
也曾约定彼此间常见面
相见时已多年

长的心情短的命
长长短短　谁也说不清
遥遥的梦想　远远的人
遥遥远远　我们的笑脸

选自《校园民谣2》，中国录音录像出版总社、大地唱片有限公司1994年版

> 方文山的词作经由周杰伦的演唱,风靡一时,是近年来大众文化的突出现象。俯拾中国古典诗文中的语言碎片,连缀成具有浓郁"中国风"的歌词语文,是方文山创作的典型特点。《青花瓷》可为其代表。

青花瓷

方文山

素胚勾勒出青花笔锋浓转淡
瓶身描绘的牡丹一如你初妆
冉冉檀香透过窗心事我了然
宣纸上　走笔至此搁一半

釉色渲染仕女图韵味被私藏
而你嫣然的一笑如含苞待放
你的美一缕飘散　去到我去不了的地方

天青色等烟雨[1]　而我在等你
炊烟袅袅升起　隔江千万里
在瓶底书汉隶仿前朝的飘逸[2]
就当我　为遇见你伏笔

天青色等烟雨　而我在等你
月色被打捞起[3]　晕开了结局[4]
如传世的青花瓷自顾自美丽
你眼带笑意

色白花青的锦鲤跃然于碗底
临摹宋体落款时却恍记着你[5]
你隐藏在窑烧里千年的秘密

聚焦:着古典外衣的时尚化娱乐?与时俱进的新语文?

极细腻　犹如绣花针落地

帘外芭蕉惹骤雨门环惹铜绿
而我路过那江南小镇惹了你
在泼墨山水画里　你从墨色深处被隐去

天青色等烟雨　而我在等你
炊烟袅袅升起　隔江千万里
在瓶底书汉隶仿前朝的飘逸
就当我　为遇见你伏笔

天青色等烟雨　而我在等你
月色被打捞起　晕开了结局
如传世的青花瓷自顾自美丽
你眼带笑意

选自方文山著《青花瓷：隐藏在釉色里的文字秘密》，作家出版社2008年版

注释

[1] 天青色等烟雨：明谢肇淛《文海披沙记》："陶器，柴窑最古，世传柴世宗时烧造，所司请其色，御批云：'雨过天青云破处，这般颜色做将来'。"另一说为：此语出自宋徽宗。本词作者采后一说，且认为徽宗亦以此语赞汝窑。天青色，为汝窑特有之颜色。其色如雨后晴空之天蓝色，难于烧制，成器稀少。"烟雨"，在这里指降雨，"烟"，取其氤氲之意。

[2] 月色被打捞起：取水中月之意。

[3] 晕：日月周围的光圈。苏洵《辨奸论》："月晕而风，础润而雨。"引申为光影。韩愈《宿龙宫滩》："梦觉灯生晕，宵残雨送凉。"此处指月色在水中的光晕。

[4] 落款：瓷器的款识，指刻、划、印、写在瓷器上，标明器物制作的年代、产地、作坊、工匠、监制者或收藏者姓名的文字、符号或图案。

[5] 惹：（主动）招惹。

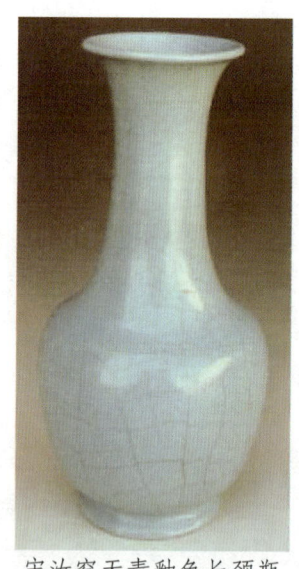

宋汝窑天青釉色长颈瓶

青花瓷

方文山（1969— ），台湾台北人。著名歌词作家。早年服过兵役、当过推销员，送过外卖。后与周杰伦合作，为其撰写歌词，其词用语精致时尚，气韵古雅，开辟了华语流行音乐的"中国风"。代表作有《爱在西元前》《东风破》《发如雪》《青花瓷》等。

方文山与周杰伦

导读

方文山的歌词与周杰伦的演唱构成了流行音乐中的独特风景。从配器、曲调到节奏、旋律，周杰伦的歌唱呈现了青春文化的后现代风格，方文山的歌词则创造了汉语写作的新魅力。这一首《青花瓷》即颇具代表性：将古典汉语的雅韵镶嵌在现代汉语的语流之中，体现了一种独特的语文风格，表现了汉语"字中含诗"美学意蕴。

这首词中，有一系列具浓郁中国文化韵味的词语：檀香、宣纸、韵味、汉隶、锦鲤、铜绿、帘外芭蕉、泼墨山水……作为中国文化的代表性器物，"青花瓷"这个符号与唐代至今绵延千余年的历史紧密相关，且显示烟雨江南天青色的婉约韵律，适合"爱情"的委婉多姿。故作者听了周杰伦做的曲子之后，即决定舍弃原先用"青铜器"或"汝窑"为题的设想，最终选定"青花瓷"一语。"天青色"也意味绵长，既指青花瓷的色彩，又暗含"雨过天青"的典故，同时突出了青花瓷烧制的偶然性、瞬间性，仿佛现代人体验的爱情一样朦胧易变轻忽飘逸。瓷器的命运宛若人的命运。历史名器的珍稀易碎，也仿佛生命、爱情的珍稀易碎。

这首歌词的魅力，正来自这种使用汉语语词的特殊方式。汉语的魅力常因字符使用的历史而获得丰富奇特的意蕴。一词，一字，都因其被使用的历史而获得这样那样的丰富韵味。例如"芭蕉""骤雨""门环""铜绿"和"江南"等词语；而"惹"字，也可以做这样的引申：就像"何处惹尘埃"，仿佛凭空而来无凭无据，"门环惹铜绿"，无来无去，为"我"对"你"的"惹"暗中抹上一种迷离惝恍的意味。这非常像中国诗文中的"用典"；不同的是，"用典"是借助字词有意地指向某一特定的历史事件，而字词本身的历史蕴含，却是某种特定指向的无意识的诗意流露。不妨把这种写作方式及其美学特征称为"字中含诗"。

不难看到，此作通过"古语镶嵌""碎片拼贴"方式，呈现出某种典雅凄美的古典诗意空间，并借助这个空间书写当代人的爱情体验，将现代人群漂浮的生命经验缝缀到千年传奇的纸页之中，从而激发起当代青年对传统文化的想象性认同冲动。它调用了潜藏于汉语符号之中的文化蕴含，却打造了一种后现代主义的美学情致。而既然这种缝缀是碎片化的，也就相应匮乏厚重的意义感。符号代替了历史本身，"历史感"替代了"历史"。十分丰富的语词与相对匮乏的意义，共同构成了方文山—周杰伦乐歌融古典于时尚、化异音于传统的"中国风"现象。这既是其成功的重要原因，也留下了晋阶的空间。

中国流行音乐的歌词曲风，经历了从个性启蒙和精英批判逐渐走向日常体验和诗意狂想的发展历程。《青花瓷》所代表的方文山歌词，向上撷拾了中国文化的诗意片断，又向下沟通了现代人的特定生命经验，从而打造了一种歌词形式的新语文。

关于歌词的语文价值，作者的认识十分清醒："流行音乐主要的目的是为了传唱，词意的描述偏重口语与情绪的字眼，也因此相当一部分的词意在文字上并没有讨论咀嚼的空间。"但考虑到其可观的受众数量和传播效能，考虑到作者算得上"苦心孤诣"的创作态度，应该将这种语文现象视为一种典型的青春文化的形式，予以深入分析和探讨。至于古典艺术与现代流行艺术可否及如何相容，流行歌曲向古典寻找灵感的创作道路，是否可行；古典诗文的语句被切成碎片之后，是否丧失了其原有的生命；当下理解古典诗文，是否应该借助快餐式的阐释，以及收藏家从专业角度提出的批评意见，等等，均可以讨论，也值得讨论。

思考与讨论

1. 从个人感受出发，试评价方文山词作的艺术特色及其局限。
2. 从语文的角度来看，你喜欢"方文山—周杰伦"的音乐语文吗？并谈谈理由。
3. 结合各类作品，谈谈你理解的"字中含诗"。

元青花鱼藻纹大罐

平行阅读

在华语歌坛的另一个天地，林夕的成就更是持久而广大，似水流年，亦未曾减弱其光芒。

流 年

林 夕

爱上一个天使的缺点　用一种魔鬼的语言
上帝在云端　只眨了一眨眼
最后眉一皱　头一点

爱上一个认真的消遣　用一朵花开的时间
你在我旁边　只打了个照面
五月的晴天　闪了电

有生之年　狭路相逢　终不能幸免
手心忽然长出　纠缠的曲线
懂事之前　情动以后　长不过一天
留不住　算不出　流年

遇见一场烟火的表演　用一场轮回的时间
紫微星流过　来不及说再见
已经远离我　一光年

有生之年　狭路相逢　终不能幸免
手心忽然长出　纠缠的曲线
懂事之前　情动以后　长不过一天
留不住　算不出　流年
哪一年　让一生　改变

> 萧红身世坎坷，戴望舒与萧红友情深厚。1942年11月，在女作家以31岁盛年病逝、葬于香港浅水湾海边的十个月后，戴望舒与好友叶灵凤一同拜谒萧红墓，遂成此"口占"诗稿。

萧红墓畔口占

戴望舒

走六小时寂寞的长途，
到你头边放一束红山茶，
我等待着，长夜漫漫，
你却卧听着海涛闲话。

一九四四年十一月二十日

选自《戴望舒全集·诗歌卷》，中国青年出版社1999年版

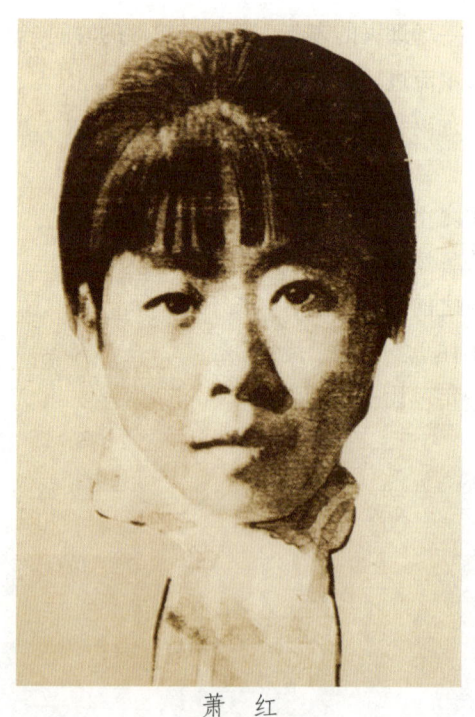

聚焦
- 灾难岁月里作家间的纯真友谊
- 现代诗歌语言的纯净洗练之美

萧 红

萧红墓畔口占

戴望舒（1905—1950），浙江杭县（今浙江余杭）人。中国现代杰出诗人。1925年入上海震旦大学学习法文。1926年起开始创作。1932年后留学法国、西班牙。1938年赴香港，主编《星岛日报》副刊。1941年底香港沦陷，次年10月，因宣传抗日被日军逮捕，后被营救出狱。抗战胜利后回上海教书。1949年春北上。1950年因病逝世于北京。有诗集《我的记忆》《望舒草》《望舒诗稿》《灾难的岁月》等。

戴望舒

导读

本诗是哀悼友人之作，短短四行，却充满蕴涵。它表现了诗人对已故者友谊的深厚和诚挚。头一句，借寂寞满怀、"六小时"默默行走的姿态，显示其在苦难面前的坚忍和不屈。诗人为墓中人生前身后的境遇感痛不止，寂寞，构成了诗篇的基点和最主要的感情色调。"放一束红山茶"在墓中人"头边"，流露出作家间纯真的情感和哀思，表露出其时环境的险恶——香港沦陷于敌手，仍处在血雨腥风之中。红山茶花如燃烧的火炬，隐喻和赞扬亡者生命之灿烂，映照出悼者心情的庄严与热烈，表达了对残暴者的默默抗争。第三句是对抗战胜利的期盼，亦是对多舛人生的省察。"长夜漫漫"，喻指风雨如晦的敌寇统治，也包含了漫漫艰辛人生长路之寓意，其"歇后"则为"何时旦"，即于无边昏夜中伫守、瞩望黎明之意。第四句写诗人所感受到的女作家此时此地之心境。逝者自有其穿透世事的安详与达观。大海，是亡者的向往，海陪伴着逝者，听海之呢喃低语，静静诉说，"闲话"是对死者受伤的寂寞身世和心境的慰藉，亦使诗人感觉快慰。逝者不言，却仍在沉思；虽仍然不免寂寞，而灵魂却在知音者的追问中获得新的生命。超然静观，从容安详，道尽作者的人生感悟。

本诗虽曰"口占"，却是精心构思、数番润色修饰之作，集中表现了诗人晚

香港浅水湾

期作品的成熟。情感表现沉静，克制，而又深挚，平淡中见深厚，委婉中渗透出激情。==语言干净，朴素，洗练，明白如话，而又富于质感，充满暗示。==轻重，动静，人我，生死，多重对比关系，结构平衡而协调。

　　本诗为新诗史上的著名作品，==标志着新诗语言的成熟==，也是戴望舒一生中最优秀的诗篇之一。

思考与讨论

1. 体会和描述诗人的心境。
2. 试分析本诗的结构对比关系。
3. 本诗语言简单明白，请分析这种语言风格在新诗中的地位和价值。

平行阅读

　　一篇是悼念之辞，一篇是寻梦之歌，一篇是抗敌之誓，而其情感真挚、语言素朴、格调庄严则一。

戴望舒诗二首

寻　梦　者

梦会开出花来的，
梦会开出娇妍的花来的：
去求无价的珍宝吧。

在青色的大海里，
在青色的大海的底里，
深藏着金色的贝一枚。

你去攀九年的冰山吧，
你去航九年的旱海吧，
然后你逢到那金色的贝。

它有天上的云雨声，
它有海上的风涛声，
它会使你的心沉醉。

把它在海水里养九年，

把它在天水里养九年，
然后，它在一个暗夜里开绽了。

当你鬓发斑斑了的时候，
当你眼睛朦胧了的时候，
金色的贝吐出桃色的珠。

把桃色的珠放在你怀里，
把桃色的珠放在你枕边，
于是一个梦静静地升上来了。

你的梦开出花来了，
你的梦开出娇妍的花来了，
在你已衰老的时候。

狱 中 题 壁

如果我死在这里，
朋友啊，不要悲伤，
我会永远地生存
在你们的心上。

你们之中的一个死了，
在日本占领地的牢里，
他怀着的深深仇恨，
你们应该永远地记忆。

当你们回来，
从泥土掘起他伤损的肢体，
用你们胜利的欢呼
把他的灵魂高高扬起。

然后把他的白骨放在山峰，
曝着太阳，沐着飘风：
在那暗黑潮湿的土牢，
这曾是他唯一的美梦。

选自《戴望舒全集·诗歌卷》，中国青年出版社1999年版

> 抗日战争爆发后，诗人艾青辗转于南北各地，1938年初由武汉赴西安旅经陕西潼关，因一位朋友"北方是悲哀的"感叹而引发思绪，写下了此诗，抒发他北国之行的感受。

聚焦
- 『土地诗人』的深情吟唱
- 自由体新诗的名篇

北　方

艾　青

一天，
那个科尔沁草原上的诗人[1]
对我说：
"北方是悲哀的。"

不错
北方是悲哀的。
从塞外吹来的
沙漠风，
已卷去北方的生命的绿色
与时日的光辉
——一片暗淡的灰黄
蒙上一层揭不开的沙雾；
那天边疾奔而至的呼啸
带来了恐怖
疯狂地
扫荡过大地；
荒漠的原野
冻结在十二月的寒风里，
村庄呀，山坡呀，河岸呀，
颓垣与荒冢呀
都披上了土色的忧郁……
孤单的行人，
上身俯前

北方

用手遮住了脸颊,
在风沙里
困苦地呼吸
一步一步地
挣扎着前进……
几只驴子
——那有悲哀的眼
和疲乏的耳朵的畜生,
载负了土地的
痛苦的重压,
它们厌倦的脚步
徐缓地踏过
北国的
修长而又寂寞的道路……

那些小河早已枯干了
河底也已画满了车辙,
北方的土地和人民
在渴求着
那滋润生命的流泉啊!
枯死的林木
与低矮的住房
稀疏地,阴郁地

"北方"

散布在灰暗的天幕下；
天上，
看不见太阳，
只有那结成大队的雁群
惶乱的雁群
击着黑色的翅膀
叫出它们的不安与悲苦，
从这荒凉的地域逃亡
逃亡到
绿荫蔽天的南方去了……

北方是悲哀的。
而万里的黄河
汹涌着混浊的波涛
给广大的北方
倾泻着灾难与不幸；
而年代的风霜
刻画着
广大的北方的
贫穷与饥饿啊。

而我
——这来自南方的旅客，
却爱这悲哀的北国啊。
扑面的风沙
与入骨的冷气
决不曾使我咒诅；
我爱这悲哀的国土，
一片无垠的荒漠
也引起了我的崇敬。
——我看见
我们的祖先
带领了羊群
吹着笳笛
沉浸在这大漠的黄昏里；
我们踏着的

古老的松软的黄土层里
埋有我们祖先的骸骨啊,
——这土地是他们所开垦。
几千年了
他们曾在这里
和带给他们以打击的自然相搏斗,
他们为保卫土地
从不曾屈辱过一次,
他们死了
把土地遗留给我们——
==我爱这悲哀的国土,==
它的广大而瘦瘠的土地
带给我们以淳朴的言语
与宽阔的姿态,
我相信这言语与姿态
坚强地生活在大地上
永远不会灭亡;
==我爱这悲哀的国土,==
古老的国土
——这国土
养育了我所爱的
世界上最艰苦
与最古老的种族。

一九三八年二月四日　潼关[2]
选自《艾青诗选》,人民文学出版社1997年版

注释

[1] 科尔沁草原上的诗人:指端木蕻良(1912—1996),满族,现代作家。1933年创作了长篇小说《科尔沁旗草原》。

[2] 潼关:关名,在今陕西潼关东北。东汉末置。地当陕、晋、豫三省要冲,历来为军事重地。

导读

本诗写于1938年,收入1939年出版的作者诗集《北方》。这首诗是作者本人、也是现代自由体诗的一篇代表性作品。它充满深情地吟唱了诗人对祖国土地和人民的爱。

诗的上半部分，描绘了战争阴云笼罩下北方国土荒凉、黯淡、衰颓、阴郁的景色，表现了对承受着战争灾难和不幸的人民的深切同情和关切。这既是对国土沦陷，遭受敌寇侵凌的现实景观的真实再现，也是诗人主观情感渗透于自然景色的结果。作者用很大篇幅敷陈北方国土的悲哀，同时也是表达诗人内心的忧郁。

下半部分，诗作转而直接抒发作者因目睹和感受上述一切而萌生的情感。他反复而深沉地吟诵着："我爱这悲哀的国土。"诗人回顾我们民族几千年生存于斯、搏斗于斯的历史，从中汲取力量与信念。这就使诗的调子在悲哀与忧郁之外，又有了激动与坚信，也使作者对国土的挚爱，有了坚实纵深的内涵。

本诗是自由诗体，没有均齐的段式和统一的韵脚，在表达上不受拘束，语言朴素而舒缓，散文气息很重，但诗的质素仍然十分鲜明。首先，语言富有节奏感，各个层次之间、各句之间、各个词语之间的停顿与衔接，都应和着语言的自然节奏，加上适当的反复，全诗产生了一股内在的旋律。同时，诗人以他画家的感受力，敏锐地观察、艺术地展示了大自然的景观。他以素描的笔法勾勒出一幅幅富于动感的北国乡土的风景画面，其中，色彩、光线、形体、动态的捕捉，都形象、生动、准确、传神。从而把自然景色诗化了。更重要的是，回荡在这画面、节奏中的，有一种强烈而深沉的对祖国北方土地和人民的挚爱。正是这种真挚深厚的感情要素的浸润和流贯，才是作品产生诗美的最重要的质素。

艾青

艾青（1910—1996）原名蒋海澄，浙江金华人。幼时寄养在农妇大堰河家。初中毕业后开始学习美术，1929年至1932年赴法勤工俭学。回国后因参加进步文化组织被当局关押三年。在狱中以"艾青"笔名发表成名作《大堰河——我的保姆》等诗。抗战爆发后，创作日丰，奠定了其现代中国杰出诗人的地位。1941年赴延安，诗风有所变化。1957年后被下放至东北、新疆劳动。1979年后才重新开始创作。主要诗集有《大堰河》《北方》《向太阳》《他死在第二次》《旷野》《黎明的通知》《火把》及《归来的歌》等。其创作在新诗史上居重要地位，影响深远。

思考与讨论

1. 这首诗的感情基调是怎样的？
2. 分析本诗在表现自然景物时对色彩的运用。
3. 本诗捕捉的形象、画面有什么典型意义？
4. 朗诵本诗，体会其内在的节奏与韵律。

平行阅读

"土地",是艾青诗中最重要、最基本的意象。现今读来,愈发感到与土地血肉相连的意义。

雪落在中国的土地上

艾 青

雪落在中国的土地上,
寒冷在封锁着中国呀……

风,
像一个太悲哀了的老妇,
紧紧地跟随着
伸出寒冷的指爪
拉扯着行人的衣襟,
用着像土地一样古老的话
一刻也不停地絮聒着……

那从林间出现的,
赶着马车的
你中国的农夫,
戴着皮帽,
冒着大雪
要到哪儿去呢?

告诉你
我也是农人的后裔——
由于你们的
刻满了痛苦的皱纹的脸
我能如此深深地
知道了
生活在草原上的人们的
岁月的艰辛。

而我

也并不比你们快乐啊
——躺在时间的河流上
苦难的浪涛
曾经几次把我吞没而又卷起——
流浪与监禁
已失去了我的青春的
最可贵的日子,
我的生命
也像你们的生命
一样的憔悴呀。

雪落在中国的土地上,
寒冷在封锁着中国呀……

沿着雪夜的河流,
一盏小油灯在徐缓地移行,
那破烂的乌篷船里
映着灯光,垂着头
坐着的是谁呀?

——啊,你
蓬发垢面的少妇,
是不是
你的家
——那幸福与温暖的巢穴——
已被暴戾的敌人
烧毁了么?
是不是
也像这样的夜间,
失去了男人的保护,
在死亡的恐怖里
你已经受尽敌人刺刀的戏弄?

咳,就在如此寒冷的今夜
无数的
我们的年老的母亲,

都蜷伏在不是自己的家里,
就像异邦人
不知明天的车轮
要滚上怎样的路程……
——而且
中国的路
是如此的崎岖,
是如此的泥泞呀。

雪落在中国的土地上:
寒冷在封锁着中国呀……

透过雪夜的草原
那些被烽火所啮啃着的地域,
无数的,土地的垦植者
失去了他们所饲养的家畜,
失去了他们肥沃的田地,
拥挤在
生活的绝望的污巷里:
饥馑的大地
朝向阴暗的天,
伸出乞援的
颤抖着的两臂。

中国的苦痛与灾难
像这雪夜一样广阔而又漫长呀!

雪落在中国的土地上,
寒冷在封锁着中国呀……

中国,
我的在没有灯光的晚上
所写的无力的诗句
能给你些许的温暖么?

一九三七年十二月十八日夜间

选自《艾青诗选》,人民文学出版社1997年版

> "十四行"(Sonnet)，又译"商籁体"，起源于14世纪的意大利，后流行于欧洲各国。虽为"舶来品"，但在现代汉语中也产生了不少优秀作品。冯至就是善写此体的高手，著有诗集《十四行集》。本诗即选自该集，写于1941年。

什么能从我们身上脱落
（《十四行集》二）

冯 至

什么能从我们身上脱落，
我们都让它化作尘埃：
我们安排我们在这时代
像秋日的树木，一棵棵

把树叶和些过迟的花朵
都交给秋风，好舒开树身
伸入严冬；我们安排我们
在自然里，像蜕化的蝉蛾

把残壳都丢在泥里土里；
我们把我们安排给那个
未来的死亡，像一段歌曲，

歌声从音乐的身上脱落，
归终剩下了音乐的身躯
化作一脉的青山默默。

选自《冯至全集》第一卷，河北教育出版社1999年版

聚焦
- 十四行集——现代诗的杰作
- 对生命的沉思和感喟——以诗的形式

什么能从我们身上脱落

昆明郊外的林场小屋

冯至（1905—1993），原名冯承植，河北涿县人。著名诗人，翻译家，古典文学学者。1921年入北京大学外文系读书，其间开始诗创作。写有诗集《昨日之歌》（1927）、《北游及其他》（1929）。抗日战争中任教于西南联合大学，写有《十四行集》（1942）。

冯　至

导读

　　本诗借沉思自然界的"蜕化"现象，歌颂生命的新生和永恒。与《十四行集》中的其他作品一样，诗人在有关人与自然、现在与将来、生存与死亡等关系的思考和探讨中，找到了肯定的答案，显示了其生命哲学和人文情怀的深广度。

　　在20世纪20年代，冯至的叙事诗独步诗坛，名篇有《吹箫人的故事》《帷幔》《蚕马》等；而不同于早年诗作之凄清幽婉，《十四行集》是所谓"中年"的诗，显现了诗人风格向着质朴凝重、蕴含沉思方向的发展。

　　"十四行诗"有严格的格律要求。用汉语来写，无异于"戴着镣铐跳舞"。难得的是作者将西洋诗的传统形式与汉语诗的语言魅力完美地结合起来，创造了新的汉语十四行。这一首受奥地利诗人里尔克的影响，在传统的严格韵律的基础上

301

有所变化，为一种"变体"，但4行/4行/3行/3行的基本形式，和音节错落整饬的特点仍在。

《十四行集》的主题，是对于生命的"沉思"，也是借生命来"沉思"。这也是本首诗最重要的气质。"沉思"，既是一种创作状态，也指一种文学风格。对前者，我们看到，诗人以"静观"或"观看"的方式来"体验"，来沉思。里尔克即说过："我们必须观看许多城市，观看人和物……等到它们成为我们身内的血、我们的目光和姿态，无名地和我们自己再也不能区分，那才能得以实现，在一个很稀有的时刻有一行诗的第一个字在它们的中心形成，脱颖而出。"这段话可以很好地解释冯至创作十四行诗的视角。作者凝神默思，达致生命与情感的贯通，获得那庄严而独特的瞬间体验。就后者而言，则是指诗作呈现出一种沉静、深潜、理性、静观的风致。作者与他所观察的人、物、景、情，结成了对应的、互为关联的关系。"个人必须与他人共在才能使自身达到真实的存在"，生命也必须与其归宿对照来看，才突显其意义。生命体验借助智性而凝重的诗句，融会贯通，传达出令人无限憧憬、陶醉其中的韵味。

在本诗中，诗人通过树木和蝉蜕这样常见的自然现象，得到了歌德式的"死与变"的启示："歌声从音乐身上脱落／归终剩下了音乐的身躯／化作一脉的青山默默"，引发出对生命的沉思和感喟：死生相互对峙和转化，"死亡"成为"永生"的起点，由此达致生的充实与死的庄严；超越死亡，与永恒之自然同在。正如诗评家所论：他默察，他体认，他把他在宇宙人生中所体验出来的印证于日常现象，他看出那真实的诗或哲学于我们所看不到的地方。——而这，正是现代诗的基本质素。

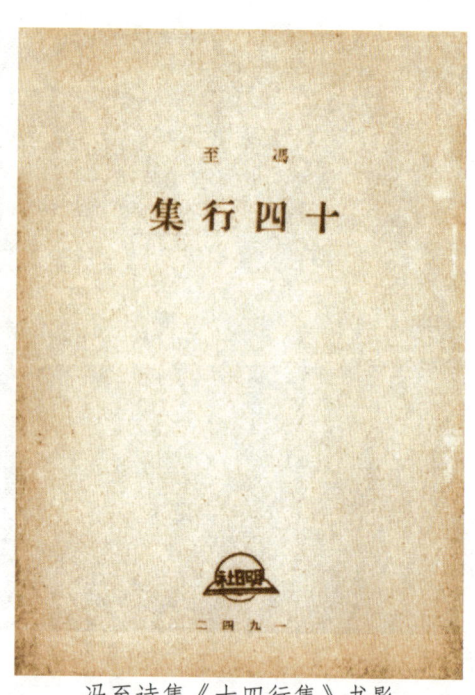

冯至诗集《十四行集》书影

思考与讨论

1. 本诗为什么不像一般诗作那样以"我"为抒情主体，而是屡次出现"我们"？有何种蕴涵？

2. 东晋诗人陶渊明诗云："死去何所道，托体同山阿。"与本诗结尾表达的意念有何相似？

3. 诗中表达的沉思，与其所道及的"时代"有何关联？

平行阅读

这些都是《十四行集》里最好的作品。集中吟味，会进一步体会到"沉思"的蕴涵。

《十四行集》选
冯　至

一　我们准备着

我们准备着深深地领受
那些意想不到的奇迹，
在漫长的岁月里忽然有
彗星的出现，狂风乍起。

我们生命在这一瞬间，
仿佛在第一次的拥抱里
过去的悲欢忽然在眼前
凝结成屹然不动的形体。

我们赞颂那些小昆虫，
它们经过了一次交媾
或是抵御了一次危险，

便结束它们美妙的一生。
我们整个的生命在承受
狂风乍起，彗星的出现。

三　有加利树

你秋风里萧萧的玉树——
是一片音乐在我耳旁
筑起一座严肃的庙堂，
让我小心翼翼地走入；

又是插入晴空的高塔
在我的面前高高耸起，
有如一个圣者的身体，

升华了全城市的喧哗。

你无时不脱你的躯壳，
凋零里只看着你生长；
在阡陌纵横的田野上，

我把你看成我的引导：
祝你永生，我愿一步步
化身为你根下的泥土。

十六　我们站立在高高的山巅

我们站立在高高的山巅
化身为一望无边的远景，
化成面前的广漠的平原，
化成平原上交错的蹊径。

哪条路、哪道水，没有关联，
哪阵风、哪片云，没有呼应：
我们走过的城市、山川，
都化成了我们的生命。

我们的生长、我们的忧愁
是某某山坡的一棵松树，
是某某城上的一片浓雾；

我们随着风吹，随着水流，
化成平原上交错的蹊径，
化成蹊径上行人的生命。

二十一　我们听着狂风里的暴雨

我们听着狂风里的暴雨，
我们在灯光下这样孤单，
我们在这小小的茅屋里
就是和我们用具的中间

也有了千里万里的距离：

铜炉在向往深山的矿苗，
瓷壶在向往江边的陶泥，
它们都像风雨中的飞鸟

各自东西。我们紧紧抱住，
好像自身也都不能自主。
狂风把一切都吹入高空，

暴雨把一切又淋入泥土，
只剩下这点微弱的灯红
在证实我们生命的暂住。

二十七　从一片泛滥无形的水里

从一片泛滥无形的水里
取水人取来椭圆的一瓶，
这点水就得到一个定形；
看，在秋风里飘扬的风旗，

它把住些把不住的事体，
让远方的光、远方的黑夜
和些远方的草木的荣谢，
还有个奔向无穷的心意，

都保留一些在这面旗上。
我们空空听过一夜风声，
空看了一天的草黄叶红，

向何处安排我们的思想？
但愿这些诗像一面风旗
把住一些把不住的事体。

　　选自《冯至全集》第一卷，河北教育出版社1999年版

> 穆旦的真正的谜却是：他一方面最善于表达中国知识分子的受折磨而又折磨人的心情，另一方面他的最好的品质却全然是非中国的。
>
> 王佐良《一个中国诗人》（一九四六年四月，昆明）

诗 八 章 [1]

穆 旦

聚焦
- 中国古代没有过这样的爱情诗，现今也罕见
- 他常把肉体的感觉和玄学的思考结合起来

1

你底眼睛看见这一场火灾，
你看不见我，虽然我为你点燃；
唉，那燃烧着的不过是成熟的年代，
你底，我底。我们相隔如重山！

从这自然底蜕变底程序里，
我却爱了一个被并合的你[2]。
即使我哭泣，变灰，变灰又新生，
姑娘，那只是上帝玩弄他自己。

2

水流山石间沉淀下你我，
而我们成长，在死底子宫里。
在无数的可能里一个变形的生命
永远不能完成他自己。

我和你谈话，相信你，爱你，
这时候就听见我底主暗笑，
不断地他添来另外的你我
使我们==丰富而且危险==。

3

你底年龄里的小小野兽,
它和春草一样地呼吸,
它带来你底颜色,芳香,丰满,
它要你疯狂在温暖的黑暗里。

我越过你大理石的理智殿堂,
而为它埋藏的生命珍惜;
你我底手底接触是一片草场,
那里有它底固执,我底惊喜。

4

静静地,我们拥抱在
用言语所能照明的世界里,
而那未成形的黑暗是可怕的,
那可能和不可能的使我们沉迷。

那窒息着我们的
是甜蜜的未生即死的言语,
它底幽灵笼罩,使我们游离,
游进混乱的爱底自由和美丽。

5

夕阳西下,一阵微风吹拂着田野,
是多么久的原因在这里积累。
那移动了景物的移动我底心
从最古老的开端流向你,安睡。

那形成了树木和屹立的岩石的,
将使我此时的渴望永存,
一切在它底过程中流露的美
教我爱你的方法,教我变更。

6

相同和相同溶为怠倦,
在差别间又凝固着陌生;

是一条多么危险的窄路里，
我制造自己在那上面旅行。

他存在，听从我底指使，
他保护，而把我留在孤独里，
他底痛苦是不断的寻求
你底秩序，求得了又必须背离。

7

风暴，远路，寂寞的夜晚，
丢失，记忆，永续的时间，
所有科学不能祛除的恐惧
让我在你底怀里得到安憩——

呵，在你底不能自主的心上，
你底随有随无的美丽的形象，
那里，我看见你孤独的爱情
笔立着，和我底平行着生长！

8

再没有更近的接近，
所有的偶然在我们间定型；
只有阳光透过缤纷的枝叶
分在两片情愿的心上，相同。

等季候一到就要各自飘落，
而赐生我们的巨树永青，
它对我们的不仁的嘲弄
（和哭泣）在合一的老根里化为平静。

1942年2月
选自《穆旦诗集（1939—1945）》，1945年作者自印于沈阳

注释

[1]《诗八章》为本诗最早收入《穆旦诗集（1939—1945）》时的题目。闻一多1945年将该诗选入《现代诗钞》时，改用《诗八首》题；1948年2月作者诗集

《旗》由文化生活出版社出版时沿用了《诗八首》题。

[2] 此句后来改为"我却爱了一个暂时的你"。

穆旦（1918—1977），原名查良铮，曾用笔名梁真。浙江海宁人，出生于天津。在南开中学读书时开始写诗。1935年入清华大学外文系，抗战爆发后随校辗转于长沙、昆明等地，并发表大量诗作。1940年毕业于西南联大，留校任教。其间参加抗战远征军，九死一生。1949年赴美留学，获芝加哥大学文学硕士学位。1953年回国，任教于南开大学外文系。1958年后被取消教学资格。其间又翻译了大量西文诗歌。1977年因心脏病突发去世，去世前颇有新作。早期诗集有《探险队》（1945）、《穆旦诗集1939—1945》（1945）、《旗》（1948）等。为1940年代《中国新诗》派"（又称"九叶派"）的代表性诗人，也是20世纪中国重要的诗人、翻译家。

穆旦

诗八章

导读

这是最难解的现代诗歌经典之一。选用《诗八章》的题名，是认为它本质上不是"八首"诗，而是由八节短诗组成的"一首"较长的诗作。它有严谨的结构，64行诗句，八章之间，相互呼应、暗合，首尾圆通，构思精致，是完美的艺术品。它以新锐晦涩的笔法抒写了爱情的全程，==体现了现代生活的特质和现代人情感和心灵的丰富==。

大体上看，全诗写了爱的起始，恋人间生情，却又隔膜；两性的吸引，肉体契合的惊喜和"沉迷"；爱情探求的曲折、沟通、适应与陌生，痛苦；爱情中的安憩与孤独；爱情的归宿，爱与生命……总之，爱的绝望与希望，宿命与本质，爱情的矛盾与辨证，爱的成形和未成形，可能和不可能，种种的纠结交错，丰富而痛苦。而其究竟有无"本事"及"本义"，研究者有不同的看法。在作者看来，诗不应是个人经验的简单描绘与抒发，而应由实到虚，即在追求真实的基础上超越真实，深入人生最幽深处，指向抽象的本质。据此，则可以认为《诗八章》从书写有着诗

《穆旦诗集（1939—1945）》书影

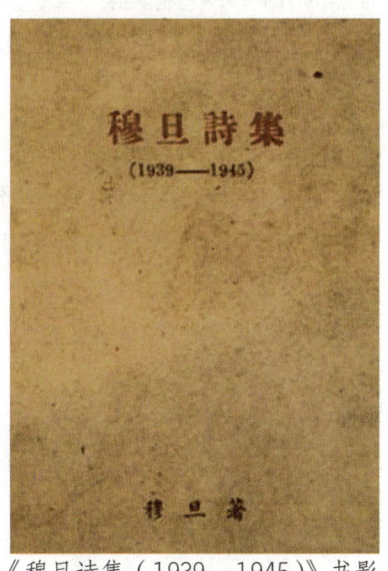

309

人具体人生经历背景的恋情出发，却又超越了一己之经验，而及于一切两性恋情；它是将爱情放在现代社会和历史发展中，去观察和考量其"戏剧性"，由此洞察和发掘了情爱所蕴含的丰富的人生哲理和存在本质。就这个意义来看，可以说，它是现代知识分子的爱情宣示。

这个作品的写法是全新的，特点十分明显。其感情炽热而深沉，冷静的反思多于抒情。它不避抽象，却使爱情从欲望转变为思想；不以意象的直观和生动取胜，反而充满抽象的意象和概念，将抽象概念和具体形象有机结合。在传统诗歌惯常诉诸情感和形象之处，它为理智和形而上的玄思让出地盘。将主体情感隐匿于深沉、静穆的哲思中，显现的更多是理念、知性与经验。在作者笔下，诗的抒写是玄学的、心理学的，表现的是现代最理性的那部分知识分子近乎冷酷的自觉性。对这样充满现代主义意味的诗，是需要换一副眼光去阅读的。从整体上看，似乎可以把握；具体的细读，则也许难得确解。但其魅力就在这可解与不可解之间。

也因此，诗对爱情的态度出乎一般读者预料。它解构了传统的和经典的爱情诗。一般爱情诗中多的是热烈、缠绵、柔情和思念，而本诗呈现给人们的，却主要是对爱情本质的"无情"的揭示，对爱情结局的冷静的预知。它将这些，还有生命、死、世界，一切都客观化、对象化了。可以说，它是用理性的视点去观察爱情的非理性。它直面爱情中的盲目与虚无，也显示了"解脱"之后的超然、淡定和从容。这一切，都是在深沉的思考和犀利的剖析中展开的，独有的透入骨髓的冷静，却在使我们感动。

这首诗，几乎完全不用文言词藻，一切出之于现代语文，然而自有韵律和形象；它避用滥调，词汇是平常的，但其间的配合则不同寻常，修饰语与中心语的特殊搭配，使得读者惯常的阅读经验被打破；它依靠独创的暗喻，跳跃的意象关联，带来强烈的陌生感；它将具象写实、真实的生命体验与抽象的玄思、思辨性的语言融合为一，思绪涩重而锋利，形成张力。在语文上，也是值得一诵再诵，往复沉吟的。

思考与讨论

1. 你最喜欢这组诗中的哪些句子？讲一讲喜欢的理由。
2. 从诗中看，作者对待爱情的态度是怎样的？崇拜？不相信？拒斥？完全理性？
3. 诗的解释往往是多义的。在这首诗里，除了爱情，我们还能读出些什么？

> 《蒹葭》描写向往、追求时的境界，通过烟水迷离、若有若无的氛围，给人留下广阔的想象空间。它所表现的，有人说是爱情，有人说是友谊，也有人认为是理想——你不妨自己来体味、判断一下。

诗经·秦风·蒹葭

蒹葭苍苍[1]，白露为霜。所谓伊人[2]，在水一方。溯洄从之[3]，道阻且长。溯游从之[4]，宛在水中央。

蒹葭萋萋[5]，白露未晞[6]。所谓伊人，在水之湄[7]。溯洄从之，道阻且跻。溯游从之，宛在水中坻[8]。

蒹葭采采[9]，白露未已。所谓伊人，在水之涘[10]。溯洄从之，道阻且右[11]。溯游从之，宛在水中沚[12]。

选自《诗经选》，余冠英注释，人民文学出版社1979年版

聚焦
- 幸福还是困境：永远可望而不可即
- 美就产生于阻隔与追求的张力中

注释

[1] 蒹葭（jiān jiā）：芦苇。
[2] 伊人：那个人。
[3] 溯洄：指涉水逆流而上。
[4] 溯游：顺流而下。
[5] 萋萋：茂盛的样子。

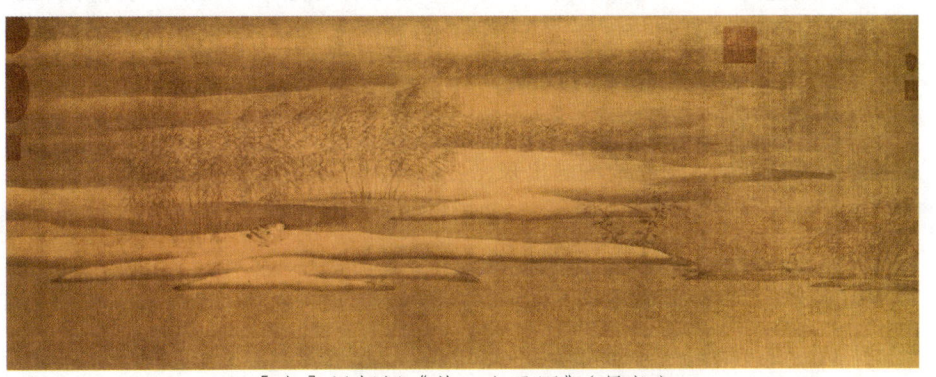

《蒹葭》等16首诗词
吟诵：富永程波

[宋]梁师闵《芦汀密雪图》（局部）

311

[6] 晞（xī）：干。
[7] 湄：水边河岸。
[8] 坻（chí）：水中的沙洲高地。
[9] 采采：众多而茂盛的样子。
[10] 涘（sì）：水边。
[11] 右：迂回，弯曲。严粲《诗辑》："今乃出其右，是迂回难至也。"
[12] 沚（zhǐ）：水中的小块陆地。

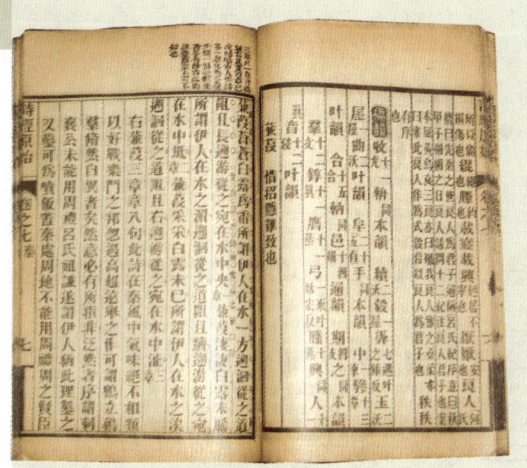

《诗经》是我国第一部诗歌总集，记录了自西周初年到春秋中叶（约公元前11世纪至公元前5世纪）大约五百年间的诗歌，共305篇。据《史记》等书记载，《诗》为孔子所删定。本称《诗》，西汉时，儒家将其列为经典之一，故称《诗经》。《诗经》大部分作品产生于黄河中下游地区，并按所属内容及其乐调的不同，分为"风""雅""颂"三类编撰。其内容丰富，涵盖深广，展示了当时多层面的社会生活和人们的精神风貌。艺术形式上，以四言句式为主，以赋、比、兴多种手法表现。因时代久远，作者大多无从稽考。无从稽考。

《诗经》书影

导读

《蒹葭》是一首怀人的诗。旧说或以为讽刺秦襄公不用周礼之作，或以为招隐求贤之作，今人多主爱情之说，而又有断章取义作为一般意义的追求、向往等象征的说法。众说纷纭，恰好说明此诗包容深远，耐人寻味，给人以想象空间，而不能以一端之解囊括其丰富意蕴。

作品用笔简练，只是勾画出一个思念、追索者的轮廓，渲染出清冷的氛围，而没有在具体细节上落一点墨。诗中境界空旷辽远，而三节的复沓中又有所变化，从而产生了迷离朦胧的审美效果。

诗的表现手法，有的可以非常具体，极端的如《卖炭翁》，就是把某一特定的场景、人物准确、形象地刻画出来，可谓"做诗必此诗"；有的则相对抽象一些，笔触疏落，意义并不十分确定，留出较多的空白供读者发挥自己的想象，本诗就是典型的例子。至于孰优孰劣，则是春兰秋菊各为一时之秀。

临水怀人，水的阻隔，水的波动，水的绵绵不尽，都与怀人时的情思产生潜在的关联，情与景之间自然交融。所以自此篇以后，又有很多作品描绘了此景此情，如楚辞的《湘夫人》等。

本诗与《诗经》的大多数篇章一样，采用了==复沓==的形式。而在营造缠绵、追索的氛围时，却起到了独特的作用。

思考与讨论

1. 你还能举出几首临水怀人的诗词作品吗？
2. 有的诗内容十分确定，有的诗可有多种理解。请你结合本文分析其中的原因。
3. 本诗的复沓形式与表现的思想感情之间有什么关联？
4. 在当代文艺作品里，有没有采用这种方式表达情思的？请举几例。

平行阅读

同是临"水"怀人，一生动具体，一朦胧迷离。

古诗十九首·迢迢牵牛星

迢迢牵牛星，皎皎河汉女。纤纤擢素手，札札弄机杼。终日不成章，泣涕零如雨。河汉清且浅，相去复几许？盈盈一水间，脉脉不得语。

选自《汉魏六朝诗选》，余冠英注释，人民文学出版社1978年版

> 尽管《古诗十九首》的作者是一群不知名的文人，但它在艺术上却达到了五言诗的最高成就，以至被称为"五言之冠冕"。

聚焦
● 假想的歌者、假想的听者，象征对知音的渴望
● 朴素的文字，深切的情感

古诗十九首·西北有高楼

西北有高楼，上与浮云齐。交疏结绮窗[1]，阿阁三重阶[2]。上有弦歌声，音响一何悲！谁能为此曲？无乃杞梁妻[3]。清商随风发[4]，中曲正徘徊[5]。一弹再三叹，慷慨有馀哀。不惜歌者苦，但伤知音稀[6]。愿为双鸿鹄，奋翅起高飞。

选自《汉魏六朝诗选》，余冠英注释，人民文学出版社1978年版

注释

[1] 交疏：指镂花窗格。绮：指有细腻花纹的绫。这句言其花窗玲珑工细。

[2] 阿（ē）阁：四面有檐的楼阁。三重阶：阶梯有三层，形容楼阁高大宏丽。

[3] 无乃：莫不是。杞梁：春秋时齐国的大夫，征伐莒（jǔ）国（春秋时一个小国，在今山东）时战死。传说他的妻子为此痛哭十日，投水而死。死前援琴弹奏《杞梁妻叹》一首哀曲，表达自己的孤苦无依。

[4] 清商：本为一类乐曲名，这里泛指凄清之音。

[5] 中曲：乐曲中段部分。

[6] 知音：懂得乐曲意趣，与演奏者情感共鸣者。《列子》："伯牙善鼓琴，钟子期善听。伯牙鼓琴，志在高山，钟子期曰：'善哉！峨峨兮若泰山。'志在流水，钟子期曰：'善哉！洋洋兮若江河。'伯牙每有所念，钟子期必得之。""知音"典出于此。

［明］王绂《北京八景图》（局部）

> 《古诗十九首》组诗名。东汉后期作品，作者已不可考。梁代萧统因其各篇风格相近，组合一起，收入《文选》，题名为《古诗十九首》是早期文人五言诗的代表作品，对后世诗歌创作、体制演变产生了重大影响。

导读

这是一首虚拟、象喻的诗。所谓虚拟，是说诗中情景并非现实的写照，而是作者幻设出来的；所谓象喻，是说以特定的情境象征人生的某种境遇。

诗分三层：第一层写高耸而壮观的楼阁。这样的环境，一则表现楼上人不凡的身份，二则拉开距离，留出后面想象的空间。第二层写音乐。乐声优美而哀婉，而从高高的楼上飘下，更吸引了听者的全部精神。第三层写感受与愿望。实际上，歌者的孤独寂寞，完全是听者的感觉。对歌者企盼知音的同情，很大程度上是一种自伤自怜。

人类普遍具有理想的追求，也普遍渴望有人能真正地了解自己。这首诗借助于对具体形象——一个假想的歌者与一个假想的听者的描绘，把这两种欲望表现出来。"愿为双鸿鹄，奋翅起高飞"，其中蕴含的对知音、知己的渴盼，正是人类共有的一种情感基型，所以特别能打动人心。

思考与讨论

1. 有人试图考证出这座楼的确切地点，主人的确实身份，你认为这种工作的意义如何？
2. 比较本篇与后面的王国维《浣溪沙》手法及效果的异同。
3. 比较本篇与白居易《琵琶行》关于音乐描写的异同。

平行阅读

不论是东汉士子，还是晚清学人，无论其为诗为词，登高感怀孤独之情思，千古相通。

浣溪沙（"山寺微茫背夕曛"）

王国维

山寺微茫背夕曛，鸟飞不到半山昏，上方孤磬定行云。试上高峰窥皓月，偶开天眼觑红尘，可怜身是眼中人。

选自《王国维诗词全编校注》，陈永正校注，中山大学出版社2000年版

> 唐玄宗李隆基与贵妃杨太真本是具有特殊身份的历史人物，所以两人之间的情爱故事特别引人注目。由于安史之乱的缘故，很多人以"红颜祸水"来看待两人的情事。而自白居易《长恨歌》出，遂有李、杨凄美动人的爱情悲剧流传至今。

长　恨　歌

白居易

聚焦
● 长篇叙事名诗，古今第一
● 帝王后妃之爱，如何评价？

　　汉皇重色思倾国[1]，御宇多年求不得[2]。杨家有女初长成，养在深闺人未识[3]。天生丽质难自弃，一朝选在君王侧。回眸一笑百媚生，六宫粉黛无颜色。春寒赐浴华清池[4]，温泉水滑洗凝脂；侍儿扶起娇无力，始是新承恩泽时[5]。云鬓花颜金步摇[6]，芙蓉帐暖度春宵；春宵苦短日高起，从此君王不早朝。承欢侍宴无闲暇，春从春游夜专夜[7]；后宫佳丽三千人，三千宠爱在一身。金屋妆成娇侍夜[8]，玉楼宴罢醉和春。姊妹弟兄皆列土[9]，可怜光彩生门户；遂令天下父母心，不重生男重生女。骊宫高处入青云[10]，仙乐风飘处处闻。缓歌慢舞凝丝竹[11]，尽日君王看不足。渔阳鼙鼓动地来[12]，惊破《霓裳羽衣曲》[13]。

　　九重城阙烟尘生，千乘万骑西南行。翠华摇摇行复止，西出都门百余里。六军不发无奈何[14]，宛转蛾眉马前死。花钿委地无人收，翠翘金雀玉搔头[15]。君王掩面救不得，回看血泪相和流。黄埃散漫风萧索，云栈萦纡登剑阁。峨嵋山下少人行，旌旗无光日色薄。蜀江水碧蜀山青，圣主朝朝暮暮情；行宫见月伤心色，夜雨闻铃肠断声[16]。

　　天旋地转回龙驭[17]，到此踌躇不能去；马嵬坡下泥土中，不见玉颜空死处[18]。君臣相顾尽沾衣，东望都门信马归。归来池苑皆依旧，太液芙蓉未央柳[19]。芙蓉如面柳如眉，对此如何不泪垂？春风桃李花开夜，秋雨梧桐叶落时。西宫南内多秋草[20]，落叶满阶红不扫。梨园弟子白发新[21]，椒房阿监青娥老[22]。夕殿萤飞思悄然，孤灯挑尽未成眠；迟迟钟鼓初长夜，耿耿星河欲曙天。鸳鸯瓦冷霜华重[23]，翡翠衾寒谁与共？悠悠生死别经年，魂魄不曾来入梦。

　　临邛道士鸿都客[24]，能以精诚致魂魄；为感君王展转思，遂教方士殷勤觅。排空驭气奔如电，升天入地求之遍。上穷碧落下黄泉[25]，两处茫茫皆不见。忽闻海上有仙山，山在虚无缥缈间。楼阁玲珑五云起，其中绰约多仙子。中有一人字

316

[清]李育《出浴图》

太真[26]，雪肤花貌参差是。金阙西厢叩玉扃[27]，转教小玉报双成[28]。闻道汉家天子使，九华帐里梦魂惊。揽衣推枕起徘徊，珠箔银屏迤逦开[29]；云鬓半偏新睡觉[30]，花冠不整下堂来。风吹仙袂飘飖举，犹似霓裳羽衣舞；玉容寂寞泪阑干[31]，梨花一枝春带雨。含情凝睇谢君王[32]，一别音容两渺茫；昭阳殿里恩爱绝[33]，蓬莱宫中日月长。回头下望人寰处，不见长安见尘雾。唯将旧物表深情，钿合金钗寄将去。钗留一股合一扇，钗擘黄金合分钿[34]；但令心似金钿坚，天上人间会相见。临别殷勤重寄词[35]，词中有誓两心知；七月七日长生殿，夜半无人私语时：在天愿作比翼鸟，在地愿为连理枝。天长地久有时尽，此恨绵绵无绝期！

选自《白居易集》，顾学颉校点，中华书局1979年版

注释

[1] 汉皇：这里借指李隆基。重色：贪爱女色。倾国：汉武帝乐人李延年，一次在武帝前起舞唱歌，赞叹他妹妹的美色说："北方有佳人，绝世而独立。一顾倾人城，再顾倾人国……"后来，"倾城倾国"就成为美色的代称。倾，本义是倾覆的意思，说美人的魅力可以迷惑君主，倾覆国家。但后来作为美女的形容词，渐失去这层意思。

[2] 御宇：统治天下。

[3] 杨家有女：指杨贵妃，名玉环，蒲州永乐（今山西芮城境内）人，幼时养在叔父杨玄珪家，开元二十三年，册封为寿王李瑁（李隆基儿子）妃。开元二十八年，李隆基欲夺为己有，先度她为女道士。天宝四年正式册封为贵妃。这里说"养在深闺人未识"，是为尊者讳。

[4] 华清池：唐华清宫的温泉浴池，在今陕西临潼骊山上。

[5] 承恩泽：指得到皇帝的宠爱。

[6] 金步摇：古代贵族妇女首饰的名称，上有垂珠，行则颤动。

[7] 专夜：指专宠。

[8] 金屋：据传说，汉武帝幼时，他姑母将他抱到膝上，问他要不要她的女儿阿娇作妻子。武帝笑着说："若得阿娇，当以金屋贮之。"后来就以金屋指男子所宠爱的妇女的住所。

[明]仇英《贵妃晓妆图》(局部)

[9] 姊妹弟兄：指杨玉环一家。列土：把土地分封给贵族。这里指杨玉环受到册封后，她的三个姐姐分别封为韩、虢、秦三国夫人事。

[10] 骊宫：指骊山的华清宫。

[11] 凝丝竹：管、弦乐器徐徐发出声音来。

[12] 渔阳鼙（pí）鼓：指安禄山从渔阳（今天津蓟县）出兵叛乱之事。鼙鼓，骑兵用的小鼓。

[13]《霓裳羽衣曲》：舞曲名。本名《婆罗门曲》，开元中，西凉节度使杨敬述所献，后经李隆基润色，并制作歌词。

[14] 六军：《周礼》说，天子有六军，后泛指皇帝护从的军队。不发：指军队不肯前进，纷纷要求杀掉杨国忠和杨玉环。李隆基无奈，只得把杨国忠杀死，又把杨玉环缢死于马嵬驿（在今陕西兴平）。

[15] 花钿（diàn）：古代一种镶嵌金花的首饰。翠翘：一种形似翡翠鸟尾的首饰。金雀：钗名。玉搔头：玉簪。

[16] 夜雨闻铃：《太真外传》说，李隆基入蜀，到了斜谷口，接连遇上十多天的大雨，在栈道上听见雨中铃声，隔山相应，十分凄凉。他更加思念贵妃，因采其声作《雨霖铃曲》。

[17] 天旋地转：指政局转机，唐王朝转败为胜，于肃宗至德二年收复长安。回龙驭：唐玄宗从蜀回来。龙驭，皇帝车驾。

[18] 空死处：空见死处。见字省略，意承上半句"不见玉颜"的"见"。

[19] 太液、未央：泛指宫廷池苑。太液：汉建章宫北池名。未央：汉宫名。汉朝开国时丞相萧何所营建。

[20] 西宫：即西内，指太极宫。南内：指兴庆宫。玄宗回宫后先住在兴庆宫，后迁西内。

[21] 梨园弟子：李隆基曾经挑选教坊（教习歌舞百戏的机关）乐师三百人和宫女数百人，亲自在梨园教练，称"皇帝梨园弟子"。

[22] 椒房：后妃居住的宫殿。阿监：宫中女官名。

[23] 鸳鸯瓦：瓦片俯仰相对。霜华：即霜花。

[24] 临邛（qióng）：今四川邛崃。鸿都：东汉时京都洛阳有鸿都门，设学校和藏书处。此借指长安。

[25] 碧落：指天。道教经典说，东方第一天，有碧霞遍布，叫碧落。黄泉：地下深处见水的地方，泛指地下。

[26] 太真：杨贵妃曾一度为道士，道号"太真"。

[27] 玉扃（jiōng）：玉作的门户。扃，门。

[28] 小玉：传说中吴王夫差的小女。双成：董双成，传说中西王母的侍女。小玉、双成都是指杨玉环在仙山中的侍女。

[29] 珠箔：即珠帘。汉武帝建造神室，用白珠编织成箔。箔，帘。银屏：银制的屏风。迤逦（yǐ lǐ）：曲折连绵。

[30] 云鬓半偏：发鬓偏斜，刚刚睡起的样子。睡觉：睡醒。

[31] 阑干：横斜的样子，这里形容泪水纵横。

[32] 凝睇（dì）：注视。

[33] 昭阳殿：汉宫殿名，汉成帝皇后赵飞燕所居。借指杨贵妃生前居住的宫殿。

[34] 擘（bò）：分开。合分钿：盒子上面镶着的金花分为两半。

[35] 重寄词：郑重其事地捎话。

导读

《长恨歌》写的是以安史之乱为背景的唐明皇、杨贵妃的爱情悲剧。

《长恨歌》是白居易诗作中脍炙人口的名作，也是理解上矛盾十分突出的一篇。白居易本人的看法就是矛盾的，一方面他贬低《长恨歌》："今仆之诗，人所爱者，悉不过杂律诗与《长恨歌》以下耳。时之所重，仆之所轻。"另一方面，他又把《长恨歌》当作自己的代表作："一篇长恨有风情，十首秦吟近正声。"（《戏赠元九李二十》）而后世的评论家们有的把它当作政治讽刺诗，有的则认为是歌颂爱情之作，相差甚远。其原因在于本诗题材的双重属性：所写涉及历史事实，而人们对唐玄宗、杨贵妃的历史评价颇不一致；李杨的爱情故事已经成为传说，在很大程度上改变、超出了历史的真实。白居易的处理办法是不拘泥于历史，而是借着史实的一点影子，根据传说，演化出一个回旋曲折、婉转动人的故事。他的兴奋点不在于历史评判，而在于对情感的刻画和对爱情的颂扬。诗把爱情，特别是悲剧的爱情，写得美丽凄艳，从而在历代读者的心中引起反响与共鸣。

《长恨歌》将李杨二人的热恋，动乱中的悲剧，生离死别后的相思，都表现得十分真挚，以致后世读者往往忽略了李杨的特殊身份，而将其完全看作悲剧爱情的一种典范。

我国古代抒情诗的创作繁盛，较长篇幅的叙事诗较为少见。此前的叙事名篇多为民间作品，如《诗经·氓》《孔雀东南飞》《木兰诗》等。相比之下，《长恨歌》更加辞采华美，音调浏亮，语言凝练，描写传神，当之无愧地成为叙事诗第一名篇。

从叙述手法看，本诗是完全地按照时间顺序线性叙事。这种叙事方式虽然简单，但穿插于其中的场面、情感、人物描写，却非常丰富生动。如写入宫承恩的

"回眸一笑"，写命运陡变的"渔阳鼙鼓"，写悲剧发生的"婉转蛾眉"，写苦恋相思的"孤灯挑尽"，又如"两处茫茫皆不见""梨花一枝春带雨"，等等，都有豁人眼目、动人心魄的力量。

《长恨歌》之后，李、杨的爱情故事更加引人关注，特别是通俗文艺，对其反复进行改写，如元杂剧中的《梧桐雨》，清传奇剧《长生殿》，都是影响广远的作品。

思考与讨论

1. 本篇中对李杨爱情有无批判、讽刺内容？如果有，请指出，并加以评论。
2. 长期以来，对本诗的理解众说纷纭，为什么？
3. 你认为本诗中写得最精彩的句子有哪些？试说明其精彩之处。

平行阅读

同一个题材，可以有如此不同的表现。

胡 旋 女

白居易

胡旋女，胡旋女，心应弦，手应鼓。弦鼓一声两袖举，回雪飘飖转蓬舞。左旋右转不知疲，千匝万周无已时。人间物类无可比，奔车轮缓旋风迟。曲终再拜谢天子，天子为之微启齿。胡旋女，出康居，徒劳东来万里余。中原自有胡旋者，斗妙争能尔不如。天宝季年时欲变，臣妾人人学圆转。中有太真外禄山，二人最道能胡旋。梨花园中册作妃，金鸡障下养为儿。禄山胡旋迷君眼，兵过黄河疑未反。贵妃胡旋惑君心，死弃马嵬念更深。从兹地轴天维转，五十年来制不禁。胡旋女，莫空舞；数唱此歌悟明主。

选自《白居易集》，顾学颉校点，中华书局1979年版

马 嵬（选一）

李商隐

海外徒闻更九州，他生未卜此生休。空闻虎旅传宵柝，无复鸡人报晓筹。此日六军同驻马，当时七夕笑牵牛。如何四纪为天子，不及卢家有莫愁？

选自《李商隐诗选》，刘学锴、余恕诚选注，人民文学出版社1986年版

> 李商隐首创"无题"诗。盖其内容有不宜明言、不敢明言、不愿明言者,皆称"无题",而"无题"反胜"有题",引人遐思连翩。

无题二首(其一)[1]

李商隐

昨夜星辰昨夜风,画楼西畔桂堂东[2]。身无彩凤双飞翼,心有灵犀一点通[3]。隔座送钩春酒暖,分曹射覆蜡灯红[4]。嗟余听鼓应官去,走马兰台类转蓬[5]。

选自《李商隐诗选》,刘学锴、余恕诚选注,人民文学出版社1986年版

聚焦
● 李商隐:写朦胧诗的老前辈
● 无题诗:书写爱情的新方式

注释

[1] 无题:作者对所写的内容有所隐讳,不愿或不便标题,所以自称为"无题"。
[2] 画楼:也作"画堂",指华丽的楼阁。
[3] 彩凤:有彩色羽毛的凤凰。灵犀:犀牛角中心有一条白线贯通上下,叫做"通天犀",古人看作是神奇灵异之物。
[4] 隔座送钩:古时宴席上的一种酒令游戏,也叫藏钩。一队人把钩互相传递,藏在一人手中,令另一队人猜,不中者罚酒。分曹:分组。射覆:古代的一种游戏。在器皿下面覆盖着东西让人猜。
[5] 嗟余:可叹我。听鼓应官:指到官府上班。兰台:原指汉代时藏书之地,唐高宗时改秘书省为兰台。作者在开成四年(839)为秘书省校书郎。

导读

这是一首有作者自己出场的爱情诗,抒写对昨夜一暗通款曲,而今旋成间隔的意中人深切的怀想。

首两句写昨夜楼下想望的情景。一句中两用"昨夜",表现出诗人对"昨夜"

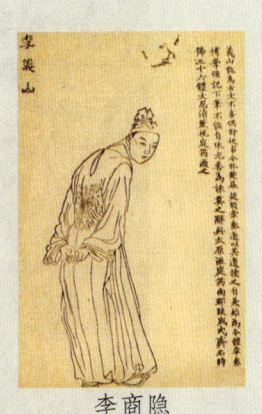

李商隐

李商隐(813—858),晚唐著名诗人。字义山,号玉谿生,怀州河内(今河南沁阳)人。因受牛(僧孺)、李(德裕)党争牵连,潦倒终身。其诗多抒发失意的苦闷,亦不乏针砭时弊之作。所做七言律、绝成就最高。诗与杜牧齐名,人称"小李杜";又与温庭筠并称"温李"。有《李义山诗集》。

刻骨铭心的珍重之情。何以如此珍惜呢？下面便以彩凤、灵犀作比，既表明想望之苦，又写出心心相印的愉悦。接下来是对楼上欢会的想象，隐含着自己不能参与的遗憾。最后结合身世之感，进一步渲染有情人难以亲近的无奈与遗憾。

李商隐的诗很多为"无题"，其内容各有不同，但大多具共同特征：意旨含蓄朦胧。本诗尚属显豁，但事情发生的时间、地点，意中人的身份、彼此之真实关系也仍然一片朦胧。因此后人的解释五花八门，有说是写禁宫中的一次艳遇，对象是一位宫女；有说是对岳父家的一位姬妾的倾慕；有说是对某居停主人家眷的单相思；等等。因无确切依据，难成定论。但这些具体内容的含混，并不构成理解的障碍，甚至可能恰恰是作品引人入胜之独特魅力所在。

李商隐写得最好的爱情诗，几乎全写失意的爱情。这和他失意沉沦的身世遭遇不无关系。他对青年男女失意的爱情有着特别敏感而又深微细腻的体验，遂于诗中融入自己的某些身世之感。惟其如此，所谓"相思"也并不一定有具体的对

[宋]佚名《十八学士图》（局部）

象，或许竟是杜丽娘式的相思。因此，本篇和诗人所作的其他无题抒情诗一样，也可能融入了仕途间阻、屡遭挫折的感触。

作品的具体内容越是含混或缺失，其概括性可能就越强，也就具有了普遍意义，能引发读者多方面的感受和联想，这首诗就是一个明证。

思考与讨论

1. 你认为诗中的男主人公是否是诗人自己？
2. 与《长恨歌》那种内容十分具体明确的爱情诗相比，这种含混朦胧的作品的长处与短处各有哪些？
3. 能否再举出几首具有朦胧美的诗作？

平行阅读

朦胧，让追求一读便懂者"气闷"，但朦胧美之赏玩，其实却是人同此心，心同此理。

李商隐诗二首

无　题

相见时难别亦难，东风无力百花残。春蚕到死丝方尽，蜡炬成灰泪始干。晓镜但愁云鬓改，夜吟应觉月光寒。蓬山此去无多路，青鸟殷勤为探看。

锦　瑟

锦瑟无端五十弦，一弦一柱思华年。庄生晓梦迷蝴蝶，望帝春心托杜鹃。沧海月明珠有泪，蓝田日暖玉生烟。此情可待成追忆，只是当时已惘然。

选自《李商隐诗选》，刘学锴、余恕诚选注，人民文学出版社1986年版

> 狮子搏象用全力，搏兔亦用全力。读太白诗往往有如此感觉。大气磅礴的《蜀道难》《梁甫吟》，非太白不能为；而细玩如下小诗，看似不经意处，益发露出扛鼎之力。

聚焦
- 画面玲珑剔透，情思绵远不尽
- 言有尽，意无穷

绝句二首

李 白

玉 阶 怨[1]

玉阶生白露，夜久侵罗袜。却下水精帘，玲珑望秋月。

山 中 答 问

问余何事栖碧山，笑而不答心自闲。桃花流水窅然去[2]，别有天地非人间。

选自《李太白全集》，中华书局1977年版

注释

[1] 玉阶怨：乐府古题，属相和歌辞，南齐谢朓等有作。
[2] 窅（yǎo）然：深远貌。

李白（701—762），字太白，号青莲居士，祖籍陇西成纪（今甘肃天水附近）。5岁时跟随父亲从西北迁居绵州昌隆（今四川江油）。盛唐伟大诗人，与杜甫齐名，世称"李杜"。年轻时怀有建功立业的抱负，但屡受打击，最终带着"安社稷""济苍生"的理想赍志而没。诗作以古体与绝句见长，内容大多抒发对理想的追求和豪情壮志，表现对大自然的喜爱、对国事的关心和对人民的同情。其诗风雄奇、飘逸、真率、自然，对当时和后世影响巨大。有《李太白集》。

李 白

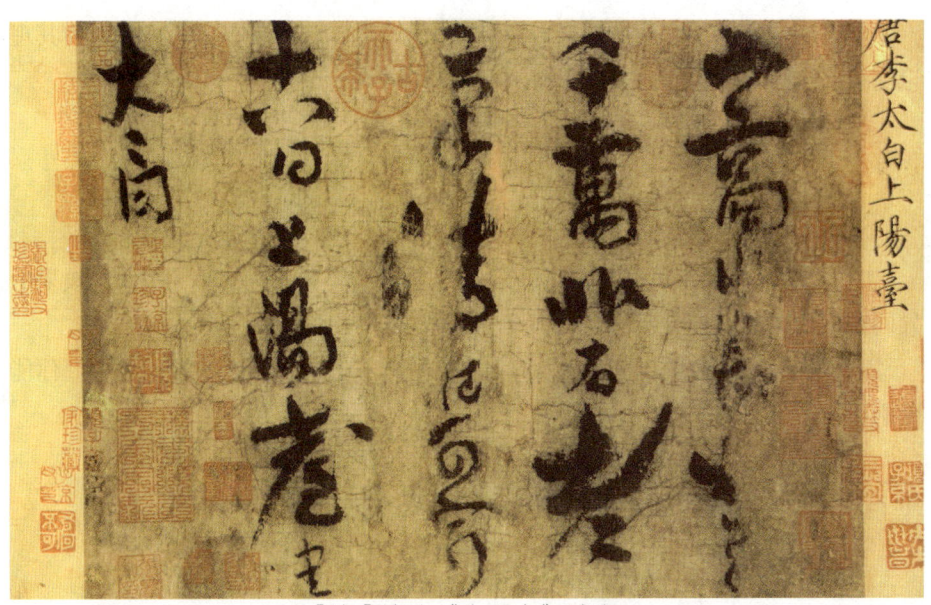

[唐]李白《上阳台》手迹

导读

诗歌的一个重要文体特征是文字简练，文约而义丰。诗歌的各体中，绝句又是最为精练的一种。

唐人绝句颇多佳作，而李太白的作品则以其清新自然、意旨悠远的风格独树一帜。所选《玉阶怨》，只短短二十个字，却把一个深闺独居的青年女子形象与心理刻画得如在目前，如闻其声。前两句是场景描写："玉阶"与后面"水精帘"相呼应，既构成了高华、清冷情调的意象组，也隐含地表明了女主人公的贵族身份。作者高明之处在于场景描写中注入了时间因素，从而使静止的场景动起来，有了类似"长镜头"的效果。这里的两个动词十分关键。一个是"生"字，写出了白露逐渐滋生的过程；一个是"侵"字，既有逐渐润湿的意思，又有寒意渐重的感觉。而主人公之所以感受到白露之"生"、寒意之"侵"，自然是因为已在寒夜中站立多时的缘故。后两句是动作的描写：她放下了水精帘，但透过来的月光依然撩人，于是她继续伫立着，望着天上的孤月，不由得呆在了那里。全诗没有使用一个"愁"字、一个"怨"字，而满怀幽怨的美人形象已经浮现在读者眼前。

第二首是七言绝句，题目为"答问"，故从对话的形式开始。这首诗的特点是自然流畅，而不失于淡薄。开始两句写对话，"笑而不答"四个字十分传神，把神态、氛围都表现出来。接下来的两句似实景似用典，妙在虚实之间。前面有"栖碧山"，这里的山溪山花与之相应，组成幽深、秀美的山居画面。另一方面，"别有天地"一句，又自然地使读者联想到了桃花源，于是，山居生活就有了追求社会理想的意味。

李白论诗，标举"清水出芙蓉，天然去雕饰"，这两首小诗正可以作为其理论主张的佳例。

思考与讨论

1. 比较李白这首《玉阶怨》与谢朓同名作品的艺术效果。
2. 比较李白这首《山中答问》与贾岛《寻隐者不遇》叙事手法及其效果的异同。
3. 美人幽怨、山居避世，是古代士人寄托自己高洁理想的常用意象。你能分别再举出几个例子吗？

平行阅读

言短意长是绝句的高境界，比较起来，唐人尤善此道。

玉 阶 怨

谢　朓

夕殿下珠帘，流萤飞复息。长夜缝罗衣，思君此何极。

选自《乐府诗集》，中华书局1979年版

寻隐者不遇

贾　岛

松下问童子，言师采药去。只在此山中，云深不知处。

选自《长江集新校》，上海古籍出版社1983年版

绝句二首

范曾画李白《梦游天姥吟留别》诗

老杜的本领是诸体皆能，诸体皆精。人们通常称赞其律诗气韵贯穿而又法度森严，殊不知他看似自由的古体诗，同样匠心独运。无论是精妙生动的文辞、严谨而又灵动的结构，还是多重意旨的渗透、融合，此诗都臻于出神入化之地步。

丹青引赠曹将军霸[1]

杜 甫

将军魏武之子孙[2]，于今为庶为清门[3]。英雄割据虽已矣，文采风流今尚存。学书初学卫夫人[4]，但恨无过王右军[5]。丹青不知老将至，富贵于我如浮云。开元之中尝引见，承恩数上南熏殿[6]。凌烟功臣少颜色[7]，将军下笔开生面。良相头上进贤冠，猛士腰间大羽箭。褒公鄂公毛发动[8]，英姿飒爽来酣战。先帝天马御花骢，画工如山貌不同。是日牵来赤墀下，迥立阊阖生长风[9]。诏谓将军拂绢素，意匠惨淡经营中。斯须九重真龙出，一洗万古凡马空。玉花却在御榻上，榻上庭前屹相向。至尊含笑催赐金，圉人太仆皆惆怅[10]。弟子韩幹早入室[11]，亦能画马穷殊相。幹惟画肉不画骨，忍使骅骝气凋丧。将军画善盖有神，必逢佳士亦写真。即今飘泊干戈际，屡貌寻常行路人。途穷反遭俗眼白，世上未有如公贫。但看古来盛名下，终日坎壈缠其身[12]。

选自《读杜心解》，[清] 浦起龙撰，中华书局1961年版

注释

[1] 丹青：颜料，指代绘画。引：诗体。曹霸：盛唐时画家，曾官左武卫将军。
[2] 魏武：曹操，其子曹丕称魏帝后，追尊他为"太祖武皇帝"。
[3] 为庶：天宝末，曹霸得罪被贬为庶人。清门：此指寒门，即平民。
[4] 卫夫人：晋代女书法家，王羲之的老师。
[5] 王右军：王羲之，曾拜右军将军。
[6] 南熏殿：唐代皇城中，兴庆宫的内殿。
[7] 凌烟功臣：唐太宗贞观十七年，下诏图画二十四位功臣供于凌烟阁上。少颜色：颜色褪去。
[8] 褒公鄂公：唐开国功臣段志玄、尉迟敬德，分别被封为褒国公、鄂国公。
[9] 阊阖：宫门。
[10] 圉人：饲养马匹的仆役。太仆：掌管车马的官员。

聚焦
- 一位艺术天才的沦落
- 一个辉煌时代的悲歌

[11] 韩干：盛唐画家，为王维所赏识提携，曾师从曹霸。
[12] 坎壈：命运坎坷。

杜甫（712—770），字子美，自号少陵野老（因曾住于长安南少陵原），河南巩县（今河南巩义）人。盛唐伟大诗人，与李白并称"李杜"。其诗全面而真实地反映了所处时代广阔的社会生活，充满强烈的忧国忧民感情，被誉为"诗史"。风格以"沉郁顿挫"为主而兼具多种格调。古近律绝、长篇短制等各体皆精，今存诗一千四百余首。有《杜少陵集》。

杜甫

导读

这是杜甫古体诗名作，也是中国诗歌史上具典范意义的叙事名篇。

诗的主体部分是描写赞颂曹霸高超的绘画艺术。作者在有限的篇幅内，极尽渲染、腾挪之能事，从五个不同角度来表现这位绘画天才。先是交代曹霸的家世背景与艺术传承，虽是一般性的叙述，但开端突兀而来的"将军魏武之子孙"，先声夺人，给读者以深刻印象。接下来写曹霸对待绘画艺术的专注与投入。"但恨"见其立志高远，"富贵"云云则描画出艺术家的人品、艺品。下边正面描写他的创作与作品。先是人物画。诗人选择了最"顶级"的场合——凌烟阁图画开国功臣，这一"重大题材"本身就把曹霸的艺术放到了不朽的历史位置上。接着是写生的场景，但不是一般的写生，而是在皇宫中现场描摹君主心爱的宝马。作者笔法错落，不再着眼于画面，而是更多地从绘画的现场氛围、艺术效果落墨，与前面人物画一节映衬生辉。第五层是"再加一倍"的写法。曹霸的精神风貌、创作态度、绘画水平、观众反响，都已正面写过，实在是"至矣尽矣，蔑以加矣"；此时思路一转，改从反面落笔，把韩干作为反衬，生动点出曹霸绘画精髓所在。一句"忍使骅骝气凋丧"，与前文"一洗万古凡马空"成鲜明对照，抑扬之间，将曹霸神妙的造诣淋漓尽致写出。

描写绘画之精妙虽是全诗主体，却不是诗作的主旨。此诗的主旨是感遇。对画家当年辉煌的尽力描写、渲染、赞颂，为的是与今日的落魄形成强烈对照。而巨大的落差则浓缩了整个国家盛极而衰的命运。为表达这一主旨，诗人使用了颇具匠心的几笔。如通过绘画对象的变化，具体而生动地写出曹霸境遇及艺术生涯的霄壤之别；又如前面重彩写画家笔下开国功臣的风神，隐含"不堪回首"的叹

［唐］韩幹《牧马图》

息；再如开端的家世与结尾的感叹相呼应，使曹霸个人的命运悲剧上升到人生哲学的高度；等等。

通过一个人的命运，折射一个时代的沧桑，从而寄托作者的悲悯情怀。杜甫这首诗为后代诗人建立了一个范型。如白居易的《琵琶行》、吴梅村的《听女道士卞玉京弹琴歌》等，都可以看到《丹青引》的影子。

至于状物、描情之妙笔，艺术见解之高明，也是此诗不同凡响的地方。

思考与讨论

1. 分析诗人如何通过语言艺术来传达出造型艺术的审美效果。
2. 分析作品中蕴含的几重人生感慨的关系。
3. 老杜诗中多骏马的意象。试举出一些，加以比较分析。

平行阅读

意旨相同，表现迥异。一简一繁，各尽其妙。

江南逢李龟年

杜　甫

岐王宅里寻常见，崔九堂前几度闻。正是江南好风景，落花时节又逢君。

选自《读杜心解》，［清］浦起龙撰，中华书局1961年版

> 盛唐时期，边塞烽火不断，战事连连，因而产生了众多的边塞诗作。高适这首与众不同之处何在？

燕 歌 行

高 适

聚焦
● 摄取边塞战争中的一角剪影
● 是英雄赞歌，还是反战怨曲？

开元二十六年，客有从元戎出塞而还者，作《燕歌行》以示适；感征戍之事，因而和焉。

汉家烟尘在东北[1]，汉将辞家破残贼。男儿本自重横行[2]，天子非常赐颜色[3]。摐金伐鼓下榆关[4]，旌旆逶迤碣石间[5]。校尉羽书飞瀚海[6]，单于猎火照狼山[7]。山川萧条极边土，胡骑凭陵杂风雨[8]。战士军前半死生[9]，美人帐下犹歌舞。大漠穷秋塞草腓[10]，孤城落日斗兵稀。身当恩遇常轻敌，力尽关山未解围。铁衣远戍辛勤久，玉箸应啼别离后[11]。少妇城南欲断肠，征人蓟北空回首。边庭飘飖那可度[12]，绝域苍茫无所有[13]。杀气三时作阵云[14]，寒声一夜传刁斗[15]。相看白刃血纷纷，死节从来岂顾勋[16]？君不见，沙场征战苦，至今犹忆李将军[17]。

选自《高适岑参诗选》，孙钦善、武青山、陈铁民、何双生选注，
人民文学出版社1985年版

唐边城遗址

注释

[1] 汉家：指唐朝。以汉喻唐，是唐代诗人们的习惯用法。烟尘：烽烟和尘土，边塞的战争警报。

[2] 横行：语本《史记·季布栾布列传》："愿得十万众，横行匈奴中。"这里有所向无敌的意思。

[3] 赐颜色：给面子，这里指恩赐朝见。颜色，面子，光彩。

[4] 摐（chuāng）金伐鼓：指行军，因军中以击鼓鸣金为进退信号。摐，撞击。金，指钲。榆关：即山海关，在今河北秦皇岛东北。

[5] 旌旆（jīng pèi）：旌旗。逶迤：连绵不断。碣石：山名，在今河北昌黎东。

[6] 校尉：武职官员，这里指统兵将帅。羽书：插有羽毛的军用紧急文书。瀚海：指大沙漠。

[7] 单于（chán yú）：秦汉时我国北方少数民族匈奴君主的称号，这里借指敌首。猎火：古代游牧民族作战前，往往举行大规模的校猎，其意义相当于现在的军事演习，猎火即指此。狼山：今河北、内蒙均有，这里当属泛指。

[8] 凭陵：侵扰欺凌。杂风雨：在风雨中进攻。或谓敌方马队狂风骤雨般猛攻，亦通。

[9] 半死生：半生半死，处境险恶。

[10] 穷秋：深秋。

[11] 玉箸（zhù）：玉筷子，比喻思妇的眼泪。

[12] 边庭飘飖：指前线形势动荡。

[13] 绝域：极远之地。

[14] 三时：多时，长时。三，不确指，多数义。

[15] 刁斗：军用铜器，白天用来煮饭，夜间敲以巡更。

[16] 死节：指为国事而奋不顾身。节，气节。

[17] 李将军：指汉代名将李广。武帝时为右北平太守，以防匈奴。他身先士卒，深受爱戴，匈奴甚是害怕，不敢侵扰边疆。

高适（700—765），字达夫，一字仲武，渤海蓨（tiáo，今河北景县）人。盛唐时期杰出诗人。早岁家贫，长期落拓失意。曾与李白、杜甫共游梁、宋间。年近50岁始入仕。官终散骑常侍，世称高常侍。他多写边地生活和个人感慨，也有反映社会现实的作品，而以边塞诗最为著名，与岑参并称"高岑"。其诗音响浏亮、语言整饬，贯注着雄迈奔放的气势和激昂慷慨的精神。有《高常侍集》。

高 适

燕歌行

导读

安邦治国、建功立业是中国传统士人的共同理想，其追求与实现，往往与国家的命运相联系。修身、齐家、治国、平天下，成为他们实现自我价值的最高理念。高适亦如此。他是诗人，素怀鸿鹄之志；又自负文才武略，却有志莫申。31岁时曾北去幽蓟，希望效力边塞，但没有得到机会。此后边患频仍，高适始终关注时局的变化，写下了不少忧国忧民、抒发壮怀的诗篇。39岁时，遇随"元戎"幽州节度使张守珪出征归来的友人，得其赠诗。张之部将攻击契丹，先胜后败，张却勾结宦官隐瞒真情。高适以自己北游幽蓟的经历结合所见、所感、所思，写出本诗。诗中对军队腐败的描写，有很强的现实性。

《燕歌行》是乐府古题，其词多写边地征戍之事。高适此诗以开阔的视角描绘出一副情状真切的边塞战场图，既写了边塞战士的顽强苦斗，又写了作者对边关战争的思考与反省。无论是氛围之渲染、描绘之生动，还是思想之深刻，都超过前人，所以被广泛传诵，成为唐代边塞诗的代表作。

这首诗的一个突出特点是对比的手法。既有历时性的对比，也有共时性的对比，对军心士气，军中生活，征夫思妇的表现，都通过对比而产生了强烈的艺术效果。另外，相对比的内容还蕴含了作者对战争的矛盾态度，这是比一般边塞诗深刻的地方。

思考与讨论

1. 诗人对战争的矛盾态度表现在哪些地方？结尾写"李将军"有何意味？
2. 列举诗中的对比。
3. 举出诗中你感觉最悲壮、最生动、最概括的句子。

平行阅读

早期的"燕歌行"，最古的七言诗；委曲婉转，音调清亮。

燕 歌 行

曹 丕

秋风萧瑟天气凉，草木摇落露为霜，群燕辞归雁南翔。念君客游思断肠，慊慊思归恋故乡，君何淹留寄他方？贱妾茕茕守空房，忧来思君不敢忘，不觉泪下沾衣裳。援琴鸣弦发清商，短歌微吟不能长。明月皎皎照我床，星汉西流夜未央，牵牛织女遥相望，尔独何辜限河梁。

选自《汉魏六朝诗选》，余冠英选注，人民文学出版社1958年版

> 鲁迅先生曾讲过，不要看到陶渊明的田园诗，就以为他浑身都是静穆，其实他也有金刚怒目式的作品。同样的道理，听到"诗佛"的尊称，就以为王维一定低目垂眉，也就不能真正认识这位诗人，尤不能真正懂得他的灵魂。

老 将 行[1]

王 维

少年十五二十时，步行夺得胡马骑[2]。射杀山中白额虎[3]，肯数邺下黄须儿[4]。一身转战三千里，一剑曾当百万师。汉兵奋迅如霹雳，虏骑崩腾畏蒺藜[5]。卫青不败由天幸[6]，李广无功缘数奇[7]。自从弃置便衰朽，世事蹉跎成白首。昔时飞箭无全目[8]，今日垂杨生左肘[9]。路旁时卖故侯瓜[10]，门前学种先生柳[11]。苍茫古木连穷巷，寥落寒山对虚牖。誓令疏勒出飞泉[12]，不似颍川空使酒[13]。贺兰山下阵如云，羽檄交驰日夕闻。节使三河募年少，诏书五道出将军。试拂铁衣如雪色，聊持宝剑动星文[14]。愿得燕弓射大将[15]，耻令越甲鸣吾君[16]。莫嫌旧日云中守[17]，犹堪一战立功勋。

选自《王维孟浩然选集》，上海古籍出版社1990年版

聚焦 ●●"诗佛"的壮怀之作 文人咏武事，多别有寄托

张旺《白马与少年》

注释

[1] 老将行：唐代新乐府题。

[2] 夺得胡马骑：借李广事赞颂老将青年时即智勇双全。《史记·李将军列传》记李广曾被俘，伺机夺得敌人战马逃回。

[3] 白额虎：古代指称猛虎。古代名将常以射虎表现英勇，如周处青年时曾射杀白额虎，李广也有射虎事迹，等等。

[4] 邺下黄须儿：指曹操之子曹彰。曹彰曾居邺下，勇武有战功，操称赞道："黄须儿竟大奇也。"（《三国志·任城王传》）

[5] 蒺藜：指铁蒺藜，铸铁所为，四角，撒于地上，充战地路障。

[6] "卫青"句：汉武帝时大将军卫青与其甥霍去病征讨匈奴，屡立奇功。霍常行险招，而从不遇险，故《史记·卫将军骠骑列传》曰"亦有天幸"。

[7] "李广"句：汉武帝时名将李广善于用兵，但运气不好，总是错过立大功的机会。故《史记·李将军列传》曰"（汉武帝）以为李广老，数奇"。数，指运数、命运。古人称幸运、遇合为"偶"，反之为"奇"。

[8] 无全目：鲍照有诗句"惊雀无完目"，系化用后羿射雀中其右目的故实，夸赞箭法高超。

[9] 垂杨生左肘：用《庄子·至乐》句意形容身体衰病。原为"（支离叔）柳生其肘"，即其肘生瘤，唐人称柳为垂杨。

[10] 故侯瓜：秦东陵侯召平在秦亡后种瓜为生，世称"东陵瓜"。

[11] 先生柳：陶渊明有《五柳先生传》以自况，后世以此意象指代隐居生活。

[12] 疏勒出飞泉：东汉大将耿恭兵临疏勒（汉时西域国名），掘井不得水，乃祷告天地，飞泉涌出。

[13] 颍川空使酒：汉武帝时将军灌夫，颍川人，刚直勇武，不满新贵当道，时常使酒骂座，最终被害。事见《史记·魏其武安侯列传》。

[14] 星文：指宝剑上的星状花纹。古人常在剑身镌刻北斗七星为装饰。

[15] 燕弓：燕地所产劲弓。

[16] 越甲鸣吾君：《说苑》中的传说，谓春秋末年，越兵抵齐国都门，雍门子狄引咎自刎。鸣吾君，嘈杂之音骚扰我的国君。

[17] 云中守：汉文帝时老将魏尚任云中（汉郡名，今山西大同一带）太守，有军功，因小事免官，后得冯唐力荐复职。

导读

王维素有"诗佛"之称，原因是他的那些山水田园诗静谧、闲适，蕴含禅意。久而久之，似乎王维通身皆沐佛光，有句无不淡泊。岂不知这尊诗佛还有另一面，就是如此诗呈露的雄强、阳刚之相。多样的风格源于多样的人生。实际上，王维早期的作品颇多此类壮怀之作，如"回看射雕处，千里暮云平""纵死犹闻侠骨香""汉兵大呼一当百""麾下偏裨万户侯"，等等。正是壮志逐渐消歇，乃有后半生的一派闲适。

同为古体长篇，王维这首诗比起太白的《蜀道难》《梁甫吟》《梦游天姥吟留别》，老杜的《丹青引》《兵车行》《哀江头》，显得中规中矩有余，腾挪灵动不足。不过唯其如此，才更适于从中揣摩、体会古体诗的层次变化、基本章法。

王维　长江积雪图（局部）

《清诗别裁》云："学诗者不能从李杜入，右丞、常侍自有门径可寻。"正是把它当作学习古体诗之津梁。

另外，人们说到王维的山水诗，最常见的评语就是"诗中有画"。其实，摩诘的这一本领不只表现于山水，这些壮怀类诗歌的形象也颇有呼之欲出的生动笔墨。如"一剑曾当百万师""试拂铁衣如雪色"等。

《老将行》以更为生动具体的形象表达了"老骥伏枥，壮心不已"的情结，其中又蕴含着对世道不公、造化弄人的不平，因而在后世文人中受到青睐，亦颇多共鸣。东坡那首著名的《江城子》中，"老夫聊发少年狂""亲射虎""持节云中，何日遣冯唐"等句，都隐约透露出与此诗的关联。

思考与讨论

1. 这首诗十句一段，章法整饬。试分析起承转合的关系，以及其中的思想脉络。
2. 诗中大量使事用典，你认为这种写法的长处与短处怎样？
3. 有兴趣的同学可读一读《史记》中有关李广、卫青的内容，思考作者把这两个人对举，有怎样的意味。

> 优秀文学作品的特征之一，即可以引发读者的多种感悟。大词学家王国维在他的《人间词话》中，借本词之句，阐释其著名的"三境界"说，既贴切，又使本词传诵更加广远。

蝶恋花（"槛菊愁烟兰泣露"）

晏 殊

槛菊愁烟兰泣露[1]，罗幕轻寒[2]，燕子双飞去[3]。明月不谙离恨苦[4]，斜光到晓穿朱户[5]。昨夜西风凋碧树[6]，独上高楼，望尽天涯路。欲寄彩笺兼尺素[7]，山长水阔知何处？

选自《唐宋词选》，中国社会科学院文学研究所编，人民文学出版社1981年版

［明］万历刻本《诗余画谱》

注释

[1] 槛（jiàn）：花园的围栏。
[2] 罗幕：丝罗做的帷幕，借指屋内。
[3] 飞去：一作"来去"。
[4] 谙（ān）：熟悉，了解。
[5] 朱户：朱红色的门户，指富贵人家。
[6] 凋碧树：西风使树木绿叶枯落。
[7] 彩笺：古人用来题咏和写信用的一种精美的纸，这里代指题咏之作。尺素：古人书写所用的尺许长的白色生绢，后来作为书信的代称。古乐府《饮马长城窟行》："呼儿烹鲤鱼，中有尺素书。"兼：一作"无""凭"。

导读

这是一首念远怀人之作，细致刻画了主人公为离愁所苦的复杂心情。

晏殊是北宋时期的太平宰相，其词大多写冶游宴饮、伤离念远、男女恋情。所谓"诗庄词媚"，正是北宋文人士大夫借词书写人生惆怅、富贵"闲愁"的一种理论总结。惆怅、"闲愁"是一种富有诗意的情感，它不是那种强烈的喜怒哀乐的体验，而是失落伤感之情思，常见于气质敏感、情感细腻、学养天分较高者。晏殊正是如此。

全词刻画人物心理，极平淡，又极蕴藉，上片写长夜相思之苦，通过秋夜的景物表现离愁别恨，却并不着眼于景物外在形貌，而把人的情思附着于原本无情无思的自然物，借外物写出人的感受、人的内心世界。其中对明月的看似无理的埋怨，既表其一夜无眠，更显现相思之苦的难以排遣。下片写登楼望远的愁思。由"凋碧树"到"独上"，到"望尽"，再到"知何处"，步步深入地把思念之殷切、孤独之无奈渲染得委婉而又尽致。

词中"昨夜西风凋碧树，独上高楼，望尽天涯路"一句，被王国维拈来，比喻成做大学问、大事业者所必须经过的三种境界之一。这自属"断章取义"，然而却被普遍认可。原因在于晏殊词本具情中有思的特质，亦即把某种人生的体悟自然融入抒情的语句，从而使情词的深处若

晏殊

晏殊（991—1055），字同叔，抚州临川（今属江西）人。7岁能属文，14岁以神童入试，赐同进士出身。历任右谏议大夫兼侍读学士、同中书门下平章事兼枢密使、礼部尚书等高官，也有过两度贬谪外放的经历。词作内容多写离愁别恨，吟弄风月，风流蕴藉，温润秀洁，亦颇有意味深长者。作品集为《珠玉词》。

有若无地蕴涵了更深更广的哲理意味。晏殊词中的"无可奈何花落去,似曾相识燕归来""满目山河空念远,落花风雨更伤春,不如怜取眼前人""念兰堂红烛,心长言短,向人垂泪"等句,都可使人产生广远的联想而无牵强之感。

思考与讨论

1. 古人多有登楼远眺之作,你能举出几篇同类的诗词作品吗?
2. 本篇遣词用字十分考究,请举出几例并加以分析。
3. 你知道宋词中另一"埋怨"明月的名句吗?
4. 你知道王国维所说的"三种境界"吗?你认为他的借用效果怎样?

平行阅读

前一首写临秋怀愁,这二首写感春而生愁思,其具新意则一。

晏殊词二首

浣溪沙

一曲新词酒一杯,去年天气旧亭台,夕阳西下几时回? 无可奈何花落去,似曾相识燕归来,小园香径独徘徊。

踏莎行

小径红稀,芳郊绿遍,高台树色阴阴见。春风不解禁杨花,濛濛乱扑行人面。

翠叶藏莺,朱帘隔燕,炉香静逐游丝转。一场愁梦酒醒时,斜阳却照深深院。

选自《二晏词笺注》,张草纫注释,上海古籍出版社2008年版

> 悲苦凄怆，是一种很普遍的情感类型，难得秦观此作想象超拔，营构了一个迷离深邃、孤寂惆怅的境界。

踏莎行（郴州旅舍）[1]

秦　观

雾失楼台，月迷津渡[2]，桃源望断无寻处[3]。可堪孤馆闭春寒，杜鹃声里斜阳暮[4]。

驿寄梅花[5]，鱼传尺素[6]，砌成此恨无重数[7]。郴江幸自绕郴山[8]，为谁流下潇湘去？

选自《唐宋词选》，中国社会科学院文学研究所编，人民文学出版社1981年版

聚焦
● 少游已矣，万人何赎
● 东坡欣赏，最是知音

[宋]惠崇《沙汀丛树图》

注释

[1] 郴州：治所在今湖南郴州。

[2] 津渡：渡口。此句"迷"字与上句"失"字互文见义。

[3] 桃源：是陶渊明在《桃花源记》中虚构的世外乐园，并称其地在武陵（今湖南常德西）。望断：极目远眺。

[4] 可堪：哪堪，怎么受得了。杜鹃：即子规鸟，相传其叫声像是在说"不如归去"，容易勾起离人游子的归念愁思。

[5] 驿寄梅花：南朝宋陆凯与范晔交善，自江南寄梅花一枝与长安的范晔，并赠诗说："折梅逢驿使，寄与陇头人。江南无别信，聊赠一枝春。"这里用来代指亲友的书信和安慰。

[6] 鱼传尺素：古人寄书信有以鲤鱼形木函。又传鱼可捎书信。语出古乐府诗《饮马长城窟行》："客从远方来，遗我双鲤鱼。呼儿烹鲤鱼，中有尺素书。"

[7] 砌：堆砌。这句说，亲友们的关怀和慰问反而增加了数不尽的离恨。

[8] 郴江：水名，源出郴州东面的黄岑山，入湘江支流。

秦观（1049—1100），字少游，一字太虚，号淮海居士。高邮（今江苏扬州）人。神宗元丰八年（1085）进士。曾任太学博士，秘书省正字，国史院编修官。"苏门四学士"之一。绍圣元年（1094）因"影附苏轼，增损《实录》"，贬监处州酒税，继而贬往郴州、雷州等地。徽宗即位，得复职北还，卒于藤州。诗、词、文皆工，尤以词著称，其词淡雅清丽，含蓄温婉。有《淮海词》《淮海居士长短句》。

秦 观

导读

绍圣初年，秦观受到当政新党的排斥，先贬杭州通判，又因御史刘拯告他增损《神宗实录》，再贬监处州酒税。绍圣三年（1096），再以佛书被罪，贬徙郴州（今湖南郴州）。词人心情之悲苦自不必言，形诸笔端，词作也益趋凄怆。此作即是绍圣四年（1097）抵郴州时作，通篇充溢着凄迷、孤苦、失望的意绪。

多有人认为秦观属"婉约派"。那固然是其主要风格，但也只是大致概括而已，近人王国维即就此词指出他另有凄厉的一面。这首词用"孤""寒""暮"等字眼，以及"砌成此恨无重数"的夸张语，把一个政治失败者的凄苦心境、思乡之情表现得淋漓尽致，蕴含丰富。

本词特点有二：一是实景与虚景的交融。孤馆春寒、斜阳杜鹃，这是实景；楼台、津渡则是幻设的虚景；桃源、郴江虽是实景却不在眼前，而在想象之中，所以是半实半虚。虚景结合于实景，其景物描写便有了象征意味，通篇的境界遂显迷离深邃。二是<mark>写景具强烈主观色彩</mark>。这既表现在意象的选择上，也表现在状态用语的推敲上，如"雾失楼台"的"失"，"月迷津渡"的"迷"，"闭春寒"的"闭"，"砌成此恨"的"砌"，等等。

苏东坡因亦多次被贬，对此词颇有同感。《冷斋夜话》中说："东坡绝爱其尾两句，自书于扇。少游死，曰：'少游已矣，虽万人何赎！'"

思考与讨论

1. 有人认为全篇最精彩的是"郴江幸自绕郴山，为谁流下潇湘去"；也有人认为应是"可堪孤馆闭春寒，杜鹃声里斜阳暮"。你的看法呢？为什么？
2. 分析词中虚景所产生的象征意味。
3. 词中用字多有新颖独特之处，试举例说明。

平行阅读

久负盛名的佳作，情韵兼胜，出色当行。

秦观词二首

鹊 桥 仙

纤云弄巧，飞星传恨，银汉迢迢暗度。金风玉露一相逢，便胜却人间无数。柔情似水，佳期如梦，忍顾鹊桥归路。两情若是久长时，又岂在朝朝暮暮。

满 庭 芳

山抹微云，天连衰草，画角声断谯门。暂停征棹，聊共引离尊。多少蓬莱旧事，空回首、烟霭纷纷。斜阳外，寒鸦万点，流水绕孤村。销魂，当此际，香囊暗解，罗带轻分。谩赢得青楼，薄幸名存。此去何时见也？襟袖上、空惹啼痕。伤情处，高城望断，灯火已黄昏。

选自《淮海居士长短句》，徐培均校注，上海古籍出版社1985年版

> 东坡其人影响后世可谓深矣，但少有人学得来他那种建立在对世事、艺术深刻感悟之上的旷逸与从容，那是一种难于复现的精神景观。

聚焦
- 词坛上之开派名家
- 逆境中之旷逸潇洒

临江仙（夜归临皋）[1]

苏　轼

夜饮东坡醒复醉[2]，归来仿佛三更。家童鼻息已雷鸣，敲门都不应，倚杖听江声。长恨此身非我有[3]，何时忘却营营[4]！夜阑风静縠纹平[5]，小舟从此逝，江海寄馀生。

选自《苏轼选集》，张志烈、张晓蕾选注，人民文学出版社2002年版

注释

[1] 临皋：地名，在黄州城南的长江边上。作者的寓所在此。

[2] 东坡：地名，在黄州城的东面。苏轼谪居黄州时，筑室于此，作为游息之所，因以为号。

[3] 此身非我有：我的身体不归我自己所有，即自己的命运不掌握在自己的手里，这句是抱怨不能按照自己的理想去生活。源于道家对人生的看法。《庄子·知北游》："舜问乎丞曰：'道可得而有乎？'曰：'汝身非汝有也，汝何得有夫道？'舜曰：'吾身非吾有也，孰有之哉？'曰：'是天地之委形也。'"

［宋］乔仲常《后赤壁赋》（局部）

[4] 营营：原意为来往不绝。《诗·小雅·青蝇》："营营青蝇。"后引申为功名利禄奔走劳神。又《庄子·庚桑楚》："无使汝思虑营营。"亦即此意。

[5] 夜阑：夜深。縠（hú）纹：形容水中细小的波纹。縠是一种有皱纹的纱。

苏轼（1037—1101），北宋文学家、书画家。字子瞻，号东坡居士，眉山（今四川眉山）人。与父亲苏洵、弟弟苏辙合称"三苏"。在政治上既不见容于新党，又为旧党所不满，所以屡遭贬斥。仕途上的坎坷波折，深深地影响了他的思想和创作，积极进取和达观放任共存于一身。诗、词、文兼擅，俱为一代大家。其词别创豪放一派，影响深远。有《苏东坡集》《东坡乐府》。

苏轼

导读

历来评论者总是把苏轼称为豪放词人，其实《东坡乐府》三百多首词中，虽时有豪情迸发、激越昂扬之句，但最为普遍的意绪还是其深沉的历史感和人生感悟，是一种超旷与潇洒的情怀。这首词可为明证。

这首《临江仙》写于宋元丰五年（1082）三月，即苏轼因"乌台诗案"谪居黄州的第三年。诗人夜饮大醉，回到长江边上的住所临皋亭，倚杖门外，静听那不息的滔滔江流声，于夜阑风静中，超然物外的逸想联翩而至。

这首妙词充满理趣而又放纵不羁。这种理趣，不在于理的高深，而在于趣的点化。所谓"趣"，就是以超然而幽默的眼光观照人生，观照自我。词中正面说理的句子只有"长恨此身非我有，何时忘却营营"，但此前此后的描写都是围绕着这一题旨展开，并赋予其活泼的趣味。特别是"小舟从此逝"两句，以想象中的行为的放纵旷达，表现心灵的自由解放，诗人面对苦难的那一份洒脱和幽默跃然笔端。关于这两句，还有一则轶事：黄州郡守读了，以为东坡先生走掉了，"州失罪人"，为之虚惊一场。这虽然很可能只是附会，却见出世俗与超旷两种境界的霄壤悬隔。

思考与讨论

1. 分析词中有"趣"的笔墨。

2. 你能举出苏轼作于此时的其他作品吗？这些作品中是否也有富于理趣的笔墨？

平行阅读

有遭受政治风雨、一路坎坷行来的感受，更有超越具体情境的人生感悟。

苏轼词一首

定 风 波

三月七日，沙湖道中遇雨，雨具先去，同行皆狼狈，余独不觉。已而遂晴，故作此。

莫听穿林打叶声，何妨吟啸且徐行。竹杖芒鞋轻胜马，谁怕？一蓑烟雨任平生。

料峭春风吹酒醒，微冷，山头斜照却相迎。回首向来萧瑟处，归去，也无风雨也无晴。

选自《苏轼选集》，张志烈、张晓蕾选注，人民文学出版社2002年版

苏轼诗二首

东 坡

雨洗东坡月色清，市人行尽野人行。莫嫌荦确坡头路，自爱铿然曳杖声。

和子由渑池怀旧

人生到处知何似？应似飞鸿踏雪泥。泥上偶然留指爪，鸿飞那复计东西。老僧已死成新塔，坏壁无由见旧题。往日崎岖还记否，路长人困蹇驴嘶。

选自《苏轼诗集》，中华书局1982年版

范曾画苏东坡《后赤壁赋》

> 惺惺相惜，情谊真挚，意境苍凉，可发千古一叹！

贺新郎（"把酒长亭说"）

辛弃疾

陈同父自东阳过余[1]，留十日，与之同游鹅湖[2]，且会朱晦庵于紫溪[3]，不至，飘然东归[4]。既别之明日，余意中殊恋恋，复欲追路，至鹭鹚林[5]，则雪深泥滑，不得前矣。独饮方村[6]，怅然久之，颇恨挽留之不遂也[7]。夜半投宿吴氏泉湖四望楼，闻邻笛悲甚，为赋《乳燕飞》以见意[8]。又五日，同父书来索词，心所同然者如此，可发千里一笑。

把酒长亭说。看渊明，风流酷似，卧龙诸葛[9]。何处飞来林间鹊，蹙踏松梢残雪[10]。要破帽，多添华发[11]。剩水残山无态度，被疏梅，料理成风月[12]。两三雁，也萧瑟。　　佳人重约还轻别[13]。怅清江，天寒不渡，水深冰合[14]。路断车轮生四角，此地行人销骨[15]。问谁使，君来愁绝[16]？铸就而今相思错，料当初，费尽人间铁[17]。长夜笛，莫吹裂[18]。

选自《唐宋词选》，中国社会科学院文学研究所编，人民文学出版社1981年版

> 聚焦
> ● 把酒长亭，记下一场英雄会
> ● 佳人重约，唱出几曲思念歌

注释

[1] 陈同父：陈亮（1143—1194）字同父（甫），婺州永康（今属浙江）人，学者称龙川先生，南宋思想家。为人才气豪迈，喜谈兵，主抗战，因此屡遭迫害，曾三次被诬入狱。与稼轩志同道合，交往甚密，且有诗词唱和。有《龙川集》《龙川词》，词风与辛相似。东阳：即婺州。过：访问、探望。

[2] 鹅湖：鹅湖山，在江西铅山东北。

[3] 会：约会。朱晦庵：朱熹字元晦，晚年自称晦庵，南宋著名理学家，学术思想影响深远。早期主战，晚年主和，与辛、陈政见相左。尤其是与陈亮，在人生价值取向上（即"王霸义利"问题）有根本性分歧，多次激烈辩论。紫溪：在江西铅山县南，位于江西和福建交界处。

[4] 不至：指朱熹没有到。飘然东归：指陈亮返回东阳。

[5] "余意"三句：殊恋恋，很留恋。追路，追赶陈亮。鹭鹚林，地名，在江西上饶东。

[6] 方村：地名，在鹭鹚林附近。

[7] "颇恨"句：深恨没能挽留住陈亮。

[8] 《乳燕飞》：词调《贺新郎》的别名。

[9] "看渊明"三句：渊明，晋代著名田园诗人陶渊明。卧龙诸葛，三国时代杰出政治家诸葛亮，字孔明，人称卧龙先生。这里用"渊明""诸葛"代指陈亮

349

（渊明指其布衣不仕的身份，诸葛指其胸中韬略志向）。

[10] 蹙（cù）：踩踏。

[11] 破帽：汉末管宁曾隐居辽东，戴皂帽。后来文人常在作品里写自己戴破帽，以示清高。以上两句说，雪落在帽子上，似乎增添了花白的头发。

[12] 剩水残山：这里指大地覆盖着雪，只有部分地方残露在外面，显得零零落落。但也隐喻南宋的偏安局面。无态度：无生气，不成模样。料理：此指装饰、点缀之意。风月：清风明月，是美丽的夜景，这里泛指美景。

[13] 佳人：美人，也可称品格好的男子。"佳人"意指陈亮。

[14] "怅清江"三句：天寒江冻，难以渡过，使人惆怅不已。

[15] 车轮生四角：车轮转动不了，像长了四只角，无法前行。陆龟蒙《古意》："安得双车轮，一夜生四角。"销骨：形容极度悲伤。

[16] "问谁"二句：虚拟一问，实是自问。来，语中衬字，无义。愁绝，愁到极点。

[17] "铸就"三句：极写别后想念之深。据《资治通鉴》卷二六五载，唐末魏州节度使罗绍威为应付军内不协，联合朱温消灭不听指挥的"牙军"。结果耗资无数，军力也自此衰弱。他后悔地对人说："合六州四十三县铁，不能为此错也。""错"字语意双关，表面指错刀（货币），内里指错误。

[18] 吹裂：据《太平广记》载，唐著名笛师李謩曾在宴会得遇一个名叫独孤生的人。李递过长笛请他吹奏。他说此笛至"入破"（曲名）必裂。后果如此。辛词暗用故实，谓已不堪笛声之悲，激起思友之情。

辛弃疾（1140—1207），南宋词人。字幼安，号稼轩。历城（今山东济南）人。22岁时，参加耿京领导的抗金农民起义军，失败后，南归宋朝。才兼文武，毕生以复国为己任，立志恢复中原。但屡遭投降派排斥打击，赋闲十数年，便把一腔抱负和悲愤寄之于词。现存词六百多首。题材广泛，内容丰富，词风多样，豪放之作尤多，与苏东坡并称"苏辛"。有《稼轩词》《稼轩长短句》。

辛弃疾

导读

本词记一次英雄相会。淳熙五年（1178），陈亮来到临安，上书孝宗，反对和议，力主抗金，未被采纳。此时结识了辛弃疾。陈亮愤然返乡，不久又被诬陷入狱。辛弃疾则遭排斥，退隐上饶，两人竟十年无缘晤面。直到淳熙十五年（1188），陈亮终于从东阳赶到信州，专程拜访居家赋闲的辛弃疾。

这次相聚历时十天，史称辛、陈"鹅湖之晤"。据六年后辛弃疾在《祭陈同父文》中的追忆："憩鹅湖之清阴，酌瓢泉而共饮，长歌相答，极论世事，可复得耶？"因相谈甚洽，陈亮辞别东归，辛弃疾竟恋恋不舍地去追赶挽留，因途中雪深泥滑，不得前进而罢。当晚，辛弃疾就写了这首词，表达思念之情。词中描绘了二人兄弟般真挚的 ==友谊==，和对志同道合朋友的 ==怀念==，也抒发了抗击金兵，光复失地的共同 ==理想==。

词中多用 ==比拟==、==隐喻==。如"剩水残山无态度"等句，以比兴见意，语语双关，寓情于景，感慨万端，流露了对国事的忧愤。隐喻之旨趣都在若有若无之间，而意味也由此而生。

本篇 ==情感充沛==，==一气贯注==，如飘风骤雨，如"铸就而今相思错"句，虽是用典，但起伏跌宕的语势，把诗人心绪的哀切和相思的绵长，表现得回肠荡气，很有感染性。

由此词开始，辛弃疾和陈亮用此调此韵，一连有五首唱和，堪称词史胜事。

思考与讨论

1. 你还读过哪些写送别的诗词作品？通过比较，体会辛词抒发感情的特色所在。
2. 辛弃疾素以豪放词风而著名，不过，你能举出他富于婉约词风的作品吗？
3. 谈谈你所了解的南宋主战派与主和派的政治斗争。

［宋］刘俊　雪夜访普图

> 纳兰性德个性非常，曾被目为贾宝玉之原型。在现当代通俗小说中，对这位佳公子又别有一番演绎。"纳兰热"复现于当代，经由网络研讨蔚为奇观。且再一读其代表作。

聚焦
● 知心挚友重然诺
● 真情义气吐心声

金缕曲（赠梁汾）[1]

纳兰性德

<mark>德也狂生耳</mark>[2]。偶然间、缁尘京国[3]，乌衣门第[4]。有酒惟浇赵州土[5]，谁会成生此意[6]。不信道、遂成知己。青眼高歌俱未老[7]，向樽前、<mark>拭尽英雄泪</mark>。君不见，月如水。　共君此夜须沉醉。且由他、蛾眉谣诼[8]，古今同忌。身世悠悠何足问，冷笑置之而已。寻思起、从头翻悔。一日心期千劫在[9]，后身缘、恐结他生里。<mark>然诺重，君须记</mark>。

选自《纳兰词笺注》，张秉戍注，北京出版社1996年版

注释

[1] 金缕曲：词牌名，又称《贺新郎》。梁汾：作者挚友顾贞观。顾贞观（1637—1714），字华封（一作华峰），号梁汾，无锡人。早年曾在京城做过小官，后郁郁不得志，返回故里，退出仕途。康熙十五年（1676）再度入京，结识年轻的纳兰性德，这首词就是作者与顾贞观初识时的题赠之作。

[2] 德：作者自称。

[3] 缁尘：污尘。缁，黑色。喻指京城世俗的污浊。

[4] 乌衣门第：东晋时王、谢等名门望族居住在建康（今南京市）乌衣巷，后以乌衣门第为贵族的指代。

[5] 赵州土：战国时赵国公子平原君，礼贤下士，喜结宾客，名重千古。李贺《浩歌》："买丝绣作平原君，有酒惟浇赵州土。"

[6] 成生：作者自称，纳兰原名成德。

[7] 青眼：表示喜爱和敬重。晋时阮籍能作青白眼，见鄙俗之人，以白眼对之，见高朋良士，则用青眼。

[8] 蛾眉谣诼：指群小的造谣毁谤。屈原《离骚》："众女嫉余之蛾眉兮，谣诼谓余以善淫。"

[9] 千劫：劫，佛家用语，谓天地一成一毁为一劫。千劫，极言变化之大，时间之久。

金缕曲

纳兰性德（1655—1685），清词人。原名成德，字容若，号楞伽山人，满族正黄旗人，官至一等侍卫。其父明珠，武英殿大学士，累加太子太师，是康熙朝权倾一时的重臣。纳兰广结名士贤达，于功名利禄淡然处之。他极富文学天才，诗文俱佳，尤以词作著称于世。三百多年来，他可能是拥有读者最多、影响力最大的清代词人。著有《通志堂集》。

纳兰性德

导读

纳兰性德是大词家，其词感伤之调与缠绵之境，直追南唐后主李煜。不过纳兰词也有壮观的一面，如《长相思》之"夜深千帐灯"，《如梦令》之"万帐穹庐人醉，星影摇摇欲坠"。这一首亦为狂态奔放之作。纳兰是王公贵胄，顾贞观乃一介书生，而两人志趣相投，追求与同，心心相印，尽显作者性情中人本色。

这首词情感表达酣畅淋漓，"狂态可掬"。一个既坦诚又高傲、既狂放又愤激的贵公子形象鲜活地现于读者面前。情感跳荡、激扬、转折，如同激流奔腾于溪涧，自生景致。如上阕由开篇以"狂生"自许，转入"谁会"的落寞，再转为"青眼高歌"的昂扬，继而跌入"英雄泪"的感慨，最后以"月如水"宕开一笔，既是写景，又展胸襟，首尾一气贯穿而又跌宕起落。作者能恰切、自然地使用典故，使读者由典故自然联想到屈原、阮籍、李贺和平原君，作品表达的人生态度也因此具有了历史的厚重感。通篇气盛意切，读来却情韵曲折有致。

思考与讨论

1. 比较此篇与顾贞观的酬和之作，谈谈你的感受。
2. 你读过的诗词中，还有这样一气贯穿表达情感的作品吗？
3. 你读过的通俗小说中，有没有描写纳兰其人的？若有，你的印象如何？

平行阅读

同样的高风亮节、重义真情、忘年之交，同样地传颂于后世。

金缕曲（酬容若见赠次原韵）

顾贞观

且住为佳耳。任相猜、驰笺紫阁，曳裾朱第。不是世人皆欲杀，争显怜才真意。容易得、一人知已。惭愧王孙图报薄，只千金、当洒平生泪。曾不值，一杯水。　　歌残击筑心逾醉。忆当年、侯生垂老，始逢无忌。亲在许身犹未得，侠烈今生已矣。但结托、来生休悔。俄顷重投胶在漆，似旧曾相识屠沽里。名预籍，石函记。

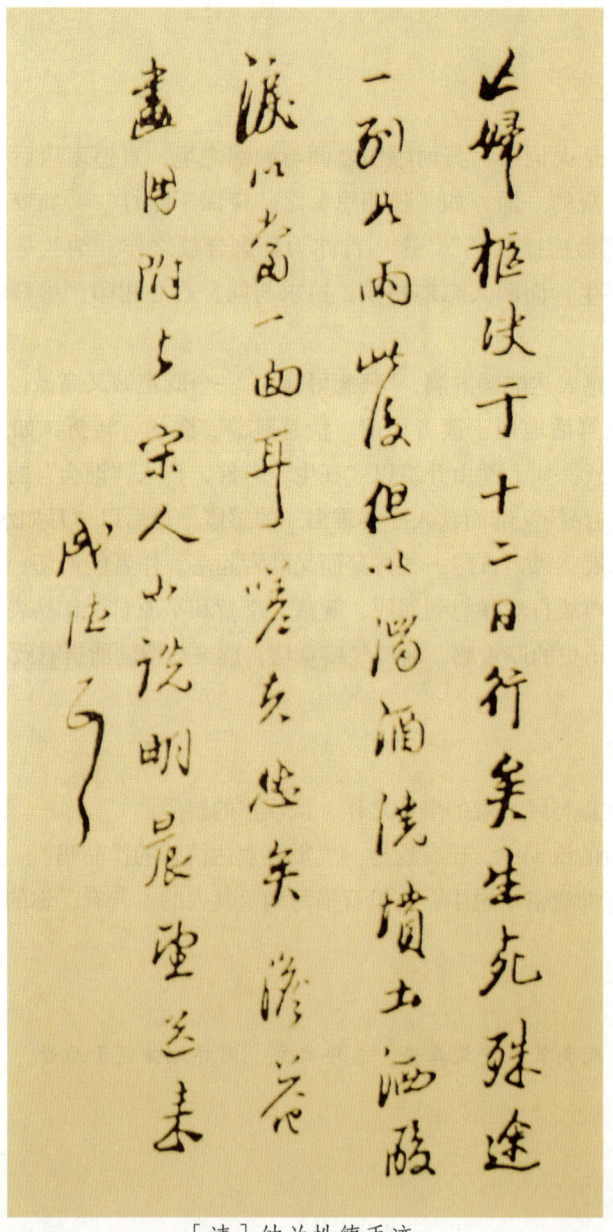

［清］纳兰性德手迹

> "才自精明志自高,生于末世运偏消",这是《红楼梦》中贾探春的判词。移来用于龚自珍身上,庶几不远。一生的大才远志,一生的抑郁不偶,酝酿、激荡于胸中,就有了卓荦不群的瑰丽诗篇。

湘月("天风吹我")

龚自珍

聚焦
● 一剑一箫平生意
● 清丽湖山,香草美人

壬申夏泛舟西湖,述怀有赋,时予别杭州盖十年矣。

天风吹我,堕湖山一角,果然清丽。曾是东华生小客[1],回首苍茫无际。屠狗功名[2],雕龙文卷[3],岂是平生意?乡亲苏小[4],定应笑我非计。　　才见一抹斜阳,半堤香草,顿惹清愁起。罗袜音尘何处觅[5]?渺渺予怀孤寄[6]。怨去吹箫,狂来说剑[7],两样消魂味。两般春梦,橹声荡入云水。

选自《龚自珍全集》,王佩诤校,上海古籍出版社1975年版

注释

[1] 东华:清代都城中紫禁城东门名东华门,此代指京城。生小:小时、幼时。作者于嘉庆七年(1802)十一岁时随父入都,在北京生活了十年。

[2] 屠狗:代指市井贱业。《史记·樊哙列传》:"舞阳侯樊哙者,沛人也,以屠狗为事。"

[3] 雕龙:指精心结撰文章。刘向《别录》:"邹奭修衍之文饰,若雕镂龙文,曰雕龙。"

[4] 苏小:苏小小,南齐(或谓刘宋)钱塘名妓。韩翃《送王少府归杭州》:"钱塘苏小是乡亲。"

[5] 罗袜音尘:美人轻盈之步履。曹植《洛神赋》:"凌波微步,罗袜生尘。"

[6] 渺渺予怀:苏轼《前赤壁赋》:"渺渺兮予怀,望美人兮天一方。"

[7] 箫,剑:是龚自珍诗词中常常对举的两个意象,如《丑奴儿令》词:"沉思十五年中事,才也纵横,泪也纵横,双负箫心与剑名。"《秋心三首》诗:"气寒西北何人剑,声满东南几处箫。"等皆是。

湖山清丽

诗歌

龚自珍（1792—1841），浙江仁和（今属杭州）人。道光九年（1829）进士。做过宗人府主事、礼部主事等地位不高的京官。道光十九年（1839）辞官南归，1841年暴卒于丹阳。才情过人，又得风气之先，被认为近代文学的开山。有自刻《定盦文集》等。其诗今存六百余首，词作现存一百五十余首，均收入《龚自珍全集》。

龚自珍

导读

龚自珍是清后期最重要的诗人，也是元明清三代最具个性的伟大诗人。他诗与词的创作都是活力四射，不拘一格。这首是其代表作。

壬申为嘉庆十七年（1812）。当年，作者随父亲赴徽州知府任，并与表妹完婚。四月，与夫人一起回故乡杭州，六月游于西湖，遂有此作。由寒冷、风沙的北方回到阔别十年的西子湖畔，作者立刻被湖光山色迷住，仿佛到了另一个世界。而此前，诗人在京城的主要精力都放在了科举考试上。几年的努力，收获的不过是乡试副榜第二十八名，以此资格又考充为武英殿校录。职位卑微，且枯燥无味，对于才华横溢、自许甚高的诗人来说，这无疑是令人沮丧、气闷的。现在，放下了这些，来到清丽而又浪漫的青山绿水之中，诗人的精神也获得解放。理想的憧憬，个性的舒张，插上飞扬的想象力翅膀，于是有了这首华丽而又遒劲的青春之歌。

词的上阕写西湖秀丽风光给诗人视觉上与思想上的冲击。开篇三句如天外飞仙无端而至，作者以神话般的情境，表现美丽西子带来的惊喜与震撼。于是，有了对几年来人生道路的反思。而这一反思是以连续的意象生动表现的。"苍茫""屠狗""文卷"与"乡亲苏小""笑我非计"的对比，鲜明地显示出诗人的价值转向。"定应笑我非计"——这想象中苏小小的笑谑，其实是轻松、幽默的自嘲。而这一笔又有"引子"的作用，引出下阕香草美人之思。在文学传统中，香草美人是理想寄托的典型方式。作者接续了传统，但处理为在若有若无之间。通过与诗骚乃至东坡等后世诗文的互文关系，诗人把个人的清愁升华到千古才士的理想、命运的高度。最后两句，以湖面景物结尾，既照应了开头，又有不尽之余味。

龚自珍的诗作，不同凡响之处在于集瑰丽的语词、飞动的想象、玲珑的境界、贯通的气韵与深沉的情思于一体，而又自然流转，了无造作痕迹。正如其外祖段玉裁的评语："（其长短句造意造言）银碗盛雪，明月藏鹭，中有异境。"（《经韵楼集·怀人馆词序》）

思考与讨论

1. "屠狗功名，雕龙文卷"与"怨去吹箫，狂来说剑"，都属一文一武的意象，作者所寄托的思想、感情有何不同？
2. 龚自珍诗、词中，箫与剑是经常出现的意象。有兴趣的同学可收集一下，并加以比较分析。
3. 分析诗人如何把思想感情活动生动形象地表现出来。

平行阅读

一生的豪情，一生的向往，一生的失落。

绝句三首

龚自珍

绝域从军计惘然，东南幽恨满词笺。一箫一剑平生意，负尽狂名十五年。

（《漫感》）

功高拜将成仙外，才尽回肠荡气中。万一禅关砉然破，美人如玉剑如虹。

（《夜坐》）

少年击剑更吹箫，剑气箫心一例消。谁分苍凉归橐后，万千哀乐集今朝。

（《己亥杂诗》）

金缕曲（癸酉秋出都述怀有赋）

龚自珍

我又南行矣！笑今年鸾飘凤泊，情怀何似？纵使文章惊海内，纸上苍生而已，似春水、干卿何事？暮雨忽来鸿雁杳，莽关山、一派秋声里。催客去，去如水。　　华年心绪从头理。也何聊看潮走马，广陵吴市？愿得黄金三百万，交尽美人名士，更结尽、燕邯侠子。来岁长安春事早，劝杏花、断莫相思死。木叶怨，罢论起。

选自《龚自珍全集》，王佩诤校，上海古籍出版社1975年版

> 作者自称："余自谓才不若古人，但于力争第一义处，古人亦不如我用意耳。"此"第一义"，或即以古语文写现代情感乎？

蝶恋花（"百尺朱楼临大道"）

王国维

百尺朱楼临大道。楼外轻雷[1]，不间昏和晓[2]。独倚阑干人窈窕，闲中数尽行人小[3]。　　一霎车尘生树杪[4]，陌上楼头[5]，都向尘中老。薄晚西风吹雨到[6]，明朝又是伤流潦[7]。

选自《〈人间词话〉〈人间词〉注评》，陈鸿祥编著，江苏古籍出版社2002年版

注释

[1] 轻雷：隐约的雷声。此指车马声。司马相如《长门赋》："雷殷殷而响起兮，声象君之车音。"李商隐《无题》："车走雷声语未通。"

[2] 不间：不间断。间，空隙。

[3] 闲中：白居易《奉和裴令公新成午桥庄绿野堂即事》："远处尘埃小，闲中日月长。"

[4] 车尘：车行扬起的尘埃。温庭筠《秋日》："天籁思林岭，车尘倦都邑。"杪（miǎo）：树梢。

聚焦
- 写『相思』？写『离愁』？写『闺怨』？
- 人间词中，名气最大的作品

王国维（1877—1927），字伯隅、静安，号观堂，浙江海宁人。清秀才。屡应乡试不中，遂弃绝科举。至上海《时务报》馆充书记校对。1901年，受罗振玉资助赴日本留学。次年因病归国；又在罗推荐下执教于南通、江苏师范学校。1906年随罗入京，任清政府学部总务司行走、图书馆编译等。辛亥革命后到日本，专事研究。1916年回国，任上海《学术丛编》编辑。1923年，任清废帝溥仪南书房行走。1925年被聘为清华国学研究院导师。1927年6月2日，留下"五十之年，只欠一死，经此世变，义无再辱"的遗书，自沉于颐和园昆明湖。生平著述62种，批校古籍逾200种，有《人间词话》《红楼梦评论》《宋元戏曲史》等名著，多辑录于《海宁王静安先生遗书》中。

[5] 陌上：路上。
[6] 薄晚：傍晚。薄，迫近。
[7] 流潦（lǎo）：雨后路上积水。

导读

王国维于词学研究有划时代的意义，所著《人间词话》，集传统诗学词学"境界说"之大成，影响甚巨。其词作则自命名为《人间词》，分为甲稿、乙稿，刊行于光绪三十二年、三十三年（1906、1907。此作即被系于1906，或1907年），入民国后即不复作。时当清末，虽为王朝末世，静安那一代知识分子，却已有了重要的转型：随着其世界性的眼光逐渐形成，随着西方哲学美学的引入，其所遭遇和感受的，已纯然是近代的问题——社会的，人生的。而无论五四之前抑或其后若干年，知识分子表达内心情志，最为得心应手的途径，仍然非文言的诗古文辞莫属。"旧"语文和"老"意象为其表，而"新"情绪和"新"哲思则为其里。

静安专工小令短调。其词悲凉哀婉，往复幽咽，寄兴深微，于"人间"二字反复致意，凡数十见，盖以述"人间苦"为其主旨，写尽人世扰攘，众生芸芸，社会转轨期读书人之解脱与纠缠、苦闷与孤寂等诸般感慨。

就此作而言，其基本语汇，诸如百尺，朱楼，大道，轻雷，昏晓，独倚，阑干，窈窕，车尘，陌上，薄晚，西风，流潦，多是传统诗词中屡见不鲜者；其所构成的生活景象和人物关系，似乎也是传统文学描写的主要对象——闺中少妇、窈窕淑女，夫君远行，寂寞思念，闲愁无已，感叹容颜老去，尽诉别离之苦。但是，当这一切在作者笔下，以一种具象与抽象圆融无间的形式组合起来，以一种哲学之思涂染之后，就在很大程度上超越了日常生活的表面再现，其深层的隐喻象征意味、悲悯情怀和哲思蕴含，均呼之欲出。即所谓"境界始大，感慨遂深"。

简括地说，"百尺朱楼"，喻高洁和脱俗，显现楼中人之情操、怀抱。"临大道"和"楼外轻雷"，揭示楼中人所处之外在环境：俗世牵扯，无间昏晓，欲摆脱而实不得。"独倚阑干"，"窈窕"，"闲中数尽……"写楼上人的风仪、姿态：或谓美好妙曼，初衷纯真，闲雅不俗；或谓置身事外，冷眼观世。"行人小"，透露楼上人看路上"行人"时的超然，持久，以及迷离。"一霎"，喻世变起于突然，无法预知，也喻忽然惊"醒"。"车尘"，喻堕入现实，或现世无从规避。"车尘生树杪"，为高处所望之效果，喻理想境界渐行渐远。"楼头"、"陌上"，一喻看人者，一喻被看者。"都"，喻示看人者与被看者同一命运。"老"，年华老去，亦为终了之意，指最终之结局无法抵御。"薄晚"、"西风"、"吹雨到"，均指不可测的命运、时间之侵袭。"又"，意谓循环往复，前辙无不重蹈。"伤"，为眼前景所伤怀，或因他人而伤，或为自伤——目睹流潦，人何以堪。

词之视角，上阕由楼上看下去，从楼上人眼中，看到楼下人的行迹。此时双方身份似有不同：楼上人也许是位淑女、思妇，但也许是位哲人，是自命超世之人，她（他）暂处于静观位置；楼下人则奔走于利禄俗世之途，或羁于尘世劳碌之役，而不自知。到了下阙，则变为"全知全能"视角，陌上之人与楼头之人，一同成为被观察审视的对象。这时，面对无可抵御的人之命运，二者已处于同一位置：无论其身处何处，均无法摆脱人间苦，无法抵挡时间之流逝、人生之终结。这一景深和视域，恰与30年后的著名现代白话诗作相呼应："你站在桥上看风景／看风景人在楼上看你／明月装饰了你的窗子／你装饰了别人的梦"（卞之琳《断章》）。

  作为具有近代知识结构和识见的学人，静安先生终于无法摆脱人生悲观之念。红尘滚滚，宇宙无限，尘寰本无乐土；芸芸众生，劳苦忧患；面对时间之无情，命运之无定，身陷其中，无法超脱，乃人生最大的落寞与悲哀。作者另一名作"试上高峰窥皓月，偶开天眼觑红尘，可怜身是眼中人"（《浣溪沙》），正是同一旨趣。

思考与讨论

  1. 似本词这样的"悲观"之作，有何美学意义？现代青年如何给予"了解之同情"？

  2. 联系历代旨意相近的作品，看其中一些惯用语汇的意涵如何变化。

  3. 联系作者及后世词人其他相关作品，体会词之为体，如何被近人用来表现现代性的情思。

平行阅读

  两位现代女性词人，既精研词学，其《涉江词》《迦陵词》，亦均有步武前贤的不凡之作；而"楼"之意象，亦数数见。

浣 溪 沙

沈祖棻

  芳草年年记胜游，江山依旧豁吟眸。鼓鼙声里思悠悠。　　三月莺花谁作赋？一天风絮独登楼。有斜阳处有春愁。

选自《沈祖棻诗词集》，江苏古籍出版社1994年版

鹊 踏 枝

叶嘉莹

  爱上高楼凝望眼，海阔天遥，一片沧波远。仿佛神山如可见，孤帆便拟追寻遍。　　明月多情来枕畔，九畹滋兰，难忘芳菲愿。消息故园春意晚，花期日日心头算。

选自《迦陵诗词稿》，中华书局2007年版

蝶恋花

孤影伯隅剩此身，清风宛若六朝人。三千世界知新学，一辩迂顽有老臣。天岸开张谙曲律，神骢逸到云津。无端错解彭咸志，寂寞飞魂野水滨。乙酉范曾题王国维

范曾画王国维像

用古典汉语的审美修辞，诉说现代知识分子的生命遭遇，这是郁达夫诗作的成功之处，也显示了现代文人的又一种语文选择。

钓台题壁[1]

郁达夫

　　旧友二三，相逢海上，席间偶谈时事，嗒然若失，为之衔杯不饮者久之。或问昔年走马章台[2]，痛饮狂歌意气安在耶，因而有作。
　　不是樽前爱惜身[3]，佯狂难免假成真[4]。曾因酒醉鞭名马，生怕情多累美人。劫数东南天作孽，鸡鸣风雨海扬尘[5]。悲歌痛哭终何补？义士纷纷说帝秦[6]。

一九三一年一月二十三日　上海

选自《郁达夫全集》，吴秀明主编　浙江大学出版社2007年版

聚焦
● "新"文人，为何喜作旧体诗？
● "旧"诗作，怎样引发新感受？

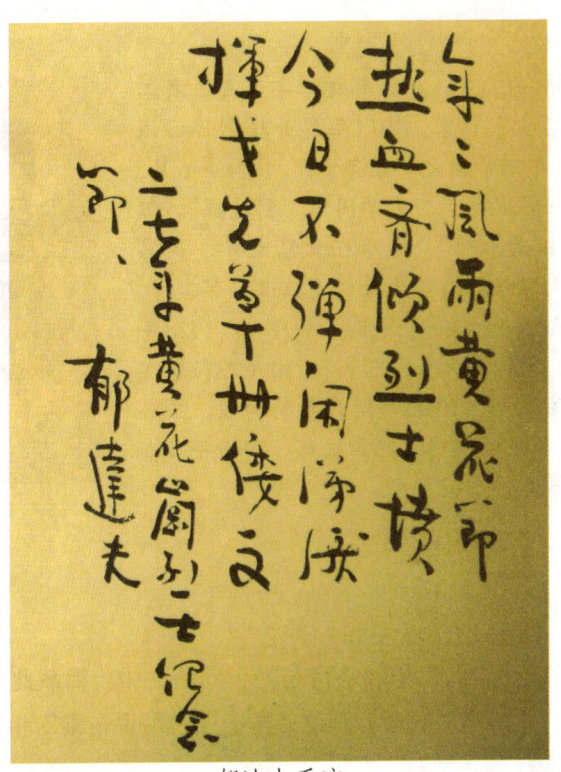

郁达夫手迹

注释

[1] 此为本诗通行题目，正式题目现用为诗序。本诗先见于1931年2月7日作者日记，诗后自记："读渔洋《感旧集》，忽而想到了半月前做的这一首诗，所以把它写了下来。"后来在散文《钓台的春昼》（1932年8月作，发表于同年9月《论语》创刊号）中正式揭载，文中说，"一九三一，岁在辛未，暮春三月，春服未成，而中央党帝，似乎又想玩一个秦始皇所玩过的把戏了，我接到了警告，就仓皇离去了寓居。先在江浙附近的穷乡里，游息了几天……于是乎我就决心上钓台去访一访严子陵的幽居……走上了一家水边的酒楼，在和数年不见的几位已经做了党官的朋友高谈阔论。谈论之余，还背诵了一首两三年前曾在同一的情形之下做成的歪诗……"；"我也向高墙上"把"在船舱的梦里，也曾微吟过的那一首歪诗"题在上面。有将此诗写作时间系于1929年者，似不确。

[2] 章台：汉时长安城有章台街，为歌妓聚居之所。

[3] 樽：或作"尊"。

[4] 佯狂：假做癫狂。佯，假装。《史记·宋世家》："箕子被发佯狂而为奴。"

[5] 鸡鸣风雨：语出自《诗经·郑风·风雨》："风雨如晦，鸡鸣不已。"海扬尘：即大海起沙尘，意为时局的大变动。《太平广记》卷七《王远》："王远入山修道，死后升天，数年后返回人间，招来麻姑请宴。麻姑曰：'接侍以来，已见东海三为桑田。向到蓬莱，又水浅于往日会时略半耳，岂将复为陵陆乎？'王远慨叹道：'圣人皆言海中行复扬尘也。'"

[6] 帝秦：《战国策·赵策》载，长平之战后，秦围赵国，赵求救于楚、魏。魏国派辛垣衍说赵"帝秦"，即尊秦为帝。齐人鲁仲连挺身而出，力阻"帝秦"，并对辛垣衍晓以利害，使之谢罪而去。人以为"义士"。郁达夫诗中用"义士说帝秦"一语，乃为反语，讽刺时人对强权的依附、吹捧。

郁达夫（1896—1945），原名郁文，字达夫。浙江富阳人。著名现代作家。1911年起开始创作旧体诗。1919年入东京帝国大学经济学部。1921年6月，与郭沫若等酝酿成立了新文学团体"创造社"。归国后主编《创造季刊》。先后在北京大学、武昌师大、广东大学任教，后主持创造社出版部工作，并主编《创造月刊》和《洪水》半月刊。1928年加入太阳社，主编《大众文艺》。1930年参与发起中国左翼作家联盟。1938年12月至新加坡，主编《星洲日报》等报刊副刊，宣传抗日。1945年日本投降后被日军宪兵杀害。

郁达夫

导读

写这首诗时，作者的思想和心情正处于动荡之中。揭载此诗的《钓台的春昼》中"党帝""秦始皇"云云，都与诗中的"纷纷说帝秦"相照应，反映了当时险恶的政治形势。

诗的首句叙事夹议："不是樽前爱惜身，佯狂难免假成真。"用"不是"这个否定性语词开头，带着争辩的语气，暗含对话的姿态：并非不想狂歌饮酒，而是怕自己真的佯狂装颠，逃避现实。这两句似狂非狂，既写出了自己欲放浪形骸的避世之想，又凸显了敢于承担的救世之志。

颔联"曾因酒醉鞭名马，生怕情多累美人"，承接"狂"，写自己曾经的佯狂避世，放浪形骸，种种荒诞不堪的名士行径。看似桀骜不驯，又显穷途而哭的悲凉。"鞭名马"暗喻失志狂浪之态，骄傲与绝望、狂妄与愤恨的意绪形之于笔端；"累美人"，则哀怨绵长与任性使情并举。前者说事，后者言情；前者有颓势颓心之后的狂傲，后者是纵情纵性之中的缠绵。如果说首句是"争辩之文"，此联则是"狂诉之语"，且含深表自责之意。

颈联抒写世道沧桑巨变："劫数东南天作孽，鸡鸣风雨海扬尘。""劫数"暗含宿命意味，"鸡鸣"则显骚动气氛。诗意秉承上文并作转折，世道巨变，风雨飘摇，在这动荡不安之中，佯狂避世，何以能成？此两句为用典言事，暗含==对时局的评议批判==。

结尾为痛快淋漓的"狂言悖论"："悲歌痛哭终何补？义士纷纷说帝秦。""悲歌痛哭"一句，有两种解释：一，扣住"佯狂"来写，说明佯狂避世毫无价值。此论让整首诗诗意一贯而下，但是少了起伏。二，用《史记·项羽本纪》典，取"悲歌慷慨"之意，暗指以文名世，著述启蒙。这个解释与下句"义士纷纷说帝秦"形成对照，表达诗人郁郁不得志的情怀。前一句写本不愿佯狂避世无所作为，后句写著文救世无效，同辈"义士"有终于"帝秦"者，令人悲哀沮丧。

整首诗，既写诗人==激情涌动的乌托邦情怀==，也流露出==沮丧悲悼的忧郁情态==。一代知识分子的==现代性矛盾==由此可见一斑：启蒙的英雄错觉与不无孱弱的抗争意志总是纠缠在一起，无法解脱。

五四以来，白话兴起，现代人写旧诗，往往被人诟病。仿佛现代人的生命境遇，只能用现代白话才能准确生动地表达。但对一部分现代知识分子来说，文言文、旧体诗是其更便于写情感愤、表达自我的特定方式。郁达夫从写旧体诗开始创作，一生做诗千首，新诗寥寥可数。郁达夫的旧诗创作恰恰说明，==以文言的形式书写现代人的体验==，只要运用适当，不仅别有风韵，而且能达现代汉语未达之境界。茅盾也说他们虽提倡新诗，但还是不能丢下可以"聊以志感"的旧诗。旧诗词就成为中国文人==表达特定情感内蕴==时更加随心所欲的手段，成为他们确立==自我私人言说空间==的基本途径。而他们在旧体诗里流露的情怀，也常常更能见出其内心深处的复杂矛盾和尴尬情志。

思考与讨论

1. 阅读一些现代作家的诗作，思考那一代知识分子自我表达与语言体制间的关系。

2. 尝试模仿这首诗，分别用旧体诗和白话文写一写自己的生命经验；并感受两种语体的情感、意蕴差异。

3. 今人多激赏此诗颔联，以为轻浮狂放自矜语。这种误解因何而起？

平行阅读

《钓台题壁》之外，此类"戢指时事，兼抒中怀""深于情而长于歌"的近代作品还有很多，龚自珍、苏曼殊、周树人（鲁迅）诸作可为代表。

咏 史

龚自珍

金粉东南十五州，万重恩怨属名流。牢盆狎客操全算，团扇才人踞上游。避席畏闻文字狱，著书都为稻粱谋。田横五百人安在，难道归来尽列侯？

选自《龚自珍全集》，王佩诤校，上海古籍出版社1975年版

以诗并画留别汤国顿二首

苏曼殊

蹈海鲁连不帝秦，茫茫烟水著浮身。国民孤愤英雄泪，洒上鲛绡赠故人。
海天龙战血玄黄，披发长歌览大荒。易水萧萧人去也，一天明月白如霜。

选自《苏曼殊文集》，马以君编注，花城出版社1991年版

自 题 小 像

周树人

灵台无计逃神矢，风雨如磐暗故园。寄意寒星荃不察，我以我血荐轩辕。

选自《鲁迅全集》，人民文学出版社1981年版

西文汉译

分序四·西文汉译

以"西文汉译"为主的汉语译文，也是现代汉语文章的重要部分。那些优秀的外文汉译也应纳入我们的视野。

作家王小波曾著文《我的师承》，特别讲到翻译家对他写作的影响。此前，似乎很少有人如此明确地、充满感激地说出这样的事实：我国一批杰出的翻译家，是现代汉语的功臣。他们以勤勉的劳动、超强的语言天分，放弃个人创作和著述，而贡献于用现代汉语迻译外国文学及其他文类的经典作品的事业，极大地丰富了现代中文的语言资源。

这些翻译家们，面对的是原作中那与中文差异很大的语言，还有其所反映的另一民族的生活方式、心理状态和精神气质，而他们所使用的书面汉语，刚从延续数千年的文言传统中挣脱出来，却又牵连着无法彻底断去。白话虽然是他们的日常用语，但还需要提炼——那民间的气息，那浸透了国人气质的口语，也许和异族的生活很难找到契合点；又不可以完全采用所译语言的句式、语法……

于是，他们每翻译一句、一行，几乎都要在多种方案、多种可能中拣选——适当的词，适当的字、句式、篇章结构，等等。他们实际上比单纯的写作者可能要更耐心和细心，严格地考查、不间断地试验汉语的各种可能，拆散，组合，挪移，拼接……时刻感到束缚，无法畅所欲言，像戴着镣铐。其工作的艰辛，不比写一部书容易。当然其间也有创造的欣悦，成功的快乐。

就是这样，他们与著作家一起，共同将现代汉语锤炼成形，建构起现代汉语的大厦。他们对现代汉语形成优美、高雅、丰满气质的贡献，甚至不亚于创作家。他们翻译的大量外国作品，很多成为当之无愧的现代汉语文经典。

有识者认为："二十世纪以来，国人字汇构筑、语言表达和文学建设的进步，中间一份功劳，应归属涉足译事之人。"（赵武平）"论说或思维的精确，可以通过翻译来训练。""现代汉语文学的主将多也是出色的译家，这恐怕不是巧合。"（冯象）"对中国新汉语的建设与发展的贡献首先应归功于那些翻译家们，他们在汉语与外语之间找到了一条中间道路，既用汉语传达了域外作品的神韵又同时丰富了汉语的表达。"（余华）"现代汉语吸收了西方语言的语法和某些表达习惯之后，现在已经成了一种国际化的语言，原则上能够翻译任何一种外语和用外语表达的思想。这与近一个世纪以来好几代翻译家对白话文的锤炼和提高是分不开的，他们创造了一种既具有高度灵活性同时又是严格规范化的翻译文体。"（邓晓芒）

完全可以说，在现代汉语文的建构和成长中，翻译家居功至伟，功不可没。研习外国名著的优秀中译，有利于我们充分感受现代汉语文的多种样貌、多重潜质和多样魅力，那也是汉语文的美好遗产。

> 1963年8月28日，马丁·路德·金领导的美国黑人民权运动如火如荼之时，他在首都华盛顿广场林肯纪念堂前规模浩大的反种族歧视集会上，面对25万听众，发表了这篇著名的演讲。

我有一个梦想

[美] 马丁·路德·金（佚名译）

聚焦
● 一个响彻历史的伟大声音
● 一个激励全人类的伟大梦想

今天，我高兴地同大家一起，参加这次将成为我国历史上为了争取自由而举行的最伟大的示威集会。

100年前，一位伟大的美国人——今天我们就站在他象征性的身影下——签署了《解放宣言》[1]。这项重要法令的颁布，对于千百万灼烤于非正义残焰中的黑奴，犹如带来希望之光的硕大灯塔，恰似结束漫漫长夜禁锢的欢畅黎明。

然而，100年后，黑人依然没有获得自由。100年后，黑人依然悲惨地蹒跚于种族隔离和种族歧视的枷锁之下。100年后，黑人依然生活在物质繁荣翰海的贫困孤岛上。100年后，黑人依然在美国社会中间向隅而泣，依然感到自己在国土家园中流离漂泊。所以，我们今天来到这里，要把这骇人听闻的情况公之于众。

从某种意义上说，我们来到国家的首都是为了兑现一张支票。我们共和国的缔造者在拟写宪法和独立宣言的辉煌篇章时，就签署了一张每一个美国人都能继承的期票。这张期票向所有人承诺——不论白人还是黑人——都享有不可让渡的生存权、自由权和追求幸福权。

然而，今天美国显然对她的有色公民拖欠着这张期票。美国没有承兑这笔神圣的债务，而是开始给黑人一张空头支票——一张盖着"资金不足"的印戳被退回的支票。但是，我们决不相信正义的银行会破产。我们决不相信这个国家巨大的机会宝库会资金不足。

因此，我们来兑现这张支票。这张支票将给我们以宝贵的自由和正义的保障。

我们来到这块圣地还为了提醒美国：现在正是万分紧急的时刻。现在不是从容不迫悠然行事或服用渐进主义镇静剂的时候。现在是实现民主诺言的时候。现在是走出幽暗荒凉的种族隔离深谷，踏上种族平等的阳关大道的时候。现在是使我们国家走出种族不平等的流沙，踏上充满手足之情的磐石的时候。现在是使上帝所有孩子真正享有公正的时候。

忽视这一时刻的紧迫性，对于国家将会是致命的。自由平等的朗朗秋日不到来，黑人顺情合理哀怨的酷暑就不会过去。1963年不是一个结束，而是一个开端。

如果国家依然我行我素，那些希望黑人只需出出气就会心满意足的人将大失所望。在黑人得到公民权之前，美国既不会安宁，也不会平静。反抗的旋风将继续震撼我们国家的基石，直至光辉灿烂的正义之日来临。

但是，对于站在通向正义之宫艰险门坎上的人们，有一些话我必须要说。在我们争取合法地位的过程中，切不要错误行事导致犯罪。我们切不要吞饮仇恨辛酸的苦酒，来解除对于自由的饥渴。

我们应该永远得体地、纪律严明地进行斗争。我们不能容许我们富有创造性的抗议沦为暴力行动。我们应该不断升华到用灵魂力量对付肉体力量的崇高境界。

席卷黑人社会的新的奇迹般的战斗精神，不应导致我们对所有白人的不信任——因为许多白人兄弟已经认识到：他们的命运同我们的命运紧密相连，他们的自由同我们的自由休戚相关。他们今天来到这里参加集会就是明证。

我们不能单独行动。当我们行动时，我们必须保证勇往直前。我们不能后退。有人问热心民权运动的人："你们什么时候会感到满意？"只要黑人依然是不堪形容的警察暴行恐怖的牺牲品，我们就决不会满意。只要我们在旅途劳顿后，却被公路旁汽车游客旅社和城市旅馆拒之门外，我们就决不会满意。只要黑人的基本活动范围只限于从狭小的黑人居住区到较大的黑人居住区，我们就决不会满意。只要我们的孩子被"仅供白人"的牌子剥夺个性，损毁尊严，我们就决不会满意。只要密西西比州的黑人不能参加选举，纽约州的黑人认为他们与选举毫不相干，我们就决不会满意。不，不，我们不会满意，直至公正似水奔流，正义如泉喷涌。

我并非没有注意到你们有些人历尽艰难困苦来到这里。你们有些人刚刚走出狭小的牢房。有些人来自因追求自由而遭受迫害风暴袭击和警察暴虐狂飙摧残的地区。你们饱经风霜，历尽苦难。继续努力吧，要相信：无辜受苦终得拯救。

回到密西西比去吧；回到亚拉

马丁·路德·金在演讲

巴马去吧；回到南卡罗来纳去吧；回到佐治亚去吧；回到路易斯安那去吧；回到我们北方城市中的贫民窟和黑人居住区去吧。要知道，这种情况能够而且将会改变。我们切不要在绝望的深渊里沉沦。

朋友们，今天我要对你们说，尽管眼下困难重重，但我依然怀有一个梦。这个梦深深植根于美国梦之中。

我梦想有一天，这个国家将会奋起，实现其立国信条的真谛："我们认为这些真理不言而喻——人人生而平等。"

我梦想有一天，在佐治亚州的红色山冈上，昔日奴隶的儿子能够同昔日奴隶主的儿子同席而坐，亲如手足。

我梦想有一天，甚至连密西西比州——一个非正义和压迫的热浪逼人的荒漠之州，也会改造成为自由和公正的青青绿洲。

我梦想有一天，我的四个小女儿将生活在一个不是以皮肤的颜色，而是以品格的优劣作为评判标准的国家里。

我今天怀有一个梦。

我梦想有一天，亚拉巴马州会有所改变——尽管该州州长现在仍滔滔不绝地说什么要对联邦法令提出异议和拒绝执行——在那里，黑人儿童能够和白人儿童兄弟姐妹般地携手并行。

我今天怀有一个梦。

我梦想有一天，深谷弥合，高山夷平，歧路化坦途，曲径成通衢，上帝的光华再现，普天下生灵共谒。

这是我们的希望。这是我将带回南方去的信念。有了这个信念，我们就能从绝望之山开采出希望之石。有了这个信念，我们就能把这个国家嘈杂刺耳的争吵声，变为充满手足之情的悦耳交响曲。有了这个信念，我们就能一同工作，一同祈祷，一同斗争，一同入狱，一同维护自由，因为我们知道，我们终有一天会获得自由。

到了这一天，上帝的所有孩子都能以新的含义高唱这首歌：

我的祖国，可爱的自由之邦，我为您歌唱。这是我祖先终老的地方，这是早期移民自豪的地方，让自由之声，响彻每一座山冈。

如果美国要成为伟大的国家，这一点必须实现。因此，让自由之声响彻新罕布什尔州的巍峨高峰！

让自由之声响彻纽约州的崇山峻岭！

让自由之声响彻宾夕法尼亚州的阿勒格尼高峰！

让自由之声响彻科罗拉多州冰雪皑皑的洛基山！

让自由之声响彻加利福尼亚州的婀娜群峰！

不，不仅如此；让自由之声响彻佐治亚州的石山！

让自由之声响彻田纳西州的望山！

让自由之声响彻密西西比州的一座座山峰，一个个土丘！

让自由之声响彻每一个山冈！

当我们让自由之声轰响，当我们让自由之声响彻每一个大村小庄，每一个州府城镇，我们就能加速这一天的到来。那时，上帝的所有孩子，黑人和白人，犹太教徒和非犹太教徒，耶稣教徒和天主教徒，将能携手同唱那首古老的黑人灵歌："终于自由了！终于自由了！感谢全能的上帝，我们终于自由了！"

注释

[1]《解放宣言》：即《解放黑奴宣言》。在1861年爆发的南北战争中，美国总统林肯起草，并于1862年9月22日发表草案，1863年元旦正式颁布的一项法令，旨在使南部叛乱州的黑人奴隶成为自由民。根据宣言，有400万黑奴获得自由。至1865年和1868年，美国国会分别通过宪法第13条、第14条修正案，正式宣布废除奴隶制。《解放宣言》是联邦成立以来美国历史上最重要的文件之一。"一位伟大的美国人"，指签署《解放宣言》草案的美国总统亚伯拉罕·林肯（Abraham Lincoln, 1809—1865），美国南北战争的领导者，为废除奴隶制和维护联邦统一建立了不朽功勋。内战刚刚结束，即遇刺身亡。

马丁·路德·金（Martin Luther King, 1929—1968），美国著名黑人民权运动领袖。先后就读于莫尔豪斯学院、宾夕法尼亚大学、哈佛大学，1955年获波士顿大学神学博士学位，任牧师。1957年创建南方基督教领袖会议并当选为主席。次年在南方发动黑人争取公民权利斗争。尤以在1963年夏发动的华盛顿反对种族歧视集会最为轰动，导致总统约翰逊签署民权法案。一生三次被捕，三次被行刺。1968年春组织"贫民进军"，途经田纳西州孟菲斯镇时被种族主义分子枪杀。主张非暴力主义，反对侵越战争。著有《阔步走向自由》和《我们为何不能再等待》等著作。1964年获诺贝尔和平奖。从1986年起，每年1月的第3个星期一为马丁·路德·金美国纪念日。1987年起，其诞辰也成为联合国纪念日。在近年全美"谁是你心目中的英雄"的评选中，金仅次于耶稣而位居第二。2003年，林肯纪念堂前为《我有一个梦想》演讲词发表40周年专门设立地砖，并举行了隆重的纪念活动。

马丁·路德·金

导读

这篇演讲词又称《向华盛顿进军演说词》。它是20世纪自由民主运动最重要的文献之一。马丁·路德·金不但是杰出的政治活动家，还被誉为近百年来八大

我有一个梦想

范曾画马丁·路德·金像

我梦想有一天深谷弥合,高山夷平,歧路化坦途,曲径成通衢,上帝的光华再现,普天下生灵共谒。
——马丁·路德·金语
范曾文题

最具说服力的演说家之一。他的演讲具有强烈的激动人心的力量。据记载，那时与会的黑人唱了一天圣歌，听了一天演说，身心疲惫，艰于站立。但当马丁·路德·金上台时，25万之众的人群顿时沸腾起来。他的演说语音铿锵，雄浑苍凉，激昂雄辩，具有震撼人心的力量。

马丁·路德·金先是赞颂一位伟大的美国人林肯百年前签署《解放宣言》，带给黑人希望之光；跟着又严正指出，"然而，100年后，黑人依然没有获得自由"。他作了一个日后极为著名的比喻：把美国关于自由和正义的许诺比作一张"期票"，当黑人兑付时，"银行"就贴上"资金不足"的字样而予以退回。这是使人一听便难忘的"绝妙"比喻，而其中蕴含着的却是黑人群体自从被贩卖为奴以来几百年的苦难和眼泪。

他接着说，此行是为了提醒美国：现在是兑现它在建国之初的民主诺言的时候了。它代表了全体黑色人种和大多数白人的共同心声。

让人更感悲壮和更为动容的是，即使在这一场波涛汹涌、黑人愤怒情绪一触即发的集会上，他仍然以其一贯秉有的理性和基督教爱的精神，向人群宣布了他作为一位"非暴力"提倡者的感人的理念，显示了其博大的胸襟和清明的理性。不论遇有多少挫折，他40年前阐发的这种理念仍是他留给世人的伟大精神遗产，仍然能够给与人们以力量和鼓舞。金同时也表达了黑人兄弟不达目的决不罢休的坚定信念。

接下去，就是那响彻世界的声音："我有一个梦想"——不同种族，不同宗教信仰，不同出身的人们，享受到平等、真正的自由和公正。然后，则是诗一般的伟大希望的表达：自由，让自由之声响彻美国的每一个山冈，每一个大小村庄，每一个州府市镇，直到可以喊出："我们终于自由了！"这是20世纪最令人惊心动魄的声音之一，穿过近半个世纪的时光隧道，人们仍然能够感受到其中绝大的悲痛、悲悯、希冀。每一个有良知的人，听到（或者即便只是读到）这充满正义、慈爱、宽恕和宗教情怀的呼声，都无法不动容和感怀。演讲者在这里表达了一种极为深邃的观念，爱国主义，民权诉求，宗教修辞，理性精神，人类情怀，内蕴丰富而深刻。

由于这篇演讲的精辟、有力、充满意蕴，它的词语、修辞、呼告，影响了美国的语言，也通过各种语言的翻译，成为世界文化的"公共语"。"我有一个梦想"，成了人们表达希冀和心愿的"保留句式"。

思考与讨论

1. 作品丰富而深刻的思想内蕴，体现在哪些方面？
2. 本文多呼告句式，这与演讲者面对25万之众的听者有无关系？
3. 朗读这篇演讲词，体味中译文传达给你的感受。

西文汉译

> 1940年9月20日，是美国宾夕法尼亚大学建校200周年纪念日，在任美国总统罗斯福当天在该校发表了如下演说（节选）。这篇文字成为历史上最著名的文献之一。

聚焦
● 对自由选举精神的弘扬
● 对现代大学价值的诠释

在宾夕法尼亚大学[1]的演说（节选）

［美］富兰克林·罗斯福（石幼珊译）

　　你们还记得，在我们取得政治自由之后，发生了两种相反的观点的论争：一种是亚历山大·汉密尔顿[2]的观点，他真诚地相信由少数几个热心公务而往往又是家道富足的公民组成的政府的优越性。另一种是托马斯·杰弗逊[3]的观点，他竭力主张政府由全民选出的代表组成；他主张人人享有自由思想的权利，自由选择生活方式的权利，自由信仰宗教的权利，自由发表意见的权利；而最最重要的是，人人都有自由选举的权利。

　　许多具有杰弗逊派思想的人都坦率地承认汉密尔顿和他这一派具有高尚的动机和无私的精神。那时，许多美国人都乐于承认，倘若政府能够保证维持像汉密尔顿派所说的那种高水平的无私的服务精神，当然就用不着担心。因为汉密尔顿派的理论基础是，采用四年一次的选举制度，仅在少数受过高等教育和最有成就的公民中进行选举，总是能选出最优秀的分子来治理国家的。

　　然而，时间已经证明，正是杰弗逊以罕有的锐利目光明确地指出的，按照人类本性就存在弱点的法则，按汉密尔顿理论的做法长期发展下去，必然会使政府变成由自私自利分子把持的政府，或是为个人谋私利的或代表一个阶级的政府。这种做法最终会使自由选举归于乌有。因为杰弗逊认为，正是我们这个完全不受牵制的自由选举制度能够最确实可靠地保证组成一个民众的政府。只要全国的选举人，不论受教育程度的高低与财产的多寡，都能在投票地点不受阻碍地自由选举，国家就不会有专制寡头统治之虞。

　　从那个时候以来，在我们将近一个半世纪的历史上，有过许许多多美国人力求将选举权局限在一小部分人之中。记得25年前，哈佛大学的埃利奥特[4]校长曾把这种观点归纳起来，对我说了大意如下的一番话："罗斯福，我坚信，即使我们在美国各州成倍地增设大学，即使高等教育已得到全面普及，只要选举权局限在得到学位的人当中，不出几年，这个国家就要毁灭。"这番话若是由一个刚得到学位的人向在座许多早已持有学位的老前辈说出来，未免会失之于无礼；但

罗斯福发表讲演

是，向我说出这种观点的却是一位以在全国努力推广大学教育而闻名的伟大的教育家。

我必须承认我完全同意他的估计：全体选民通过自由的、不受牵制的选举从而对政治、社会问题做决定的能力一定大大优于上层社会少数人形成的小集团的能力。

本杰明·富兰克林[5]对我们这所大学做出过极大贡献，他也认为虽然自然科学、社会科学和道德的基本原则是永恒的、不变的，但是这些原则的应用则应随着一代代人生活条件、模式的变化而做必要的变化。倘若他今天仍然健在，我可以肯定他必然会坚持这样的观点：哲学家与教育家的全部职责在于根据现时的条件而不是过去的条件将真理、善良与正义的永恒理想付诸实用。==生长与变化是一切生命的法则。==昨日的答案不适用于今日的问题——正如今天的方法不能解决明天的需求一样。

永恒的真理如果不在新的社会形势下赋予新的意义，就既不是真理，也不是永恒的了。

教育的作用，美国一切大学术机构的作用，是使我们国家的生命得以延续，是==将我们经过历史烈火考验的最优秀文化传给青年一代==。同样，教育有责任训练

在宾夕法尼亚大学的演说

我们青年的心智和才能，通过具有创造精神的公民行动，来改进我们美国的学术机构，适应未来的要求。

==我们不能总是为我们青年造就美好未来，但我们能够为未来造就我们的青年一代。==

正是一些像这所学校一样伟大的学府，冶炼和塑造各种保证国家安全、创造明天历史的思想。文明的形成有赖于许多知名与不知名的男女公民，他们心胸开阔，孜孜不倦，勇于探索，决不屈服于专制力量。

现在不是钻进象牙塔里，空喊自己有权高高在上，置身于社会的问题与苦难之外的时候。时代要求我们大胆地相信：人经过努力可以改变世界，达到新的、更美好的境界。没有人能够仅凭闭目不看社会现实的做法，就可以割断自己同社会的联系。==他必须永远保持对新鲜事物的敏感，随时准备接受新鲜事物；他必须有勇气与能力去面对新的事实，解决新的问题。==

要使民主得以存在，善于思索的人与敏于行动的人都必须去除傲慢与偏见；他们要有勇气、有全心全意的献身精神，最重要的是要有谦虚精神，去寻求与传播那使人民永保自由的真理。

朝着上述目标，==我们会寻找到个人的平静，那不是歇息而是经过努力奋斗后的平静==；我们会对自己的有所作为感到由衷的满意；为取得力所不能及的成就而感到深深喜悦；懂得了我们所创造的远比我们所知道的要更为辉煌灿烂。

选自《英语美文50篇》，陶洁选编，译林出版社2002年版

注释

[1] 宾夕法尼亚大学（University of Pennsylvania）：美国"常春藤盟校"之一，1740年初创，1751年在本杰明·富兰克林协助下由一所慈善学校提升为大学。坐落于美国第四大城市费城。校园里四处可见老本杰明的雕塑和以他名字命名的建筑。

[2] 亚历山大·汉密尔顿（Alexander Hamilton，约1755—1804）：美国联邦党领袖，美国独立战争时曾任华盛顿秘书、大陆会议代表，后长期担任财政部长（1789—1804），主张建立强大的中央政府，设立了国家银行。

[3] 托马斯·杰弗逊（Thomas Jefferson，1743—1826）：美国第三任总统（1801—1809），民主共和党创始人。曾任弗吉尼亚州州长、驻法公使、国务卿、副总统。其自撰墓志铭写道："这里埋葬着托马斯·杰弗逊，他是《独立宣言》的作者，弗吉尼亚州宗教信仰自由法案的作者，弗吉尼亚州立大学之父。"他对美国演变为独裁政体高度警惕，相信全体民众应该而且可以管理他们自己。晚年拒绝参加第三任期的总统竞选，并创立了弗吉尼亚州立大学。

[4] 埃利奥特（Charles W. Eliot，1834—1926）：一译艾略特。美国高等教育史上最著名的教育思想家和改革家，1869—1908年任哈佛大学校长。主张"所有学科在大学教育中都具有同等价值"，认为塑造一个得到最充分发展又适应社会发展需要的"==完整的学生=="，比传授特定的知识更为重要，乃于1869年在哈佛大学最早创立自由选课制度，奠定了哈佛大学从传统学院最终扩展为现代大学的重要基础。

[5] 本杰明·富兰克林（Benjamin Franklin，1706—1790）：美国启蒙运动的开创者、18世纪美国最伟大的科学家、实业家和独立革命的政治领导人之一。17岁独自到费城谋生，后当选为宾夕法尼亚州议会秘书、费城副邮务长。协助创建宾夕法尼亚大学、创建公共图书馆、卫生工作队、消防队等。其研究涉及物理、数学、光学、植物学、海洋学等领域，发明了新型路灯、烤炉、避雷针等。参加起草《独立宣言》和制定美国宪法。曾任宾夕法尼亚州州长。写有著名的《富兰克林自传》。

富兰克林·德拉诺·罗斯福（Franklin Delano Roosevelt，1882—1945），美国政治家，民主党人。大学毕业后从事律师业。不久出任纽约州参议员，开始涉足政界。1913年出任海军部助理部长。1920年竞选副总统失败。39岁时因脊髓灰质炎下肢瘫痪，从此终生与支架、轮椅为伴。1928年重返政界，竞选并连任纽约州州长。1932年当选第32任美国总统，并于1936年、1940年、1944年获得连任。推行实施国家干预以挽救经济的新政，使美国成功摆脱经济危机。第二次世界大战中，1940年在著名的"炉边谈话"中呼吁帮助盟国反法西斯战争，帮助中国抗击日本入侵，1941年向日本宣战，发起《联合国宣言》，成为反法西斯联盟的领袖之一。1945年突发脑溢血逝世。中国共产党《新华日报》以《民主巨星的陨落——悼罗斯福总统之丧》为题发表社论予以悼念。

罗斯福

导读

罗斯福是杰出的政治领袖，也是享有盛名的演说家。除此篇之外，他最有名的演说词还有提出著名的"四大自由"原则的1941年在美国国会所作的国情咨文。

在世界大战的阴云之下，面对一所历史悠久的大学的校庆，作为一国总统，他并未将重点放在对学校师生的热烈祝贺上面，而是从一个似乎沉重的话题讲起。通篇不足2 000字，涉及了四位重要的历史人物，话题由此引发，也由此展开。首先从美国独立后两种政治观点的论争谈起，通过重申杰弗逊150年前的著名论断，来强调全民自由选举的重要性。既是为其经由选举而担任美国总统寻求支持，也具有针对法西斯对民主的破坏，弘扬美国精神和价值观念的用意。

著名高等教育家埃利奥特执掌哈佛大学校政近40年，培育了众多高级人才、社会精英，他也同样主张选举不应以学历之有无作为前提，甚至不惜极而言之，将其看作关系国家生存还是毁灭的基础。埃利奥特的话，体现了他对自由民主精神的坚守和其大学理念的深层蕴含。罗斯福对此记忆犹新，用一位执掌颁发学位权力的校长的言说来阐发全民民主选举的必要，再具说服力不过。

接下来，作者提及富兰克林。话题随之正式转到大学上面。富兰克林将一所慈善学校提升为宾夕法尼亚大学，所以作者说他贡献极大。作者用一句"倘若他今天仍然健在，我可以肯定他必然会坚持这样的观点"巧妙过渡，引起下文。他有感而发地阐述了对大学的看法，指出大学要以==历史选择之后遗留给人们的一切优秀的精神文化遗产==，提供给一代又一代的青年学生，使他们充分地吸收全人类伟大思想的营养；只有这样，他们才能成为国家民族文化的继承者、国家民族生命的延续者。这也正是==大学的价值之所在==。这番言论，是非常时期发出的著名论说。

罗斯福强调面对新的形势，创新更加成为大学教育责无旁贷的使命，要适应时代的要求，造就青年一代适应新生活的能力，这是大学教育理念的关键。大学在塑造人类精神生活中占据重要位置，==大学的生命在于为未来"造就"青年一代==，而这正是民主自由价值实现的根本性保证。至此，文章与上半部分遥相呼应，深意显现。

美国很少"专业的"散文家，政治家却多有杰作。本文即体现了这种情形，以及由此形成的特点：==言之有物==，是对美国文化、精神的阐述。全作视野宽阔，主旨显豁，转换自然，气脉通贯，措辞精警，准确有力，富于鼓动性。译文亦足以传神。

思考与讨论

1. 面对一所大学的校庆，罗斯福为什么要从建国之初不同政治家的不同政治观念讲起？

2. 作为著名的哈佛大学校长，埃利奥特为什么强调"即使高等教育已得到全面普及，只要选举权局限在得到学位的人当中"，美国"就要毁灭"？

3. 这篇演讲对大学价值的强调，重心何在？

在宾夕法尼亚大学的演说

哲学家共教育家的全部职责在於根据现时的条件而不是过去的条件时真理善良共正义的永恒理想付诸实用生长共变化是一切生命的法则昨日的答案不适用於今日的问题正如今天的方法不能解决明天的需求一样 罗斯福语 乙酉江东范曾

范曾画罗斯福像

> 第二次世界大战中，德军席卷欧陆，英国危在旦夕。丘吉尔于危难之际受命组阁，在国会下院发表这篇演讲，表达了抗击法西斯的坚定决心。

热血、辛劳、汗水与眼泪

[英] 温斯顿·丘吉尔（石幼珊译）

聚焦 ●● 作者：最雄辩、最善于表达的政治家 ● 作品：20世纪最著名的演说之一

上星期五晚我奉国王陛下之命组织新内阁。

国会与国民显然希望这个内阁在最广泛的基础上组成，包括所有党派在内。

我已经完成了这项任务中最重要的一部分。一个有五位成员的战时内阁已经组成，随着工党、反对党和自由党的加入，代表了国家的统一。由于局势严峻，时间极端紧迫，这项工作必须在一天之内完成。另外一部分重要职务是昨天确定的。今晚我还要向国王陛下提交一份补充任命名单。我希望在明天之内能完成主要的内阁大臣的任命。在平时，其他内阁大臣的任命需要稍长一点的时间，但是我相信，等到国会再次召开的时候，这项工作将已经完成，组阁工作将全部结束。

我认为提请议长今天召开下院会议是符合公众利益的。议长先生已经同意，并以众议院的决议赋予他的权力采取了必要的步骤。今天会议的最后议程是建议休会至5月21日星期二，并规定如有需要可提前开会。下周内要讨论的事宜将尽早通知各位议员。

现在我提请议院作出决议，认可已采取的各项步骤，记录在案，并宣布对新政府的信任。决议全文如下：

"本议院欢迎新政府成立。新政府代表了全国团结一致、坚定不移的信心：对德作战，直至最后胜利。"

组织如此复杂并具有如此规模的内阁，本身就是一项严肃的任务。但我们目前正处于有史以来规模最大的战役的最初阶段，我们正在其他许多地方，例如挪威与荷兰，采取行动，我们在地中海也要有所准备。空战正在继续进行，我们在国内需要做许多准备工作。

在此非常时期，我相信议院将原谅我今天发言简短，我还希望我的朋友、同事或受到这次政治改组影响的前任同事们，能体谅省去一般情况下必需的仪节。

我已告诉过组成新政府的各位大臣，在此我再敬告诸位议员：==我所能奉献的==

没有其他，只有热血、辛劳、汗水与眼泪。我们还要经受极其严峻的考验，我们面临着漫长而艰苦卓绝的斗争。

要问我们的政策是什么？我的回答是：在海、陆、空作战，尽我们所能，以上帝赐予我们的一切力量作战，同黑暗与可悲的人类犯罪史上空前暴虐凶残的暴君作战。这就是我们的政策。

要问我们的目的是什么？我可以用两个字回答，那就是：胜利。不惜一切代价夺取胜利，不顾一切流血恐怖夺取胜利。不论道路多么漫长，多么崎岖，一定要夺取胜利！因为没有胜利就不能生存。

希望大家认识到这一点：没有胜利，英帝国将不能生存，英帝国所代表的一切将不再存在，推动人类历史不断前进的动力将不再存在。

我满怀信心和希望地接受我的任务，我确信人们不会听任我们的事业遭到失败。

此时此刻，我认为我有权要求所有人的支持，并且我要说："让我们团结一致，共赴国难吧。"

选自《英语美文50篇》，陶洁选编，译林出版社2002年版

温斯顿·丘吉尔（Winston Leonard Spencer Churchill, 1874—1965），英国政治家、演说家、文学家。1888年入哈罗公学，中途辍学。1894年毕业于皇家军事学院。1895年在第四骑兵团服役，兼任记者。1900年参选进入国会，开始其政治生涯。历经数届政府，先后出任商务、内政、海军、军需、陆军、空军、殖民、财政等部大臣，最后于1940—1945年和1951—1955年两次担任英国首相。1955年退出政界。丘吉尔不仅是一位叱咤风云的政治家，还是一位享有国际盛誉的作家。著有《第二次世界大战回忆录》《英语民族史》等。1953年获诺贝尔文学奖。

丘吉尔

导读

丘吉尔被誉为他那个时代最雄辩、最善于表达的政治家。其口头表达，堪称大师。他在战时多次发表演讲，均大气磅礴，铿锵有力，使听众血脉奔涌，深受鼓舞，使得英国上下一心，度过战时危机。这一篇是其代表作，也是20世纪世界历史上最著名的演说之一。

丘吉尔于1940年春德国法西斯横扫欧陆，进军英伦之际，应国王之邀组织战时内阁；5月13日，第一次作为首相出席下院会议，在会上发表了这篇简短的就职演讲，宣布了新政府的政策和其抗敌的决心。其时黑云压城，刻不容缓，虽

热血、辛劳、汗水与眼泪

范曾画丘吉尔像

热血、辛劳、汗水与眼泪

> 为了医治遍体鳞伤的法兰西，我们应该团结如亲兄弟。
> 法兰西万岁
>
> 戴高乐语 乙酉年 范曾

范曾画戴高乐像

有千头万绪，亦不容详言细论。所以，他简论捷说，一上来就交代组成内阁的经过及有关事宜，提出内阁决议，特别介绍内阁的产生过程，明确指出吸收反对党入阁的意义，强调此举"标志着国家的团结"。他还解释了省去繁文缛节的原因，请求议员"原谅我今天发言简短"。这部分开篇明义，直截了当，称得起要言不繁，也为全篇定下调子。简短是客观形势之所必需，而同时又具明白有力之效。

演讲下半部分，着重表达作者为英国奉献一切的决心，和对抗击法西斯的事业必然胜利的信心。他首先斩钉截铁地表示："我所能奉献的没有其他，只有热血、辛劳、汗水与眼泪。"用了四个具象征意味的词语，表达他不畏艰辛，不惧牺牲，鞠躬尽瘁，与国人甘苦与共的决心和力量，掷地有声。这句话已成为世人耳熟能详的名言。

讲词接着概括地交代了对付敌人的办法，表达了必胜的信念，且宣示这场抗敌之战的正义性质：英国是在"同黑暗与可悲的人类犯罪史上空前暴虐凶残的暴君作战"，因而师出有名，上天赐福于我，战则必胜。

丘吉尔作为刚刚走马上任的政府首脑，必须使议员和公众看到他胜算在握，而不容产生半点怀疑。所以他着重指出："你们问：我们的目的是什么？我可以用一个词来答复：胜利——不惜一切代价去争取胜利……"勾画出胜利的蓝图，极具鼓舞力量，它后来同样成为家喻户晓的名句。丘吉尔在演说结束处，再次要求所有人的支持，号召人们团结一致，共赴国难。呼吁团结，是全篇的一个要点，也是其结穴之处。这下半部分文辞更加简洁有力，语气强悍，组句铿锵硬朗，毫无啰唆冗长之弊。

此讲词通篇不过几百个字，内容如此重要，又是如此简短而如此强有力，为英国历史所仅见。它不但表现了讲演者对最后胜利的坚定信念，而且透过其说辞，塑造了一位刚卓坚毅、颇具雄才大略和献身精神的杰出领袖的形象。

丘吉尔是雄辩家，修辞家，他直捷强硬又不乏幽默的作风和性情，特别是思想和表达的明快准确，皆是其成功之道。其时英国政客的公众场合演说，多含糊其词、冗长模棱。而丘吉尔则一反其道，达意清楚准确，开一代新的文风。这是极可宝贵的文章之道、宣传之道。

思考与讨论

1. 本文文风上最鲜明的特点是什么？
2. 本文所说"热血、辛劳、汗水与眼泪"象征着什么？
3. 透过本文，你看到一个什么样的作者形象？

平行阅读

无独有偶。另一位反法西斯战争的领袖人物戴高乐，也善于借助演讲激励民众，致有"麦克风将军"的雅号——他是利用广播：每天两次在海峡那边的BBC发表讲话，每次只有宝贵的5分钟。这篇就是法国本土的民众第一次听到的精彩演讲，那是在1940年6月18日，同样有力地鼓舞了法国人的必胜信念。

谁说败局已定

[法] 戴高乐（佚名译）

担任了多年军队领导职务的将领们已经组成了一个政府。

这个政府借口军队打了败仗，便同敌人接触，谋取停战。

我们确实打了败仗，我们已经被敌人陆、空军的机械化部队所困。我们之所以落败，不仅因德军的人数众多，更重要的是他们的飞机、坦克和作战战略。正是敌人的飞机、坦克和战略使我们的将领们惊惶失措，以至出此下策。

但是难道败局已定，胜利已经无望？不，不能这样说！

请相信我的话，因为我对自己所说的话完全有把握。我要告诉你们，法兰西并未落败。总有一天我们会用目前战胜我们的同样手段使自己转败为胜。

因为法国并非孤军作战。她并不孤立！绝不孤立！她有一个幅员辽阔的帝国作后盾，她可以同控制着海域并在继续作战的不列颠帝国结成联盟。她和英国一样，可以得到美国雄厚工业力量源源不断的支援。

这次战祸所及，并不限于我们不幸的祖国，战争的胜败亦不取决于法国战场的局势。这是一次世界大战。我们的一切过失、延误以及所受的苦难都没关系，世界上仍有一切手段，能够最终粉碎敌人。我们今天虽然败于机械化部队，将来，却会依靠更高级的机械化部队夺取胜利。世界命运正系于此。

我，戴高乐将军，现在在伦敦发出广播讲话。我吁请目前或将来来到英国国土的法国官兵，不论是否还持有武器都和我联系；我吁请具有制造武器技术的技师与技术工人，不论是目前或将来来到英国国土，都和我联系。

无论出现什么情况，我们都不容许法兰西抗战的烽火被扑灭，法兰西抗战烽火也永不会被扑灭。

明天我还要和今天一样在伦敦发表广播讲话。

中国读者从少年起就熟悉了美国作家马克·吐温及其《汤姆·索亚历险记》和《哈克贝利·费恩历险记》——两部妙趣横生的小说。那么他的散文写些什么？这一篇看其标题似是道德训诫一类的文字，且看他是如何面对青年作"谆谆教诲"的。

给青年的忠告

[美] 马克·吐温（杨自伍译）

听说期望我来谈谈，我便询问应该发表什么样的谈话。他们说应当宜于青年的话题——教诲性的、启发性的话题，或者实质上是良言忠告之类的话题。好吧。关于开导青年人，我心里倒是有几件事时常想说的；因为正是在人幼小时，这些事最适合扎根，而且最持久、最有价值。那么，首先呢，我要对你们、我的年轻朋友们说的是——我恳切地、迫切地要说的是——

永远服从你们的父母，只要他们在堂的时候。长远看来这是上策，因为你们要是不服从的话，他们也非要你们服从。大多数家长认为比你们懂得多，一般说来你们迁就那种迷信的话，比起你们根据自以为是的判断行事，你们会建树大些。

对待上司要尊重，要是你们有了上司；对待陌生人，有时还有别人，也要尊重。如果有人得罪了你们，你们要犹豫一番，看看是存心的还是无意的，不要采取极端的做法；只要看好机会用砖块打他一下，那就足够了。如果你们发现他并非故意冒犯，那就坦然走出来，承认自己打他不对；像个男子汉认个错，说声不是故意的。况且，永远要避免动武；处于这个仁慈和睦的时代，此类举动的年代已经过去了。"炸药"留给卑下而无教养的人吧。

早睡早起——这是聪明的。有的权威讲，跟着太阳起床；还有的讲，跟着这样东西起床，又有的讲，跟着那样东西起床。其实跟着云雀起床才是再好不过的。这样你就落个好名声，人人都知道你跟着云雀起床；如果弄到一只那种适当的云雀，在它身上花些功夫，你就很容易把它调教到九点半起来，每次都是——这可决不是欺人之谈。

接着来谈谈说谎的问题。你们可要非常谨慎地对待说谎；否则十有八九会被揭穿。一旦揭穿，在善良和纯洁的眼光看来，你就再也不可能是过去的你了。多

> 聚焦
> ● 幽默巨匠的散文名篇
> ● "忠告"乎？讥讽乎？

393

少年轻人，因为一次拙劣难圆的谎言，那是由于不完整的教育而导致的轻率的结果，使得自己永远蒙受损害。有些权威认为，年轻人根本不该说谎。当然，这种说法言之过甚，其实未必如此；不过，虽然我可不能把话讲得太过分，我却认定而且相信自己看法正确，那就是，在实践和经验使人获得信心、文雅、严谨之前，年轻人运用这门了不起的艺术时要有分寸，只有这三点才能使得说谎的本领无伤大雅，带来好处。耐性、勤奋、细致入微——这些是必要素质；这些素质日久天长便会使学生变得完善起来；凭借这些，只有凭借这些，他才可能为将来的出类拔萃打下稳固的基础。试想一下，要付出多么漫长的岁月，通过学习、思考、实践、经验，那位盖世无双的前辈大师才具有如此的素养，他迫使全世界接受了"真理是强大的而且终将取胜"这句崇高而掷地有声的格言——这是关于事实的复杂层面道出的最豪迈的话，迄今任何出自娘胎的人都未获得。因为我们人类的历史，还有每个个人的经验，都深深地埋下了这样的证据：==一个真理不难扼杀，一个说得巧妙的谎言则历久不衰。==波士顿有座发现麻醉法的人的纪念碑；许多人到后来才明白，那个人根本没有发现麻醉法，而是剽窃了另一个人的发现。这个真理强大吗？它终将取胜？唉，错哉，听众们，纪念碑是用坚硬材料建造的，而它所晓示的谎言却将比它持久百万年。一个笨拙脆弱而有破绽的谎言是你们应该不断学会避免的东西；诸如此类的谎言比起一个普通事实来，决不具有更加真实的永恒性。嗨，你们倒不如既讲真话又和真理打交道。一个脆弱愚蠢而又荒谬的谎言持续不了两年——除非是对什么人物的诽谤。当然，那种谎言是牢不可破的，不过那可不是你们的光彩。最后说一句：早些开始实践这门优雅美妙的艺术——从现在做起。==要是我早些做起，我就能学会门道了。==

切莫随便摆弄枪支。年轻人无知而又冒失地摆弄枪支，造成了多少悲伤痛苦。就在四天前，就在我度夏的农庄住家的隔壁人家，一位祖母，年老花发一团和气，当地最可爱的一个人物，坐着在干活，这时她的小孙儿悄悄进屋，取下一把破烂生锈的旧枪，多年无人碰过，以为没装子弹，把枪对准了她，哈哈笑了吓唬着要开枪。她惊骇得边跑边叫边求饶，朝屋子对面的门口过去；可是经过身边的时候，小孙儿几乎把枪贴在她的胸口上，扣动了扳机！他以为枪里没有子弹。他猜对了——没装子弹。所以没有造成什么伤害。这是我听到的同类情况中绝无仅有的。因此呢，同样的，你们可不要乱动没装子弹的旧枪支；它们是人所创造的最致命的每发必中的家伙。你们不必在这些东西上花什么功夫；你们不必搞个枪架，你们不必在枪上装什么准星，你们连瞄准都没有必要。算了，你们就挑个相似的东西，砰砰打个几枪，你肯定能打中。三刻钟内用加特林机枪在三十码处不能击中一个教堂的年轻人，却可以站在百码开外，举起一把空膛的旧火枪，趔趔把祖母当靶子击倒。再试想一下，倘若有一支旧火枪武装起来的童子军，大概没有装上子弹，而另一支部队是由他们的女亲戚组成的，那么滑铁卢战役会是什么结局。只要一想到此，就会令人不寒而栗。

图书有许多种类；但好书才是年轻人该读的一类。记住这一点。好书是一种伟大、无价、无言的完善自我的工具。因此，要小心选择，年轻的朋友们；罗伯逊的《布道书》，巴克斯特的《圣者的安息》《去国外的傻瓜》，以及这一类的作品，你们应该只读这些书。

我可是说得不少了。我希望大家会铭记我给你们的言教，让它成为你们脚下的指南和悟性的明灯。用心刻苦地根据这些规矩培养自己的品格，天长日久，培养好了品格，你们将会惊喜地看到，这种品格多么准确而鲜明地类似其他每个人的品格。

选自《美国文化读本》，杨自伍主编，华东师范大学出版社1996年版

马克·吐温（Mark Twain 1835—1910），著名美国作家。本名萨缪尔·兰亨·克莱门斯，马克·吐温是其笔名。出生于密西西比河畔小城汉尼拔一个乡村贫穷律师家庭，12岁父亲死后即出外谋生，拜师学徒。当过排字工人，密西西比河水手、南军士兵，经营过木材业、矿业和出版业，业余写作短篇幽默故事。1865年以短篇小说《跳蛙》成名，不久被报馆聘为旅欧记者，归来后写成《海外愚夫》，名声更著。1873—1888年发表《镀金时代》（1874）、《汤姆·索亚历险记》（1876）、《密西西比河上》（1883）、《哈克贝利·费恩历险记》（1884）等小说名著，后期著有长篇《傻瓜威尔逊》（1894）、中篇《败坏了赫德莱堡的人》（1900）等。一生游踪极广，了解社会各阶层情状，作品反映生活既深且广。其散文亦独树一帜，幽默讽刺，尖锐而富哲理，是小说家中的佼佼者。

马克·吐温

导读

从本文标题看，似是道德训诫一类的文字。开篇，作者说他这篇演讲已经被邀请者规定好了题目：对青年进行教诲，要有启发意义，最好是金玉良言之类。那么，他只有不拂主人的美意了。于是，他"恳切地、迫切地"说出了他的"忠告"，一共六条。名为"忠告"，实乃"反话正说"，淋漓尽致地体现出马克·吐温招牌式的幽默风格，即将那些批评性的、讽刺性的反向话语、意思，用一种一本正经、堂而皇之的方式说出来。这是本文基本的修辞手段，是其写作上的最大特点。

文章先就告诫青年，要"永远服从你们的父母"，实是批评那些武断而自以

给青年的忠告

为是的为人父母者；接着，劝导青年要尊重上司，尊重陌生人，"不要采取极端的做法"，却说"只要看好机会用砖块打他一下，那就足够了"；跟着还告诫"永远要避免动武"——不免让人想起其小说《田纳西的新闻界》所写乌烟瘴气的新闻界的闹剧：办报的与看报的武斗、"主笔"与"上校"相互枪击，足证其本意并非提倡温良恭俭让，乃在讥刺"这个仁慈和睦的时代"；文章还提倡跟着太阳或云雀起床，但又提示你最好把云雀"调教到九点半起来"——这不是明着不赞成人们教训青年的"早睡早起"吗？最后两条，一是"切莫随便摆弄枪支"，一大段都在讲其害处，乃至极而言之；其真正用意，却是在讽刺庸人自扰，以根本不存在的理由来禁止"年轻人"的好奇心和求知欲。二是"好书才是年轻人该读的"，"要小心选择"那类要求人谨记圣谕、利于自我完善的书来读；我们看到这里，再想想作者的大作多是哪一类，自然心知肚明：什么才是马克·吐温心目中的真正好书！

　　所有这六条忠告里，讲得最多的是"说谎的问题"，占了全文中间一大段，可见是其重点所论。那头几句，幽默淡化了，听出来的倒是给青年的忠告，而此忠告却何其沉痛：年轻人说了一些谎话，原因可能多种多样，多数无伤大雅，可以一笑置之；却被人们认为就此无可救药，污点永存；而年轻人由于缺乏如何说谎才不被揭穿的教育和经验，十有八九会被揭穿，由此付出的代价可谓大矣。并不是说从道德上禁止说谎有什么不对，而是根本就不可能实现，是社会对年轻人的不宽容使得情有可原的小小过错成为弥天大罪，这才是让人最为痛心的。接着作者指出，并非人们都不说谎，而是技巧有高下，水平见高低，如能把谎言表达得充满自信、严谨而无缝隙，又雅致动听，那时谎话也就不是谎话了，这是一门高妙之极的艺术，非经长期磨练、精心揣摩不可，说谎千遍，其"艺"自见也。而年轻人之所以在偶尔吐露不实之词时易被发现，只是缺乏实践和经验。"耐性、勤奋、细致入微"是谎而能圆的"必要素质"。随后作者举了一位"盖世无双的前辈大师"的例子——他俨乎其然说出一句貌似真理却大而无当、难以证实的格言，显示了其高深的"素养"。然而人们可以随时见识、切身感知的却是："一个真理不难扼杀，一个说得巧妙的谎言则历久不衰。"谎而能巧，效果则甚著。作者最后又说道：年轻人应该不断学会避免说那些笨拙脆弱而有破绽的谎言，最好"早些开始实践这门优雅美妙的艺术——从现在做起。要是我早些做起，我就能学会门道了"。原来，他有沉痛的教训在身，至今尚未学得说谎的"门道"。这哪里是"忠告"，讥讽的刺何其尖锐！

　　显而可见，马克·吐温无心借发布"忠告"来成为青年的所谓"导师"。他讨厌假正经，更讨厌以势压人，所以用这种调侃戏谑的方式，故作惊人之言，通过反语，一声棒喝，既是讽刺社会恶相，也来警醒青年：要洞察世事真相，保持自己的主见，人生之路须由自己来走，无需听"青年导师"的所谓"忠告"。因为他们的"忠告"往往置社会恶俗乱象于不顾，把自己打扮成布道者，一味指指

给青年的忠告

圖書有許多種類，但好書才是年輕人該讀的一類。記住這一點，好書是一種佛，大無價無言的完善自我的工具上錄馬克·吐溫語

歲乙酉抱冲齋十翼范曾

范曾画马克·吐温像

点点，说三道四，让青年这样那样。他们本身也未必做出什么好样子，却来言不及义地教训他人，耳提面命，口若悬河，大唱道德高调，恰足以显示其虚伪，而令真正的智者深恶而痛绝之。真正明了世事的人，对那些不可言说的事物，知道保持沉默，其实老实却是一种真诚的态度。而如果真的青年人都铭记那些"忠告"并实行之，结果则会是每个人都丧失了个性，千人一腔，千人一面，那该有多么可怕！

从这篇文章可以看到，本以小说享名于世的马克·吐温，其散文也堪称独树一帜。幽默爽朗而富于哲理，讽刺夸张而不失分寸，显示出一种独特的风格，其质素流贯于文章肌理之中。那是他全部生活经验、人生智慧的结晶，是其写作艺术中最为人喜爱的宝贵品质，在美国文学中别具一格。

思考与讨论

1. 本文基本的修辞手段是什么？
2. 本文有一个潜在的批判对象，是什么？
3. 本文如此写来，显示了作者怎样的人生态度？

后　记

　　这部教材的编写初衷是为大学语文课程的改革作一些探索，也包含为一般意义的文化素质课程改革作些尝试。主要的想法有三个方面：一是以学生用纸质教材为主，辅之以教师手册、拓展读本、导学光盘、辅教光盘、学习卡和教学网站等，尝试课堂讲授与课外自学相结合。二是编写制作的各个环节尽量考虑学生的阅读兴趣和主动参与，包括请国画大师范曾作图，也是为了使教材对学习者更具亲和力。三是把课程目标设置为修养与能力并重，因而选篇方面美文与应用文并重，分析讲解也对两个方面同样重视。现本系列教材大体告竣，虽不敢说完全实现了初衷，但为今后的教学改革打下了一些基础，这一点还是自信的。

　　以上想法得到了高等教育出版社各位朋友特别是高等文科分社徐挥副社长、迟宝东博士的支持，甚至可以说是相互讨论切磋的共同成果。在教材即将付梓的时候，特对他们表示真挚的谢意。

　　本教材系列由主编陈洪申请立项、整体策划、组织指导编撰。学术顾问叶嘉莹先生对古典诗词的选篇发表了很好的意见。副主编李瑞山通读修订全稿，并与冯大建负责编务。执笔撰稿者为：陈洪、李瑞山、单正平、任增霞、沈立岩、东方乔、陈宏、孙勇进、王之江、冯大建。冯大建、白金柱、张树楠、徐娟负责多媒体制作，王慧芳为技术顾问。徐娟帮助录入了大部分文字。王红蕾、雷勇及不少研究生也贡献颇多，恕不一一列举，在此一并致谢。

　　在本教材编撰的各个环节中，我们广泛征求了同行的意见，北到关外，南至琼崖，很多朋友提出过很好的建议，不能一一彰显，亦谨此一并致谢。

　　教学改革并非一朝一夕所能完成，真诚地希望兄弟院校的同行们能给我们以指导和帮助，对本系列教材的不足之处不吝赐教。

编　者

2004 年 12 月

第二版后记

我们在高等教育出版社出版的"大学语文"系列教材（包括纸本书五种、光盘两种及教学服务网络），自2005年春季问世、并于当年秋季在多所高校使用以来，已历四个寒暑。经过先后六期教师高级研修班的研讨，经过形式多样、频繁举行的教学交流，本教材系列的特色，日益得到各校中文学科或大学语文教学部门负责人，特别是更多一线教师的好评。对其理念明晰、选文得当、体例适合、编排出新、印制精美、数字化资源充分、教学服务完备等优点，承广大同仁不弃，给予了充分首肯。本教材现已推广至百余所院校，使用者与日俱增。学生结课后不肯丢弃，继续保存收藏的事例，也时有所闻。这些，是对教材编写者和出版者的莫大鼓励和鞭策。

在近年来建设"大学语文"国家精品课程、国家级教学团队的实践中，我们通过教学改革、学生实践活动、教师培训、教学和学术研究的开展，对于如何构建母语高等教育体系，如何深入推进高校语文教学，有效提升大学生的语文素养，有了新的思考和探寻。这些，大多反映在2008年末高等教育出版社推出的《母语·文章·教育——大学语文研究文集》之中。这就为教材的修订提供了较坚实的基础。同时，我们也主动征询各校老师们在教学使用中形成的十分切实的改进建议。这次修订，就积极吸收了这些成果。

本教材的修订宗旨，与当初编写时一样，是为了教师更加好教，学生仍然好学。无论主教本还是导学和辅教光盘、教师手册、拓展读本，我们都注意继续贯彻这个宗旨。就主教本来说，考虑到不少任课老师刚刚熟悉本教材的内容、体例，刚刚形成较完备的教学讲义，不宜有较大更动。虽然有不少新的想法，我们也没有作很多更新，而是予以适度的局部调整：更换、补充了大约十篇课文及"平行阅读"材料，重新审读了全部文字和图片（包括课文正文、注释、导读等），修订了不尽准确或不完善的小部分内容，增写了全书和各单元的"序"，等等。经过修订，相信会使编选更合理，文字更精确，装帧更美观耐看，全书对学生更有吸引力。

此次修订工作，有较长时间的准备、酝酿。南开大学语文教育研究中心全体教师：周志强、张培锋、李锡龙、胡学常、张静、冯大建、林晨诸博士，都根据成功的教学实践中的体会，提出了丰富的改进建议；本书初版首席策划、高等教育出版社高等文科出版中心徐挥副主任，本书策划编辑、高等教育出版社高等文科出版中心首席策划迟宝东博士，多次提供修订意见。本教材正副主编充分考虑了各方面的意见、建议，又参以己见，对主教本作了具体修订。主编助理为导学光盘重新制作付出了很大精力。与之相应，教师手册和辅教光盘、拓展读本及网络资源，也在大家的共同努力下，有相应修订和改进。我们也会继续给所有使用本书的各学校老师们以切实的支持和帮助，实现资源共享，互促共进。

  本次修订，同事们有些很好的建议、设想，尚无法全面试验。进一步的改进，只好俟诸来日。我们仍然希望得到各种各样的批评指正，以使本教材系列不断完善。

编　者
2009年1月

第三版后记

转瞬之间，本教材第二版又在使用中度过了五年。其间，它先是作为主体以"当代大学生母语教育的理念创新、资源建设与大学语文课程改革"为题获得"第六届国家教学成果一等奖"（2009），后又入选第一批"普通高等教育'十二五'国家级规划教材"（2012）和第一批"国家精品资源共享课"（2013），并且继续被众多兄弟院校同行选用，我们深感欣慰。本着精益求精的原则，在高等教育出版社文科分社社长迟宝东博士的推动下，现予再次修订，除更新少量篇目，订正润色文字外，本教材将引入二维码技术，将资源共享课中的课堂教学资源和导学资源深度关联在教材中，从而实现大学语文教学的平台多样化，资源丰富化。工作中，得到分社云慧霞博士、曾骞博士的帮助。希望各校授课老师和其他读者继续在使用中发现问题、提出建议，以期下一个五年过后作较大修订时，本书的内容和形式愈加完善。谨向所有以各种方式支持本教材的同仁表示感谢。

书中选录了多篇古今中外优秀的文学作品，大部分作品我们都取得了作者授权，但因条件所限和出版时间紧迫，仍有部分作者未能取得联系，请相关作者看到本书后与责编联系（010-58581419），在此谨致谢忱。

编　者

2015年10月

数字化时代的新教材

扫描二维码，给你不一样的学习体验

　　翻开我们这一本弥散着浓浓墨香的图书，除了扑面的优美文字和淡雅插图，点缀在书本各个空间中的黑白方块是我们给您带去的新鲜货。拿出手机，扫一扫，专家名师的私人课堂就从爱课程网（www.icourses.cn）为您随时开启。把课堂带在身边，将思考与人分享，这就是我们高教社的教材给你的学习改变。

　　曾经，拿着一本平淡无奇的课本，你也有困惑。你觉得课本上的文字远不能满足你的需求，你面对浩瀚的参考图书和学术论文无从下手，请您再次对准本书的那些黑白方块，我们为您精心挑选的图片、美文、视频，弥足你对母语学习的所有好奇心。学者大家的导引文字携领你跨过思维的鸿沟，开拓你从未开启的语言文字畅想时空。

　　各位同学，你在使用本教材的时候还可登录到南开大学"大学语文系类教程教学论坛"（www.dyonline.org/dybbs）观摩南开大学师生在网上开展的丰富多彩的教学活动。

　　各位老师，为满足你们所需要的系列化教学解决方案和教学资源，我们高等教育出版社也时刻在努力着、改变着。关于本书配套的教学课件、教学资源，您也可以通过扫描每课前的二维码获取，或来信来函，并提出您宝贵的建议！

　　让我们从扫一扫开始改变！现在，开始！

教学资源索取证明

　　兹证明_____大学_____学院_____级_____专业_____学期开设_____课程，采用高等教育出版社的_____（书名和作者）作为本课程教材，授课教师为_____，学生共_____个班_____人。

　　授课教师需要与本书配套的教学资源。

　　教师电话：_____

　　email 地址：_____

　　邮编和地址：_____

　　　　　　　　　　　　　　　　院/系主任：　　　　　（签字）

　　　　　　　　　　　　　　　　　　（院/系办公室盖章）

　　　　　　　　　　　　　　　　　　201 年 月 日

郑重声明

高等教育出版社依法对本书享有专有出版权。任何未经许可的复制、销售行为均违反《中华人民共和国著作权法》，其行为人将承担相应的民事责任和行政责任；构成犯罪的，将被依法追究刑事责任。为了维护市场秩序，保护读者的合法权益，避免读者误用盗版书造成不良后果，我社将配合行政执法部门和司法机关对违法犯罪的单位和个人进行严厉打击。社会各界人士如发现上述侵权行为，希望及时举报，本社将奖励举报有功人员。

反盗版举报电话　（010）58581999　58582371　58582488
反盗版举报传真　（010）82086060
反盗版举报邮箱　dd@hep.com.cn
通信地址　北京市西城区德外大街4号　高等教育出版社法律事务与版权管理部
邮政编码　100120